Die österreichische Literatur seit 1945

Die österreichische Literatur seit 1945

Eine Annäherung in Bildern

Herausgegeben im Auftrag
des Österreichischen Literaturarchivs
der Österreichischen Nationalbibliothek und
der Dokumentationsstelle für neuere österreichische Literatur

von Volker Kaukoreit und Kristina Pfoser

Mit 840 Abbildungen

Philipp Reclam jun. Stuttgart

Gefördert durch

SKWB Schœllerbank

Unterstützt von der Literaturabteilung
der Kunstsektion im Bundeskanzleramt (Wien)

.KUNST
bundeskanzleramt

Die Deutsche Bibliothek – CIP-Einheitsaufnahme

Die österreichische Literatur seit 1945: eine Annäherung in Bildern /
hrsg. im Auftrag des Österreichischen Literaturarchivs
der Österreichischen Nationalbibliothek;
Dokumentationsstelle für neuere österreichische Literatur
von Volker Kaukoreit und Kristina Pfoser. –
Stuttgart: Reclam, 2000
ISBN 3-15-010473-4

Grafische Gestaltung und Satz: Buchherstellung Dotzauer, Stuttgart
Einbandgestaltung: Stefan Schmid, Stuttgart
Druck und buchbinderische Verarbeitung: Franz Spiegel Buch GmbH, Ulm
Printed in Germany 2000
RECLAM ist eine eingetragene Marke
der Philipp Reclam jun. GmbH & Co., Stuttgart
ISBN 3-15-010473-4

Inhalt

Annäherung in Bildern

Der Schreibtisch: Andreas Okopenko

Vorbemerkung

Die österreichische Literatur seit 1945 – eine Annäherung in Bildern –, das ist ein Unternehmen, das eine kompakte Literaturgeschichte nicht ersetzen kann und will. Und doch teilt diese Dokumentation die Problematik jedes literarhistorischen Unterfangens, etwa die Schwierigkeit der Periodisierung und das heikle Geschäft der Auswahl und Gewichtung von Autoren (Stichwort: Kanonisierung) und Schwerpunkten (Stichwort: Methodenreflexion). So werden wir es vermutlich niemandem ganz recht gemacht haben. Wie auch? Schon der Begriff der »österreichischen Literatur« (denkbare Alternative: Literatur aus Österreich) ist heikel und – wie es die dem Bildteil vorangestellte Zitatauswahl zum Ausdruck bringt – so unterschiedlich auslegbar, daß wir einen langerfahrenen Vermesser der österreichischen Literaturlandschaft, Wendelin Schmidt-Dengler, gebeten haben, mit einigen grundlegenden Beobachtungen und Überlegungen den höchst komplexen Gegenstand einzuleiten. Ebenfalls ausgewiesene Kenner ihres Terrains haben Kurzeinführungen in die verschiedenen österreichischen Literaturregionen übernommen oder beleuchten Sonderaspekte wie etwa die Wiener Gruppe, den Klagenfurter Ingeborg-Bachmann-Wettbewerb oder die Literatur um das Grazer »Forum Stadtpark«.

Abertausende Photographien wurden im Vorfeld gesichtet und aus einer Vielzahl von Autorinnen und Autoren über dreihundert erfaßt. Wir sind uns darüber im klaren, die ausgewählten Bilder samt ihrer Kommentierung letztlich um Lücken herum arrangiert zu haben. Aber möglicherweise besteht in dieser ›Lückenhaftigkeit‹ auch die große Chance des Unternehmens: den Betrachter und Leser (punktuell und manchmal sogar auf provokative Weise) neugierig zu machen, ihn einerseits auf vergessene und neue Autoren und deren Texte aufmerksam zu machen und andererseits zur Reflexion von ästhetischen Standorten und außerliterarischen Rahmenbedingungen anzuregen und darüber hinaus nachzufragen, ›was es rundherum sonst noch gibt‹. Jedes Bild steht irgendwie für sich, manchmal aber als Teil eines Ensembles, das sich über ein, zwei und mehr Seiten erstrecken kann. Doch immer ist ein Kontext vorhanden, auch der der Gegensätzlichkeit oder gar der – kein wirklicher Widerspruch – der Zusammenhanglosigkeit. So fügen sich die Bilder zum Bild: Das Mit-, Neben- oder Gegeneinander verschiedener literarischer Richtungen und Persönlichkeiten (›Topstars‹ und Einzelgänger, Außenseiter und vermeintliche poetae minores, ›Experimentelle‹ und ›Engagierte‹ etc.), aber auch das Auf und Ab zwischen literarischen und kulturpolitischen Highlights und entsprechenden Tiefschlägen, vor allem in bezug auf die Grabenkämpfe in Form von juristischen Auseinandersetzungen oder (oft billig produzierten) Skandalen durch Medien und Politik. Daß hierbei auch die – wie es Robert Menasse nennt – »Verfaßtheit der Zweiten Republik« eine Rolle spielt, steht wohl außer Frage. Die Deutung dieser Zusammenhänge aber möchten wir bewußt dem Betrachter und Leser überlassen.

Die Herausgeber schulden Dank: allen im Anhang erwähnten Photographen, Rechteinhabern und beteiligten Institutionen, vielen Kollegen und den Leitern der Auftragsinstitutionen (das Österreichische Literaturarchiv der Österreichischen Nationalbibliothek und die Dokumentationsstelle für neuere österreichische Literatur / Literaturhaus Wien) und selbstverständlich auch allen Beiträgerinnen und Beiträgern dieses Bandes, die uns nachsehen mögen, daß wir ihren unterschiedlichen Umgang mit der ›Sprache der Geschlechter‹ traditionell vereinheitlicht haben.

Dieser Bildband hätte nicht realisiert werden können ohne die großzügige Unterstützung der SKWB Schoellerbank (Wien), der unser abschließender Dank gilt.

Wien, im Januar 2000

Volker Kaukoreit
Kristina Pfoser

Postskriptum: Die Konzipierung und Herstellung des vorliegenden Buches erlaubte es nicht anders, als den chronologischen Bildteil mit dem Jahr 1999 zu beschließen. In der eigentlichen Produktionsphase im Frühjahr 2000 überschlug sich die politische Entwicklung in Österreich. Zahlreiche Schriftstellerinnen und Schriftsteller von H. C. Artmann über Ernst Jandl, Elfriede Jelinek, Gert Jonke, Friederike Mayröcker bis hin zu Andreas Okopenko, Peter Rosei und vielen anderen meldeten sich gegen die neue Regierung zu Wort, und im März 2000 kam es in Wien zu einer großen Demonstration, an deren Abschlußkundgebung auf dem Heldenplatz sich u. a. Franzobel, Gerhard Ruiss und Marlene Streeruwitz beteiligten. Eine Berücksichtigung dieser Vorgänge war uns aus pragmatischen Gründen leider nicht mehr möglich. Noch in der Endphase der Umbruchkorrektur erreichte uns die traurige Nachricht vom Tode Ernst Jandls.

Die Herausgeber, Ende Juni 2000

Hans Weigel und sein ›Kreis junger Autoren‹ (u. a. Christine Busta, Milo Dor, Jeannie Ebner, Reinhard Federmann, Wolfgang Kudrnofsky, Harald Zusanek) im Wiener Café Raimund der fünfziger Jahre

Graz, literarische Hochburg der sechziger und siebziger Jahre. Um das dortige »Forum Stadtpark« scharten sich Autoren wie (v. l. n. r.): Michael Scharang, Wilhelm Hengstler, Helmut Eisendle, Klaus Hoffer, Alfred Kolleritsch, Gerhard Roth, Gert Jonke, Wolfgang Bauer, H. C. Artmann, Gerald Bisinger, Helmut Zenker und Harald Sommer.

Josef Haslinger (l.) und Christoph
Ransmayr auf der Frankfurter Buchmesse
1995 vor (ihren) Neuerscheinungen

JOSEF HASLINGER
OPERNBALL
ROMAN
S.FISCHER
Christoph Ransmayr
MORBUS KITAHARA
GERHARD ROTH
DER SEE
CLEMENS EICH
DAS STEINERNE MEER

»Schriftsteller in Österreich, das ist gerade so wie Strohhuterzeuger in Lappland«

(Alois Brandstetter, 1981)

Zitate zum Thema

Rundheraus gesagt, halte ich die österreichische Literatur in allen Dingen des artistischen Schliffes, des Geschmackes, der Form-Eigenschaften, die doch wohl nie aufhören werden, in der Kunst eine Rolle zu spielen, und die keineswegs epigonenhaften Charakters zu sein brauchen, sondern Sinn für das Neue und Verwegene nicht ausschließen – der eigentlich deutschen für überlegen.

Thomas Mann, 1935

In der Tat brauchen wir nur dort fortzusetzen, wo uns die Träume eines Irren unterbrochen haben, in der Tat brauchen wir nicht voraus-, sondern nur zurückzublicken. Um es vollkommen klar zu sagen: wir haben es nicht nötig, mit der Zukunft zu kokettieren und nebulose Projekte zu machen, wir sind, im besten und wertvollsten Verstande, unsere Vergangenheit, wir haben uns nur zu besinnen, daß wir unsere Vergangenheit sind – und sie wird unsere Zukunft werden.

Alexander Lernet-Holenia, 1945

Von österreichischer Dichtung läßt sich nicht naschen. Wohl aber lassen sich einige ihrer charakteristischen Merkmale wahrnehmen, wenn man ihren Grundbezug wahrnimmt: eine Kontinuität, die – ungebrochen im innersten – mitten durch die Brüche und Katastrophen des Menschentums und der Gesellschaft in Österreich hindurchführt – als einzige echte politische Führung auch in diesem Raum.

Friedrich Heer, 1959

Die großen Dichter – so Grillparzer, Stifter, Raimund, Kafka, Rilke, Roth und andere – haben oft engere Kontakte mit den fremdsprachigen Literaturen und Kulturen des Donauraumes als mit Deutschland, das praktisch nur durch Goethe nach Österreich herüberzuwirken vermocht hat.

Herbert Eisenreich, 1962

Deutschland erzählt. Von Rainer Maria Rilke bis Peter Handke

Titel einer Anthologie des S. Fischer-Verlags von 1975

Das Österreichische Buch 1977/78 ist dürftig.

Gerhard Jaschke, 1977

Es ist die Literatur, die das Bild eines Landes bestimmt, gerade indem sie allen fertigen Bildern mit Hartnäckigkeit und sanfter Gewalt widerspricht; sie verhindert das traurige Wort »Ende« über dem Bild von einem Land; wie sie zeigt, daß kein Mensch schon ein Bild von einem Menschen ist, so zeigt sie zugleich, daß ein Land, das sich selber als Bild von einem Land will, kein Raum für lebende Menschen ist.

Peter Handke, 1978

Ich schiebe zunächst einmal alle Scheu vor Verallgemeinerungen beiseite und sage auf die Frage, ob Österreichs Autoren anders sind als etwa die der Bundesrepublik: ja, sind sie.

Jochen Jung, 1979

In einer Demokratie mit feudalen Zügen, in der das Parlament nur beschließt, was die Herren Sozialpartner ausgehandelt haben, überkommt die Betroffenen beziehungsweise übergangenen Staatsbürger das Gefühl, um die Wirklichkeit betrogen zu werden.
Es ist eine Stärke der österreichischen Literatur, diesen Wirklichkeitsverlust, dieses ausgedünnte Leben, darzustellen. Ironischerweise gerät die Literatur dabei selbst in den Verdacht, wirklichkeitsfern zu sein.

Michael Scharang, 1984

nationalliteratur

jo seizn es kane daitschn?
no oeso des samma wiaggli ned
owa eia dichterschbrooch is do daitsch
es heazzas jo – oder ned?

Ernst Jandl, 1991

Existiert überhaupt [...] eine österreichische Literatur? Die Antworten auf diese Frage füllen mittlerweile Bände und es besteht der nicht unbegründete Verdacht, daß hier einmal mehr ein Scheinproblem formuliert wurde, das lediglich die Funktion hat, Reisebeihilfen für einschlägige Tagungen an pittoresken Orten zu rechtfertigen.

Thomas Rothschild, 1992

Es ist gewiß kein Zufall, daß in Österreich mit der sogenannten »Anti-Heimat-Literatur« eine im internationalen Vergleich völlig eigenständige, neue literarische Gattung entstanden ist: Österreich ist die Anti-Heimat par excellence. Aber die Anti-Heimat-Literatur ist nicht nur eine eigenständige österreichische, sie ist vor allem auch die wichtigste, die dominante Form der Literatur in der Zweiten Republik: Die Autoren, die diese Form herausgebildet und weiterentwickelt haben, ergeben mitsammen ein beinahe vollständiges Who's who der modernen österreichischen Literatur: Hans Lebert, Gerhard Fritsch, Peter Handke, Thomas Bernhard, Gert Jonke, Alfred Kolleritsch, Alois Brandstetter, Gernot Wolfgruber, Max Maetz, Peter Turrini, Walter Pevny, Michael Scharang, Franz Innerhofer, Klaus Hoffer, Josef Winkler, Marianne Gruber, Norbert Gstrein, um nur einige zu nennen.

Robert Menasse, 1992

In der (literaturwissenschaftlichen) Beschäftigung mit österreichischer Literatur scheint es Usus geworden zu sein, zunächst einmal die Existenz des Gegenstandes des Interesses und dann die Berechtigung zur Fragestellung zu belegen, um etwa einen flotten literarischen Anschluß (»Deutschland erzählt. Von Rilke bis Handke«) abzuwehren und nicht im »Land ohne Eigenschaften« (Menasse) auch noch eine ›Literatur ohne Eigenschaften‹ hinnehmen zu müssen.

Klaus Zeyringer, 1994

Die hinterhältigste, weil unverdächtige Verachtung der österreichischen Literatur liegt in ihrer Fixierung auf das Österreichische. Am Ende seiner Kritik von Peter Handkes »Mein Jahr in der Niemandsbucht« monierte ein Rezensent, daß es, bei aller Anerkennung, der »große österreichische Roman«, den manche von Handke erwartet hätten, wieder nicht gewesen sei. Ob Handke Weltliteratur geschrieben hat, interessiert in Österreich niemanden.

Konrad Paul Liessmann, 1995

Das Land kann mit großen Autorinnen und Autoren aufwarten, manche leben sogar dort. Man kann nicht behaupten, daß den gemeinen Österreicher seine Literatur kaltläßt, ganz und gar nicht. Bisweilen erhält man den Eindruck, er liebt nichts so sehr wie Gespräche über Literatur. Nur, der Österreicher liest kaum.

Anton Thuswaldner, 1995

Immer wieder, wiewohl immer seltener, taucht in Deutschland die Frage auf, ob eine österreichische Literatur überhaupt existiere. Verschärft wird die nicht gerade höfliche Skepsis durch den Brauch, Prunkstücke dieser Produktion in Literaturgeschichten und Anthologien einzugemeinden und den Rest ins Reservat der regionalen Abweichungen und niedlichen Exotismen abzuschieben.

Ulrich Weinzierl, 1995

Eine österreichische Schriftstellerin

Sibylle Lewitscharoff, Wahlberlinerin aus Stuttgart und Bachmann-Preisträgerin, auf die Frage, wer oder was sie gerne wäre, 1998

Einleitung

Wendelin Schmidt-Dengler

1

Wenn wir kein Bildnis haben, machen wir uns eines. Wie Homer ausgesehen hat, das wissen wir nicht, doch haben wir ein Bild von ihm: Der Greisenkopf des blinden Sängers taucht vor unserem inneren Auge auf. Wir wollen von allem, was zu Geschichte geworden ist, ein Bild haben, und so ist auch der Geschichtsschreibung mit der Photographie eine neue Qualität zugewachsen: Die Distanz zu dem historischen Objekt scheint sich zu verringern – so ist uns Heutigen ein Napoleon III. ganz anders präsent als Napoleon I., von dem wir eben noch kein Porträtphoto besitzen. Das gilt – mit geringen Modifikationen – auch für die Literaturgeschichte: Sie ist eben nicht nur Geschichte der Texte, sondern auch die Geschichte derjenigen, die diese produzierten, ja es scheint neben dem Text im engeren Sinne auch ein Nebentext zu entstehen, der sich aus den Bildern formt, die zu einer großen Bildgeschichte sich zusammenfassen lassen. Es stellt sich, gerade bei der Lektüre eines Textes, in zunehmendem Ausmaß das Bedürfnis ein, von jedem, der schreibt, eine sinnlich faßbare, konkrete Vorstellung zu bekommen. Als der französische Kritiker Michel Cournot 1972 Thomas Bernhards Roman *Verstörung* rezensierte, ging er von der verstörenden Wirkung des Textes aus und fragte sich, wie der Mensch aussehe, der solches zu schreiben imstande sei, und er verschaffte sich unter großen Mühen ein Photo.

»Wer ist Thomas Bernhard? Was macht er?« soll Samuel Beckett gefragt haben, eben jener Beckett, von dem eine andere Frage stammt, die in die entgegengesetzte Richtung zu weisen scheint und die in der Literaturtheorie Karriere gemacht hat: »Wen kümmert's, wer spricht, hat jemand gesagt, wen kümmert's, wer spricht.« Michel Foucault hat darin »eines der ethischen Grundprinzipien heutigen Schreibens« erkennen wollen; der Schriftsteller hat zu verschwinden, denn als sein Kennzeichen dürfe »nur noch die Einmaligkeit seiner Abwesenheit« gelten. So bleibt als Perspektive für die Zukunft eine Kultur, in der die »Funktion Autor« nicht mehr erscheint und alle Diskurse »sich in der Namenlosigkeit des Gemurmels« entrollen würden. Ähnlich auch die Antwort Heimito von Doderers auf die Frage, was denn der Schriftsteller nun »wirklich« sei: »Nichts ist er, garnichts, und man suche nichts hinter ihm. Er ist ein Herr unbestimmbaren Alters, der einem dann und wann im Treppenhause begegnet.« Das ist die kritische und auch verständliche Replik eines Autors auf das beharrliche Ansinnen des Lesepublikums, sich die Erklärung für das Rätselhafte an den Texten aus der Biographie und aus der Person des Herstellers dieser schwierigen Produkte zu holen. Man vermutet eine Abweichung von dem vermeintlich gewöhnlichen Leben, in die man Einblick haben müsse, um das literarische Werk denn auch zu verstehen. So fragwürdig diese Ambitionen auch sein mögen, so verständlich ist doch die Neugier, die wissen möchte, wie denn dieses Andere, das Literatur in unserer Lebenswelt allemal repräsentiert, in seiner Realpräsenz sich manifestiert.

Doderer läßt seinen Schriftsteller in der Lauge der Alltäglichkeit sich auflösen – eine raffinierte Camouflage der Besonderheitsidentität, an der doch jeder, der schreibt, und so auch Doderer, festhält, mag er seine Bedeutung als Figur noch so sehr herunterspielen und an der Esoterik seines Tuns festhalten. Nochmals Doderer in einem Aphorismus aus dem Jahre 1959: »Ein Schriftsteller ist ein Mensch, dessen Sprache der Welt entsagt hat, dessen Person in ihren Netzen verstrickt bleibt.« Der Welt mit der Sprache zu entsagen, heißt nun freilich keineswegs, daß hier jemand sich und sein Werk der Unverständlichkeit ausliefert, sondern vielmehr durch die Askese die Sprache zu dem Ort wird, an dem der Schriftsteller nicht belangt zu werden und er seine Autonomie bewahren zu können meint – eine trügerische Hoffnung, gewiß, aber von ihr sich leiten zu lassen, ist nichts Unbilliges. Fraglich bleibt aber, ob sich Person und Sprache so einfach trennen lassen. Außer Frage steht, daß die Schriftsteller mit ihrer Person in den Netzen der Welt verstrickt sind, ja mehr noch: Sie sind aus unserer Lebenswelt so gut wie gar nicht wegzudenken, sie gehören zu dem gesellschaftlichen Szenario, und dies auch in Regionen, die vom Fernsehen nicht erreicht werden.

In diesem Bildband wird mehr anschaulich als die Physiognomie oder der soziale Habitus der einzelnen Autorinnen und Autoren: Durch die Photographien kommen Zusammenhänge zur Evidenz, die aus diesen »Verstrickungen« herzuleiten sind. So werden auch die einzelnen Phasen der österreichischen Literatur nach 1945 deutlich unterscheidbar; erkennbar werden ferner Kontinuitäten und Zäsuren, erkennbar werden die verschiedenen Rollenzuweisungen, die einzelnen Persönlichkeiten zuteil wurden. Mit den Hinweisen auf Doderer und Bernhard fielen bereits die Namen zweier Autoren, die für die literarische Entwicklung Österreichs als repräsentativ gelten können und sich als Figuren dem öffentlichen Bewußtsein in Wort und Bild einprägten, zugleich würde aber die Fixierung auf solche wenige hervorragende Exponenten doch die Vielfalt der Erscheinungen unterschlagen, die aus diesem »Nebentext« ablesbar ist.

2

Die Geschichte der Literatur in Österreich nach 1945 läßt sich – mit einer zugegebenermaßen etwas saloppen Formulierung – als Erfolgsstory lesen. In keiner Phase der Geschichte Österreichs zuvor kam der Literatur eine vergleichsweise ähnlich nachhaltige Wirkung im kulturellen Leben zu, nie zuvor hatte sie in bezug auf die Auseinandersetzung um die allemal prekäre österreichische Identität eine so wichtige Rolle gespielt. Freilich hatte Grillparzer mit der Prunkrede des Ottokar von Horneck in *König Ottokars Glück und Ende* einige der Stichworte geliefert, die sich für eine prägnante und didaktisch verträgliche Einübung in den Patriotismus eigneten. Eine ähnliche Funktion übte später Anton Wildgans' *Rede über Österreich* (1931) aus, worin er in einer Zeit, da der Bestand der Alpenrepublik außerordentlich gefährdet war, emphatisch die Leistungen der Kulturnation Österreich würdigte. Eine zentrale Rolle hat – trotz der bedeutenden und weit über die Landesgrenzen hinaus bekannten schriftstellerischen Leistungen – die Literatur im Österreich-Diskurs kaum gespielt: Die kulturelle Identität Österreichs wurde weniger durch die Literatur als durch die Musik und vor allem durch das Theater gestiftet. Grillparzer hat dieses laxe Verhältnis zur Poesie denn auch in seinem Gedicht *Abschied von Wien* (1843) gerügt: »Man lebt in halber Poesie, / Gefährlich für die ganze, / Und ist ein Dichter / Ob man nie / An Vers gedacht und Stanze.«

Es gehörte lange zum guten Ton, das Österreichische durch das Barocke zu definieren, wobei die Arbeit am Wort nur eine untergeordnete Rolle beanspruchen durfte. Ein weithin sichtbarer und publikumswirksamer Ausdruck dieser Kontinuität der Barocktradition sollten die Salzburger Festspiele sein, deren Programm der Sprachkritiker Karl Kraus sarkastisch aufs Korn nahm: »Herr, gib uns unser täglich Barock!« heißt es in einem Gedicht, in dem er 1923 die Verbindung Literatur, Geschäft und Kirche vor der barocken Fassade des Salzburger Doms attackierte.

Daß ein Staat mit diesem Erbe Staat machen wollte, ist verständlich, verständlich ist aber auch, daß die jüngere Generation, die den Krieg überstanden hatte, nicht ohne schwere Vorbehalte an diese so festgeschriebenen Traditionen anknüpfen konnte und wollte. Doch die vorerst ausgegebenen Devisen lauteten anders: »In der Tat brauchen wir nur dort fortzusetzen, wo uns die Träume eines Irren unterbrochen haben, in der Tat brauchen wir nicht voraus-, sondern nur zurückblicken« – dies verkündete im November 1945 Alexander Lernet-Holenia in der Zeitschrift *Turm*, und dieser Satz fehlt so gut wie in keiner österreichischen Literaturgeschichte: Er ist symptomatisch für das Selbstverständnis jenes Teiles der älteren Generation, der im Lande geblieben war. Die Emigranten, die Opfer des Nationalsozialismus mußten es freilich anders sehen, und anders mußten es auch die jüngeren Autoren sehen, die nach 1945 zu schreiben begonnen hatten. Deren erstes wahrnehmbares Lebenszeichen findet sich in der von Otto Basil herausgegebenen Zeitschrift *Plan* (1945–1948). Ilse Aichingers Text »Aufruf zum Mißtrauen« (1947) zeugt von dieser fundamentalen Skepsis, die sich aber vor allem gegen das Individuum selbst richtet: »Uns selbst müssen wir mißtrauen. Der Klarheit unserer Absichten, der Tiefe unserer Gedanken, der Güte unserer Taten.« An anderer Stelle nannte Aichinger das Erzählen eine »Rede unter dem Galgen«: Epische Distanz und epische Gelassenheit sind für diese Generation unmöglich.

Für sie war der Neuanfang besonders schwer: Es fehlten – von der ökonomischen Situation einmal ganz abgesehen – Publikationsmöglichkeiten. Doch vermitteln Zeitschriften wie der *Plan*, die von Hans Weigel herausgegebenen Jahrbücher *Stimmen der Gegenwart* (1951–56), vor allem aber die *Neuen Wege*, die Zeitschrift des *Theaters der Jugend* (ab 1945) den Eindruck einer höchst vitalen und um Modernität bemühten Literatur, die sich von all dem bestimmt zeigte, was wahrzunehmen ihr während der Nazizeit verwehrt war: Kafka und Brecht, Sartre und Camus, Majakowski und García Lorca, Hemingway und Faulkner. In den *Neuen Wegen* gab es bereits 1950 eine vehemente Auseinandersetzung um den Surrealismus, gegen den Herbert Eisenreich auftrat und für den sich H. C. Artmann engagierte, und als ebendort im Mai 1957 der Neoavantgarde – vertreten durch Gerhard Rühm und Ernst Jandl – Raum gewährt wurde, gab es einen handfesten Skandal.

Es existierte für diese jüngere Generation keine Plattform, von der aus sie hätte wirksam werden können. Zu Beginn der fünfziger Jahre setzte die Abwanderung zahlreicher Autoren in die Bundesrepublik ein, wo sowohl die Printmedien wie der Rundfunk viel bessere Möglichkeiten eröffneten, den Lebensunterhalt durch die Schreibarbeit zu bestreiten, vor allem aber bot die ›Gruppe 47‹ den Österreichern ein Forum, so daß sie auch von der Literaturkritik des Auslandes wahrgenommen wurden. Ilse Aichinger, Ingeborg Bachmann, Konrad Bayer, Paul Celan, Herbert Eisenreich, Milo Dor, Erich Fried, Barbara Frischmuth und – last but not least – Peter Handke hatten dort ihre Auftritte.

Die Epoche von 1945 bis 1966 ist gekennzeichnet durch die Dominanz restaurativer Tendenzen, die eine spezifisch österreichische Tradition hochzuhalten suchten und zugleich die Konflikte, welche die Erste Republik erschüttert hatten, zu vergessen oder zu verdrängen. In diesem Sinne wirkte auch Heimito von Doderer mit seinen großen Romanen *Die Strudlhofstiege* (1951) und *Die Dämonen* (1956), in denen er ganz bewußt das Erzählen restaurierte und dem »Desperatismus« seiner jüngeren Kollegen die positiv erfahrene Wahrnehmung der Umwelt entgegensetzte. Ganz anders Ingeborg Bachmann, deren Erzählung *Unter Mördern und Irren* (erschienen 1961, konzipiert 1956/57) an dem Beispiel einer Herrenrunde zeigt, daß die Welt nach 1945 keineswegs, wie zu erwarten, »für immer geschieden ist in Gut und Böse«, sondern die Täter und Opfer wieder an einem Tisch sitzen.

3

Das Jahr 1966 kann – nicht nur aus Gründen der Übersicht – als Zäsur gelten: In diesem Jahr starb Heimito von Doderer, in diesem Jahr trat Peter Handke bei der Tagung der ›Gruppe 47‹ in Princeton auf und kritisierte entschieden die Schreibweisen aller seiner Kollegen. Dieser – von der Literaturgeschichtsschreibung zweifellos überbewertete – Auftritt hatte eine Signalwirkung: Sprachkritik und Sprachexperiment standen im Mittelpunkt, das ›Geschichtelerzählen‹ wurde spöttisch abgetan, mit Handkes *Kaspar* (1968), mit Wolfgang Bauers und Peter Turrinis frühen Stücken erhielt das Theater im deutschen Sprachraum neue Impulse. Bezeichnend ist, daß diese nicht mehr aus der Metropole Wien, sondern aus den – nicht selten verächtlich – als »Provinz« bezeichneten Bundesländern kam. In Graz war es die bis zum heutigen Tag wichtige, von Alfred Kolleritsch herausgegebene Literaturzeitschrift *manuskripte* (ab 1960), die sich dem Prinzip der Innovation verpflichtet fühlte und bald zum Sammelbecken der österreichischen Literatur wurde. Graz avancierte in den sechziger und siebziger Jahren zur »unheimlichen Literaturhauptstadt« (Reinhard P. Gruber), und der Steirische Herbst wurde international als *das* Avantgardefestival wahrgenommen. Die ›Wiener Gruppe‹ mit Friedrich Achleitner, H. C. Artmann, Konrad Bayer, Gerhard Rühm und Oswald Wiener wurde zum Inbegriff einer Literatur, die alle Konventionen in Frage stellte, zugleich aber mit deren virtuoser Beherrschung und abgesichert durch theoretische Reflexion neue Möglichkeiten des Schreibens zu erproben suchte. Friederike Mayröckers *Tod durch Musen* (1966) und Ernst Jandls *Laut und Luise* (1966) hatten durchschlagenden Erfolg, wobei vor allem Jandls Gedichte in einem positiven Sinne populär wurden: Seine Vortragskunst gab den Dichterlesungen neue Standards vor, zugleich regten die witzig pointierten Sprachspiele alle dazu an, es selbst zu probieren. Für viele war Jandls Poesie damals ein Ärgernis, vor dem sie die Schuljugend schützen zu müssen meinten, heute sind seine Texte ein integraler Bestandteil des Sprachunterrichts im In- und Ausland.

So wurde in einem Land, das im Rufe stand, in seinem kulturellen Selbstverständnis rückwärtsgewandt zu sein, eine avancierte Literatur produziert, die ihre Wirkung auf das Publikum nicht verfehlte. Erfolgreich war diese Literatur allerdings vor allem in der Bundesrepublik, wo auch die großen Verlage – Fischer, Hanser, Luchterhand, Rowohlt, Suhrkamp – sich gerne der Autoren aus Österreich annahmen. Fördernd wirkte sich auf die Rezeption auch die Tatsache aus, daß sich um 1968 viele bundesdeutsche Autoren von der schönen Literatur verabschiedet hatten, weil sie diese in politischer Hinsicht für wirkungslos hielten, was eine Marktlücke erzeugte, die von den Österreichern bereitwillig gefüllt wurde. Wohl gab es in Österreich auch Unruhen, doch sie artikulierten sich als innerästhetische Revolten: Der Aufstand richtete sich nicht gegen die politischen Autoritäten, sondern gegen die Ordnungsmacht der Sprache. »In Sätzen steckt Obrigkeit«, befand Handke in seiner Besprechung von Gert Jonkes *Geometrischem Heimatroman* (1969).

Verbindlich wurden auch andere Vorbilder, so Elias Canetti mit der Abhandlung *Masse und Macht* (1960) und seinem Roman *Die Blendung* (1935), dessen Bedeutung erst durch die Neuausgabe von 1963 der Kritik bewußt wurde, so auch Erich Fried, dessen Gedichte für das literarische und politische Selbstverständnis der jüngeren Generation seit den sechziger Jahren wegweisend waren.

Auch im Literaturbetrieb drückte sich diese Umorientierung aus: Der österreichische P. E. N.-Club hatte sich beharrlich geweigert, die Autoren der Avantgarde zu Mitgliedern zu machen. Dies führte 1973 zur Gründung einer Schriftstellerorganisation, die sich in Reverenz für die Meriten der steirischen Landeshauptstadt für die neue Literatur ›Grazer Autorenversammlung‹ nannte. Ernst Jandl, der sich um die Gründung dieses Vereins in erster Linie bemüht hatte, konnte mit gutem Grund darauf verweisen, daß sich in diesem fast alle jene versammelt hatten, die auch über ein internationales Renommee verfügten.

4

Daß Literatur auch in der österreichischen Öffentlichkeit einen anderen Stellenwert erhielt, ist untrennbar mit dem Traditionsbruch um die Mitte der sechziger Jahre verbunden: Deutlich richten sich die Texte gegen jeglichen euphemistischen Umgang mit der österreichischen Vergangenheit. In Hans Leberts Roman *Die Wolfshaut* (1960) kündigt sich dieser kritische Umgang mit der Heimat an, der auf die Persistenz des Nationalsozialismus vor allem in den ländlichen Gebieten hinwies. Gerhard Fritschs Roman *Fasching* (1967) thematisiert die Herrschaftsverhältnisse in einer Kleinstadt, in der die Täter von einst die Macht haben und die Opfer von einst wieder zu Opfern machen. Von der gar nicht so schönen Heimat erzählen Autoren wie Franz Innerhofer oder Gernot Wolfgruber: Desillusionsgeschichten, die den schönen Schein just dort abbauen, wo ihn die österreichische Imagepflege am eindringlichsten eingesetzt hatte. Manches liest sich geradezu als ein Widerruf jener Selbstrepräsentation, mit der sich Österreich in den siebziger Jahren als ein Sozialstaat und zugleich als in natürlicher Schönheit belassenes Land empfahl.

Thomas Bernhards Werk ist der radikale Widerruf all jener Übereinkünfte, die in der Zweiten Republik ein Staatsgebilde erblicken wollten, das endlich mit sich selbst ins Reine gekommen sei: Immer dort, wo sich ein Maximum an Konsens einzustellen schien, setzte Bernhard zur Attacke an. Gerade indem er sich aus der Öffentlichkeit zurückzog, insinuierte er sich dieser. Über ein Vierteljahrhundert – von 1963 (*Frost*) bis zu seinem letzten Stück *Heldenplatz* (1988) – beschäftigte Bernhard die Medien. Mit seinen virtuosen Scheltreden und Interviews hauchte er diesen Genres neues Leben ein und erzeugte eine Irritation, die selbst mit seinem Tod 1989 nicht aufhörte. »An diesem toten Giganten kommt keiner vorbei«, sagte Elfriede Jelinek in ihrem Nachruf, und Peter Handke, der sich von der ästhetischen Praxis Bernhards distanzierte, meinte, man solle nicht von einer Ära Waldheim, sondern von einer Ära Bernhard sprechen.

Das Todesjahr Bernhards könnte abermals als eine Zäsur herangezogen werden: In diesem Jahr wandelte sich Österreichs Rolle in Europa entschieden und es schien, als wäre es hoch an der Zeit, sich vom Bild dieses Landes als einer »Insel der Seligen« zu verabschieden.

5

Die österreichischen Autoren, denen sonst gerne politisches Desinteresse nachgesagt wurde, nahmen sich nach der Waldheim-Affäre von 1986 dieses kollektiven Verdrängungsprozesses an; die sonst eher vernachlässigte Gattung des Essays erlebte eine neue Blütezeit, wie etwa in Josef Haslingers *Politik der Gefühle* (1987), Robert Menasses *Sozialpartnerschaftlichen Ästhetik* (1990) und Karl-Markus Gauß' *Ritter, Tod und Teufel* (1994); auch Christoph Ransmayrs *Morbus Kitahara* (1995) kann in diesem Kontext gelesen werden, ein beklemmendes Gedankenexperiment, demzufolge Deutschland und Österreich nach dem Zweiten Weltkrieg der technische und wirtschaftliche Fortschritt versagt bleibt. In ihrem monumentalen Roman *Kinder der Toten* (1995) hat Elfriede Jelinek Trivialmythen wie den Vampirismus zum drastischen Ausdruck dieser vernichtenden Anwesenheit des Vergangenen im Gegenwärtigen eingesetzt. Diesem Problemfeld läßt sich auch Gerhard Roths Romanzyklus *Die Archive des Schweigens* (1980–91) zuordnen. Robert Schindel und Doron Rabinovici haben mit ihren Romanen *Gebürtig* (1992) bzw. mit der *Suche nach M.* (1997) ernsthaft und zugleich mit sublimem Witz die Situation der Österreicher jüdischer Herkunft analysiert. Die Reihe der Texte, denen diese Bemühungen um eine kritische Auseinandersetzung mit Österreich und um Jahre seiner Geschichte gelten, ließe sich fortsetzen, etwa bis zu Norbert Gstreins Roman *Die englischen Jahre* (1999), in dem dieser Umgang mit der Geschichte wiederum einer Kritik unterzogen wird.

Es mag zutreffen, daß in den neunziger Jahren die österreichische Literatur nicht mehr von demselben Impetus getragen und von derselben Freude an der Innovation wie um 1970 vorangetrieben wird, es mag zutreffen, daß der Literaturkritik in Österreich wenig Raum gegönnt wird und über Erfolg und Mißerfolg von Büchern weniger im Lande selbst als im deutschen Feuilleton entschieden wird. Es trifft gewiß zu, daß die Zahl jener, die neue Literatur lesen, gemessen an der Gesamtbevölkerung gering ist. Das Verhältnis von Literatur und Politik ist nicht friktionsfrei, aber spätestens seit 1972, als Bundeskanzler Kreisky den nachhaltigen Eindruck, den Handkes Erzählung *Wunschloses Unglück* (1972) auf ihn machte, hervorhob, und das Buch seinen Ministern empfahl, hat Literatur auch in der Kulturpolitik einen anderen Stellenwert. Dies drückt sich auch in der Förderung durch die öffentliche Hand aus, es gibt viele Institutionen, die den Schreibenden durch Lesungen den Zugang zum Publikum ermöglichen, es gibt – auch wenn sich die Verlagssituation nicht grundsätzlich gebessert hat – heute mehr Publikationsmöglichkeiten: Existierten 1970 nur 15 literarische Zeitschriften, so konnte man 1997 bereits knapp über hundert zählen. Es gibt zahlreiche Preise und Stipendien und eine ernsthafte Diskussion darüber, wie die Lage der Autoren mit Hilfe einer geregelten Kranken- und Pensionsversicherung verbessert werden könnte. Nicht verschwiegen sei, daß es in zunehmendem Maße ziemlich laute Stimmen gibt, welche diese Praxis als die Förderung von »Staatskunst« ablehnen und die Autoren dem freien Unternehmertum und damit dem Überlebenskampf auf dem freien Markt wieder überantworten wollen, wo sie sich zu bewähren hätten und, so die Annahme, auch eher lebensnahe Produkte herstellen würden. Es wäre freilich eine Illusion zu glauben, daß Österreich ein Schriftstellerparadies wäre, aber das Erreichte läßt sich – auch im internationalen Vergleich – sehen, wenngleich die Interessensvertretungen der Autoren mit Nachdruck und guten Gründen noch weitgehende Verbesserungen von seiten der öffentlichen Hand fordern. Daß dies in einer Zeit, da den marktwirtschaftlichen Überlegungen eine bestimmende Rolle zugewiesen wird, nur schwer durchzuführen ist, ist allen damit Befaßten klar, doch ein Argument für die Förderung läßt sich schwer beiseite schieben: Das kulturelle Niveau eines Staates wird in der Zukunft immer daran gemessen werden, welche Bedingungen er für die produktiven Künstler und somit auch für die Schriftsteller zu schaffen vermochte, und so darf die Literatur nicht hinter den Status zurückfallen, den sie derzeit im öffentlichen Bewußtsein einnimmt und der hier im Bilde anschaulich wird.

Der Schreibtisch: H. C. Artmann

Annäherung in Bildern

Günther Anders

Felix Braun

Hermann Broch

Ferdinand Bruckner

Fritz Brügel

Elias Canetti

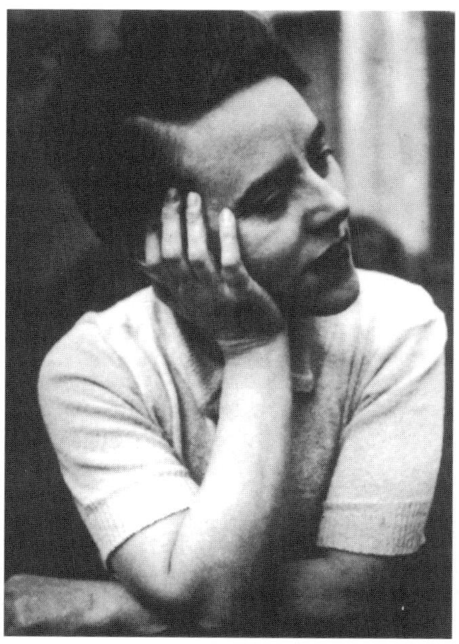
Elisabeth Freundlich

Mimi Grossberg

Oskar Jellinek

Gina Kaus

Theodor Kramer

Ernst Lothar

Hertha Pauli

Adrienne Thomas

Friedrich Torberg

Johannes Urzidil

Berthold Viertel

Ernst Waldinger

Vertrieben und (nicht) zurückgekehrt Österreichische Literatur im Exil

Ursula Seeber

Der »Anschluß« Österreichs im März 1938 erzwang einen ungeheuren Exodus von »rassisch« Verfolgten im Sinn der Nürnberger Gesetze und von politischen Gegnern des Nationalsozialismus, darunter Tausende Intellektuelle, Künstler und Schriftsteller. Die österreichische Literatur zerfiel in eine Literatur des Deutschen Reichs, deren Vertreter sich im völkisch-nationalen Sinn exponierten, in die Minderheit der Inneren Emigration und in eine Literatur im Exil. Nicht allen, deren Bücher nach 1933 verboten und verbrannt worden waren, gelang die Flucht. Der Kulturhistoriker und Essayist Egon Friedell suchte beim Einmarsch der deutschen Truppen den Freitod, der Dramatiker Jura Soyfer, der Kabarettist Fritz Grünbaum, Fritz (Beda) Löhner, der Operettenlibretti für Franz Léhar schrieb, oder die Erzählerin Alma Johanna Koenig kamen in den Vernichtungslagern ums Leben. Indem das nationalsozialistische Österreich das wahrscheinlich größte kulturelle, kreative und wissenschaftliche Kraftfeld seiner Geschichte zerstörte, machte es die, die es geschaffen hatten, zu »displaced persons«: (alt)-österreichische Autoren, deren Namen heute unter dem Epochenbegriff Wiener Moderne international beachtet werden (Leopold von Andrian, Richard Beer-Hofmann, Franz Blei) oder die für die Klassische Moderne des Romans stehen (Robert Musil, Hermann Broch); Journalisten und Publizisten wie Alice Schalek, Egon Erwin Kisch, Alfred Polgar; die Dramatiker Ferdinand Bruckner, Fritz Hochwälder und Ödön von Horváth; Kabarettisten wie Karl Farkas und Hugo Wiener; für eine Vielzahl anderer stehen die Namen Raoul Auernheimer, Felix Braun, Max Brod, Franz Theodor Csokor, Albert Drach, Bruno Frei, Hermann Hakel, Oskar Jellinek, Anna Maria Jokl, Theodor Kramer, Ernst Lothar, Paula Ludwig, Soma Morgenstern, Robert Neumann, Leo Perutz, Alexander Roda Roda, Stella Rotenberg, Joseph Roth, Alexander Sacher-Masoch, Hilde Spiel, Friedrich Torberg, Johannes Urzidil, Hans Weigel, Franz Werfel, Martina Wied, Hermynia Zur Mühlen und Stefan Zweig.

Die Emigration hatte für sozialdemokratische und kommunistische Publizisten und Autoren schon nach dem Bürgerkrieg vom Februar 1934 begonnen, die meisten – wie Fritz Brügel, Ernst Fischer oder Hugo Sonnenschein (Sonka) – flohen in die Tschechoslowakei, vor allem nach Prag, das eine starke deutschsprachige Literatur- und Presseszene anzubieten hatte, später zum Teil in die Sowjetunion. Bis zur deutschen Okkupation 1940 war Frankreich eines der wichtigsten Zufluchtsländer, dann Großbritannien und vor allem die USA. Aus ihrer »Lebenssphäre« (Erich Fried), ihrer »sprachlichen Luft entfernt« (Elias Canetti), sahen sich die Schriftsteller zu einem »Stammeldasein« (Günther Anders) verurteilt. Ohne Zusammenhang mit dem vertrauten »Sprachgeschehen« (Jean Améry) und ohne die Resonanz eines deutschsprachigen Pu-

Oben Erschien zuerst in englischer Sprache in New York, 1944; österreichische Erstausgabe 1947

Oben Die 1941 in London erschienene, von »Free German League of Culture / Austrian Centre / Young Czechoslovakia« herausgegebene Exil-Anthologie enthält u. a. Texte der Österreicher Erich Fried und Eva Priester.

Unten Zeitgleich mit der deutschsprachigen Ausgabe erschien *The death of Virgil* 1945 in New York.

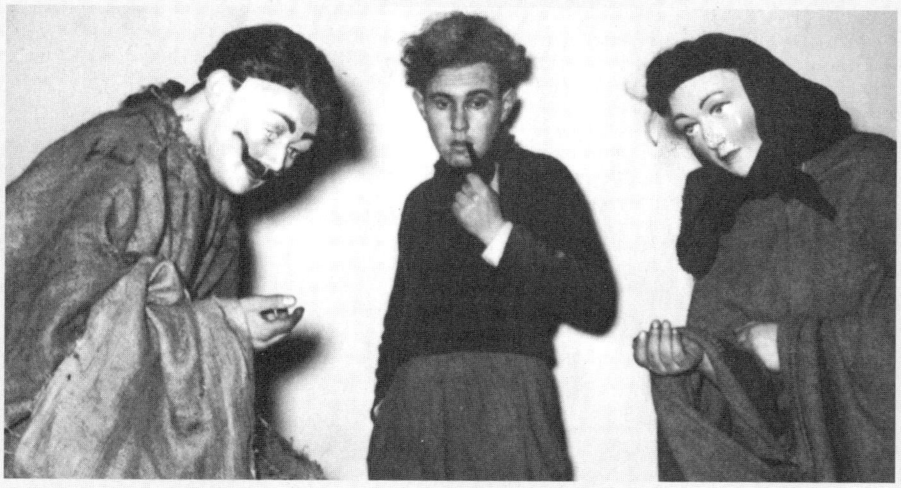

Vineta von Jura Soyfer – Aufführung der Theatergruppe von »Young Austria« 1940 in London (m.: Otto Tausig)

Erich Frieds zweiter Lyrikband mit den antifaschistischen *Österreich*-Gedichten wurde Ende 1945 in London gedruckt.

Links »Far beyond the ocean, in a valley in the Austrian Alps [...]« – Hertha Pauli erzählt im amerikanischen Exil die Geschichte des Liedes *Stille Nacht* (New York 1943).

blikums war das literarische Schaffen in der Muttersprache gefährdet, und mit der allenfalls korrekt gebrauchten Sprache des Gastlandes schien zunächst kein freier kreativer Umgang möglich. Im Kampf um die Rettung der eigenen Produktivkraft hatten die Schriftsteller in »schmerzlicher Treue« (Manès Sperber) bei der deutschen Sprache zu bleiben oder zu verstummen oder mußten das Abenteuer wagen, in der Sprache des Gastlandes zu schreiben, worauf sich nur eine Minorität einließ. Der Romancier und Parodist Robert Neumann, Arthur Koestler, Hilde Spiel oder die Suttner-Biografin Hertha Pauli sind Beispiele von geglücktem professionellem Sprachwechsel.

Durch die restriktiven Arbeitsbedingungen der meisten Asylländer bedingt, konnte kaum einer der Vertriebenen bei seiner ursprünglichen Profession bleiben. Abgesehen von Brotarbeit als Vertreter, in der Fabrik oder als Hausangestellte orientierten sich viele Autorinnen und Autoren auch in ihrem Berufsbild neu. Der Feuilletonist und Kritiker Felix Salten etwa durfte im Schweizer Exil nicht als Journalist arbeiten und schrieb unter dem Druck seines Verlegers ein halbes Dutzend Tierbücher im Stil seines erfolgreichen Romans *Bambi* (1923). Genres wie das Kinderbuch (Bettina Ehrlich, Friedrich Feld, Joe Lederer, Adrienne Thomas), Populärwissenschaft (Alfred Apsler), Ghostwriting (Manès Sperber), Journalismus und Rundfunk (Hans Flesch-Brunningen, Edmund Wolf und Ernst Gombrich etwa arbeiteten für den deutschsprachigen Dienst der BBC), Filmarbeit (Gina Kaus und Berthold Viertel gingen nach Hollywood), Übersetzung oder die Unterhaltungsbranche (als Wirkungsfeld der Texter und Komponisten Fritz Spielmann und Jimmy Berg) waren »angewandte« Bereiche der Literatur, die das materielle Überleben sicherten und den Zugang zum fremdsprachigen Kulturbetrieb erleichterten.

Im Exil entwickelte sich eine Reihe von Netzwerken, die der österreichischen Literatur eine Heimstatt boten und das Identitätsgefühl der Vertriebenen stärkten: Klubs und Cafés, Bühnen und Kabaretts wie »Das Laterndl« in London und Verlage wie der Aurora Verlag in New York.

Bedeutende Periodika des österreichischen Exils mit literarischen Beiträgen waren in Paris die monarchistische *Österreichische Post* und die zweisprachigen *Nouvelles d'Autriche*, in London das Organ des Austrian Centre *Zeitspiegel* (ab 1939); später in Shanghai die *Gelbe Post* des Freud-Herausgebers und Journalisten Adolf J. Storfer; bedeutend war die ab 1943 in New York erscheinende *Austro American Tribune*, deren von Bertolt Brecht hochgelobte Kulturbeilage mit Texten der bedeutendsten Exilautoren in den USA von der Germanistin und Bibliothekarin Elisabeth Freundlich redigiert wurde.

Sehnsucht nach Altaussee, Die

Österreichisches Exil in Mexiko: Titelgestaltung der Zeitschrift *Austria Libre* (1942–46)

kühlen Bauernstuben, Österreich, Die Kapuzinergruft, Heldenplatz, Silent Night. The Story of a Song, Geistige Strömungen in Österreich 1867–1918 ... Ob literarisches Landschaftslob von Friedrich Torberg und Ernst Waldinger, politische Lyrik von Erich Fried, Romane von Joseph Roth und Ernst Lothar, ob ein Kinderbuch von Hertha Pauli oder die kulturwissenschaftliche Studie von Albert Fuchs: das von der Karte verschwundene Österreich bildete sich in den Texten der vertriebenen Autoren, gleich welcher ideologischer und literarischer Provenienz, als Wunschort, Erinnerungstopographie oder als politisches Konzept in vielen Spielarten ab. Ihr gemeinsamer Nenner ist, daß sie das Fundament nationaler Geschichte und die Eigenständigkeit der österreichischen Kultur gegen die nationalsozialistische Vereinnahmung verteidigten. Um so verstörender war die Konfrontation mit dem realen Österreich nach Kriegsende. 1945 mußte sich das Land neu positionieren, und es fand einen politisch gut kalkulierten Rückhalt in dem Selbstbild, erstes Opfer der Hitlerschen Aggressionspolitik gewesen zu sein und nicht ein Volk von Tätern und Zuschauern. Bei diesen Entlastungsvorgängen wurde den Opfern die schuldhafte Rolle derer zugewiesen, »Die uns verließen«, wie der Titel eines Ausstellungskatalogs aus dem Jahr 1980 lautete. Ihre »Unerbetene Erinnerung« (Raul Hilberg) störte den kollektiven Gedächtnisschwund des offiziellen Österreich über seine jüngste Vergangenheit. Nur wenige, die sich als politische Emigranten verstanden hatten und früh mit dem staats- oder kulturpolitischen Auftrag einer Partei oder die im Dienst der Alliierten zurückkehrten, konnten sich einen Ort im Nachkriegskulturbetrieb schaffen, darunter Ernst Fischer, erster Unterrichtsminister der Zweiten Republik, Franz Theodor Csokor, erster Präsident des österreichischen P.E.N.-Clubs nach 1945, die Staatspreisträger der fünfziger Jahre Felix Braun und Martina Wied, deren christliches Selbstverständnis sich in einem versöhnlichen Zugehen auf Österreich manifestierte, der Kritiker Hans Weigel oder Fried-

»Amerika stand bis zum 9. Dezember 1938, bis zum Tag meiner Ankunft in New York, außerhalb meines Lebens. Mit dem Amerika aber, in das ich an jenem Tag eingegangen bin, bin ich verbunden, und diese Bindung läßt sich, in ihrer Art, genau so wenig je von meinem Leben lösen wie meine Bindung an Österreich.« (Franzi Ascher, Wien 1948)

Arthur Koestler mit seiner Sekretärin und späteren Frau Cynthia in seinem Haus in Fontaine-le-Port (Frankreich), 1949

rich Torberg, 1954 Mitbegründer der wichtigen kulturpolitischen Zeitschrift *Forum*.

Für viele andere wurde Österreich zum Exil nach dem Exil. Berthold Viertel beschrieb im Gedicht *Der Heimgekehrte* das Lebensgefühl des Remigranten als »Grablegung«, und Theodor Kramer, der 1957 nach Wien zurückkam, zog im Refrain eines seiner letzten Gedichte das bittere Resümee: »Erst in der Heimat bin ich ewig fremd.«

Spät, mit dem sogenannten Bedenkjahr 1988 und dem Auftreten einer jüngeren Generation von Wissenschaftlern und Publizisten, setzte ein selbstkritisches Umdenken ein. In Forschungsprojekten, Symposien, Ausstellungen, Buchreihen und durch den Erwerb von Sammlungen und Nachlässen (etwa von Horváth, Fried, Schönberg, Krenek) wird heute versucht, der Kunst und Kultur des Exils eine späte Form der Beheimatung anzubieten. Die nachhaltige Präsenz der Exilliteratur zeigt sich indes auch außerhalb institutioneller Dokumentation und Bewahrung. Das beste Zeichen für ihre Lebendigkeit und ihre ästhetische Qualität ist, daß die österreichische Gegenwartsliteratur sich auf diese Zeugen einer »anderen« Tradition bezieht. Elfriede Jelinek, Marie Thérèse Kerschbaumer, Elisabeth Reichart, Norbert Gstrein, Erich Hackl, Gerhard Roth oder Robert Schindel schreiben über die Vertriebenen und die Vergessenen, machen ihren Protest gegen den Nationalsozialismus hörbar und gebieten so der »Kunst des tröstlichen Vergessens« (Manès Sperber) Einhalt.

Franz Th. Csokor: »Ich war Zeuge« (Amsterdam 1940)

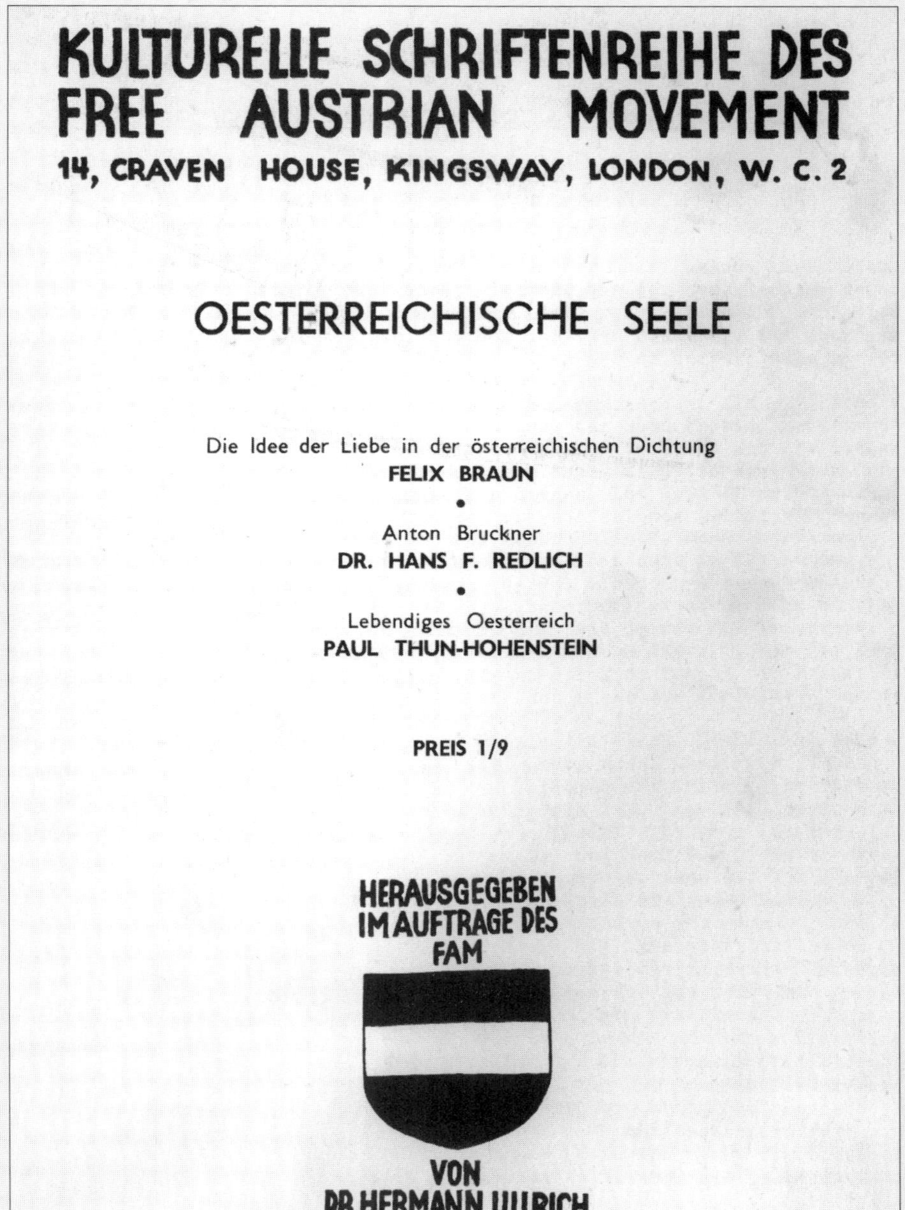

KULTURELLE SCHRIFTENREIHE DES FREE AUSTRIAN MOVEMENT
14, CRAVEN HOUSE, KINGSWAY, LONDON, W. C. 2

OESTERREICHISCHE SEELE

Die Idee der Liebe in der österreichischen Dichtung
FELIX BRAUN
•
Anton Bruckner
DR. HANS F. REDLICH
•
Lebendiges Oesterreich
PAUL THUN-HOHENSTEIN

PREIS 1/9

HERAUSGEGEBEN IM AUFTRAGE DES FAM

VON DR. HERMANN ULLRICH

Österreichisches Exil in Großbritannien: Titelblatt der Schriftenreihe der bedeutenden Exilorganisation »Free Austrian Movement« (FAM)

Feier anläßlich einer Dichterlesung vor den Absolventen des Bundesseminars für landwirtschaftliches Bildungswesen im Wien der sechziger Jahre (im Vordergrund sitzend, v.r.n.l.): Rudolf Henz, Max Mell, Felix Braun

Tradition und Kontinuität – Vivant sequentes – oder: Wie man es schafft, sein eigener Nachfolger zu werden

Klaus Amann

»Ich finde Namen im Mitglieder-Verzeichnis, die ich auch in Goebbels' ›Reich‹ etc. ... als Mitarbeiter las. Und ich finde etwa den Namen Polgars, Waldingers ... nicht. Aber Ihr werdet ja wissen, was Ihr tut, und ich habe es aufgegeben, mich in dieser Hinsicht auseinanderzusetzen. Fontana schrieb mir, ... dass Schreyvogel [sic!] – Heil – einen Kritikerposten in Wien hat. Vivant sequentes ...! Nicht, dass mich dies verwunderte ... Es ist eine schoene Sache um das ›Verzeihen‹ und – wie gesagt – lokal moegen andere Gesichtspunkte walten. Von hier aus und vom Standpunkt derer, denen das ›Nichtvergastwordensein‹ offenbar eben nicht verziehen wird, sieht es wieder anders aus.«

Ludwig Ullmann
am 5. November 1948 aus New York an den Präsidenten des Österreichischen P.E.N.-Clubs, Franz Theodor Csokor, Wien

Der bleibende Makel der literarischen Öffentlichkeit Österreichs in der Zweiten Republik ist die Art und Weise, wie nach 1945 zur Tagesordnung übergegangen, nein exakter, in der Tagesordnung fortgefahren wurde. Die Literatur und der Literaturbetrieb wurden auf Jahre hinaus die Beute der im Lande »Übriggebliebenen« (Milo Dor, 1954). Sie halfen sich gegenseitig wieder in die Sättel und beeilten sich, dort weiterzutun, wo sie 1938 »die Träume eines Irren unterbrochen« hatten (A. Lernet-Holenia, 1945). Die öffentlich sichtbaren Merkmale dieser Haltung waren Indolenz und Selbstgerechtigkeit als die hilfreichsten Eigenschaften, sich gegen das Ansinnen zu wehren, den Nationalsozialismus als Teil der eigenen Geschichte, als Teil der eigenen Biographie zu begreifen, gar »die Kraft zu schuldiger Achtung und Ächtung« (Michael Guttenbrunner) aufzubringen. Man sah sich und das Land als Opfer und neben diesem Gefühl war kein Platz für die Wahrnehmung der anderen, von denen man ohnehin annahm, sie hätten durch ihr ›Weggehen‹ den besseren Teil erwählt. So blieben die Exilierten, die man nach wie vor als unliebsame literarische Konkurrenz ansah, verbannt und stigmatisiert über das Ende des Dritten Reiches hinaus – selbst wenn sie die Rückkehr wagten: »Erst in der Heimat bin ich ewig fremd«, schrieb Theodor Kramer. Das literarische Leben Österreichs war nach der ›Befreiung‹ in seinen bestimmenden Strukturen bald zwei Jahrzehnte lang ein Gunstgewerbe unter alten Bekannten aus der Zeit des Austrofaschismus und des Nationalsozialismus. Am Beispiel der Literaturpreisträger der fünfziger Jahre läßt sich die eine wie die andere Behauptung illustrieren.

Daß den Literaturpolitikern der Zweiten Republik mehr als ein Jahrzehnt lang fast ausschließlich jene Autoren als preiswürdig erschienen, die schon den Literaturfunktionären des Austrofaschismus und des Dritten Reiches gefallen hatten, ist symptomatisch für die geistige Atmosphäre der Nachkriegszeit. Es ist dies nicht nur ein schöner Beleg für das zeit- und regimeüberdauernde Wirken der entsprechenden Seilschaften, sondern auch der augenfällige Beweis für die von Lernet-Holenia formulierte Haltung des ›Weitertuns‹. Die Nazizeit, ein unösterreichisches Intermezzo, für das die Deutschen die Verantwortung zu tragen haben, ist, gemessen am »langen Bestande Österreichs« nur »ein Augenblick [...]. Wir werden ihn vergessen« (J. F. Perkonig, 1946). Die Wiedereinrichtung der Staatspreise für Literatur, Musik etc. erfolgte denn auch, wie der zuständige Beamte ausdrücklich auf dem Akt vermerkte, »in Anlehnung an die Grundsätze, nach denen vor 1938 die Preisstiftung erfolgte«. So ist es nur konsequent, daß das Personal lediglich die Seiten wechselte. Der Juror der Staatspreisjury des Austrofaschismus und vaterländische Multifunktionär Rudolf Henz, der sich 1938 mit antisemitischen Bekenntnissen bei den Nazis anzubiedern versucht hatte, erhält den Preis 1953; 1954 wird der katholische Paradeautor und ehemalige Juryvorsitzende Max Mell ausgezeichnet, der seit 1936 als Präsident des antisemitischen ›Bundes der deutschen Schriftsteller Österreichs‹ eine getarnte Außenstelle der Reichsschrifttumskammer in Österreich aufbauen half. 1957 ist dann der ehemalige Juror und Beiträger zum nationalsozialistischen *Bekenntnisbuch österreichischer Dichter* (1938) Franz Karl Ginzkey an der Reihe, der sich schon in den dreißiger Jahren bei deutschen Nazifunktionären erkundigt hatte, wie er sich als Mitglied des österreichischen Staatsrates in diesem Gremium zu verhalten habe. Josef Nadler, ebenfalls einstiger Juryvorsitzender und einer der prominentesten und militantesten Nazi-Germanisten, erhält 1958 wenigstens die Stifter-Medaille.

Der Eindruck, den Michael Guttenbrunner, Milo Dor, Ilse Aichinger und Ernst Jandl hatten, daß die österreichische Kulturpolitik nach 1945 einen direkten und engen Anschluß an die Verhältnisse der Vorkriegszeit suchte (und damit auch die Nazikarrieren der Geehrten in Kauf nahm), trügt also nicht. Nur: zur Kultur der Vorkriegszeit gehörten von den 1950 noch Lebenden und damit potentiell Auszeichnungswürdigen ohne Zweifel auch Vicki Baum, Ulrich Becher, Hermann Broch, Max Brod, Ferdinand Bruckner, Fritz Brügel, Elias Canetti, Franz Theodor Csokor, Albert Ehrenstein, Hans Flesch-Brunningen, Paul Frischauer, Arnold Hauser, Raoul Hausmann, Hugo Huppert, Heinrich Eduard Jacob, Erich von Kahler, Gina Kaus, Egon Erwin Kisch, Arthur Koestler, Theodor Kramer, Ernst Krenek, Ernst Lothar, Paula Ludwig, Robert Neumann, Leo Perutz, Alfred Polgar, Alexander Sacher-Masoch, Hilde Spiel, Friedrich Torberg, Johannes Urzidil, Berthold Viertel, Ernst

Waldinger, Hermynia Zur Mühlen und noch manch andere, alle in der einen oder anderen Form Opfer der Nürnberger Gesetze und des politischen Terrors. Nennenswerte Auszeichnungen erhielten von all den Genannten im Jahrzehnt 1950 bis 1960 lediglich Csokor (Preis der Stadt Wien 1953, Staatspreis 1955), Bruckner (Preis der Stadt Wien 1957) und Kramer (Preis der Stadt Wien 1958, postum verliehen).

Österreichische Literaturpreise wurden unmittelbar nach dem Krieg also nicht – was ja durchaus im Bereich des Denk- und Vorstellbaren läge, und was schließlich ja auch für ein neues politisches und kulturelles Selbstbewußtsein Signalfunktion hätte haben können – als symbolisches Instrument der Wiedergutmachung oder als Anreiz für die Rückkehr der Exilierten in Betracht gezogen. Ganz im Gegenteil: Bei den Beratungen über den ab 1950 wieder verliehenen Staatspreis wurde – mit ausdrücklicher Zustimmung der Vertreter der wichtigsten Schriftstellervereinigungen (u. a. P.E.N.-Club, Vereinigung sozialistischer Schriftsteller und Journalisten) – eine Festlegung getroffen, die Exilierte von vornherein als Preisträger ausschloß. Die Begründung dafür verdient, festgehalten zu werden: »Umstritten war die Frage, ob die Staatspreise auch an Österreicher, die ihren ständigen Wohnsitz im Ausland haben, verleihbar sein sollten. Da eine Abwanderung der Staatspreise nach dem Ausland weder von den hier schwer um Existenz und Anerkennung ringenden Autoren noch von der öffentlichen Meinung gebilligt werden würde, beschloß man einstimmig, diesen Punkt so zu präzisieren, daß die Staatspreise nur an österreichische Staatsbürger verliehen werden können, die ihren ständigen Wohnsitz in Österreich haben.« (P.E.N.-Archiv, Wien, 9. 3. 1950)

Man war zwar durchaus der Auffassung, für die Verleihung des Staatspreises könne nur die künstlerische Leistung ausschlaggebend sein – »soziale Erwägungen oder andere Ressentiments dürfen von den Juroren nicht angewendet werden« –, doch durch die Wohnsitzklausel wurde zugleich impliziert, daß zwischen den Unterlagen der österreichischen Meldeämter und dem Rang österreichischer Schriftsteller ein direkter Zusammenhang etwa in der Weise bestehe, daß die besten die sind, die immer schon da waren, wenn es etwas zu verteilen gab. Der Verdacht ist nicht abzuweisen, daß hier zwar keine sozialen Erwägungen, sehr wohl aber andere Ressentiments »angewendet« wurden.

Nicht nur der Staatspreis, auch andere repräsentative Literaturpreise gingen im großen Umfang gerade an jene Autoren, die entweder bereits unter dem Austrofaschismus oder unter dem Nationalsozialismus oder unter beiden Systemen protegiert und ausgezeichnet worden waren: Für Max Mell (Rosegger-Literaturpreis 1951), Franz Nabl (Preis der Stadt Wien 1952, Rosegger-Literaturpreis 1953, Staatspreis 1956), Franz Karl Ginzkey (Preis der Stadt Wien 1954, Würdigungspreis der Stadt Linz 1959), Gertrud Fussenegger (Förderungspreis des Landes Oberösterreich 1951), Robert Hohlbaum (Förderungspreis des Landes Oberösterreich 1951), Paula Grogger (Rosegger-Literaturpreis 1952, Enrica-von-Handel-Mazzetti-Preis 1955), Julius Zerzer (Enrica-von-Handel-Mazzetti-Preis 1952, Rosegger-Literaturpreis 1955), Erna Blaas (Trakl-Preis 1957), Paul Anton Keller (Rosegger-Literaturpreis 1955), Karl Heinrich Waggerl (Adalbert-Stifter-Preis 1957), für all diese Autoren war die Teilnahme an Jubel-Anthologien zum ›Anschluß‹ an Hitlerdeutschland, waren die Beiträge für irgendwelche ›Bekenntnisbücher‹, waren Führergedichte und Wahlaufrufe für Hitler, waren NSDAP-Mitgliedschaften, Ehrenringe, Preise und Ehrendoktorate aus der Hand von Goebbels und Schirach, waren illegale und – ab dem März 1938 – ›legale‹ Arbeit im Dienste der Nationalsozialisten und ihrer Eroberungskriege, waren Verleumdungen und Denunziationen von Kollegen und Konkurrenten jedenfalls kein Ausschlußgrund von alsbaldigen öffentlichen Ehrungen im befreiten Österreich. Einige wenige, wie Bruno Brehm, erhielten ein paar Jahre Veröffentlichungsverbot. Dann waren sie alle wieder da. Oder fehlte einer? Ja, Weinheber, er hatte, wohl in falscher Einschätzung der Lage, beim Heranrücken der Roten Armee Selbstmord verübt.

Es ist also durchaus keine Provokation, sondern ein leicht belegbares Faktum, festzustellen, daß gerade die am häufigsten geehrten österreichischen Schriftsteller der Nachkriegszeit dieses Österreich, das sich ihnen nun mit Preisen und Ehrenkreuzen anzudienen versuchte, nur wenige Jahre vorher bereitwillig an den momentan vielleicht verheißungsvolleren, vor allem aber zahlungskräftigeren Konkurrenten verraten hatten und daß sie sich dessen auch rühmten. Die partielle Wiederaufnahme der Kulturpolitik und Österreichideologie der dreißiger Jahre, die in der Nachkriegszeit vor allem auch im Personellen stattfand, impliziert deshalb nicht nur die angestrebte Kontinuität des ›Österreichischen‹, das man als Gegenbegriff zum nationalsozialistisch kompromittierten ›Deutschen‹ propagierte, diese Wiederaufnahme impliziert in der personellen Besetzung, die man wählte, und im Blick auf die Vorgeschichte zugleich auch dessen Verrat. So aber konnte man wenigstens bequem sein eigener Nachfolger werden.

»Das alte Haus am Ring weist schwere äußerliche und innerliche Wunden auf und wird längere Zeit nicht bespielbar sein.[...] Das Burgtheater ist eine Idee und sie ist verkörpert in seinen Künstlern, in seinen Arbeiten und nicht zuletzt in seinem Publikum. Damit diese Idee jedoch lebendig bleibt, muß sie wirken und Zeugenschaft ablegen.« (Raoul Aslan, 1945) – Das Wiener Burgtheater, im Frühjahr 1945 zerbombt und ausgebrannt, konnte zehn Jahre lang nicht bespielt werden.

Am 30. April 1945 eröffnete man – unter Direktor Raoul Aslan – im Ronacher mit Grillparzers *Sappho*.

Die Stücke des bekennenden Nationalsozialisten und Präsidenten des »Bundes deutscher Schriftsteller Österreichs« Max Mell wurden im ›Dritten Reich‹ besonders gern gespielt.

Auch nach dem Krieg erfreut sich Mell großer Beliebtheit. 1954 erhält er den Österreichischen Staatspreis.

BURGTHEATER

Sonntag, den 23. Januar 1944

Uraufführung

Der Nibelunge Not

Dramatische Dichtung von Max Mell

Regie: Lothar Müthel

Bühnenentwürfe und Kostüme: Cesar Klein

Gunther, König in Burgund	Heinz Woester
Königin Brunhild	Maria Eis
Gernot } Gunthers Brüder	Alexander Trojan
Giselher } Gunthers Brüder	Fritz Lehmann
Siegfried, König in Niederland	Siegmar Schneider
Königin Kriemhild, Gunthers Schwester	Liselotte Schreiner
Königin Ute	Hedwig Bleibtreu
Hagen von Tronje	Fred Hennings
Volker von Alzey	Heinz Moog
Dankwart	Hans Marr
Alberich	Hans Siebert
Der Kapellan	Franz Herterich
Zwei Reiter	Reinhold Siegert, Viktor Braun
Ein Mädchen	Irmgard Mader

Die Handlung des Werkes folgt den im ersten Teil des Nibelungenliedes erzählten Ereignissen. Die dramatische Gestaltung der Vorgänge des zweiten Teiles ist für einen folgenden Abend geplant

Eine Pause

Anfang 18 Uhr — Ende 21 Uhr

Das Publikum wird gebeten, sich vor Beginn der Vorstellung beim Erscheinen unserer verwundeten Frontsoldaten in der Mittelloge von den Plätzen zu erheben.

Bei Fliegeralarm Ruhe bewahren! Es ist Vorsorge getroffen, daß alle Besucher Platz in den Luftschutzräumen finden. Richtungspfeile beachten! Die Sitzplätze ohne Hast verlassen und allen Anordnungen der Luftschutzorgane Folge leisten!

BURGTHEATER

Samstag, den 6. Jänner 1951

Zum ersten Male:

Kriemhilds Rache

Der Nibelunge Not zweiter Teil

Dramatische Dichtung von Max Mell

König Etzel	Heinz Moog
Königin Kriemhild	Liselotte Schreiner
Ortlieb, beider Söhnchen	Peter Dux
Dietrich von Bern	Attila Hörbiger
Meister Hildebrand	Otto Schmöle
König Gunther	Fred Liewehr
Gernot } seine Brüder	Michael Janisch
Giselher } seine Brüder	Loek Huisman
Hagen Tronje	Fred Hennings
Volker von Alzey	Felix Steinböck
Dankwart	Eduard Volters
Rüdeger von Bechelaren	Franz Höbling
Dietlind, seine Tochter	Hilde Mikulicz
Blödelin, König Etzels Bruder	Helmuth Krauß
Hornebog, Oberster der Leibwache	Reinhold Siegert
Erster Hauptmann	Karl Friedl
Zweiter Hauptmann	Viktor Braun
Kammerfrau	Marie Mell

Regie: Adolf Rott

Bühnenbild und Kostüme: Fritz Judtmann

Technische Einrichtung: Sepp Nordegg

Musik: Hans Totzauer

Pause vor dem letzten Abschnitt der Handlung

Kassen-Eröffnung 18 Uhr — Anfang 19 Uhr — Ende 21.30 Uhr

Spielplan:

Sonntag, 7. Jänner. Die Zähmung der Widerspenstigen (Anfang 19 Uhr)
Montag, 8. Jänner. Kriemhilds Rache. Allgem. Kartenverkauf und Abonnement XVI. Gruppe (Anfang 19 Uhr)

Preis des Programmes 50 Groschen

Josef Krips dirigiert 1945 das erste einer Reihe von Konzerten, die unter dem – von der Zeitschrift *Der Turm* ausgegebenen – Motto »Rettet das Antlitz Wiens« stattfinden.

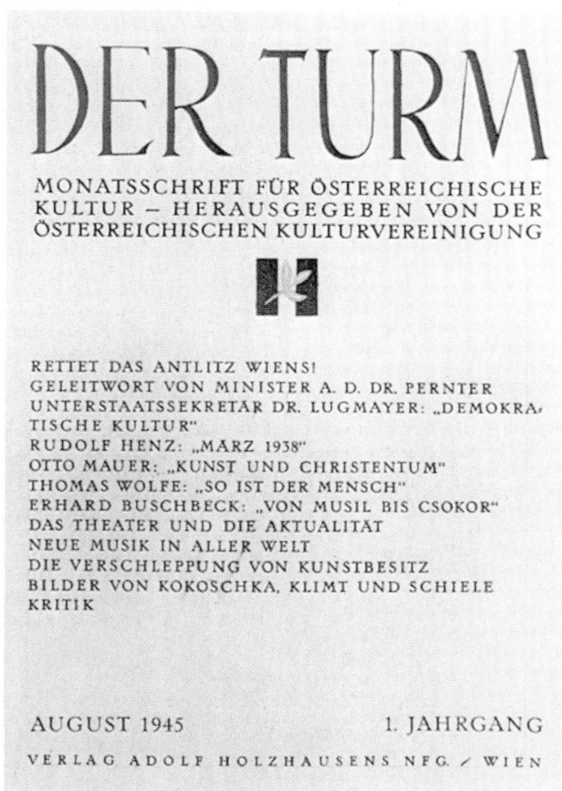

DER TURM

MONATSSCHRIFT FÜR ÖSTERREICHISCHE KULTUR – HERAUSGEGEBEN VON DER ÖSTERREICHISCHEN KULTURVEREINIGUNG

RETTET DAS ANTLITZ WIENS!
GELEITWORT VON MINISTER A. D. DR. PERNTER
UNTERSTAATSSEKRETÄR DR. LUGMAYER: „DEMOKRATISCHE KULTUR"
RUDOLF HENZ: „MÄRZ 1938"
OTTO MAUER: „KUNST UND CHRISTENTUM"
THOMAS WOLFE: „SO IST DER MENSCH"
ERHARD BUSCHBECK: „VON MUSIL BIS CSOKOR"
DAS THEATER UND DIE AKTUALITÄT
NEUE MUSIK IN ALLER WELT
DIE VERSCHLEPPUNG VON KUNSTBESITZ
BILDER VON KOKOSCHKA, KLIMT UND SCHIELE
KRITIK

AUGUST 1945 — 1. JAHRGANG

VERLAG ADOLF HOLZHAUSENS NFG. / WIEN

Über seine Rückkehr nach Wien in den Reihen der Alliierten schreibt Franz Theodor Csokor am 13. April 1946 an Ferdinand Bruckner in New York: »So kamen wir zur Innenstadt, Fahnen wehten uns entgegen, traurigen Siegern, die in den Ruinen ringsum bestätigt sahen, wovor sie schon 1938 vergeblich gewarnt hatten. [...] Die Berge im Hintergrund, die vertraute Ringstraße, alles viel kleiner, niedriger als in der Erinnerung – und nun sah ich etwas, das schlug mir flach aufs Herz: im düsteren Zwielicht der Stefansdom mit eingestürztem Dach, und die Häuser herum in Schutt, Haufen von Ziegeln auf der Kärntner Straße, die wir umfuhren, eine Grube gähnte, wo einst das noble alte Hotel Erzherzog Karl gewesen war, die Oper stand enthauptet, auch das Burgtheater, und Bombentrichter spalteten die Albrechtsrampe und hinter ihr die Albertina, und ihnen gegenüber verwesten unter dem eingedroschenen Philippshof im Luftschutzkeller Hunderte erstickter Leichen.«

Der Turm, herausgegeben von der Österreichischen Kulturvereinigung unter der Leitung von Egon H. Seefehlner. Zum Programm: *Der Turm* »muß seine ganze geistige Kraft der größten Gefahr für unser kulturelles Leben entgegenstellen, der tiefsten Ursache der Kulturkrise [...]. Vom ›Turm‹ aus wollen wir an [der] Mobilisierung des Geistes gegen den Ungeist [...] mitwirken. Wir bekennen uns dazu, daß wir als den Urquell dieser Kraft das Christentum ansehen«. Beiträger sind unter anderem Felix Braun, Alexander Lernet-Holenia, Rudolf Kassner, Paula von Preradović, Theodor Sapper und Hans Weigel.

Alexander Lernet-Holenia. »Lernet-Holenias Linie ist die paradoxe eines rebellischen Konservativen. Er liebt das Vergangene noch mehr als das Bestehende, lehnt sich aber unaufhörlich gegen die Sachwalter beider Lebenszustände auf.« (Hilde Spiel, 1967)

Oben rechts Hilde Spiel: »Es gibt Augenblicke, in denen ich mich frage, ob in dieser Stadt etwas Lebendiges und Gegenwärtiges besteht, das ich rückhaltslos bewundern kann, das nicht wie ein Schwamm vollgesogen ist mit Vergangenheit oder erst erfüllt von einem schwachen Hoffnungsschimmer der Zukunft. Die Kräfte der Vernunft liegen verschüttet unter vielen Schichten von Trümmern, Verwesung und Verfall, und es scheint ein langwieriger und schwieriger Vorgang, sie wieder auszugraben.« (15. Februar 1946; aus: *Rückkehr nach Wien*, 1968) Die Autorin, die 1936 nach England emigriert war, sah ihre Heimatstadt 1946 als Korrespondentin wieder. Bis zu ihrer endgültigen Rückkehr sollten noch 17 Jahre vergehen.

Mitte Der Schriftsteller Rudolf Henz, »einst Hofdichter des Ständestaats« (Johannes Sachslehner), hält auch nach dem Krieg – als Vorstand der Österreichischen Kulturvereinigung und RAVAG-Programmdirektor (1945–57) – an seiner österreich-patriotischen und katholischen Linie fest.

Unten rechts Ein Jahr nach Kriegsende kam Franz Theodor Csokor nach Wien zurück. 1947 wurde er Präsident des Österreichischen P.E.N.-Clubs.

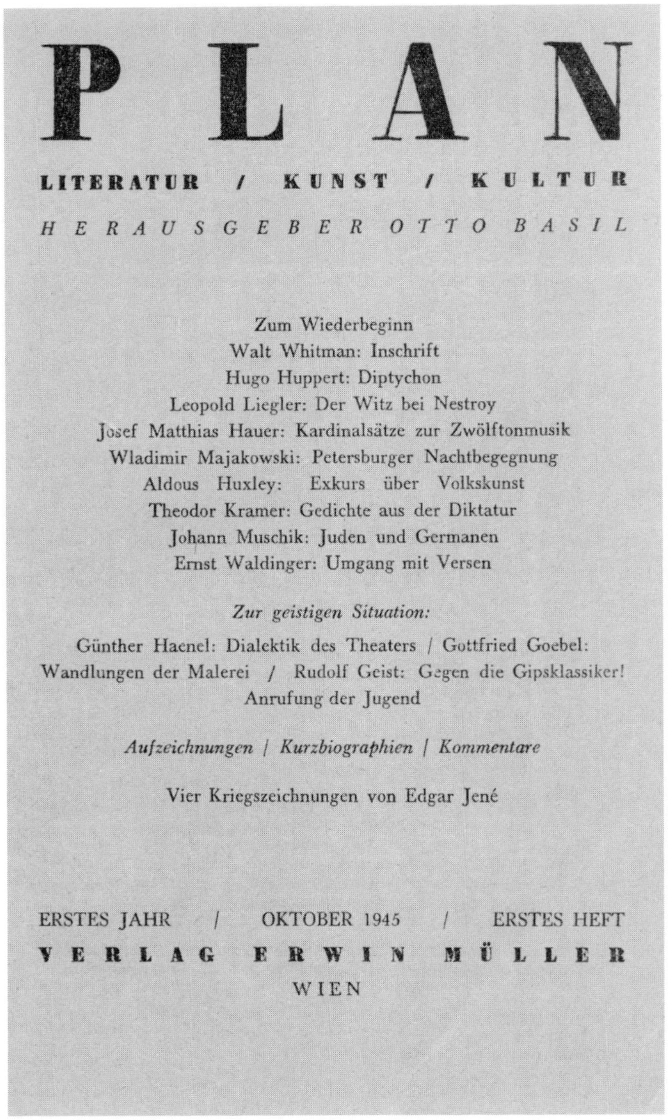

P L A N

LITERATUR / KUNST / KULTUR

HERAUSGEBER OTTO BASIL

Zum Wiederbeginn
Walt Whitman: Inschrift
Hugo Huppert: Diptychon
Leopold Liegler: Der Witz bei Nestroy
Josef Matthias Hauer: Kardinalsätze zur Zwölftonmusik
Wladimir Majakowski: Petersburger Nachtbegegnung
Aldous Huxley: Exkurs über Volkskunst
Theodor Kramer: Gedichte aus der Diktatur
Johann Muschik: Juden und Germanen
Ernst Waldinger: Umgang mit Versen

Zur geistigen Situation:

Günther Haenel: Dialektik des Theaters / Gottfried Goebel: Wandlungen der Malerei / Rudolf Geist: Gegen die Gipsklassiker! Anrufung der Jugend

Aufzeichnungen / Kurzbiographien / Kommentare

Vier Kriegszeichnungen von Edgar Jené

ERSTES JAHR / OKTOBER 1945 / ERSTES HEFT
VERLAG ERWIN MÜLLER
WIEN

Otto Basils *Plan* darf als die wichtigste Literatur- und Kulturzeitschrift der unmittelbaren Nachkriegszeit in Österreich bezeichnet werden (1945–48). Sie öffnete den Blick auf die internationale Literatur (z. B. Albert Camus und T. S. Eliot), stellte (etwa mit Theodor Kramer) Autoren des Exils vor und widmete sich (später berühmt gewordenen) Debütanten wie sie ebenso Schriftsteller der älteren Generation (Heimito von Doderer oder Albert Paris Gütersloh) zu Wort kommen ließ. Weitere Beiträger waren unter anderem: Milo Dor, Herbert Eisenreich, Reinhard Federmann, Hermann Friedl, Hans Heinz Hahnl, Alois Hergouth, Hans Lebert, Herta Staub, Wilhelm Szabo, Walter Toman und Hans Weigel.

Das *Plan*-Heft 1 (1945) enthält u.a. Beiträge von Hugo Huppert, Theodor Kramer und Ernst Waldinger.

Oben rechts
Plan-Mitarbeiterin Christine Busta

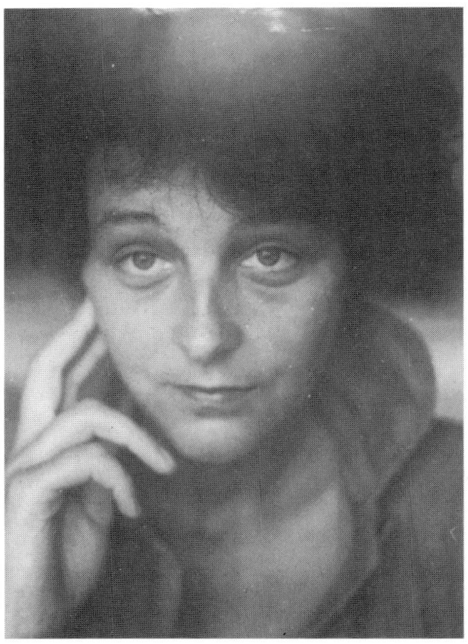

Friederike Mayröcker. Frühe Gedichte von ihr erscheinen in *Plan* 4 (1947).

Erich Fried. In *Plan* veröffentlicht er u.a. den Gedichtzyklus *Die Genügung* (1947).

Oben Plan-Mitarbeiter Ernst Jirgal (l. o.), Plan-Mitarbeiter Theodor Sapper (l. m.), Plan-Herausgeber Otto Basil (r.)

Unten links Ilse Aichinger. Ihr »Aufruf zum Mißtrauen« (*Plan* 7, 1946) stellt radikal die nachkriegszeitliche ›Aufbruchsstimmung‹ in Frage.

Unten rechts Paul Celan. Von ihm stellt der *Plan* in seinem letzten Heft (6, 1948) zum ersten Mal eine größere Gedichtauswahl im deutschsprachigen Raum vor.

Ernst Schönwieses *silberboot*, das schon 1935/36 erschienen war, widmet sich auch nach 1945 der »Weltliteratur«, insbesondere der österreichischen Moderne. »Wie damals will es auch heute der echten Dichtung und der wahren humanen Geistigkeit dienen«, so der Herausgeber in Heft 1 des zweiten Jahrgangs (1946). Im *silberboot* publizierten unter anderem Otto Basil, Hermann Broch, Elias Canetti, Albert Paris Gütersloh, Theodor Kramer, Erika Mitterer, George Saiko und Ernst Waldinger.

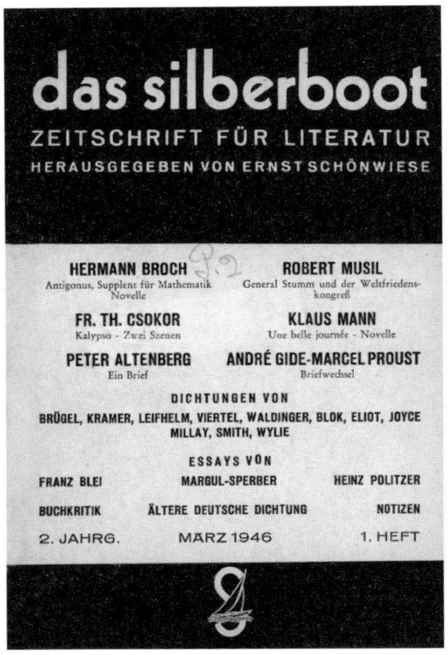

das silberboot
ZEITSCHRIFT FÜR LITERATUR
HERAUSGEGEBEN VON ERNST SCHÖNWIESE

HERMANN BROCH
Antigonus, Supplent für Mathematik
Novelle

ROBERT MUSIL
General Stumm und der Weltfriedenskongreß

FR. TH. CSOKOR
Kalypso · Zwei Szenen

KLAUS MANN
Une belle journée · Novelle

PETER ALTENBERG
Ein Brief

ANDRÉ GIDE-MARCEL PROUST
Briefwechsel

DICHTUNGEN VON
BRÜGEL, KRAMER, LEIFHELM, VIERTEL, WALDINGER, BLOK, ELIOT, JOYCE
MILLAY, SMITH, WYLIE

ESSAYS VON
FRANZ BLEI — MARGUL-SPERBER — HEINZ POLITZER

BUCHKRITIK — ÄLTERE DEUTSCHE DICHTUNG — NOTIZEN

2. JAHRG. — MÄRZ 1946 — 1. HEFT

Ernst Schönwiese – neben Otto Basil, Rudolf Felmayer, Hermann Hakel und Hans Weigel einer der wichtigen Förderer der zeitgenössischen österreichischen Nachkriegsliteratur

Hans Weigel, kurz nach dem Krieg aus dem Schweizer Exil zurückgekehrt. Sein zeitkritisches Stück *Barabbas* wird 1946 im Theater in der Josefstadt in Wien uraufgeführt.

Österreichisches
TAGEBUCH
WOCHENSCHRIFT FÜR KULTUR, POLITIK, WIRTSCHAFT

EVA PRIESTER
Die Aufgaben der österreichischen Literatur

Nr. 33

A. J. Fischer: Trygve Lie, Generalsekretär der UNO / Egon Erwin Kisch: Sonnenthal und der letzte seiner Tode / Hugo Huppert: Wie entsteht eine Bundeshymne / Weitere Beiträge von: Georg Eisler, Walter Hollitscher, J. L. Kalbac, Gustav Keyhl, Fritz Koselka, Viktor Matejka, Sacher-Masoch, H. Volter, Christian Woll

WIEN, 16. NOVEMBER 1946 — PREIS: 60 GROSCHEN

Das *Österreichische Tagebuch* erscheint ab 1946 (seit 1949 unter dem Titel *Tagebuch*), herausgegeben von Bruno Frei, Ernst Fischer und Viktor Matejka, von Alexander Sacher-Masoch redigiert. Die Zeitschrift galt als das kulturpolitische Sprachrohr der Linken.

Paula von Preradović in den letzten beiden Kriegsjahren aus politischen Gründen inhaftiert, schreibt 1947 den Text zur österreichischen Bundeshymne *Land der Berge, Land am Strome.*

Briefmarke zu Ehren Paula von Preradovićs (1996)

»Feierlich, doch nicht zu langsam« zu singen und zu spielen: die österreichische Bundeshymne

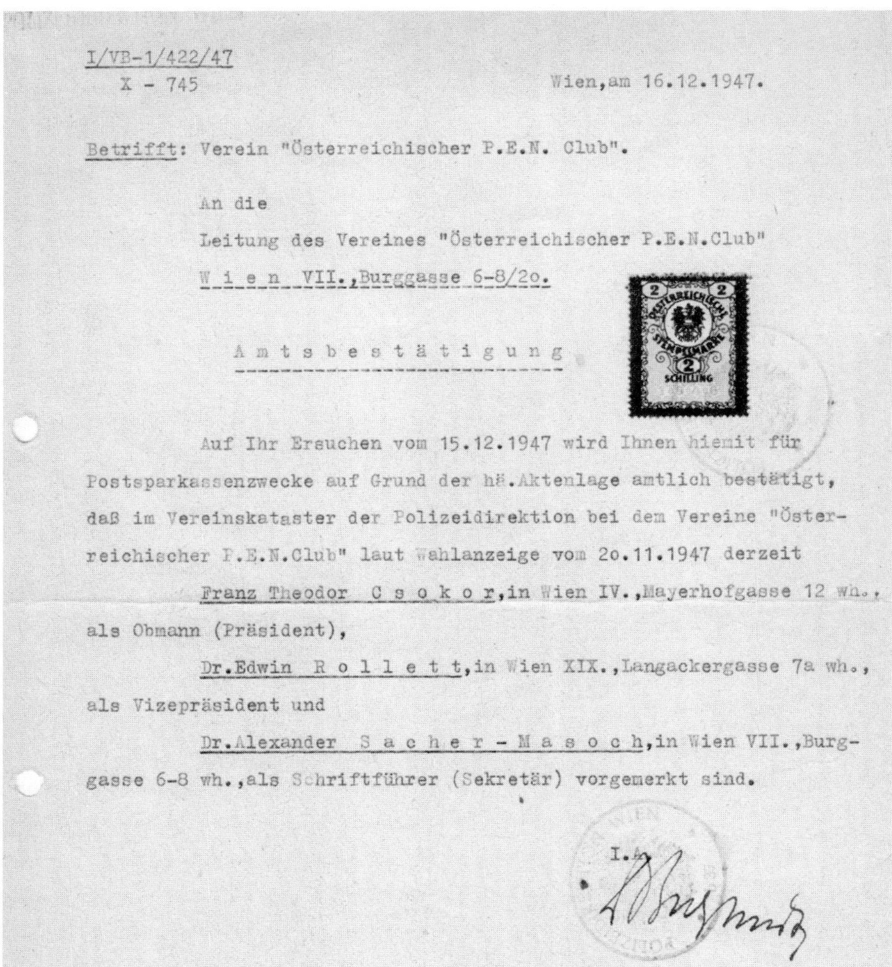

I/VB-1/422/47
X - 745

Wien,am 16.12.1947.

Betrifft: Verein "Österreichischer P.E.N. Club".

An die
Leitung des Vereines "Österreichischer P.E.N.Club"
W i e n VII.,Burggasse 6-8/2o.

A m t s b e s t ä t i g u n g

Auf Ihr Ersuchen vom 15.12.1947 wird Ihnen hiemit für Postsparkassenzwecke auf Grund der hä.Aktenlage amtlich bestätigt, daß im Vereinskataster der Polizeidirektion bei dem Vereine "Österreichischer P.E.N.Club" laut Wahlanzeige vom 2o.11.1947 derzeit

Franz Theodor C s o k o r,in Wien IV.,Mayerhofgasse 12 wh., als Obmann (Präsident),

Dr.Edwin R o l l e t t,in Wien XIX.,Langackergasse 7a wh., als Vizepräsident und

Dr.Alexander S a c h e r - M a s o c h,in Wien VII.,Burggasse 6-8 wh.,als Schriftführer (Sekretär) vorgemerkt sind.

I.A.

Vom 10. bis 17. September 1949 tagt in Venedig der P.E.N.-Kongreß. Der österreichischen Delegation gehören Franz Theodor Csokor, Paula von Preradović, Hilde Spiel, Alexander Sacher-Masoch, Leopold W. Rochowanski und Fritz Hochwälder an.

Links Gründung des österreichischen P.E.N.-Clubs 1947: Präsident, Vizepräsident und Schriftführer werden amtlich registriert.

Rechte Seite oben Alma Holgersen. Sie wird der ›inneren Emigration‹ und der restaurativ-konservativen Traditionslinie nach 1945 zugerechnet. Der Erfolg blieb ihr nicht versagt, aber auch nicht die kritische Stimme Hilde Spiels, die etwa das Buch *Es brausen Himmel und Wälder* (1949) als »schwülstigen Liebesroman« wertete.

Rechts außen 1947 erscheint Alexander Sacher-Masochs Erzählung *Die Parade*.

Rechts Werner Riemerschmid, Lyriker, Epiker, Hörspielautor und Übersetzer – »Geht man die Reihe von Autoren durch, für deren Einbürgerung er […] gekämpft hat, dann findet man meist Rutengänger des Morgen, Eigenwillige, ob sie nun dem französischen oder dem angelsächsischen Kulturkreis angehören: Lautréamont, Apollinaire, Eluard, das Taschentheater von Cocteau; Sandburg, Dylan Thomas […].« (Ernst Jirgal, 1955)

BURGTHEATER im RONACHER

Das heilige Experiment

Schauspiel in fünf Aufzügen von Fritz Hochwälder

Alfonso Fernandez, S. J. Provinzial		Ewald Balser
Rochus Hundertpfund, S. J. Superior		Hans Marr
William Clarke, S. J. Prokurator		Ernst Pröckl
Ladislaus Oros, S. J.		Heinz Moog
Don Pedro de Miura	Spanier	Albin Skoda
Don Esteban Arago	Spanier	Alexander Trojan
Don Miguel Villano	Spanier	Philipp Zeska
Lorenzo Querini		Felix Steinböck
Andre Cornelis		Wilhelm Schmidt
Carlos Gervazoni, Bischof von Buenos Aires		Franz Herterich
Jose Bustillos	Gutsbesitzer	Wilhelm Heim
Garcia Queseda	Gutsbesitzer	Georg Filzer
Alvaro Catalde	Gutsbesitzer	Georg Matthes
Acatu	Indianische Kaziken	Joseph Wichart
Barrigua	Indianische Kaziken	Friedrich Links
Candia	Indianische Kaziken	Alfred Schnayder
Nacuagu	Indianische Kaziken	Rudolf Kleiser
Ein Korporal		Karl Horwath

Zeit: Im Ablauf eines Tages, des 16. Juli 1767

Ort: Im Jesuiten-Collegio in Buenos Aires

Regie: Adolf Rott

Bühnenbild und Kostüme: Fritz Judtmann

Musik: Hans Totzauer

Nach dem zweiten Aufzug eine größere Pause

„Wir möchten Ihre Meinung hören."

Schreiben Sie, bitte, welchen Eindruck Sie von Stück und Aufführung hatten, unverzüglich an: „Theater der Jugend", Wien, I., Hofburg, Batthianystiege

Oben Szene aus *Das heilige Experiment*. Zum Ensemble gehörten die damaligen ›Burg-Stars‹ Ewald Balser, Heinz Moog, Albin Skoda und Alexander Trojan.

Unten links Ein Meilenstein für das Theater der Nachkriegszeit: Fritz Hochwälders Stück *Das heilige Experiment* wird 1947 in der Inszenierung Adolf Rotts aufgeführt – am Burgtheater, das aus dem bombenzerstörten Haus am Ring ins Ronacher übersiedelt war.

Unten rechts Fritz Hochwälder (l.), der auch nach Kriegsende im Schweizer Exil blieb, spricht 1947 für die BBC über das zeitgenössische Theater.

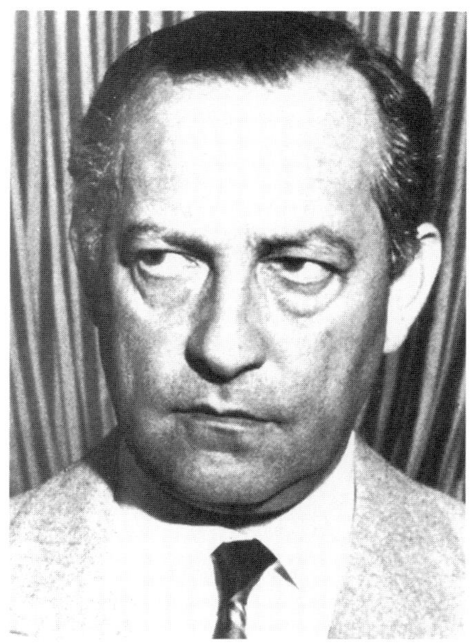

Oben Eine wichtige literarische Bühne der Nachkriegszeit. Paul Kruntorad bestätigt der »von der sowjetischen Besatzungszone und der KPÖ unterstützte[n] ›Scala‹ ein hohes Niveau, das zur Kenntnis zu nehmen sich die Wiener Kritik weigerte« (1986).

Unten links *Der Bockerer* – Szenenfoto: Anton Duschek als Karl Bockerer und Hans Putz als SS-Mann Ferdinand Gstettner (Neues Theater in der Scala)

Unten rechts 1946 kehrt der Schauspieler und Regisseur Peter Preses aus dem amerikanischen Exil nach Wien zurück. Zwei Jahre später wird sein Stück *Der Bockerer*, das er gemeinsam mit Ulrich Becher verfaßt hatte, in der »Scala« uraufgeführt.

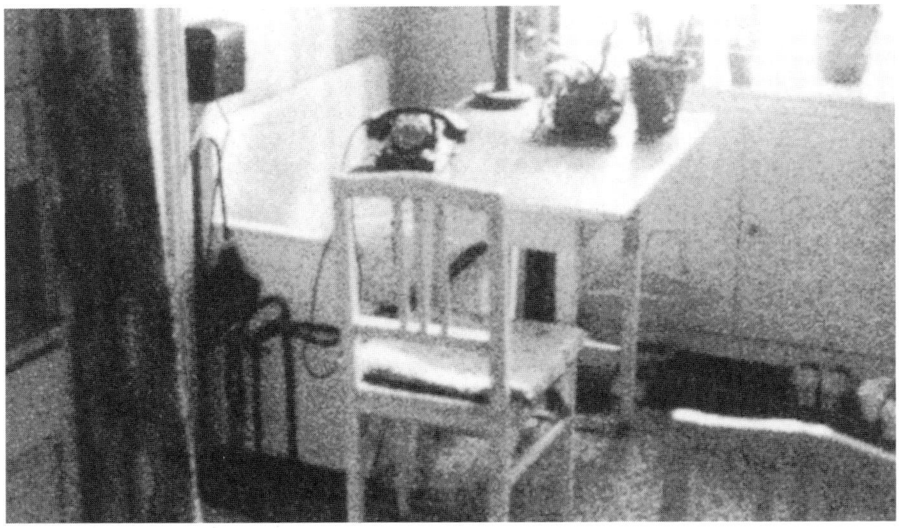

Oben **Ilse Aichinger, 1948**

Mitte **An diesem Tisch schrieb Ilse Aichinger 1945/46 den Roman *Die größere Hoffnung* (1948).**

Das Schiff ging von Hamburg aus in See. Das Schiff trug Kinder. Kinder, mit denen etwas nicht in Ordnung war. Das Schiff war vollbeladen. Es fuhr die Westküste entlang und nahm immer noch Kinder auf. Kinder mit langen Mänteln und ganz kleinen Rucksäcken, Kinder, die fliehen mußten. Keines von ihnen hatte die Erlaubnis zu bleiben und keines von ihnen hatte die Erlaubnis zu gehen.

Aus: *Die größere Hoffnung*

Dieses Erstlingswerk einer jungen Österreicherin ist auf den ersten Blick die Geschichte eines halbjüdischen Mädchens, das den Krieg in Wien erlebt und zuletzt bei den Kämpfen um Wien von einer Granate zerrissen wird. In Wirklichkeit aber ist es kein Kriegsbuch, sondern eine Reihe lose aneinander gefügter Episoden, in denen die innere Handlung und die symbolische Bedeutung des Geschehens jedes Mal die äußeren Ereignisse überwiegt. […] »Die größere Hoffnung« […] ist eines der tiefsten und – trotz allem Grauen – eines der schönsten und beglückendsten Bücher unserer Zeit.

Erich Fried, 1949

So oft und so laut haben wir nach dem Buch unserer Zeit gerufen! Nun hat es eine Zwanzigjährige, Ilse Aichinger, geschrieben, und viele werden jetzt erst betroffen erkennen, was sie eigentlich verlangt haben.

Hermann Schreiber, 1949

Oben Porch One Evelyn Place, Princeton, N. J.: Von 1942 bis 1948 lebte Hermann Broch als Untermieter im Haus des Historikers und Kulturphilosophen Erich von Kahler. 1950 erscheint Brochs *Die Schuldlosen* als »Roman in elf Erzählungen«.

Unten Hermann Broch im Princeton Hospital, 1949, zwei Jahre vor seinem Tod

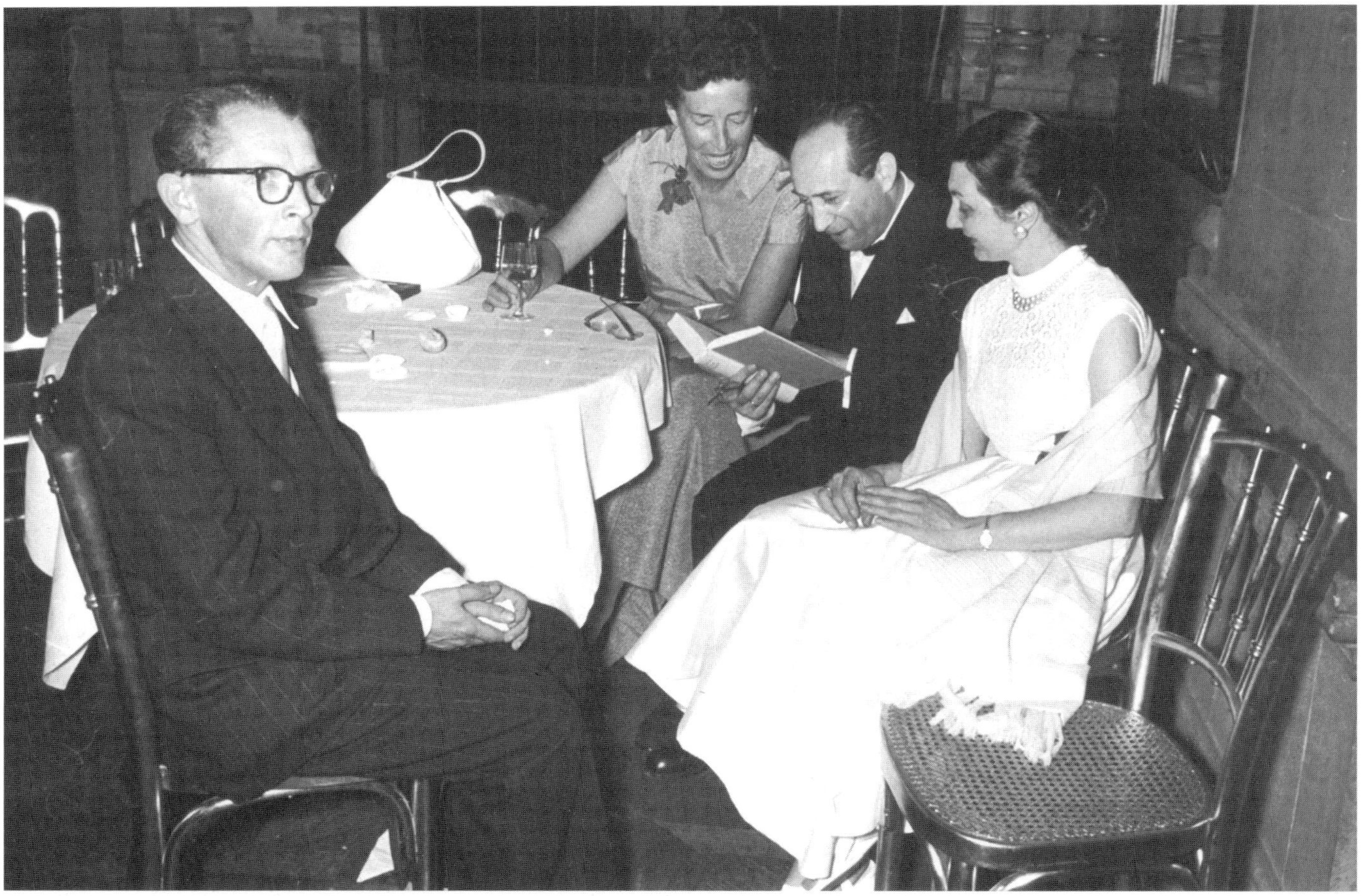

V. l. n. r.: Der Lyriker Franz Kießling, Erika Mitterer, Hermann Hakel und seine Frau, die Autorin und Übersetzerin Erika Danneberg

LYNKEUS
DICHTUNG ⋆ KUNST ⋆ KRITIK

AUS DEM INHALT:
ÖSTERREICHISCHE GEDICHTE von Alexander Lernet-Holenia, Rudolf Henz, Paula Preradovic, Eugen Benedikt, Ernst Fischer, Martha Hofmann, Erich Fried, Berthold Viertel, Hermann Hakel, Franz Kießling, Fritz Bergammer und Gerhard Fritsch
GOETHE: Gespräch mit einem österreichischen General (Karlsbad 1806)
ROBERT MUSIL: „Kakanien", Fragmente aus dem 3. Band des Romans „Der Mann ohne Eigenschaften"
ALFRED POLGAR: Erinnerung an einen schlichten Mann
BERTHOLD VIERTEL: Ein Kapitel aus dem noch unveröffentlichten Roman „Österreichische Illusionen"
HANS HEINZ HAHNL: Anmerkung zu Robert Musil
KLEINE SOMMER-ANTHOLOGIE:
PROSA von Michael Guttenbrunner, Friederike Mayröcker und Christine Busta
LYRIK von Irene Kutscha, Hans Lebert, Thomas Brandt, Julius Tatrangi, Helene Friedrich, Gertraud Wiglitzky, Christine Busta und Walter Toman
LYRIK-PREISAUSSCHREIBEN

4

HERAUSGEBER: HERMANN HAKEL

Hermann Hakel, 1947 aus Israel nach Wien zurückgekehrt, gründet 1948 die Zeitschrift Lynkeus (bis 1951, Erstveröffentlichungen von Ingeborg Bachmann, Gerhard Fritsch, Marlen Haushofer, Hertha Kräftner, Friederike Mayröcker): »Der ›Lynkeus‹ ist aus dem Bestreben des österreichischen PEN-Clubs hervorgegangen, die Begabten der jungen Generation zu sammeln und zu fördern. Hermann Hakel hat die Aufgabe übernommen, die Arbeiten dieser Autoren zu sichten und sie Verlagen, der Presse und dem Rundfunk zu empfehlen. Bei dieser Aktion geht es aber darüber hinaus auch darum, die junge Generation, die durch den Krieg und die Situation vorher von so vielem abgeschnitten war, mit der Gesamtheit der Dichtung bekanntzumachen, zu verbinden, was die Vergangenheit getrennt hat oder nie zusammenkommen ließ.« (Gerhard Fritsch, 1948/49)

Im Kaffeehaus: Jeannie Ebner (l., sitzend) mit Hertha Kräftner und Ernst Kölz

Hertha Kräftner, ein Jahr vor ihrem Tod 1951. Das Foto von Wolfgang Kudrnofsky erschien erstmals 1953 in einem Band der von Hans Weigel herausgegebenen *Stimmen der Gegenwart.*

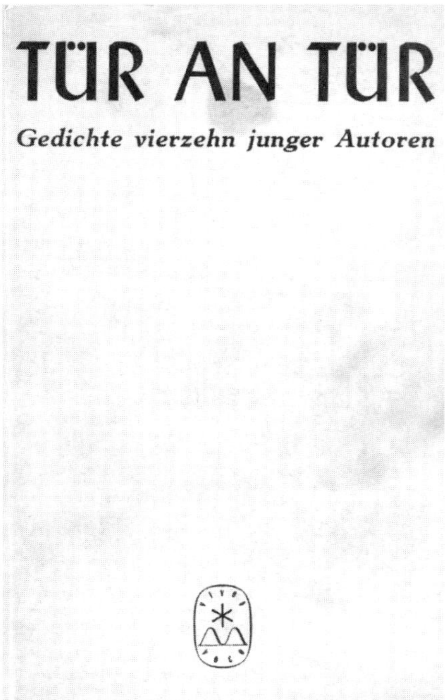

TÜR AN TÜR

Gedichte vierzehn junger Autoren

ZWEI BERGE VERLAG · WIEN

»Die Sammlung ›Tür an Tür‹ 1950 beabsichtigte zweierlei: sie wollte sowohl Gedichte bringen, die vom Leben und nicht von der Literatur veranlaßt waren, als auch die verbindliche Kameradschaft der jungen Autoren zeigen, welche ja auch später, trotz vielleicht divergierender Lebensauffassungen, im gleichen Land miteinander auskommen werden müssen. Das Buch hatte echte Wirkung und ist vergriffen.« (Rudolf Felmayer, 1951). 1951 erschien »Die neue Folge« von *Tür an Tür*, 1955 eine »dritte Folge« mit Gedichten von 32 österreichischen Autoren.

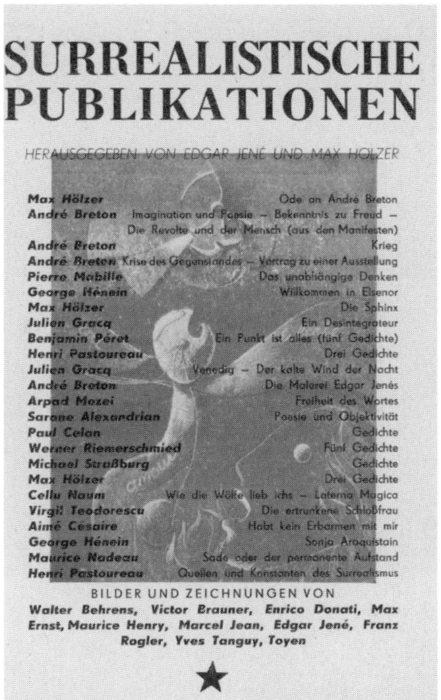

SURREALISTISCHE PUBLIKATIONEN

HERAUSGEGEBEN VON EDGAR JENÉ UND MAX HÖLZER

Max Hölzer	Ode an André Breton
André Breton	Imagination und Poesie – Bekenntnis zu Freud – Die Revolte und der Mensch (aus den Manifesten)
André Breton	Krieg
André Breton	Krise des Gegenstandes – Vortrag zu einer Ausstellung
Pierre Mabille	Das unabhängige Denken
George Hénein	Willkommen in Elsenor
Max Hölzer	Die Sphinx
Julien Gracq	Ein Desintegrateur
Benjamin Péret	Ein Punkt ist alles (fünf Gedichte)
Henri Pastoureau	Drei Gedichte
Julien Gracq	Venedig – Der kalte Wind der Nacht
André Breton	Die Malerei Edgar Jenés
Arpad Mezei	Freiheit des Wortes
Sarane Alexandrian	Poesie und Objektivität
Paul Celan	Gedichte
Werner Riemerschmied	Fünf Gedichte
Michael Straßburg	Gedichte
Max Hölzer	Drei Gedichte
Cellu Naum	Wie die Wölfe lieb ichs – Laterna Magica
Virgil Teodorescu	Die ertrunkene Schloßfrau
Aimé Césaire	Habt kein Erbarmen mit mir
George Hénein	Sonja Araquistain
Maurice Nadeau	Sade oder der permanente Aufstand
Henri Pastoureau	Quellen und Konstanten des Surrealismus

BILDER UND ZEICHNUNGEN VON

Walter Behrens, Victor Brauner, Enrico Donati, Max Ernst, Maurice Henry, Marcel Jean, Edgar Jené, Franz Rogler, Yves Tanguy, Toyen

VERLAG JOSEF HAID – KLAGENFURT

»Die erste Manifestation der AVANTGARDE AUF GEISTIGEM UND SOZIALEM GEBIET in deutscher Sprache«: Eigendefinition der *Surrealistischen Publikationen*, 1950 herausgegeben von Max Hölzer und Edgar Jené. Gerhard Rühm weiß 1967 zu berichten, daß die *Surrealistischen Publikationen* in Wien »viel kursierten und dazu beitrugen, daß man sich über den surrealismus am besten unterrichten konnte«.

Oben Fotocollage aus den *Stimmen der Gegenwart* des Jahres 1953: der Lyriker und Erzähler Walter Toman, ›verdoppelt‹ von Wolfgang Kudrnofsky

Links Die ersten Veröffentlichungen des Erzählers Hermann Friedl erscheinen – so wie diese Fotocollage – 1953 in den *Stimmen der Gegenwart.*

Hans Weigel

Oben links Band 1 der von Hans Weigel von 1951 bis 1956 herausgegebenen *Stimmen der Gegenwart*. Die Autorenliste dieser Anthologie-Reihe liest sich wie ein »Who is who« der jüngeren österreichischen Literatur.

Oben rechts Doris Mühringers erste Veröffentlichungen erscheinen in den *Stimmen der Gegenwart*.

Stimmen der Gegenwart – von Anfang an dabei: Herbert Eisenreich (r. m.) und Jeannie Ebner (r. u.)

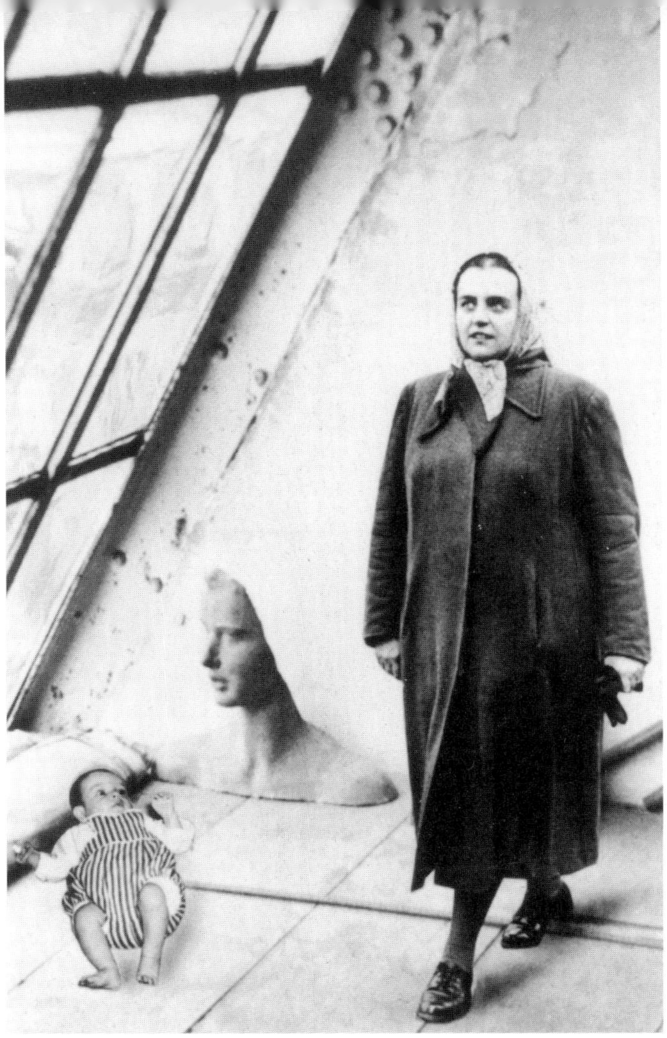

Oben links Die Lyrikerin Christine Busta, Kudrnofsky-Fotocollage aus den *Stimmen der Gegenwart* 1953

Oben rechts Herbert Zands Roman *Letzte Ausfahrt*, der sich mit den Schrecken des Weltkrieges auseinandersetzt, erscheint – wie diese Fotocollage – 1953.

Links Die *Stimmen der Gegenwart* im dritten Jahr

Rechts Gegen den »Wasserkopf« Wien. Der Dramatiker, Hörspielautor und Lyriker Harald Zusanek ist Mitbegründer des Vorarlberger Landestheaters.

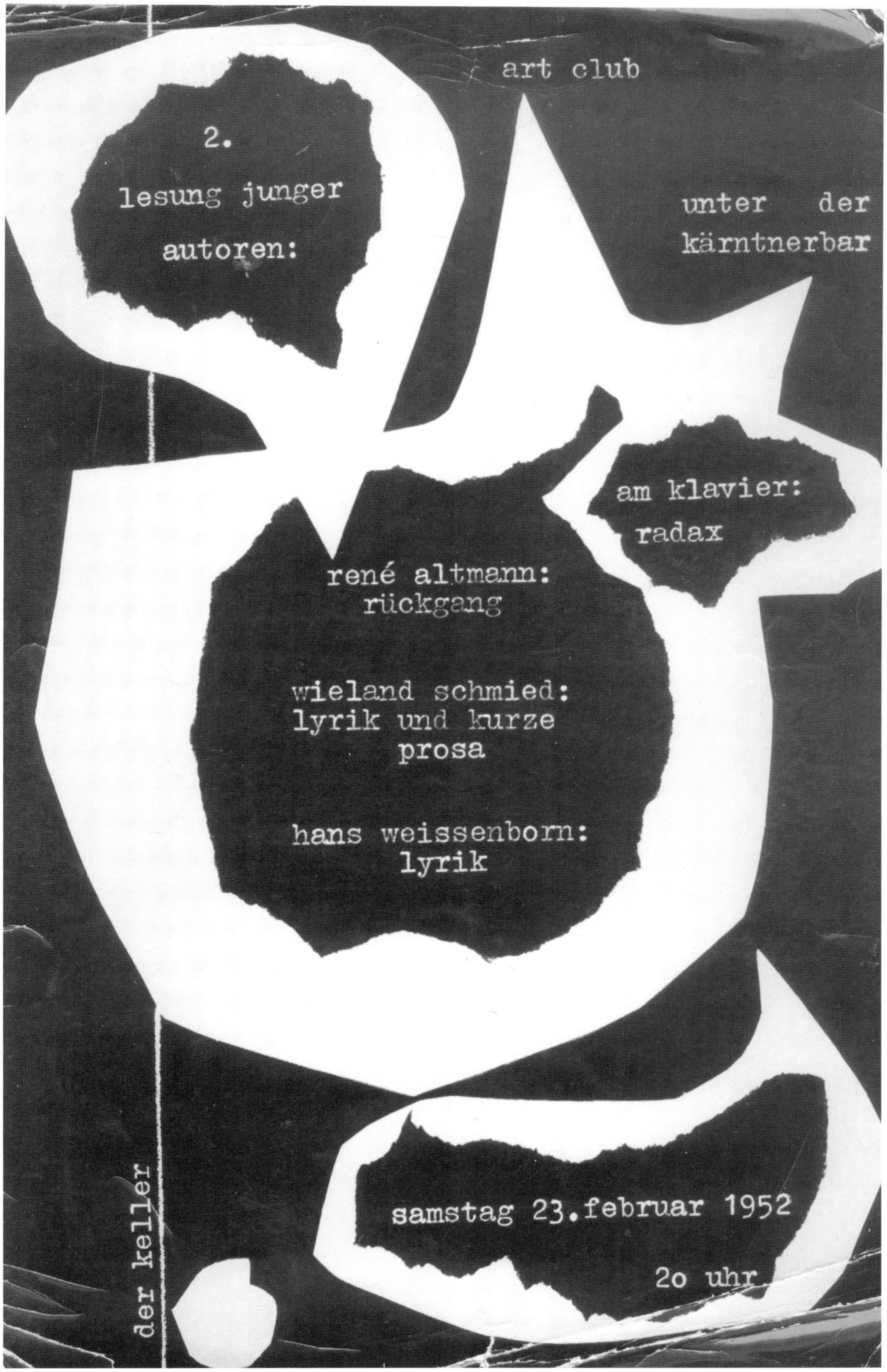

Die Jungen kommen! Ankündigung einer
Lesung im Künstlertreff »Strohkoffer«

Heimito von Doderer vor der berühmten Strudlhofstiege im Wiener Bezirk Alsergrund: »Wenn die Blätter auf den Stufen liegen / herbstlich atmet aus den alten Stiegen / was vor Zeiten über sie gegangen.« (Heimito von Doderer, *Auf die Strudlhofstiege zu Wien*)

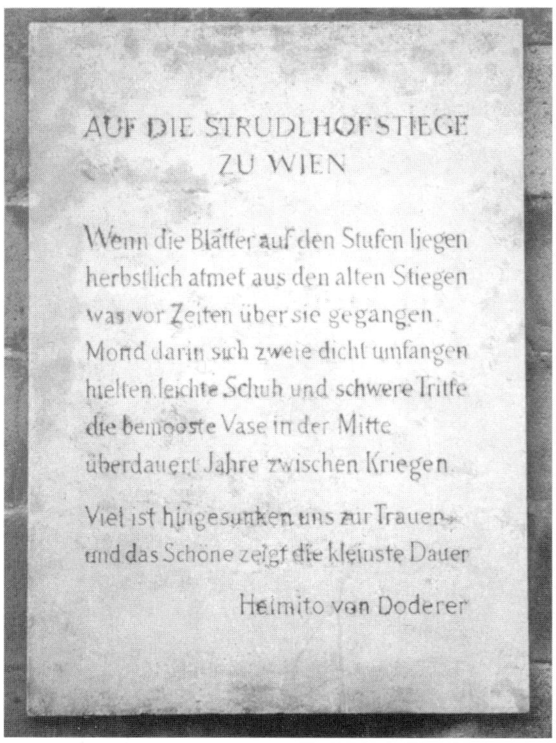

Jene ›Strudlhofstiege‹ zu Wien ist eine Treppen-Anlage, welche die Boltzmanngasse – erst in der Republik von 1918 wurde sie nach dem großen Mathematiker benannt – mit der Liechtensteinstraße verbindet und die Mitte dieses Teiles der ›Strudlhofgasse‹ darstellt.

Mit dem Roman *Die Strudlhofstiege oder Melzer und die Tiefe der Jahre* legt Heimito von Doderer 1951 eine monumentale ›Milieustudie‹ zur österreichischen, insbesondere zur Wiener Gesellschaft im ersten Viertel des 20. Jahrhunderts vor – ein zwischen Tradition und Moderne oszillierendes, ›epochales‹ Buch, dem Genre- und Sprachreflexionen nicht fehlen: »In einem besseren Roman wären jetzt die Gedanken des einsamen Reisenden während seiner Fahrt nach Wien zu erzählen und notfalls aus der betreffenden Figur herauszubeuteln und hervorzuhaspeln. Bei Melzer ist das wirklich unmöglich; von Gedanken keine Spur […]. ›Man müßte alle Wörter zerschlagen oder aufbrechen, um diesem Zustand entrinnen zu können‹, setzte Buschbaum fort, ›und das ist schwer, denn sie sind unter dem Druck der Jahrhunderte hart geworden und vom Gebrauche glatt und rund wie Kiesel. Wo man jedoch eines oder das andere wirklich in die Zange bekommt, dort zeigt sein kristallinischer Bruch Rauheiten, woran unser Denken haften kann‹.«

Die Fülle der Bilder von dichter Sinnlichkeit erzeugt zwischen dem chaotischen Leben und dem geordneten Kosmos der Erzählung eine Spannung; von dieser erhält der Roman eine Dynamik, deren Wirkung über alle biederen Lebensrezepte, mit denen er freilich auch nicht geizt, weit hinausreicht.

Wendelin Schmidt-Dengler zur *Strudlhofstiege*, 1995

Oben Heimito von Doderer (m.), der nach dem Krieg wegen seiner Sympathien für die Nazis einige Zeit mit Publikationsverbot belegt worden war, im launigen Gespräch mit Franz Theodor Csokor.

Oben Kulturtag in Kapfenberg 1951. Mit dabei: Otto Basil, Franz Theodor Csokor, Jeannie Ebner, Herbert Eisenreich, Rudolf Felmayer, Vera Ferra-Mikura, Gerhard Fritsch, Johann Gunert, Ernst Hammer, Otto Horn, Christine Lavant, Hans Lebert, Alfred Mikesch, Hans Nüchtern, Hermann Schreiber, Oskar Jan Tauschinski, Walter Toman, Karl Wawra

Unten links Emigranten unter sich: Ehepaar Polgar mit Berthold und Elisabeth Viertel

Unten rechts Alfred Gong im Wall-Street-Viertel von New York. Der in Czernowitz geborene Lyriker übersiedelt 1951 in die USA.

Oben V. l. n. r. (hintere Reihe): Imma von Bodmershof, Wilhelm Waldstein, Martina Wied, Franz Theodor Csokor

Unten P.E.N.-Präsident Franz Theodor Csokor (stehend): Festrede auf einem Empfang zu Ehren von Thomas Mann (m.), veranstaltet 1952 vom österreichischen P.E.N.-Club

Josef Leitgeb, 1950

Martina Wied, 1952

Rudolf Henz, 1953

Felix Braun, 1951

Rudolf Kassner, 1953

Max Mell, 1954

Träger des Großen Österreichischen Staatspreises 1950–54

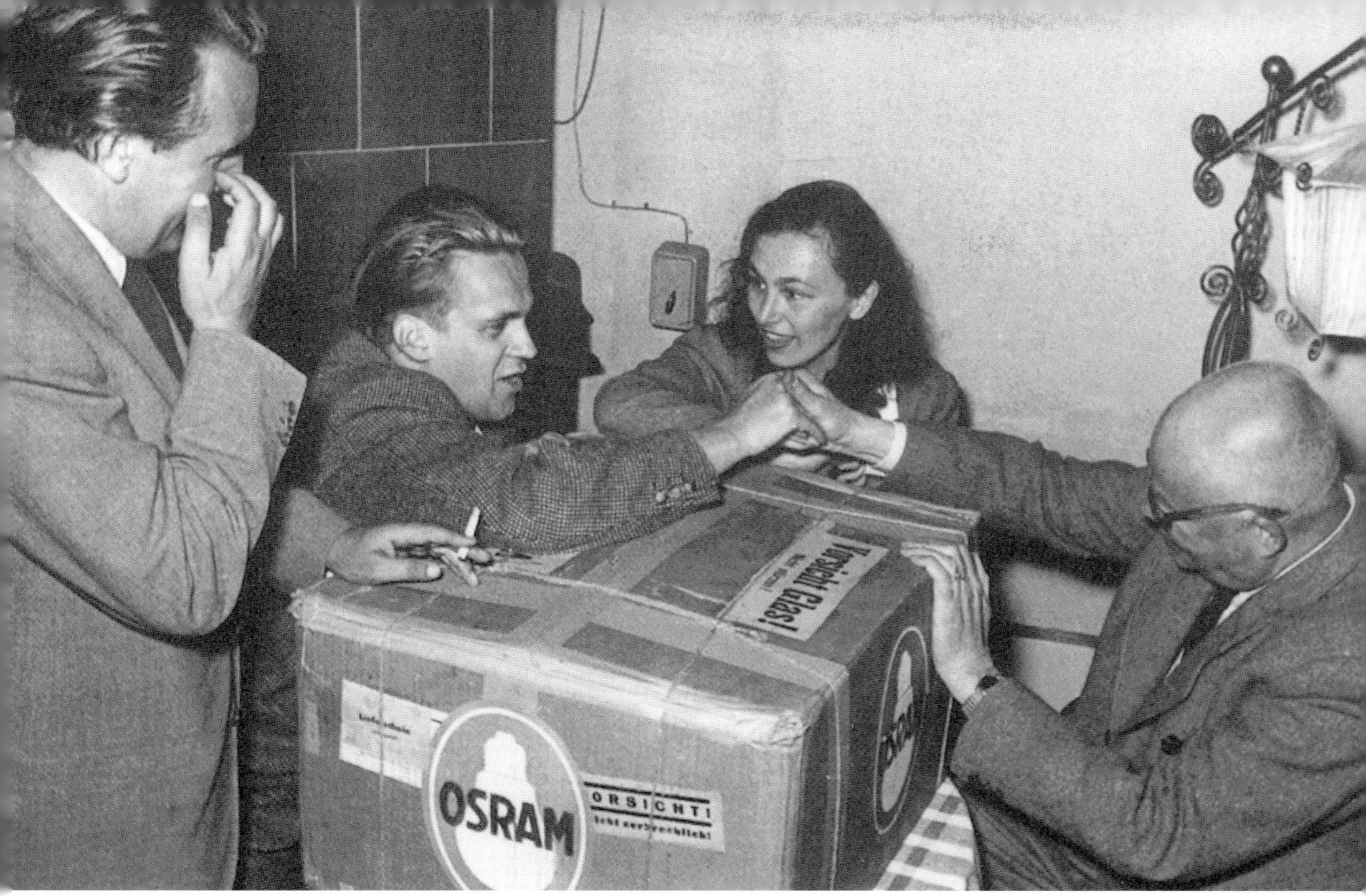

Immerhin zeigte das Ergebnis der Wahl des Preisträgers der Gruppe 47, daß durch die Zusammensetzung der diesjährigen Tagungsteilnehmer der realistische Roman zugunsten der dichterischen Aussage zurückgedrängt wurde: Den Preis in Höhe von DM 2000,– erhielt die junge österreichische Autorin Ilse Aichinger. Schon im Vorjahre hatte sie mit der Lesung ihrer Geschichte »Der Gefesselte« auf der Tagung der Gruppe 47 einen nachhaltigen Erfolg. Stark beeindruckte auch der Ausschnitt aus dem neuen Roman von Walter Jens, der sich mit den Insassen eines Altersheimes für Schauspieler in Frankreich befaßt. [...] Die Tagung brachte, am Ende, noch eine komische Pointe: die Firma »Osram« hatte 150 Glühbirnen als Preis gestiftet. Diese 150 Glühbirnen wurden als »Osram der deutschen Literatur« außer Konkurrenz an Hans Werner Richter verliehen. Ernst Rowohlt kaufte den Posten Glühbirnen und stellte den Betrag für das Abschluß-Fest zur Verfügung.

Heinz Friedrich, 1952

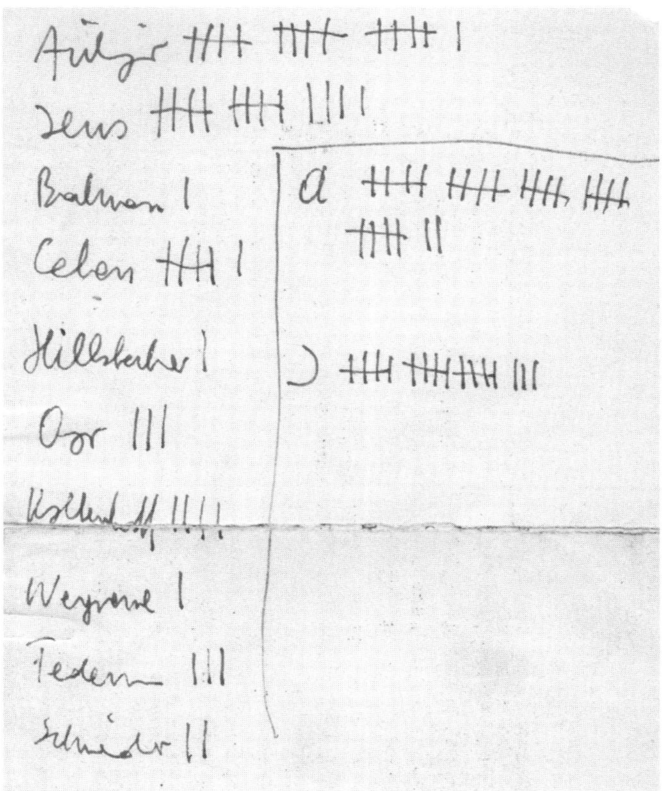

Oben Glühbirnen für die Gruppe 47! Hans Werner Richter, Walter Jens und Ilse Aichinger mit dem Verleger Ernst Rowohlt

1952: Beim Rennen um den Preis der Gruppe 47 beteiligt sich Ilse Aichinger mit ihrer *Spiegelgeschichte.* Auf einem Notizblatt führte Hans Weigel eine Strichliste zur Preisabstimmung, die – nach einer Stichwahl gegen Walter Jens – Ilse Aichinger gewann.

Im Jahr 1952 wußte man in Österreich so gut wie nichts über neue deutsche Schriftsteller. Hin und wieder fuhr jemand, der Paß und Visum hatte, nach Deutschland, das ferner schien als jedes andere Land [...]. Drei österreichische [Schriftsteller] waren schon dort bei einer »Gruppe 47« gewesen, so zufällig hingeraten wohl, wie ich in diesem Jahr [...]. Es scheint, daß wir in Wien alle ziemlich wenig zu lachen gehabt haben, denn sonst wäre meine stärkste Erinnerung nicht die, eine verwandelte Ilse Aichinger zu sehen, bald angesteckt worden zu sein von etwas, das Jungsein, Lachen, Gelöstsein in einem war, Ansteckung durch Hoffnungen, durch mehr Weite, und das Unbekümmertsein, [...] und nie war ein Land exotischer als dieses Deutschland, und nie waren Leute wunderlicher als diese »Gruppe 47«, die sich am nächsten Tag reihenweise, aber nicht sehr ordentlich in einen Saal setzte, [...] und einer begann zu lesen, da trat endlich Ruhe ein. [...]

Am zweiten Tag wollte ich abreisen, am dritten Tag las ich ein paar Gedichte vor, vor Aufregung am Ersticken, ein freundlicher Schriftsteller las sie nochmals laut und deutlich vor, einige Herren sagten [etwas] dazu, und nachher kam ein Herr, der sagte, ich solle am nächsten Tag in Hamburg dasselbe nochmals im Rundfunk lesen, ich bekam 300 Mark an der Kasse, ich dachte, man habe sich geirrt in der Summe und ging zu dem Schalter, aber der Mann sagte, es stimme, es waren 300 Mark gemeint, und [ich] verdiente soviel nicht in einem Monat.

Ingeborg Bachmann in einem Entwurf, zweite Hälfte der fünfziger Jahre

Oben Empfang beim Sender Freies Berlin: Martin Walser, Ingeborg Bachmann, Heinrich Böll

Ingeborg Bachmann, Anfang der fünfziger Jahre

Alle Blicke auf Wolfgang Hildesheimer (m.; v.l.n.r.): Sitzend Heinrich Böll, Hans Werner Richter, Martin Walser und Milo Dor; stehend: Ingeborg Bachmann, Ilse Aichinger, Christopher Holme, Christopher Sykes bei der Gruppe 47

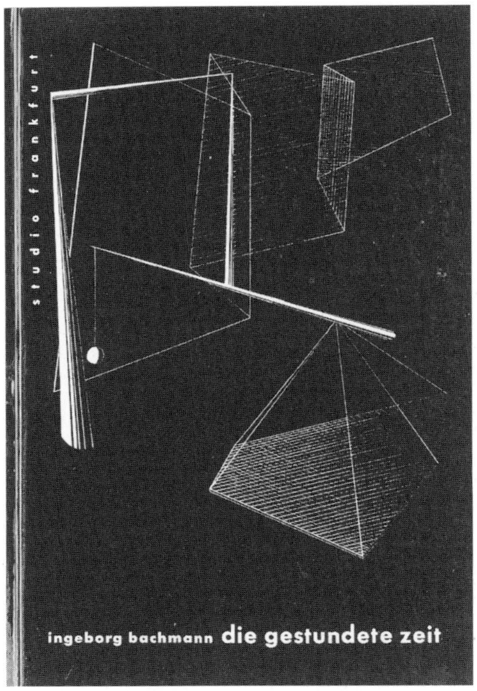

Der erste Gedichtband Ingeborg Bachmanns (1953)

Oben rechts Mit 27 Jahren erhält Ingeborg Bachmann 1953 den Preis der Gruppe 47. Der *Spiegel* widmet ihr das Augustheft 1954 mit großer Story und macht die Autorin damit schlagartig berühmt.

Unten Ingeborg Bachmann, die vielköpfige. Fotocollage von Wolfgang Kudrnofsky aus den *Stimmen der Gegenwart* 1953

Oben Ingeborg Bachmann und Paul Celan beim Treffen der Gruppe 47 in Niendorf (Ostsee), daneben Milo Dor

Unten »Man kann nicht sagen, dass wir auf Anhieb Freunde geworden waren, aber wir wurden es doch, allmählich und irgendwie zwangsläufig, weil wir beide Außenseiter waren in einer Welt, die aus lauter Außenseitern zu bestehen schien.« (Milo Dor, l., über Reinhard Federmann, r.)

Die *neuen wege*, 1945 als Zeitschrift des »Theaters der Jugend« gegründet, entwickeln sich in den fünfziger Jahren zu einem bedeutenden Forum junger Autoren.

Nach und nach wurden die »Neuen Wege« zu einer Tribüne des literarischen Nachwuchses, nachdem Otto Basils legendärer »Plan« aufgehört hatte, eine solche zu gewährleisten. […] Hanns Weissenborn, Ernst Kein und Friedrich Polakovics veröffentlichten einigermaßen regelmäßig sowie auch Andreas Okopenko, dessen ironische (auf ihre Weise frechfürwitzigen) Gedichte am wenigsten zu dem paßten, was ich mir damals als Sechzehnjähriger unter »Lyrik« vorstellte.

Otto Breicha, 1998

Friedrich Achleitner und Friederike Mayröcker im Literaten-Treffpunkt Café »Hawelka«, 1953

Oben rechts Walter Buchebner: »Dichtung, die nicht Schlaf heißt, sondern Hellwachsein. Skeptisch, kritisch und zuversichtlich in einem.« Seine erste Veröffentlichungen erscheinen in den *neuen wegen*.

Mitte Ernst Kein, mit Artmann und Rühm Begründer einer neuen Wiener Dialektlyrik

Unten Andreas Okopenko auf *neuen wegen*

Hans Weigel, Herrscher über die Wiener Bühnen. Gemeinsam mit Friedrich Torberg und dem Burgtheaterdirektor Ernst Haeusserman war Weigel verantwortlich für den beinahe lückenlosen Brecht-Boykott auf Österreichs Bühnen. In den Jahren 1957 bis 1962 wurde kein einziges Stück Bertolt Brechts in Wien aufgeführt.

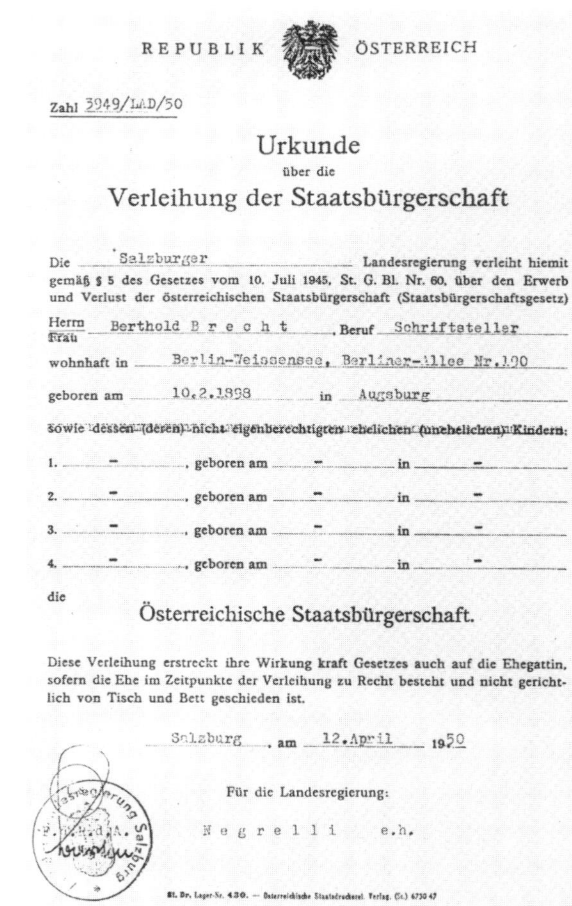

REPUBLIK ÖSTERREICH

Zahl 3949/LAD/50

Urkunde
über die
Verleihung der Staatsbürgerschaft

Die Salzburger Landesregierung verleiht hiemit gemäß § 5 des Gesetzes vom 10. Juli 1945, St. G. Bl. Nr. 60, über den Erwerb und Verlust der österreichischen Staatsbürgerschaft (Staatsbürgerschaftsgesetz)

Herrn Berthold B r e c h t, Beruf Schriftsteller

wohnhaft in Berlin-Weissensee, Berliner-Allee Nr. 190

geboren am 10.2.1898 in Augsburg

~~sowie dessen (deren) nicht eigenberechtigten ehelichen (unehelichen) Kindern:~~

1. -, geboren am - in -
2. -, geboren am - in -
3. -, geboren am - in -
4. -, geboren am - in -

die

Österreichische Staatsbürgerschaft.

Diese Verleihung erstreckt ihre Wirkung kraft Gesetzes auch auf die Ehegattin, sofern die Ehe im Zeitpunkte der Verleihung zu Recht besteht und nicht gerichtlich von Tisch und Bett geschieden ist.

Salzburg, am 12. April 1950

Für die Landesregierung:

N e g r e l l i e.h.

Mitte Bertolt Brecht in Wien, 1953

Unten Friedrich Torberg, Antikommunist an der Seite Hans Weigels

Bertolt Brecht erhält – trotz erheblicher Proteste – 1950 die österreichische Staatsbürgerschaft.

Oben Im Studio des Radiosenders »Rot-Weiß-Rot« in Salzburg (v. l. n. r.): Jörg Mauthe, Ernst Schönwiese und Hans Conrad Fisch

Unten Round-Table-Gespräch (v. l. n. r.): Friedrich Heer, Ernst Lothar, Otto Basil und Peter Weiser (vom Sender »Rot-Weiß-Rot«)

Der Historiker und Kulturpublizist Friedrich Heer. Er hatte sich an der Wiener Universität mit der Schrift *Aufgang Europas* etabliert. In der Folge entwickelte er daraus seine *Europäische Geistesgeschichte* (1953) in der er zeigte, daß die Wurzeln des europäischen Totalstaates in der Geistesgeschichte des Europas des 12. Jahrhunderts zu suchen seien.

Diskussion anläßlich der Veranstaltung »Man and Society of Our Time«, Wien 1953 (am Tisch, v. l. n. r.): Friedrich Heer, Hans Weigel, Viktor Suchy, Friedrich Torberg, Egon Holthusen, Edwin Hartl, Alexander Lernet-Holenia, Helmut Schelsky. Links dahinter: Ewald Wasmuth, Rudolf Bayr, Ernst Jirgal

Oben Rudolf Brunngraber (l.) beim »Festival du film« in Nizza, 1953. Ursprünglich Erzähler, widmet sich Brunngraber nach dem Krieg verstärkt dem Schreiben von Drehbüchern.

Links Rudolf Brunngraber in den fünfziger Jahren

Rechts Szenenfotos aus dem Film *1. April 2000*. Drehbuch: Rudolf Brunngraber. Regie: Wolfgang Liebeneiner

1953 erscheint Leo Perutz' Roman
Nachts unter der steinernen Brücke,
eine Huldigung an seine Heimatstadt Prag.

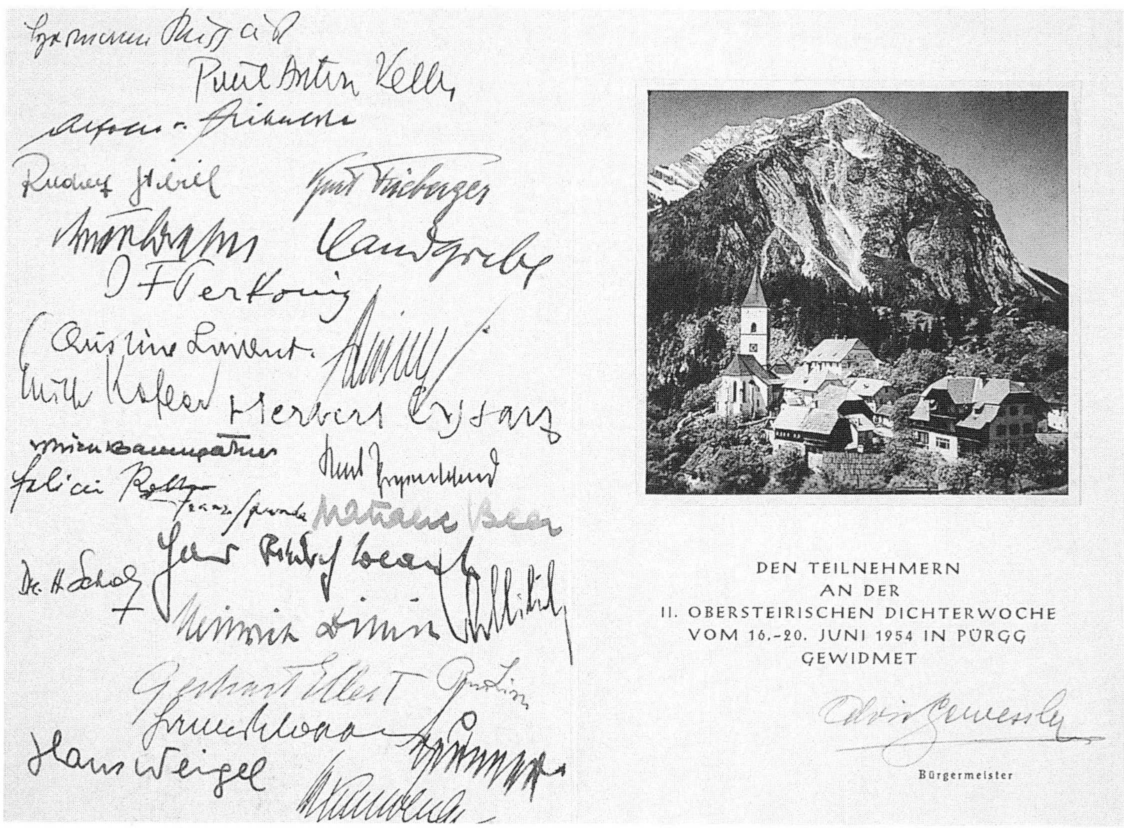

Vom 16. bis 20. Juni 1954 findet in Pürgg die zweite »Obersteirische Dichterwoche« statt. Ein Gruppenbild (in der Mitte Christine Lavant) und die dazugehörigen Autographen (u. a. Kurt Frieberger, Erich Landgrebe, Christine Lavant, Joseph Friedrich Perkonig, Hans Weigel)

Oben links Friedrich Schreyvogel, der ehemalige Agent der NS-Reichsschrifttumskammer, war nach dem Krieg Chefdramaturg am Theater in der Josefstadt und von 1954 bis 1961 stellvertretender Direktor des Burgtheaters.

Oben rechts Mirko Jelusich, Beiträger des *Bekenntnisbuches österreichischer Dichter* (1938), erfreut sich – trotz Publikationsverbot in der unmittelbaren Nachkriegszeit – in den fünfziger und sechziger Jahren wieder großer Beliebtheit.

Unten Der Innviertler Richard Billinger in seinem Münchner Arbeitszimmer: »Wer vom Hergebrachten abweicht, ist verworfen.«

Gertrud Fussenegger, die 1938 den Anschluß an das Deutsche Reich begrüßt hatte, distanziert sich nach dem Krieg vom Nationalsozialismus.

Der Lyriker Michael Guttenbrunner erhält 1954 den Trakl-Preis. In jenen Jahren führt er eine bedeutende Korrespondenz mit Theodor Kramer, von dem er 1956 die Gedichtauswahl *Vom schwarzen Wein* herausgibt.

Unten links Arnolt Bronnen (l.) im Gespräch mit dem Verleger Ernst Rowohlt. 1954 erscheint seine umstrittene Autobiographie *arnolt bronnen gibt zu protokoll.*

Unten rechts Fritz von Herzmanovsky-Orlando. 1957, drei Jahre nach seinem Tod, erscheint Band 1 der Werkausgabe, für die Friedrich Torberg verantwortlich zeichnet. »Die geistige Landschaft des ehemals schwarz-gelben Kulturbereichs ist es […], in der Herzmanovsky tief und unlöslich wurzelt, die er in seinen barocken Geschichten, in seinen locker verspielten Bühnenstücken immer wieder erstehen läßt, mit liebevoll-wehmütiger Ironie und unter merkwürdig schrägem Blickwinkel, aus dem sich bisweilen so kauzige Verzerrungen ergeben, daß die Spiegelbilder eines Lachkabinetts vergleichsweise wie Paßphotographien wirken würden.« (Friedrich Torberg)

Franz Theodor Csokor, Staatspreisträger 1955

Oben Georg-Trakl-Preis 1954 für Christine Busta (2. v. l.), Christine Lavant (2. v. r.) und Wilhelm Szabo (4. v. r., rechts daneben der Salzburger Landeshauptmann Josef Klaus, links Unterrichtsminister Heinrich Drimmel). Die Laudatio hält Ludwig von Ficker (l.), einst Förderer Trakls und Herausgeber der Zeitschrift *Der Brenner*. Mit dabei: Karl-Heinrich Waggerl (r.)

Unten 250-Jahr-Jubiläum der *Wiener Zeitung*. Festgäste sind u. a. Christine Busta (hinten, l.), Wilhelm Szabo (3. v. l.), Gerhard Fritsch (4. v. l.) und Rudolf Felmayer (6. v. l.).

In der Wiener »adebar«, 1954: »7 Studenten spielen afro-amerikanische Musik«. Am Kornett: Oswald Wiener

Während der 5. Österreichischen Jugendkulturwoche in Innsbruck lernt Ernst Jandl Friederike Mayröcker kennen. »Erst mit Friederike Mayröcker fand ich 1954 den Partner für gegenseitiges Zeigen und Kritisieren des Geschriebenen, das nun ohne Scheu und Auflehnung vor sich gehen konnte, weil es auf der Basis einer tiefen Zuneigung erfolgte, die das Poetische mit einschloß, aber darüber hinaus in alle Bereiche des Lebens ging.« (Ernst Jandl, 1977) – Zwei Jahre nach dem ersten Zusammentreffen debütieren Ernst Jandl und Friederike Mayröcker in Rudolf Felmayers Reihe »Neue Dichtung aus Österreich«.

»Mein erstes Buch, 1956 in Österreich verlegt, war nie richtig aufgetaucht, doch gründlich untergegangen.« (Ernst Jandl über seinen Gedichtband *Andere Augen*)

Ebenfalls 1956 im Bergland-Verlag: Friederike Mayröckers Prosaband *Larifari*

Literaturlandschaft Tirol

Sigurd Paul Scheichl

Das Jahr 1945 brachte für Tirol zwar eine politische, aber keine kulturelle, zumindest keine literarische Zäsur. Der für die Entwicklung der Literatur in Österreich so wichtige Paradigmenwechsel um 1966 ist im westlichen Bundesland erst mit einer Verspätung von nahezu zwei Jahrzehnten eingetreten (deutlich später auch als in Südtirol).

Zunächst herrschten noch ungebrochen jene Schreibverfahren, die in der ersten Hälfte des Jahrhunderts erfolgreich gewesen waren, das heißt für Tirol: alle Varianten des Heimatromans. Der Priester Reimmichl (Sebastian Rieger, 1867–1953) und der (nur de iure ehemalige) Nationalsozialist Karl Springenschmid (1897–1981) galten als ernst zu nehmende Autoren. Daß die 1951 gegründete Schriftstellervereinigung »Turmbund« – nach dem Vereinslokal im Innsbrucker Stadtturm benannt – den 1865 geborenen Heinrich von Schullern zum Ehrenpräsidenten gewählt hat, ist symptomatisch. Rundfunk, Landestheater und Literaturkritik in der Tagespresse waren ebenfalls lange in den Händen ähnlich traditionsverbundener Menschen. Die letzten Folgen der von Ludwig v. Ficker 1910 gegründeten Zeitschrift *Der Brenner* (bis 1954) waren kein Gegengewicht, da sie weniger literarisch als religiös ausgerichtet waren.

Die »Österreichischen Jugendkulturwochen« (1950–69), ein legendärer Treffpunkt junger Künstler und Autoren – unter anderen nahmen Thomas Bernhard und Elfriede Jelinek teil –, fanden zwar in Innsbruck statt, wurden aber in Tirol wenig wahrgenommen, ja lösten hier Gegenreaktionen aus: Als in ihrem Rahmen die konkrete Poesie präsentiert wurde, proklamierten Tiroler Autoren ein Gegenprogramm, indem sie ihr konventionell(st)es Gedichte-Schreiben »spirituelle Poesie« tauften.

Veränderungen der Literaturszene zeichneten sich in den frühen siebziger Jahren in Literaturskandalen ab, so in den Angriffen auf den Lyriker Hans Haid, der – obendrein in Mundart – ein satirisches Gedicht auf die »Schützen« geschrieben hatte (1974), einen auch politisch einflußreichen, im ganzen Land bestehenden, die konservativen Tiroler Traditionen hochhaltenden Verein. Noch 1982 gab es Proteste gegen das Drama *Stigma* von Felix Mitterer. Diese Polemiken galten übrigens den Themen, nicht der Form der angegriffenen Werke.

Die Premiere von Mitterers *Kein Platz für Idioten* an einem auf Volksstücke spezialisierten Innsbrucker Privattheater (1977) war ein weiteres Indiz für literarischen Wandel. Mitterer griff hier ein in Tirol durch Kranewitter, Schönherr und die Exl-Bühne kanonisiertes Genre auf, nützte es aber im Sinn eines Franz Xaver Kroetz zu gesellschaftskritischen Zwecken.

Sieht man von dem in Tirol lange kaum wahrgenommenen Heinz Gappmayr ab, einem wichtigen Vertreter der visuellen Poesie, der sich selbst aber mehr als Grafiker denn als Literat sieht und mit der Innsbrucker Literaturszene fast nichts zu tun hat, sind Haid und Mitterer die ersten innovativen Autoren in Tirol seit langem.

Neue Publikationsmöglichkeiten förderten den allmählichen literarischen Wandel. Seit 1967 besteht die aufwendige Kulturzeitschrift *Das Fenster*, vom Kulturreferenten des Landes, Fritz Prior, ins Leben gerufen, seit ihrer Gründung von Wolfgang Pfaundler geleitet. In ihr haben nahezu alle neuen Tiroler Autoren von Rang veröffentlicht – anders als in dem von wechselnden Herausgebern betreuten, stets blaß gebliebenen offiziösen literarischen Jahrbuch *Wort im Gebirge* (1949–89).

Die von Autoren begründeten neuen Zeitschriften – der in Osttirol erscheinende *Thurntaler* (1977–87), der *Gaismair-Kalender* (1980–95), die Innsbrucker Satire-Zeitschrift *Luftballon* (1980–84) um Walter Klier, Helmut Schönauer und Alois Schöpf – waren einander recht ähnlich: Alle enthielten ›brauchbare Texte‹ im Sinn des Wiener *Wespennests*, keine verstand sich als reine Literaturzeitschrift; alle fühlten sich dem gesellschaftlichen Fortschritt und der literarischen Öffnung verpflichtet, bemühten sich aber zugleich um eine tirolische Note. Bezeichnend ist der Untertitel der ersten dieser Gründungen: *Föhn. Zeitschrift für's Tiroler Volk* (1978–81). Diese Bestrebungen weisen in die gleiche Richtung wie das Werk von Felix Mitterer und die seit 1982 in Telfs (nahe Innsbruck) stattfindenden Tiroler Volksschauspiele, deren Hausautor eben dieser ist.

Reine Literaturzeitschriften waren der 1984 von der Lyrikerin und Literaturkritikerin Ingeborg Teuffenbach und dem Germanisten Sigurd Paul Scheichl gegründete, von anderen (bis 1996) weitergeführte *Inn* und die von Stefanie Holzer und Walter Klier geleitete, zuletzt in Wien erscheinende *Gegenwart* (1989–98), die vor allem durch das Niveau der essayistischen Beiträge beeindruckte. Derzeit erscheint neben dem *Fenster* nur noch der von Markus Wilhelm 1984 ins Leben gerufene neue *Foehn*, der sich aber eher als politisches Kampfblatt versteht.

Neben einigen Kleinverlagen – am interessantesten die schon wieder verschwundene Hand-Presse des auch als Lyriker zu beachtenden Hans Augustin – besteht heute in Innsbruck ein größerer, im Buchhandel überregional präsenter Verlag: der Haymon Verlag (gegründet 1982 bzw. 1985), der das Werk unter anderem von Hans Aschenwald, Heinz D. Heisl, Felix Mitterer, Georg Payr und Irene Prugger betreut. Das Veröffentlichen in Selbstzahlerverlagen hat in den achtziger Jahren weitgehend aufgehört.

Der »Turmbund« hat sich mittlerweile neueren Schreibweisen gegenüber vorsichtig geöffnet, selbst wenn viele seiner (zahlreichen) Mitglieder bis heute eher altmodisch schreiben (auch sehr konventionelle Mundartlyrik – um dieses in Tirol nach wie vor beliebte Genre wenigstens zu erwähnen). Am bekanntesten sind aus diesem Kreis der Vielschreiber Helmut Schinagl, der Lyriker Karl Lubomirski und die witzige Dialektlyrikerin Annemarie Regensburger geworden.

Andere Träger literarischer Veranstaltungen in Innsbruck sind heute die regionale Gruppe der Grazer Autorenversammlung, das Kultur Gasthaus Bierstindl sowie das 1997 gegründete Literaturhaus am Inn (in den Räumen des literaturwissenschaftlichen Forschungsinstituts »Brenner-Archiv«). Impulse gehen auch von den Innsbrucker Wochenendgesprächen aus, einer 1977 von Ingeborg Teuffenbach begründeten überregionalen Schriftstellerbegegnung. Das Studio Tirol des ORF produziert regelmäßig Hörspiele, das Tiroler Landestheater spielte in den neunziger Jahren unter dem Schauspieldirektor Dietrich W. Hübsch – der besonders den experimentierfreudigen Egon A. Prantl förderte – mehrfach Stücke von Tirolern. Hübsch veranstaltete dreimal ein »Tiroler Literatur Theater«, eine Art literarische Leistungsschau, die auch Südtiroler Autoren präsentierte.

Am stärksten, stärker auch als ein 1991 neu geschaffenes Literaturstipendium des Landes Tirol, hat alle Schreibenden in Tirol ermutigt, daß mit Felix Mitterer und dem früh verstorbenen Gerold Foidl, dann mit Norbert Gstrein (*Einer*, 1988) und Alois Hotschnig (*Aus*, 1989) Autoren aus dem Land im ganzen Sprachraum Erfolg gehabt haben. Inzwischen haben auch andere überregional Aufsehen erregt: Raoul Schrott, neben ihm und einigen bereits Genannten Barbara Hundegger und Toni Kleinlercher – beide eher zu experimenteller Arbeit mit der Sprache neigend, damit Ausnahmen in der Tiroler Literatur – und die seit langem in Innsbruck lebende Boznerin Erika Wimmer.

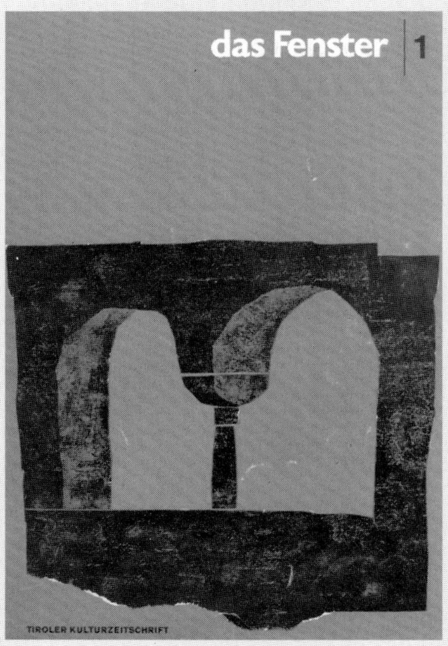

GEGENWART

Zeitschrift für ein entspanntes Geistesleben

NR.2 JULI-AUGUST-SEPTEMBER 1989 ERSCHEINT VIERTELJÄHRLICH ÖS 38.- DM 7.- LIT 5000
HERAUSGEGEBEN VON STEFANIE HOLZER UND WALTER KLIER

LITERATUR - SATIRE - KOMMENTAR - CARTOONS - REZENSIONEN - ALLFÄLLIGES

Inhalt dieser Nummer

TAGEBUCH
Klier über Moderne Zeiten (Ost-West) 4
Holzer über Bernhard -Nachrufer und Jelinek-Fotografen, "Heimatlos" von Gruber/Prestele und das Jazz-Pfingst-Festival in Raab im Innviertel 6
ESSAY
Das Europa-Preisrätsel. *Reinhard Christl* über Österreich vs. EG 10
FRESKO
Transitkarzinome von *Oliver Schopf* 11
SCHUTT & SCHROTT
zweckdienliche Hinweise und eine Gebrauchsanleitung zum sauberen Geschlechtsverkehr 13
INTERVIEW
Ein Gespräch von *Manfred Steinlechner* mit *Max Weiler* 15
Kerers schönste Glosse 18
BILDERGESCHICHTE
Reinhard Walcher Herr Gscheid und Herr Blöd in : Die Wanderung oder das Gefühl der inneren Leere19
ROMAN
Alfred Bittner Die Verlegenheitslösung. Kapitel 5 - 8. Bebildert von *Andreas Breinbauer* 20
HEIMATKUNSTPROSA KÄRNTEN
Walter Klier Alte Männer 30
PROSA
Martin Maier Das Engere Ochsenhorn 33
PORTRÄT
Helmuth Schönauer über *Richard Brautigan*
REZENSIONEN
Norbert Gstrein: Einer, Alois Hotschnig: Aus *(Andrea Kriegner)*
Lilian Faschinger: Lustspiel, Elfriede Jelinek: Lust, Dorothea Zeemann: Eine Liebhaberin *(Stefanie Holzer)*
Aldo Gorfer: Die Erben der Einsamkeit *(Henriette Klier)*
Albert Drach: Das große Protokoll gegen Zwetschkenbaum *(Martin Maier)*
Robert Pinget: Der Feind*(Walter Klier)*
Birgit Meister-Steiner (Hrsg.): Blinder Fleck und rosarote Brille*(Thomas Pühringer)*

ZEICHNUNGEN von
Andreas Breinbauer, Helmut Kasper, Heinz Ortner, Oliver Schopf, Helmuth Schönauer und *Reinhard Walcher*

Impressum auf Seite 2

In eigener Sache
In der letzten Nummer ist uns ein peinlicher Fehler unterlaufen. Die Fotos von Herrn Gscheid und Herrn Blöd wurden irrtümlich vertauscht. Herr Gscheid ist also in Wahrheit Blöd und Herr Blöd Gscheid. Wir bitten Sie, dies bei der weiteren Lektüre unserer Bildgeschichten zu beachten.

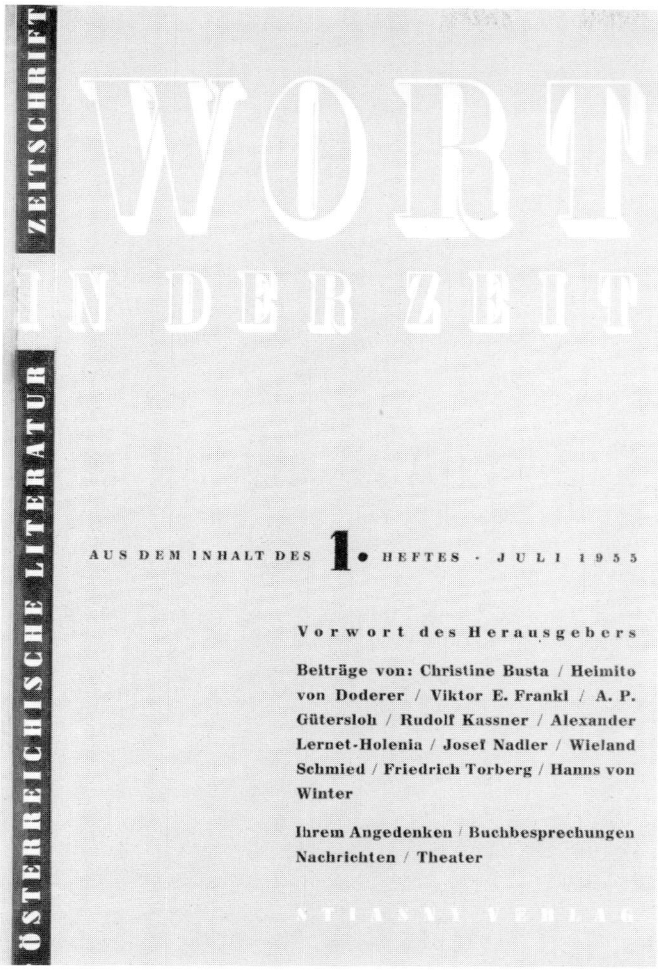
ZEITSCHRIFT
WORT
IN DER ZEIT
ÖSTERREICHISCHE LITERATUR

AUS DEM INHALT DES 1. HEFTES · JULI 1955

Vorwort des Herausgebers

Beiträge von: Christine Busta / Heimito von Doderer / Viktor E. Frankl / A. P. Gütersloh / Rudolf Kassner / Alexander Lernet-Holenia / Josef Nadler / Wieland Schmied / Friedrich Torberg / Hanns von Winter

Ihrem Angedenken / Buchbesprechungen
Nachrichten / Theater

STIASNY VERLAG

Rudolf Henz gibt ab 1955 die Zeitschrift *Wort in der Zeit* heraus. – »Bei der Gründung hieß es, der Herausgeber empfinde den ›Mangel eines Organs, das, über reine Buchbesprechung hinaus, die Dichtung in Österreich wertet und einordnet‹ [...], eine Lücke, die er mit dieser Zeitschrift zu füllen versuche. [...] In den ersten Jahrgängen finden sich Essays zu namhaften Dichtern oder einflußreichen Autoren auf anderen Gebieten (M. Buber, S. Freud), zusammen mit Auszügen aus ihren Werken, denen gelegentlich auch Illustrationen beigegeben sind. Dazu kommen Einzelbeiträge jüngerer, ausschließlich österreichischer Schriftsteller. Seit den späten fünfziger Jahren werden auch kunstkritische Aufsätze wie ›Das Traditionsproblem in der deutschen Literatur der Gegenwart‹, ›Kafka, Musil, Broch und die Entwicklung des modernen Romans‹ oder ›Sein oder Nicht-Sein aller Kunst‹ aufgenommen. Ebenso häufig finden sich bibliographische Profile zu bekannten deutschen (Brecht, Benn) und vor allem zu österreichischen Autoren (Doderer, Sapper, Stoessl), die in Rubriken wie ›Ihrem Andenken‹ oder ›Wir denken an‹ erscheinen.« (Janet K. King, 1974)

Oben »Von Schwelle zu Schwelle« – unter diesem Titel versammelte Paul Celan 1955 Gedichte der Jahre 1952 bis 1954, Gedichte, die in Paris entstanden waren.

Unten links Drei Schriftsteller, die in England Zuflucht gesucht hatten: Elias Canetti, H. G. Adler und (r.) Erich Fried

Unten rechts Veza Canetti im Londoner Regents Park. Erst in den neunziger Jahren werden ihre literarischen Arbeiten von einem größeren Publikum entdeckt.

Oben »Wie Musil war auch Saiko ein verbissener Verdichter erfahrener oder erahnter Wirklichkeiten, ein sich selbst immer von neuem korrigierender Geist, der im mühsamsten Kampf mit der Form die tiefsten verschütteten Quellen der Natur zu erschließen suchte«, so György Sebestyen über George Saiko, von dem 1956 der Roman *Der Mann im Schilf* erscheint.

Links Band 1 der Reihe »Neue Dichtung aus Österreich«: Hans Leberts Erzählung *Das Schiff im Gebirge*

Dein Herz ist Deine Heimat – Rudolf Felmayers Lyrikzusammenstellung sollte »zeigen, wie die Österreicher, die dem getrübten Auge der nationalsozialistischen Mitläufer [...] als volksfremd, entartet, verbrecherisch, und wie das Beschuldigungs-Vokabular sonst hieß, erschienen, [...] das wirklich Menschliche und daher auch das wirklich Österreichische im besten Sinne vertraten«. Die Anthologie wurde zu Unrecht vergessen, denn sie stellt – noch heute – eine wichtige Sammlung österreichischer Exil- und Widerstandsdichtung dar.

Rudolf Felmayer hatte schon mit der Anthologie-Reihe *Tür an Tür* einen wesentlichen Beitrag zur Förderung junger Literatur geleistet. Ab 1955 gab er eine weitere bedeutende Reihe heraus: die »Neue Dichtung aus Österreich«.

Als 1956 der Roman »Moos auf den Steinen« erschien, war man zunächst verblüfft, daß sich ein Vertreter der Generation der zwanziger Jahre vier Jahrzehnte nach dem Zusammenbruch der Monarchie mit solch tiefer Einfühlung und hoher Achtung vor den geistigen Werten Alt-Österreichs neigte. Mit diesem Buch hat sich Fritsch von der unmittelbaren Vergangenheit eigenen, bitteren Kriegs- und Nachkriegserlebens getrennt und den Übergang zur objektiven Darstellung, der zugleich vom Vers zur Prosa wechselt, vollzogen. Das verfallende Barockschlößchen »Schwarzwasser« im Marchfeld ist der Schauplatz der Handlung und zugleich Symbol für vieles im alten und neuen Österreich. Das Buch liest sich wie eine Elegie auf die untergegangene Monarchie und ist trotzdem mit dem Blick auf die Gegenwart und Zukunft der Zweiten Republik geschrieben, die von Amerikanismus und kollektiver Prosperitymoral bedroht sind.

Viktor Suchy, 1962

Unten Gerhard 1952 Fritsch als Bibliothekar der Städtischen Büchereien in Wien

Oben »Das Moos, der weiche Polster der Vergänglichkeit über den Steinen, die nicht mehr Österreich sind«, Gerhard Fritsch in seinem ersten Roman *Moos auf den Steinen* (1956).

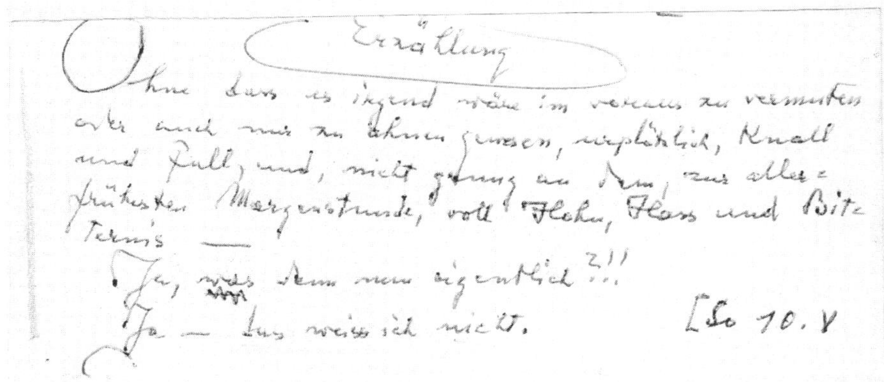
Erzählung
Ohne dass es irgend wäre im voraus zu vermuten oder auch nur zu ahnen gewesen, urplötzlich, Knall und Fall, und, nicht genug an dem, zur aller= frühesten Morgenstunde, voll Hohn, Hass und Bitternis —
Ja, was denn nun eigentlich?!!
Ja — das weiss ich nicht. [So 10. V

Oben Heimito von Doderer

Mitte Heimito von Doderers kürzeste »Erzählung«: »Ohne daß es irgend wäre im voraus zu vermuten oder auch nur zu ahnen gewesen, urplötzlich, Knall und Fall, und, nicht genug an dem, zur allerfrühesten Morgenstunde, voll Hohn, Haß und Bitternis – Ja, was denn nun eigentlich?!! Ja – das weiß ich nicht.«

Unten Auf der Terrasse bei Hilde Spiel in St. Wolfgang: Heimito von Doderer (l.), Hilde Spiel (3. v. l.), Alexander Lernet-Holenia (4. v. l.), Peter de Mendelssohn (r.)

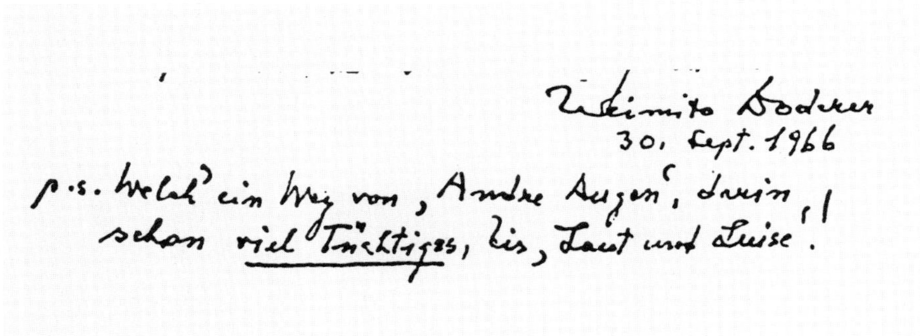

Heimito Doderer
30. Sept. 1966
p.s. Welch' ein Weg von ‚Andre Augen', darin schon viel Tüchtiges, bis ‚Laut und Luise'!

Oben Heimito von Doderer erinnert sich nach dem Erscheinen von Ernst Jandls *Laut und Luise* lobend an dessen lyrische Anfänge (*Andere Augen*, 1956).

Unten Als 1957 experimentelle Texte u. a. von Ernst Jandl (hier mit Friederike Mayröcker) in den *neuen wegen* abgedruckt werden, gibt es heftige Proteste.

im mai 1957 machte die österreichische kulturzeitschrift »neue wege« [...] erstmals den versuch, uns einem jüngeren leserkreis bekannt zu machen. [...] nachdem in einem heft zuvor, sozusagen vorbereitend, einige meiner weniger aufregenden »märchen« abgedruckt worden waren, veröffentlichte ich nun einen kurzen artikel über die neue dichtung mit zwei konstellationen als beispielen. neue gedichte von ernst jandl, der mit seinen jüngsten »sprechgedichten« eine radikale wendung in seiner bisherigen schreibweise dokumentierte, taten ein übriges, um bei den österreichischen erziehungsberechtigten einen skandal auszulösen, der dem lyrikredakteur den posten kostete.

Gerhard Rühm, 1967

Nr. 123 NEUE WEGE Seite 11

ernst jandl

sprechgedichte

vorbemerkung

das sprechgedicht wird erst durch lautes
esen wirksam. länge und intensität der
ute sind durch die schreibung fixiert.
pannung entsteht durch das aufeinander-
lgen kurzer und langgezogener laute
ooooooooooooooooooooooo rrrrannn),
erhärtung des wortes durch entzug der
okale (schtzngrmm), zerlegung des wor-
s und zusammenfügung seiner elemente
neuen, ausdrucksstarken lautgruppen
chtzngrmm, ode auf N), variierte wort-
iederholungen mit thematisch begrün-
eter zufuhr neuer worte bis zur ex-
losiven schlußpointe (kneipp sebastian).
estandteile eines einzelnen wortes sind
e worte eines ironischen spiels um die-
s wort, das aus diesem prozeß erschöpft
uftaucht (philosophie), aus dem grund-
ort gewonnene laute des überdrusses,
er gleichgültigkeit, heftiger ablehnung
nd stärksten lebenswillens schlagen um
marktgeschrei als heldenkult (ode auf
), und aller ingrimm rollender rrr gilt
er humorlosigkeit, dieser deutschen
rankheit, die auch österreicher mitunter
efällt. ernst jandl

oooooooooooooooooooooooo
rrrrannn
se
uirrr
da
pu
llllllllllllllllllll
aussss
mi
tirrrn
oooooooooooooooooooooooo
rrrra
rrrrrrr
zznnnrrtzt

(bohren sie mir
die pupille aus
mit ihrem bohrer
herr zahnarzt)

chtzngrmm
chtzngrmm
-t-t-t
-t-t-t
rrrmmmmm
-t-t-t
------c------h
zngrmm
zngrmm
zngrmm
rrrmmmmm
chtzn
chtzn
-t-t-t
-t-t-t
chtzngrmm
chtzngrmm
ssssssssssssss
rrt
rrrrrt
rrrrrrrrrt
cht
cht
-t-t-t-t-t-t-t-t-t
cht
zngrmm
zngrmm
-t-t-t-t-t-t-t-t-t
cht
cht
cht
cht
cht
rrrrrrrrrrrrrrrrrr
-tt
(schützengraben)

nepl
lepn
plllllll
lopn
paa
noo
paa
noo
papaa
noo
nonoo
nononoo
nonononoo
paa
pl
paa
pl
pl pl
ononn
onononn
ononononn
lepn
eoooo
lepn
eoooo
nepl
ananann
nepl
anananann
eoooo
eoooo
lepn
eoooo
lepn
lepn
eoooo
eoooo
eoooooo
nnnnnnnnnnnn
pllllllllll
pl
na
naaa
naaaaaaa
naaaaaaaaaaa
naaaaaaaaaaa
naaaaaaaaaaa
pooleon
pooleon
poleeeon
pooleon
poleeeon
naaaaaaaaaaa
pooleon
poleeeon
naaaaaaaaaaa
poleeeon
poleeeon
naaaaaaaaaaa
pooleon
poleoooon
pooleon
poleoooon
naaaaaaaaaaa
nanaa
nanaa
nananaa
nanananaa
naaaaaaaaaaa
poleoooon
naaaaaaaaaaa
pooleon
pooleon
poleeeon
poleeeon
poleeeon
poleoooon
poleoooon
oooooon
oooooon
oooooon
llllllllll llllllllllllll

ode
auf
N

lepn
nepl
lepn
nepl
lepn
nepl
o lepn
o nepl
nnnnnnnn
lopn
paa
lopn
paa
o nepl
o lepn
plllllll
lepn
plllllll
lepn
plllllll

philosophie

viel
vieh
o
so
viel
vieh
so
o
so
vieh
sophie
o
sophie
so
solo
sophie
solo
so
o
so
solo
sophie
o
so
viel
vieh
sophie
o
so
solo
sophie
o
so
viel
sophie
so
viel
vieh
o
sophie
so
viel
o
sophie
o
so
viel
vieh
o
sophie
so
viel
o
sophie
so
viel
o
sophie
so
viel
vieh
o
sophie
o
so
viel
o
sophie
viel
o
sophie
viel
o
o
sophie

wasser
kalt
wasser
kalt
kaltwasser
wasserkalt
kaltwasserkalt
wasserkaltwasser
kaltwasserkaltwasserkalt
wasserkaltwasserkaltwasser
ka
ku
ka
ku
ka
kur
kur
kur
kur
wasserkaltwasserkaltwasser
kaltwasserkaltwasserkalt
wasser
wasser
wasser
wasser
kalt
kalt
kaltkaltkalt
sebastian
ka
kur
ka
kur
kukuku
ka
kurkurkur
naturnatur so
natur soso
sebastian
wasserheil
kaltwasserheil
kaltwasserheilwasserheil
heilwasserwasserkalt
heilkalt
ka
kur
ka
kur
kukuku
knei
p
p
p
knei
p
p
kneipp sebastian

wo bleibb da
hummoooa
wo bleibb da
hummmoooooa
wo bleibb darrr
hummmmmoooooooooa
darrr kööönich vonn
hummmmmmmmoooooooooooooooooa
rrrrr

Seite 10 NEUE WEGE Nr. 123

ernst kein

verse

ICH lese readers digest
DU liest readers digest
ER (sie es) tuns auch
also sind
ER (sie es) menschen wie
DU und
ICH

Die
dritte art
von raserei
kommt (so sagt
Plato) von den
musen

und
manche seele
wird (sagt
Plato) dadurch
zu allerlei ge
sängen aufgeregt

doch
sie (sag ich)
verehrter herr
kollege haben
mit all dem
nichts zu tun

O William
o Shakespeare
du großer alter
kater komm und friß
sie alle auf

Wenn du die
gesamtheit aller
punkte bist

die dich selbst
zum mittel
punkt haben

dann bist du (be
weint von uns) eine
geometrische figur

Herr N fuhr
einst per auto
in die schweiz
und kam per
kutsche an
in reuss
schleiz
greiz
so
wird noch mancher sich verfahren
an kilometern
und an jahren

FORT
schritt du
schreitest
fortwährend
schrittweise
fort
jedoch
wann
warst
du ei
gent
lich
HIER

gerhard rühm

über das „experiment" in der modernen dichtung

die moderne dichtung hat ebenso ihre tradition wie die moderne musik oder bildende kunst. ihre vorläufer sind in frankreich mallarmé und appollinaire, in deutschland paul scheerbart und arno holz. ihr eigentlicher vater aber ist august stramm. seine bedeutung für die dichtung ist nicht geringer als die schönbergs für die musik. stramm muß man in sich aufgenommen haben. ebenso wie joyce und gertrude stein. schwitters und otto nebel bauen bereits auf stramm weiter. als theoretiker dieser deutschen gruppe („der sturm") ist lothar schreyer von wichtigkeit. dieses ist die wirkliche literatur unserer zeit. vielleicht muß man heute schon einschränkend sagen: der ersten hälfte unseres jahrhunderts; denn was jetzt geschieht, kann zwar seine ursprünge nicht verleugnen, steht aber doch schon wieder ganz woanders. vorallem: wir sind weder expressionisten noch dadaisten (schon gar nicht surrealisten), uns interessiert kein programm, sondern die dichtung selbst: ihr material: das wort als abstrakter begriff und akustische realität (als lautkonstellation). einer der wesentlichsten züge unserer dichtung: sie ist nicht descriptiv, sie schafft selbst wirklichkeiten, sie i s t eine wirklichkeit (eugen gomringer hat daher auch die bezeichnung „konkrete dichtung" vorgeschlagen). ein ausgangspunkt (grundlegend): das wort ist ein symbol für ein symbol (den begriff) und unabhängig davon eine akustische realität (und als solche grundverschieden von jener realität, für die sie als symbol des begriffes steht). daraus folgert klar: ich kann mit lautlichen elementen arbeiten, die nur für sich selbst stehen (jeder laut ist ein bestimmter ausdruckswert), wie mit solchen, die außerdem auch noch für symbole (begriffe) stehen (dazwischen sind auch mischformen möglich). ich nannte es „laut- und wortgestaltung". ferner: jedes wort ist ein abgegrenzter baustein, dessen individualität der syntaktische (dem rationellen zweck der verständigung dienende) satz stark einebnet und verwischt. man muß jedes wort ganz für sich stellen („herausheben"), um es wieder in seiner ganzen bedeutung wirken zu lassen. dichten heißt dicht machen. (das ist es, was an der modernen dichtung „so abstrakt" scheint. wir lieben diese bezeichnung nicht, denn sie ist falsch.) alle aufgestellten worte stehen zueinander in einer beziehung (je autonomer worte gesetzt sind, umso stärker wird diese beziehung sein); diese beziehung wird nicht beschrieben, sie steht für sich selbst und sie wird immer neu geschaffen: von dem der sie liest (der leser ist als psychologischer faktor in jede gestaltung einbezogen). und das ist das unnennbare, das offenbare geheimnis der dichtung, das einmalige, nur ihr mögliche: auch das, was zwischen den dingen, den worten ist, spürbar zu machen. die beziehung. so gewinnt diese, „unsere" dichtung eine totalität, indem sie alle elemente der sprache enthält. sie ist für uns kein experiment, sie ist eine wirklichkeit.

zwei beispiele von „wortgestaltung" aus der ungeheuren vielzahl der möglichkeiten. das erste „gedicht" bringt zwei einander gegenübergestellte begriffe, die sich bei abnehmenden proportionen schließlich zu einem synthetischen begriff vereinen. das zweite reihenkonstellationen aus drei wortgestalten, die zueinander in lautlich verschiedenen verwandtschaftsgraden stehen.

1

blauinblauinblauinblau
mannbeimannbeimann
dieblaue
dieblauemannbeimann
blauermann

2

schnitt
schnee

schnitt
schnitt
schnee

schnitt
schnitt
schnitt
schnee

schlaf

schnee
schlaf

schnee
schnee
schlaf

schnee
schnee
schnee
schlaf

schlaf
schnitt

schlaf
schnitt
schnitt

schlaf
schnitt
schnitt
schnitt

schnee

Das ›Skandalheft‹ Nr. 123 der *neuen wege*, in dem Texte Ernst Jandls, Ernst Keins und Gerhard Rühms erschienen

donnerstag 20. juni 1957 20 uhr
intimes theater, 1. liliengasse 3
tel. 52 41 01 karten an der abendkassa
friedr. achleitner
h. c. artmann
conrad bayer
gerhard rühm
oswald wiener
dichtung

Die Wiener Gruppe

Klaus Kastberger

Zwar hat es schon vor dem Zweiten Weltkrieg eine nominelle Beteiligung österreichischer Autoren an Dadaismus und Expressionismus gegeben; mit der Wiener Gruppe meldete sich in Österreich aber erstmals eine genuine avantgardistische Bewegung zu Wort, ein nach innen geschlossenes und nach außen höchst aktives Schriftstellerkollektiv. Mit spektakulären Aktionen, avancierten Texten und einem unkonventionellen Lebensstil hat die Wiener Gruppe in den fünfziger und beginnenden sechziger Jahren einen Gegenpol zum offiziösen Kunst- und Literaturbetrieb geschaffen. Literarhistorisch ist dies um so bedeutsamer, als mit ihr und der Fortführung ihrer aktionistischen Tendenzen im Wiener Aktionismus gegen den Druck des Establishments und der Boulevardmedien die Errungenschaften einer radikalen Moderne gesichert und heimisch gemacht wurden.

Zur Wiener Gruppe im eigentlichen Sinn werden gemeinhin fünf Autoren gezählt: Friedrich Achleitner, H. C. Artmann, Konrad Bayer, Gerhard Rühm und Oswald Wiener. Der etwas ältere und mit seinem Dialektgedichtband *med ana schwoazzn dintn* (1958) frühzeitig arrivierte Artmann gilt als Vaterfigur, obwohl er in Interviews wiederholt erklärt hat, daß er sich eigentlich niemals zugehörig gefühlt hat und die Wiener Gruppe insgesamt für eine »Erfindung« von Gerhard Rühm hält. Bei aller Pointierung trifft diese Aussage einen historischen Nerv: Artmann selbst war ab 1958 nicht mehr an den Aktionen der Wiener Gruppe beteiligt.

Zu einem Auftritt aller fünf Autoren ist es nur ein einziges Mal gekommen, nämlich bei einer Lesung im »Intimen Theater« in Wien am 20. Juni 1957. Die Kulturpublizistin Dorothea Zeemann, die zur Vermittlung der österreichischen Avantgarde auch insofern beitrug, als sie die Aufmerksamkeit Heimito von Doderers auf die jungen Autoren lenkte, hat in einer wenig später geschriebenen Kritik von einer »neuen Wiener Dichtergruppe« gesprochen; intern wurde der Terminus »Wiener Gruppe« erst ein Jahr später verwendet.

Die zentralen Manifestationen der Wiener Gruppe, die beiden »literarischen cabarets« (6. Dezember 1958 und 15. April 1959) und – als letzte Aktion – die Aufführung der *kinder-*

Achleitner, Bayer, Rühm, Wiener, Artmann: Lesung am 20. Juni 1957

oper (10. April 1964) fanden ohne Artmann statt. Gemessen an den konservativen Maßstäben der fünfziger Jahre passierte bei diesen Veranstaltungen Unerhörtes: Akteure fuhren mit einem Motorroller in den Publikumsraum ein, auf der Bühne wurde ein Klavier zertrümmert oder mit militärischer Staffage »die schlacht um lüttich« ausgetragen. Friedrich Achleitner war in der Rolle eines stummen Biertrinkers zu sehen, Oswald Wiener stemmte eine Hantel und verlas einen Text, Konrad Bayer und Gerhard Rühm starrten gemeinsam mit den anderen das Publikum genau so an, wie dieses umgekehrt auf die Bühne starrte; am Ende fand ein »vergeblicher versuch« statt, »das fliegen zu erlernen«.

Als theoretischer Vorläufer dieser aktionistischen Anti-Kunst gilt Artmanns »acht-punkte-proklamation des poetischen actes« (1953). In diesem eher capriccioartigen als tatsächlich programmatischen Text wurde die Behauptung aufgestellt, daß man Dichter sein könne, ohne jemals ein Wort geschrieben zu haben; die Ausführung einer »alogischen Geste« könne die schriftliche Ausfertigung des Werkes ersetzen. In Richtung der »literarischen cabarets«, in denen es eben nicht um eine ›Hinterlassenschaft‹ bedruckten Papiers ging, sondern darum, »schlichte Begebenheiten« auf die Bühne zu stellen, weist auch das »coole manifest« Oswald Wieners. Dieser Text ist Mitte der fünfziger Jahre entstanden und gilt wie die meisten anderen Arbeiten des Autors aus dieser Zeit als verschollen. Das »coole manifest« stellt die Forderung auf, daß nicht am ›Ausdruck‹ gearbeitet werden soll, sondern am maximalen ›Eindruck‹, zu dem die Kunst fähig sei. Peter Weibel hat später darauf hingewiesen, daß mit dem Terminus der »schlichten Begebenheit« (die aus dem ›Waschzettel‹ zum »zweiten cabaret« stammt) dem Wortsinn nach eine Entsprechung zum internationalen Begriff des ›Happening‹ (*to make happen*) vorliegt.

Zu dem Bild, das wir heute von der Wiener Gruppe haben, trägt wesentlich die frühe editorische Tätigkeit Gerhard Rühms bei. Der wichtige und richtungsweisende Sammelband *Die Wiener Gruppe* erschien in Erstauflage bereits im Jahr 1967, also nur wenige Jahre, nachdem die Gruppe mit dem Selbstmord Bayers (1964) an ihr unwiderrufliches Ende gekommen war. Für seine Literatur hatte Bayer noch zu Lebzeiten bei einer Lesung vor der Gruppe 47 Erfolg geerntet. Oswald Wiener setzte sich später in seinem literarischen Hauptwerk mit philoso-

»Öffentliche Schlacht um Lüttich«: 1. literarisches cabaret, 6. Dezember 1958

»Zwei Welten«: 2. literarisches cabaret, 15. April 1959

»Zwei Welten«: 2. literarisches cabaret,
15. April 1959

phischen Fragen auseinander: *die verbesserung von mitteleuropa, roman* (1969) ist eine Zerstörung des Kontinents insofern, als das Buch mit den klassischen humanistischen Werten wie Bewußtsein, Subjekt und Identität Schluß macht. Bald danach hat sich Wiener vom literarischen Schreiben losgesagt, seither beschäftigt er sich als Privatgelehrter mit Fragen der Automaten- und Erkenntnistheorie. Eine Abkehr vom Literarischen hat auch Friedrich Achleitner vollzogen, er war seinerzeit mit Textmontagen und Text-Bild-Collagen hervorgetreten und an vielen Gemeinschaftsarbeiten beteiligt, die innerhalb der Wiener Gruppe in unterschiedlichen personellen Zusammensetzungen entstanden; heute gilt Achleitner als *der* Architekturtheoretiker Österreichs. Ein konzeptionell arbeitender Autor ist Gerhard Rühm geblieben. Seine zerstörerisch-produktiven Textvernichtungs- und -entstehungsakte zeichnen sich bis heute durch ein besonderes Maß an planerischer Sorgfalt aus. Am Werdegang Rühms zeigt sich nicht zuletzt der hohe Grad an Professionalisierung, den die ehemals so impulsiv agierende Avantgarde anzunehmen imstande war.

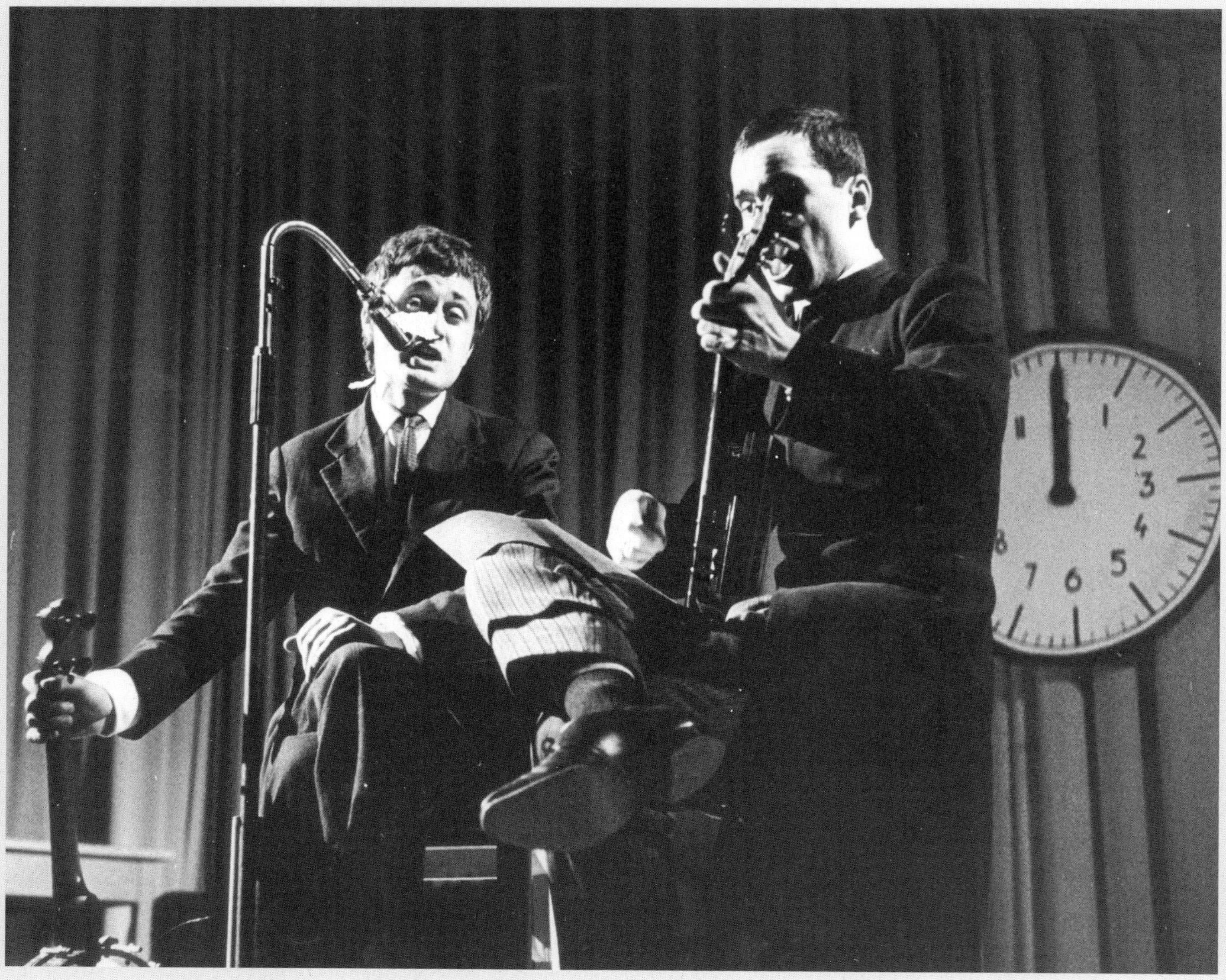

Bayer, Wiener: 2. literarisches cabaret, 15. April 1959

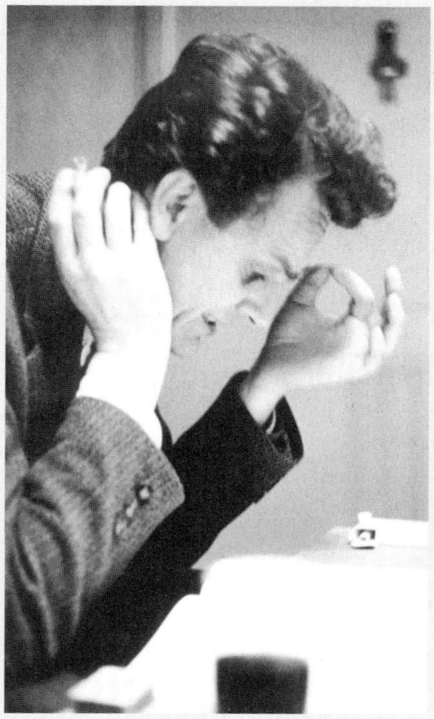

Unten Rühm, Achleitner, Bayer, Wiener: 2. literarisches cabaret, 15. April 1959

Oben links H. C. Artmann liest aus *med ana schwoazzen dintn.* – »Ich habe das Pech gehabt, daß ich volkstümlich geworden bin. […] Ich habe vielleicht 0,5 Prozent im Dialekt geschrieben, und jetzt bin ich der Mundartdichter bei gewissen Leuten. ›Wann schreiben Sie denn wieder einmal sowas Lustiges?‹ Das ist ja Unfug.« (H. C. Artmann, 1990)

Oben rechts 1958: Lyrik als Bestseller!

In den fünfziger Jahren schreibt Hans Weigel bitter-süße Reflexionen über Österreich, die erst in den sechziger Jahren erscheinen:
»Österreich heute trägt in sich ein Erbe, das über seine Grenzen reicht wie die beiden Seen an seinen beiden Enden, Österreich, das sich gern als ›Brücke‹ bezeichnet, ist in Wahrheit viel mehr und wesentlich anders, nämlich: Synthese der Welten, Probefall der Integration, Versuchsstation der Übernationalität, Österreich ist: daß man deutsch sprechen kann, ohne Deutscher zu sein, daß man Novotny, Esterházy, Glawitschnigg, Nicolussi heißen und deutsch sprechen, daß man kaisertreuer Republikaner, bäuerlicher Großstädter sein kann, Österreich rettet Prag und Agram, Görz und Laibach, Budapest und Czernowitz durch die Gegenwart in die Zukunft. Es gab wohl keine andere Möglichkeit des Fortbestehens für das große europäische Donaukonglomerat als seinen Untergang in der Realität, der sein Dauern in der Idee gewährleistete.

Österreich ist: das Überwintern der Völker, die Taschenausgabe des Imperiums, der Entwurf für Europa, das Produkt von Millionen zentrifugaler Kräfte, die gemeinsam nur haben, daß sie sich und einander in Frage stellen und durch die Konsequenz und Intensität dieses Bezweifelns das Infragegestellte schaffen und bewahren.

Wanderer, kommst du nach Österreich, sei drauf gefaßt, daß du unaufhörlich einer Schar intelligenter und kultivierter Menschen begegnen wirst, welche dir in wohlgesetzter, pointierter und niveauvoll artikulierter Rede versichern werden, daß es in ihrem Land ausschließlich Analphabeten gebe.

Österreich: das staatgewordene Paradoxon.

Die Österreicher: streitbare Pazifisten, östliche Westler, selbstbewußte Kleingläubige, tieftraurige Lebenskünstler, konservative Revolutionäre, westliche Östler, schlampige Pedanten, arbeitsame Faulenzer, gläubige Skeptiker, germanische Slawen, balkanische Älpler, ein barbarisches Kulturvolk. Was immer sie sind, sind sie halb und zugleich hundertfünfzigprozentig, sie sind jeweils auch das Gegenteil dessen, was sie zu sein scheinen.« (Hans Weigel, *O du mein Österreich*, 1967)

Hans Weigel im beliebten Künstlercafé »Hawelka«

Das Programm *Glasl vorm Aug* hatte am 2. Oktober 1957 im Wiener »Intimen Theater« Premiere. Der Beitrag *Freizeit, die ich meine* von Gerhard Bronner bot Helmut Qualtinger die Gelegenheit, nach dem *G'schupften Ferdl* und dem *Wilden auf einer Maschin'* einen neuen Erfolg zu landen, *Weil mir so fad is'*:

Es war a Zeit, wo der g'schupfte Ferdl
War bekannt als bedeutender Kerl.
Aber jetzt wird's um ihn langsam staad.
Und dann später war's wie a Kommando
Jeder schalt sich wie Marlon Brando
Mit der Zeit war das auch ziemlich fad.
Ja i hab schon beinah alles probiert,
Daß die Zeit vergeht,
Doch wenn man erwachsener wird,
Ist der Ferdl und Brando
Für unseran doch schon zu blöd.
Bei der Arbeit sekkiert di' der Master
Und die andern verbogenen G'fraster,
Deine Nerven werd'n langsam verdraht.
Und auf d'Nacht, wann der Mensch wieder frei is',
Wann die scheußliche Arbeit vorbei is',
Dann fangt's erst an:
Was macht ma' dann?
Weil dann is' ma fad ...

Was kann denn i dafür, daß i a so viel Zeit hab'?
I hab nix zum tuan.
Was kann denn i dafür, daß i mit nix a Freud hab'?
Da kriagst einen Zorn.
Du gehst ins Kino und siechst an Galopp
Von 12 Indianer in Cinemascope
Weil dir so fad is'...
Du kummst vom Kino raus und waaßt net, was sollst machen,
Drum gehst ins Café.
Hörst in der Juke-Box jeden Tag die selben Sachen,
Die tuan da scho' weh.
Und mit der Zeit, da kriagst a Idee
Und du zerlegst einen Cafetier
Weil dir so fad is'.

Dann nimmst'n Rock – Rock – Rock
Und verrollst di' in die Bongo-Bar
Dort spielst Tarock – rock – rock
Und du rollst die Kugeln vom Billard
Dann saufst an Grog – rock – rock
Schnappst an Roller und fahrst ohne Führerschein durch an Baam
Und wann a Schmier erscheint, haust eahm z'samm
Und hast das alles erledigt, ist das Resultat:
Faaad!

Nächsten Tag steht das groß in der Zeitung
Und dann spürst du erst deine Bedeutung
Deine Hand is' am Pulsschlag der Stadt
Du spielst weiter die harmlosen Stückeln
Doch nach zwaa Dutzend Zeitungsartikeln
Samma dort, wo ma war'n: es is' fad,

»Wann der österreichische Beamte was arbeiten will, soll er dazu seine Freizeit benützen. Im Amt wird nix gearbeit'... Das is' eine Tradition, die sich bis heut' erhalten hat.« (Vorne:) Peter Wehle, (v. l. n. r.:) Gerhard Bronner, Louise Martini, Helmut Qualtinger, Georg Kreisler und Carl Merz mit ihrem Kabarettprogramm »Glasl vorm Aug«

Und dann wird amal was Neues probiert,
Daß die Zeit vergeht
Und dann wird'n die Büacheln studiert
Weil ma' will amal seh'n
Was bei Mickey Spillane
Alles steht ...
Und da kann ma' zum Beispiel vergleichen
Die diskrete Erzeugung von Leichen
Vom MG zum Strychninpräparat.
Dann probierst es amal in der Praxis
Mit Chauffeuren von einsamen Taxis.
Dann wirst gehetzt,
In' Häfen g'setzt –
Und durt is' erst fad!

Was kann denn i dafür, daß i a so viel Zeit hab'?
Was hab' i scho 'tan?
I hab' bewiesen, daß i aa a bissel Schneid hab'
Und schaut's mi' jetzt an:
I bin für längere Zeit petschiert
Aber was mi' da am meisten geniert,
Is', daß ma so fad is'.
I denk ans Kino, an die feschen Indianer,
I denk ans Café,
Fallt mir die Juke-Box ein, dann könnt' i ehrlich waana,
Des war a Gaudee
Jetzt bin i eing'naht und waaß net, wieso
Und wann i Sackeln pick, bin i scho' froh,
Daß ma net fad is' ...

Gerhard Bronner, 1957

Gedenkbriefmarke zum 100. Geburtstag Theodor Kramers, 1997

Oben links Günther Anders in Hiroshima, 1958. In *Off limits für das Gewissen* veröffentlicht der Philosoph seinen Briefwechsel mit dem Hiroshima-Piloten Claude Eatherly.

Oben rechts Der Lyriker Ernst Waldinger blieb bis zu seinem Tod (1970) im amerikanischen Exil.

Unten Der Lyriker Theodor Kramer kam 1957 in seine Heimat zurück, ein Jahr später stirbt er in Wien.

Fritz Habeck. Seinen Erfolgsroman *Der Ritt auf dem Tiger (1958)* würdigt Robert Menasse als einen »ehrgeizigen Versuch, [...] die Geschichte Österreichs vom letzten Jahrzehnt des vorigen Jahrhunderts über das Ende der Monarchie, die beiden Weltkriege bis zum Beginn des Wirtschaftswunders aufzuarbeiten«.

Arnolt Bronnen, 1958. In diesem Jahr erscheinen unter dem Titel Viergespann vier ausgewählte Dramen: *Gloriana*, *N*, *Die Kette Kolin* und *Die jüngste Nacht*.

Oben Imma von Bodmershof (l.), Erika Mitterer (m.), Wilhelm von Bodmershof

Unten links Juliane Windhager (*Der linke Engel*, Gedichte 1959) mit Rudolf Felmayer vor dem Salzburger Dom

Unten rechts Ludwig von Ficker am Grab Georg Trakls auf dem Friedhof von Mühlau, 1960. Ficker hatte von 1912 an in seiner Zeitschrift *Der Brenner* regelmäßig Gedichte Trakls publiziert.

Nach *Die unvollendete Liebe* (1949) und *Die Bettlerschale* (1956) erscheint als dritter Lyrikband Christine Lavants (und als zweiter Band im Otto Müller-Verlag) 1959 *Spindel im Mond.*

»Liebe, verehrte Christine Lavant! Soeben ist mir etwas ganz Wunderbares passiert. Ich öffnete eine Schublade in meinem Schreibtisch, um nach einem fremden Brief zu suchen, den ich beantworten sollte und nicht finden konnte. Plötzlich hatte ich Ihre letzte Sendung Gedichte in der Hand, die ich Tölpel und zuweilen verblendeter damals – es war Ende April, erinnern Sie sich? – so unverantwortlich verkannte. Und nun schlage ich auf, lese das erste Gedicht ›Steige, steige, verwunschene Kraft!‹ und schlage vor Staunen und Erschütterung die Hände über dem Kopf zusammen.« (Ludwig von Ficker, 10. Juli 1956)

STEIGE, STEIGE, verwunschene Kraft,
wie der Hahnenschrei steigt um den Mittag herum
voll Versäumnis und würdigem Vorsprung
und wie das Weinen in beiden Augen
meiner durchleuchteten Mutter oft stieg,
während sie mutig nähte und sang
zu Ehren der glorreichen Jungfrau.
Schon damals schrieen die Hähne so;
immer bleibt das Geheimnis sich gleich
und wohnt unter uns und wird niemals verbraucht,
selbst wenn der Tod schon seit Jahr und Tag,
aus den Wunden der Kranken die Rosenstube
als Hausherr betrachtet und alles verrückt
dem Einzug der Engel zuliebe.
Auch er tut viel für die Rosen im Raum,
die sich von Zeit und Leibhaftigkeit lösen,
um über die bäurische Stube zu blühen
hoch über den knisternden Dachstuhl hinauf,
bis sie den ziehenden Zeichen begegnen,
um manchmal verwunschen zu werden.
Steige, steige! Verwünschung ist gut
und naheverwandt mit dem Hahnenschrei,
dem spätentschlossenen Aufstieg.
Oft aber holt dich das Dorf zurück
mit gründlichem Heimweh und einem Gewand
aus unverwüstlichem Dornengespinst,
welches dich dennoch ganz würdig bekleidet
für Versäumnis und Heimkehr.

Christine Lavant: *Steige, steige, verwunschene Kraft*, aus: *Spindel im Mond* (1959)

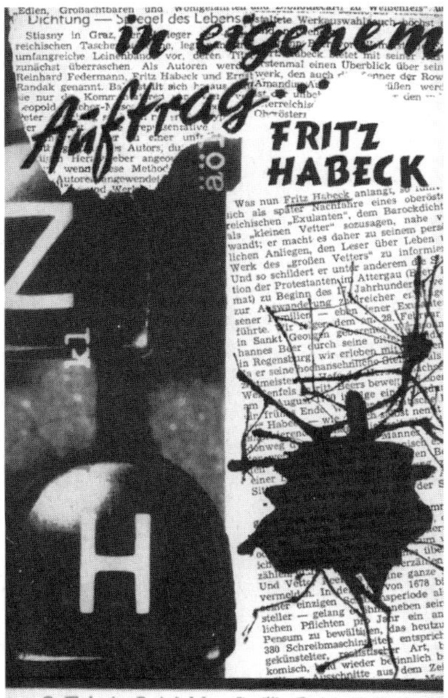

1956 eröffnet der Stiasny-Verlag seine »Stiasny-Bücherei« (bis Nr. 50: »Das Österreichische Wort«). Zunächst werden häufig Werke des 19. Jahrhunderts verlegt, erst mit der Zeit kommen dann Publikationen zeitgenössischer Schriftsteller dazu. Die Aufgabe der alles in allem bedeutenden Reihe war, die »österreichische Dichtung aus acht Jahrhunderten zu vermitteln und sie einzuordnen in die abendländische Geistes- und Kulturgeschichte«.

Karl Franz Ginzkey, 1959

Ludwig von Ficker, 1959

Kurt Frieberger, 1963

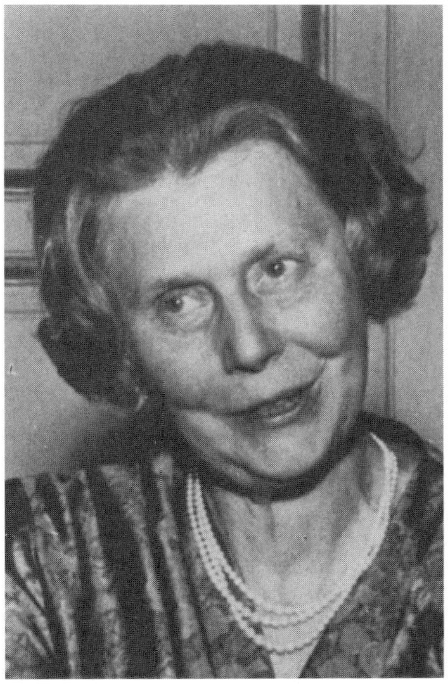
Imma von Bodmershof, 1958

Martin Buber, 1960

Johannes Urzidil, 1964

Träger des Großen Österreichischen Staatspreises 1955–64. (Weitere Preisträger: Franz Theodor Csokor, 1955; Franz Nabl, 1956; Heimito von Doderer, 1957; Carl Zuckmayer, 1959; Albert Paris Gütersloh, 1961; Alexander Lernet-Holenia, 1961; George Saiko, 1962)

Oben links Der England-Exilant Robert Neumann, der nach dem Krieg im Tessin (Schweiz) und in München lebte: »Nein, ich bin guten Mutes und nur um ein winziges älter geworden, und um einiges ärmer. Aber auch um einiges reicher. Und nur ein wenig wackelig.« Der Ehrenpräsident des österreichischen P.E.N.-Clubs (und Vizepräsident des internationalen P.E.N.) genoß die Rolle eines ›père terrible‹, sei es in seinem facettenreichen Werk (»heiter-ironisch oder frivol-pornographisch, dokumentarisch oder polemisch«, Ernst Kretschmer), durch sein Engagement bei der linken deutschen Studentenzeitschrift *Konkret* oder als erklärter Gegner der Gruppe 47 in den sechziger Jahren.

Oben rechts Franz Tumler: »Der Autor, der 1935 mit ›Das Tal von Lausa und Duron‹ als Südtiroler Erzähler debütierte, nach 1945 aber als vom NS-Staat protegierter Schriftsteller diskreditiert und alsbald auch vergessen war, schrieb sich mit Romanen und Erzählungen wie ›Der Schritt hinüber‹ (1956), ›Volterra‹ (1962) oder ›Aufschreibung aus Trient‹ (1965) in die moderne deutschsprachige Literatur ein. Gemeinsam ist diesen Texten, zu denen auch ›Der Mantel‹ [Erzählung, 1959] gehört, die Diskrepanz zwischen der immer wieder aufscheinenden Skepsis gegenüber den Möglichkeiten des Erzählens und der Unmöglichkeit, auf das Geschichtenerfinden verzichten zu können.« (Daniela Bartens)

Unten Ernst Lothar ist nach seiner Rückkehr aus dem amerikanischen Exil bis 1962 als Regisseur am Wiener Burgtheater tätig.

Zur Rezeption von Leberts *Wolfshaut* schrieb Robert Menasse 1992:

»In seinem ersten Roman ›Die Wolfshaut‹ hatte sich Lebert mit der Kontinuität vom Nationalsozialismus in die Zweite Republik beschäftigt. In diesem Buch geht es um ein Verbrechen, das gegen Ende der Nazi-Zeit in einem Dorf begangen wurde und zu Beginn der fünfziger Jahre, der Handlungszeit des Romans, aufgedeckt wird, wodurch die Dorfgemeinschaft schließlich als Bande faschistischer Verbrecher und Mitwisser erscheint.

Bei allen – viel gewürdigten und untersuchten – Qualitäten dieses überaus erfolgreichen Romans: er konnte nicht zuletzt so große Zustimmung erhalten, weil er anspielungsreich und zugleich akribisch letztlich einen Einzelfall schildert, noch dazu einen solchen, der, obwohl ähnliche Verbrechen da und dort bekannt waren, eindeutig fiktional ist. Das Dorf hat den sprechenden Namen ›Schweigen‹, die Hauptfigur, die die Verbrechen aufdeckt, heißt ›Unfreund‹ etc., eine Technik, die, auch wenn es anders gemeint war, eben nicht den exemplarischen Charakter des Beschriebenen verstärkt. Das heißt, wir haben es hier mit einer Literatur zu tun, der jeder Leser zustimmen konnte, auch wenn er mit der Verfaßtheit der Zweiten Republik prinzipiell einverstanden war, und erst recht, wenn er dennoch einen kritischen, zumindest abstrakt ›antifaschistischen Gestus‹ aufrecht erhalten wollte. [...]

Dazu kam, daß Lebert Techniken des Kriminalromans verwendete, aber dabei die trivialisierenden Konsequenzen, die diese Techniken nahelegen, vermied. Dadurch wird die Lektüre spannend, und wenn die Spannung nachläßt, dann liegt dies eben am ›Niveau‹. Noch dazu erschien dieser Roman in einer Zeit, da fast alle Literaturkritiker wesentlich an einer Literatur ausgebildet waren, bei der das Wetter stets zum Gang der Handlung paßt, und sie alle wurden auch diesbezüglich glänzend von der ›Wolfshaut‹ bestätigt. Dies alles führte dazu, daß Lebert als bloßer Fiktionalist mißverstanden und gepriesen wurde, der eine schockierende Geschichte, die durchaus etwas Wahres hat, die aber nicht unbedingt als paradigmatische Geschichten gelten mußte, spannend und geradezu ›klassisch‹ erzählen konnte. Wer dies glaubte, also fast alle, wurde nach Lektüre seines zweiten Romans gehörig überrascht. Mit dem ›Feuerkreis‹ wurde deutlich, daß es Lebert nicht um Einzelfälle ging, nicht bloß darum, irgendwelche schockierende Ereignisse gelungen zu erzählen, sondern um das Ganze. Nicht um irgendein Verbrechen in irgendeinem Dorf, sondern um Verfaßtheit und Konstitution der ›Heimat‹ Österreich, der Zweiten Republik insgesamt, um ihre wirkliche Verdichtung.«

Hans Lebert, Verfasser des Romans *Die Wolfshaut* (1960), für den er 1962 den Förderungspreis des Österreichischen Staatspreises erhielt

Rückblickend bekennt der Wiener Robert Schindel, in dessen lyrischem Werk sich so manche Celan-Anspielung entdecken läßt:

»Ich weiß nicht, wann ich das erste Mal von Celan hörte. Es muß jedenfalls Anfang der Sechzigerjahre gewesen sein. Damals war ich aus der Schule und Lehre rausgeflogen, ich belegte Vorlesungen vor allem auf der Hawelkauniversität, in jenem Café in der Dorotheergasse, dort ich seit meinem 17. Lebensjahr wohnte. Dort waren sie versammelt die Künstler, die Schriftsteller, die Schauspieler, die Originale, die Verkrachten und die Krachmacher, die Entzückten und Verrückten, die Sauhunde, die Warmherzigen. [...] Zugleich gehörte ich der Kommunistischen Partei an [...]. Das theoretische Organ der KPÖ ›Weg und Ziel‹ unter dem Chefredakteur Franz Marek [...] organisierte Vorträge im Alten Rathaus [...]. Bei einem dieser Vorträge, es war Ernst Fischer, der da sprach, hörte ich – so kommt es mir vor – das erste Mal den Namen Celan«. (1999)

Celan ist einer der großen Dichter, die begriffen haben, daß auch die Anklage gegen das Unrecht, das ungeheure, nicht zu dröhnen, sondern mit verhaltenem Klang zu überzeugen habe. Fast lautlos ist, und ohne Atem, die ›Todesfuge‹, eine der Dichtungen, deren Trauer weit in die Zukunft trägt, was uns in finstren Zeiten geschah.

Ernst Fischer, 1964

Denn das Gedicht ist nicht zeitlos. Gewiß, es erhebt einen Unendlichkeitsanspruch, es sucht, durch die Zeit hindurchzugreifen – durch sie hindurch, nicht über sie hinweg.

Paul Celan, Preisrede Bremen, 1958

Das Gedicht will zu einem Andern, es braucht dieses Andere, es braucht ein Gegenüber. Es sucht es auf, es spricht sich ihm zu.

Paul Celan, Büchner-Preis-Rede, 1960

Oben links **Paul Celan signiert in Bremen 1958, wo ihm der »Literaturpreis der Freien Hansestadt« verliehen wurde.**

Georg-Büchner-Preis, 1960: Paul Celan (2. v. l.) erhält die Glückwünsche des hessischen Kultusministers Ernst Schütte. Im Hintergrund Karl Krolow (l.) und Hanns W. Eppelsheimer (r.).

Es war ein finsterer Sommer […]. Und der Büchner-Preis war, bis zuletzt, eine Prüfung, d. h. er war auch Anfechtung und Heimsuchung. Wirklich. Nun ists überstanden, ich habe sogar noch im allerletzten Augenblick freilich eine (Art) Rede zu Papier gebracht.
Paul Celan, 1960

Aus der Tiefe poetischer Eingebung geholt, findet in seinem Werk das Wort zur Inständigkeit des Dauernden. Auch seine Übertragungen französischer und russischer Lyrik haben dem deutschen Gedicht eine neue Sensibilität gegeben.« (Aus der Verleihungsurkunde der Deutschen Akademie für Sprache und Dichtung) – Hinsichtlich des in Buchausgaben erschienenen Werks bezog sich die Akademie – den 1948 zurückgezogenen Band *Der Sand aus den Urnen* einmal ausgenommen – damit auf *Mohn und Gedächtnis* (1952), *Von Schwelle zu Schwelle* (1955), *Sprachgitter* (1959) sowie unter anderem auf die Celan-Übersetzungen lyrischer Texte von Arthur Rimbaud (*Das trunkene Schiff*, 1958), Alexander Blok (*Die Zwölf*, 1958) und Ossip Mandelstam (*Gedichte*, 1959).

Paul Celan in Paris. 1960 trifft er sich in der französischen Hauptstadt unter anderem mit Martin Buber und Nelly Sachs. In diesem Jahr kommt es auch zu einem Wiedersehen mit Ingeborg Bachmann, die ihn 1959/60 in ihren »Frankfurter Poetik-Vorlesungen« geehrt hatte.

Oben Max Hölzer. Der Freund Paul Celans veröffentlichte 1959 *Der Doppelgänger. Gedichte mit einer Zeichnung von Jean Cocteau*. Das Titelgedicht lautet:

»Deine Brust wird dir so leicht
als flöge sie auf Rädern. Die Wolke blutet.
Er vertauscht die Adressen, daß niemand
dich findet, dich sähe vor ihm.«

Unten Vorbild für die Nachkriegsavantgarde: der in Wien geborene Raoul Hausmann (Emigration 1936, blieb anschließend in Frankreich), einst führendes Mitglied der Dada-Bewegung, hier bei der Rezitation eines Lautgedichts in Paris, 1961

Wieland Schmied: Kunsthistoriker, Schriftsteller und Freund Thomas Bernhards. Sein erster Gedichtband (*Landkarte des Windes*, 1957) wurde von (dem ebenfalls mit Bernhard vertrauten) Gerhard Fritsch benachwortet, der zudem Schmieds Auswahlband *Links und rechts die Nacht* (1962) einleitete.

Oben rechts Thomas Bernhard (r.) mit seinem frühen Freund und Förderer, dem Komponisten und Schriftsteller Gerhard Lampersberg in dessen »Tonhof« in Kärnten (l.: Maja Lampersberg): »Man traf sich nicht nur in Wien im ›Art Club‹, sondern lebte und arbeitete auch auf dem Landsitz der Lampersbergs im kärntnerischen Maria Saal, wo man sich im Juli 1960 im adaptierten Heustadl mit moderner Musik, Schauspiel und allerlei erlesener Avantgarde an eine ebenso erlesene Öffentlichkeit wandte.« (Hans Höller)

Unten links Der Romancier, Lyriker, Essayist und Übersetzer Herbert Zand (1923–1970) – »Der Erinnerung an meinen Freund Herbert Zand gewidmet, der fünfundzwanzig Jahre nach dem Krieg an einer Kriegsverletzung starb«, heißt es 1983 in der *Nihilismus*-Studie des Zand-Herausgebers Wolfgang Kraus, bei dessen »Österreichischer Gesellschaft für Literatur« Zand mitarbeitete. Die Kriegserfahrung spielt eine große Rolle in Zands Romanen. 1961 erscheint *Erben des Feuers*.

Unten rechts Der Wiener Schriftsteller Franz Hiesel, der mit Gerhard Fritsch 1960 im Norddeutschen Rundfunk eine *Reise nach Österreich* (5teiliges Hörspiel) unternimmt. 1959 hatte er in Deutschland den »Hörspielpreis der Kriegsblinden« erhalten.

Unten Nach mehrjährigem Veröffentlichungsverbot in der Nachkriegszeit wieder salonfähig: der einstige ›deutschnationale‹ Erfolgsschriftsteller Bruno Brehm. 1960/61 veröffentlicht er die Trilogie *Das zwölfjährige Reich*, eines seiner Nachkriegswerke – so Hilde Spiel 1976 – »voller Apologie für die eigene politische Haltung in jenen Jahren von 1930 bis 1945«. Und so wird es, nebenbei gesagt, auch kein Zufall sein, daß die Vorlage der hier gezeigten Abbildung mit Brehm auf dem »Lippoldsberger Dichtertag« von 1958 aus dem Marbacher Nachlaß des 1959 im deutschen Lippoldsberg verstorbenen *Volk-ohne-Raum*-Romanciers Hans Grimm stammt.

Linke Seite oben »Und außerdem zweifle ich ein wenig, ob sich nicht doch die […] kontrollierbare Form als dauerhafter erweist als die ganze neuzeitliche Wortkünstelei«: Karl Heinrich Waggerl liest in Salzburg, 1960.

Oben Emil Breisach unterzeichnet 1959 den Pachtvertrag für das »Forum Stadtpark« in Graz (l.: Grete Scheuer, r.: Karl Hans Haysen).

Rechts Nutzungsplan des »Forum Stadtpark« (Entwurf: Werner Hollomey)

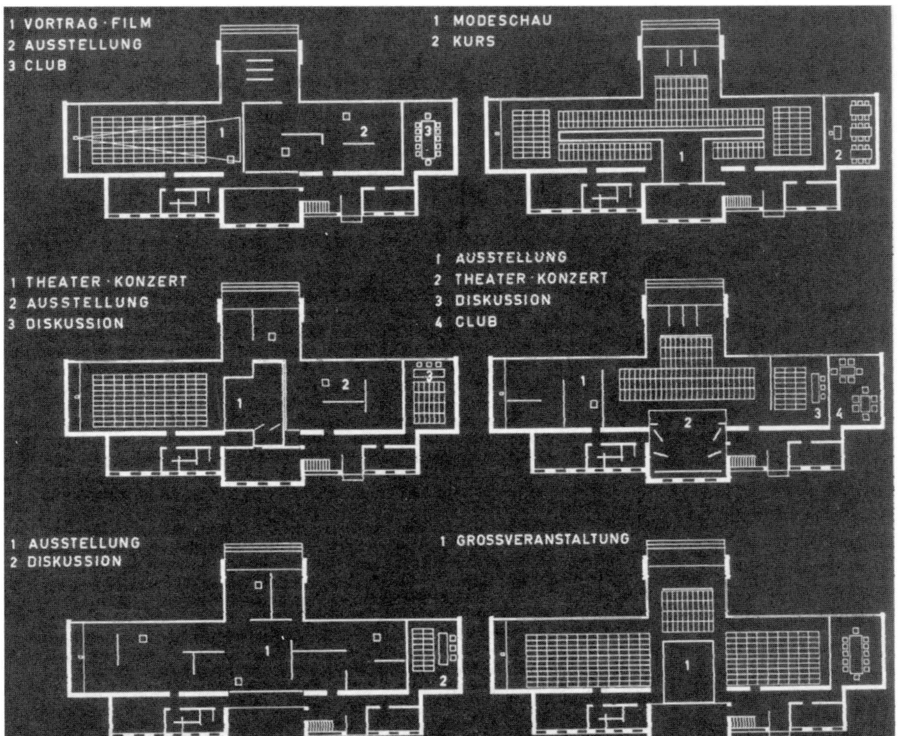

Gründung des »Forum Stadtpark«

Daniela Bartens

Als im November 1960 in Graz das »Forum Stadtpark« als multifunktionaler Veranstaltungsort eröffnet wurde, blickte man auf eine mehr als zweijährige Entstehungsphase zurück, in der sich die spezifische ideelle Struktur des Forums als spartenübergreifende selbstverwaltete Künstlervereinigung herausgebildet hatte. Das zwischen Habsburgnostalgie und NS-Kontinuitäten oszillierende klerikalkonservative Grazer Kulturklima ermöglichte den jungen, an Traditionen der Moderne interessierten Künstlern wenig öffentliche Resonanz. 1958 war daher die sogenannte »Junge Gruppe« bildender Künstler, eine seit 1953 bestehende Abspaltung der Grazer »Secession«, auf Initiative des Malers Günter Waldorf an die Grazer Stadtverwaltung mit der Bitte herangetreten, das dem Verfall preisgegebene Stadtpark-Café auf eigene Kosten für Ausstellungszwecke sanieren zu dürfen. Ein abschlägiger Bescheid führte zu einer breiten Solidarisierung steirischer Künstlergruppierungen und Medien aller ideologischen Lager. In einer »Aktion Forum Stadtpark« zwangen die »Junge Gruppe«, der aus Musikern und Autoren gebildete »Künstler-Club« sowie der traditionell ausgerichtete »Steirische Schriftstellerbund« unter Federführung von Waldorf, des Lyrikers Alois Hergouth und der Schriftstellerin Grete Scheuer die Grazer Stadtregierung zur Rücknahme ihres Beschlusses. Großangelegte gemeinsam geplante Sammel- und Spendenaktionen ermöglichten die Finanzierung der Sanierungs- und Umbauarbeiten nach Plänen des Architekten Werner Hollomey.

Das gemeinsame Engagement für das Haus hatte ideologische wie ästhetische Auffassungsunterschiede zunächst verwischt, so daß die Gründungsreferenten des aus neun autonomen, aber fallweise interagierenden Referaten bestehenden Vereins »Forum Stadtpark« (Referate für Aktuelles; Architektur und Technik; Bildende Kunst; Film und Foto; Literatur; Musik; Theater und Kabarett; Wissenschaft und das bis 1963 existierende Studio der Jungen) sowohl konservative wie auch progressivere Standpunkte vertraten.

Bei der Eröffnung des Hauses am 4. November 1960 unter dem programmatischen Motto »Bekenntnis und Konfrontation« formulierte der erste Forum-Präsident, Emil Breisach, daher als Minimalkonsens lediglich die Überzeugung, »daß es bitter notwendig sei, sich mit den neuesten Ausdrucks- und Darstellungsformen der einzelnen Kunstzweige zu beschäftigen«. Die konsequente Öffnung gegenüber der Moderne führte jedoch sehr schnell zu einer Polarisierung sowohl in der Öffentlichkeit als auch innerhalb der Gruppe der Forum-Mitbegründer und zum Rückzug der traditioneller orientierten Künstler des »Steirischen Schriftstellerbunds« (Grete Scheuer, Wolfgang Arnold, Otto Hofmann-Wellenhof) aus dem Forum Stadtpark. Gerade das Literaturreferat und die ursprünglich von Alois Hergouth als Forum-Programmzeitung konzipierte Zeitschrift *manuskripte*, deren erste, von Hergouth gemeinsam mit Alfred Kolleritsch herausgegebene Nummer bei der Eröffnung verteilt wurde, spielten dabei insofern die wesentlichste Rolle, als die ab Heft 2 von Kolleritsch inhaltlich allein verantwortete Zeitschrift sich zunächst einem konsequent avantgardistischen Literaturbegriff verschrieb, der im provinziellen Graz der frühen sechziger Jahre von vielen als antibürgerlicher Affront abgelehnt wurde. »Die Zukunft des Forums hatte sich zum Schicksal der *manuskripte* verformt« (Emil Breisach, 1975).

Grazer Kunst-Hochburg: das »Forum Stadtpark«

Oben Steirischer Literatur-Katalysator: Alfred Kolleritsch, um 1960

Unten »Forum Stadtpark«-Mitbegründer: der Lyriker und Mitherausgeber der ersten *manuskripte* Alois Hergouth, um 1960

Gelesen viel und viel gescholten: der »Trivialautor« (?) Johannes Mario Simmel. 1960 erscheint sein mit Kochrezepten gespickter Spionage-Roman *Es muß nicht immer Kaviar sein* (Verfilmung 1961 unter der Regie von Geza von Radvanyi).

Helmut Qualtinger in der Rolle des »Herrn Karl«, einer alptraumartigen Inkarnation der so ungemütlich gemütlichen Wiener Seele, genial verdichtet zum »Prototyp des österreichischen Opportunisten« (Gerhard Roth) schlechthin

Rechts »Mir brauchen Se gar nix d'erzählen, weil, i kenn das …«

Die Ursendung des *Herrn Karl* im Österreichischen Fernsehen fand am 15. November 1961 statt. Erich Neuberg führte Regie. Die Ausstrahlung löste eine riesige Protestwelle aus. Die Theater-Uraufführung ging am 30. November 1961 im »Kleinen Theater der Josefstadt im Konzerthaus« über die Bühne, im Februar übersiedelte die Inszenierung Friedrich Kallinas in die Wiener »Kammerspiele«. Eine Reihe von überaus erfolgreichen Gastspielen, u.a. in München, Berlin und Köln, machten Qualtinger und seinen Herrn Karl über die Grenzen Österreichs hinaus bekannt.

Helmut Qualtinger war bisher der letzte Österreicher, der Österreich – dem Land, der Nation, dem Volk – ein Gesicht hatte geben können.
Franz Schuh, 1997

Der Maler, Schriftsteller und Träger des Großen Österreichischen Staatspreises für Literatur (1961) Albert Paris Gütersloh auf einem Empfang anläßlich des Erscheinens seines literarischen Hauptwerks *Sonne und Mond* (1962), an dem er bereits seit Mitte der dreißiger Jahre gearbeitet hatte. Über den ebenso üppigen wie sperrigen, mythologisch-allegorischen Roman ärgerte sich der Gütersloh-›Schüler‹ Heimito von Doderer, der sich in der unschmeichelhaften Figur des Ariovist wiedererkennen mußte.

Oben George (Emmanuel) Saiko, der hier aus seinen stilistisch beeindruckenden, teils subtil erotischen Erzählungen des Bandes *Giraffe unter Palmen* liest, Wien 1962. Im gleichen Jahr erhält er den Großen Österreichischen Staatspreis für Literatur.

Unten Manès Sperber (l.) und Fritz Hochwälder in Venedig zu Beginn der sechziger Jahre. Sperber, der nach seiner Flucht vor den Nazis in Frankreich lebte, veröffentlicht 1961 die von Hermann Kesten als »Meisterwerk« gefeierte Romantrilogie *Wie eine Träne im Ozean* über die von Revolutionshunger und Ideologiesucht geprägte Polit-Landschaft Europas in den Jahren 1930 bis 1945.

Marlen Haushofer (Ende der fünfziger Jahre). In ihrem Roman *Die Wand* (1963) hält ein geheimnisvolles, undurchdringliches Hindernis die Protagonistin, die es in ein Jagdhaus verschlagen hat, von der übrigen Welt fern. Ihre einzigen Ansprechpartner sind ein Hund, eine Kuh und eine Katze: »Die Katze hört mir zwar aufmerksam zu, aber nur solange ich nicht die geringste Gemütsbewegung zeige. Sie mißbilligt schon den leisesten Hauch von Hysterie und geht einfach weg, wenn ich mich gehenlasse.«

Oben links Rückkehr nach Graz: 1962 kommt Wilhelm Muster aus Spanien zurück, wo er nach dem Zweiten Weltkrieg als Lektor und Übersetzer gelebt hatte. Unter dem Pseudonym Ulrich Hassler war 1960 sein erster Roman *Aller Nächte Tag* erschienen.

Unten Der Schriftsteller Jakov Lind bei der Frankfurter Buchmesse 1963. Lind hatte das Nazi-Regime unter falschem Namen überlebt und war nach dem Krieg nach Palästina emigriert. Seit 1954 wohnt er u. a. in London.

Oben rechts »Wenn der Krieg einmal vorbei ist, hat man auch nicht viel davon. Dann gibt's nämlich einen dritten, vierten und fünften Weltkrieg, bis am Ende nur die Blattläuse und Zecken übrigbleiben.« (Aus Jakov Linds Erzählband *Eine Seele aus Holz*, 1962)

Ernst Fischer und Anna Seghers begegnen sich 1963 in der Nähe von Prag, wo sich der österreichische Marxist und ›homme de lettres‹ auf einer internationalen Kafka-Konferenz (Schloß Liblice) für eine unzensierte Kafka-Rezeption in den Ostblockstaaten stark machte.

Frank Zwillinger, der in den fünfziger Jahren u. a. in Hans Weigels *Stimmen der Gegenwart* publiziert hatte, legte 1963 eine dreibändige Ausgabe seiner *Gedichte* vor. Einen Achtungserfolg als Dramatiker konnte er auch mit der Aufführung von *Galileo Galilei* bei den Bregenzer Festspielen 1960 erzielen.

Der 41jährige London-Exilant Erich Fried (m.) debütiert 1963 mit *Warngedichten* bei der »Gruppe 47« (l.: Wolfgang Hildesheimer, daneben: Christopher Holme, r.: Marcel Reich-Ranicki). Ein Jahr vorher hatte Fried zum ersten Mal nach seiner Vertreibung aus Wien Österreich wiedergesehen, wo er sich bald mit Ernst Fischer (s. gegenüberliegende Seite) anfreundete.

Frederic Morton, 1924 in Wien geboren, emigrierte 1939 über England in die USA. Seit 1959 lebt der Autor in New York. Sein 1962 erschienener Roman *The Rothschilds* wurde als Bestseller in 19 Sprachen übersetzt (dt. *Die Rothschilds. Porträt einer Familie*) und bildete auch die Vorlage für ein Musical.

photograph: Lida Moser

BORN in Vienna, Austria, in 1925, Frederic Morton, with the advent of Nazi power, left his native country in 1938 and came to New York. He received his B.S. degree from City College of New York and his M.A. from the New School in New York, and has lectured at the Universities of Southern California and Utah, and the New School. In 1947 Mr. Morton received a fellowship for the Breadloaf Writers' Conference and the same year was awarded the Intercollegiate Literary Fellowship Prize by Dodd, Mead for his first novel, *The Hound*. He received Yaddo residence fellowships in 1949 and 1952, and a fellowship from Columbia University in 1955. Mr. Morton has written for *The Nation*, *The Reporter*, *Esquire* and *The Atlantic*, and is a regular contributor to *Holiday*. In addition to *The Hound*, he has published three other novels, *The Darkness Below*, 1949, *Asphalt and Desire*, 1952, and *The Witching Ship*, 1960. Mr. Morton and his wife divide their time between Europe and New York City.

Oben links Andreas Okopenko, in der ersten Hälfte der sechziger Jahre. Über diese Zeit berichtet er 1978: »Nach Abschluß meiner zentralen Krise durch Selbstanalyse folgte eine Rekonvaleszenz, beschleunigt durch günstig kommende Lektüre verschiedenster Autoren. Vereinfacht gesagt, gab ich mir nach einigen Vorversuchen 1962 endlich den großen Ruck und beendete das weitere Theoretisieren zugunsten der Praxis. Ich schrieb drauflos, 1962/63 entstand mein Erzählband ›Die Belege des Michael Cetus‹. Ab 1964 folgten in Schüben Gedichte.«

Oben rechts Konrad Bayer in Saulgau (bei Ulm), wo er zum ersten Mal an einer Tagung der »Gruppe 47« teilnimmt. Nach der Lesung aus seinem Manuskript *der sechste sinn* wurde der ›Joyce aus Wien‹, wie ihn sein deutscher Kollege Johannes Bobrowski titulierte, von dem begeisterten Verleger Ledig-Rowohlt sofort unter Vertrag genommen. Vor der »Gruppe 47« las Bayer auch 1964 in Schweden.

Unten links Ilse Aichinger, 1963. In diesem Jahr erschien ihr Sammelband *Wo ich wohne* mit Erzählungen, Dialogen und Gedichten.

Unten rechts Die Ankündigung der Zeitschrift, daß sich in Wien »ein neues literarisches Publikum« formiere, bezieht sich in erster Linie auf die von Wolfgang Kraus (l.) 1961 ins Leben gerufene »Österreichische Gesellschaft für Literatur« (ÖGL), deren Verdienst es in jenen Jahren vor allem ist, Exilautoren (wie etwa Elias Canetti oder Jakov Lind) nach Wien einzuladen, um sie somit auch in den einheimischen Literaturbetrieb zu (re)integrieren. Ein durchaus kritischer Exilant wie Erich Fried hat dies (wenn er, wie andere, auch nicht immer mit allen Vorgehensweisen des ÖGL-Leiters einverstanden war) zeitlebens an Wolfgang Kraus zu würdigen gewußt.

Oben Peter von Tramin. – »Kein Zweifel, bei einer gewaltigen Begabung, wie Peter von Tramin, wird unbarmherzig klar, daß erst jenseits des direkt Autobiographischen der Roman überhaupt erst beginnt. Sich selbst überleben ist hier das Geheimnis.« (Heimito von Doderer, 1964)

Oben rechts Romandebüt, 1963

Unten Thomas Bernhard (l.) und ÖGL-Leiter Wolfgang Kraus, Wien 1963

Thomas Bernhard im Salzburger Café Bazar – sein erster Roman *Frost* erscheint 1963.

Rechte Seite oben Ingeborg Bachmann in der ersten Hälfte der sechziger Jahre

In der Verleihungsurkunde heißt es: »Die Deutsche Akademie für Sprache und Dichtung verleiht den Georg-Büchner-Preis 1964 an Ingeborg Bachmann für die in diesem Jahr erschienene Sammlung ihres Werks, das in Gedicht, Erzählung und Essay dichterisch und philosophisch in großer Konzeption das Bild der Literatur des Jahrhunderts vorführt: ›Scharf von Erkenntnis und bitter von Sehnsucht‹«.

Bei der angesprochenen Sammlung handelt es sich um den Auswahlband *Gedichte, Erzählungen, Hörspiel, Essays*. Des weiteren bezieht sich der Urkundentext auf Ingeborg Bachmanns *Frankfurter Poetik-Vorlesungen* 1959/60, in denen sie ausführte: »›Das Volk braucht Poesie wie das Brot‹ – diesen rührenden Satz, einen Wunschsatz wohl, hat Simone Weil einmal niedergeschrieben [...]. Poesie wie Brot? Dieses Brot müßte zwischen den Zähnen knirschen und den Hunger wiedererwecken, ehe es ihn stillt. Und diese Poesie wird scharf von Erkenntnis und bitter von Sehnsucht sein müssen, um an den Schlaf der Menschen rühren zu können«.

Der Präsident der Deutschen Akademie für Sprache und Dichtung, Hanns W. Eppelsheimer, verliest die Begründung der Vergabe des Georg-Büchner-Preises 1964 an Ingeborg Bachmann.

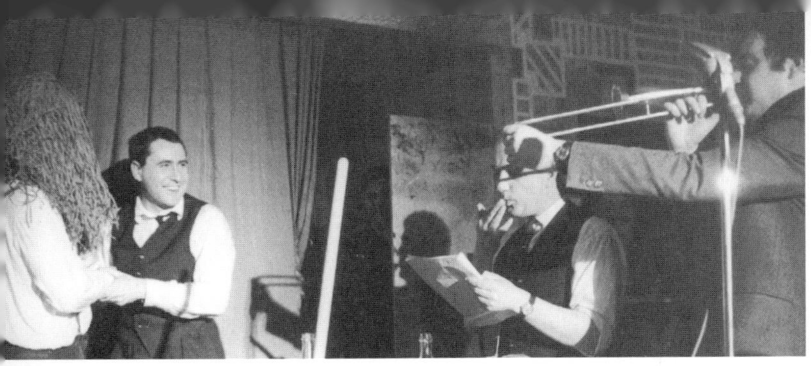

Friedrich Achleitner, Konrad Bayer, Gerhard Rühm, Oswald Wiener: Uraufführung der *kinderoper* im »chattanooga« in Wien (Graben 29) am 10. April 1964.

der saal war zum bersten gefüllt – bis aufs podium drängten sich die zuschauer. die stimmung übertraf fast noch die unserer cabarets. da wir laut manuskript während der vorführung essen und trinken mussten und letzteres sehr reichlich taten und auch das publikum darin nicht zurückhaltend war, löste sich schliesslich alles in trubel und johlen auf, spendierter champagner knallte, übersprudelte gleich aus der flasche den zu kleinen mund, gläser flogen durch den saal, ich sah's über mir flitzen, ich lag besoffen am boden. – dieses gemeinsame auftreten der gruppe nach einer längeren pause wurde zu ihrer abschiedsvorstellung.

Gerhard Rühm, 1967

Oben links Gerhard Rühm (l.) und Konrad Bayer im legendären Wiener Künstlertreff, dem Café Hawelka

Unten links Buchstaben-Experimentator Gerhard Rühm, in der ersten Hälfte der sechziger Jahre

Konrad Bayer. – »als bayer und ich uns bei der frankfurter buchmesse (1964) wieder trafen, fassten wir pläne für eine erneute zusammenarbeit unter den veränderten bedingungen – sie sollte nicht mehr wie bisher an einen ort gebunden sein. einen monat darauf beging konrad bayer selbstmord.« (Gerhard Rühm, 1967)

Im auf der vorangehenden Seite abgebildeten Heft 2 (1964) von *Wort in der Zeit* hatte die Zeitschrift erstmals in größerem Maßstab ästhetisch ›rebellierende‹ Texte (vor allem von Konrad Bayer und Gerhard Rühm, sowie unter der Sparte »Beispiele und Resultate: Österreichische Lyrik 1950–1963« Gedichte von René Altmann, H. C. Artmann, Ingeborg Bachmann, Erich Fried, Max Hölzer und Friederike Mayröcker) abgedruckt. Dies erregte die Gemüter der mehr oder weniger ›konservativen‹ Leser und Schriftstellerkollegen. Letzteren wurde mit dem (Teil-)Abdruck von »Briefen an den Herausgeber Prof. Rudolf Henz« in Heft 7–8 (1964) das Wort gegeben; zudem nahmen Henz selbst und der verantwortliche Redakteur Gerhard Fritsch Stellung. Fortgesetzt wurde die Diskussion in Heft 11 (1964), diesmal aber vor allem mit kritischen Stimmen gegen die konservative Kritik, denen eine »Protest«-Note vorangestellt war, unterzeichnet von René Altmann, H. C. Artmann, Milo Dor, Jeannie Ebner, Erich Fried, Max Hölzer, Ernst Jandl, Ernst Kein, Friederike Mayröcker, Andreas Okopenko, Wieland Schmied und Hanns Weissenborn. In die Zeit zwischen der Juli/August- und der November-Ausgabe der Zeitschrift fiel der Freitod Konrad Bayers (10. Oktober 1964).

Einige Auszüge aus der Debatte:

Das geschriebene Wort unterscheidet sich nicht vom gesprochenen, nicht vom gestammelten, wenn es nicht verwandelt worden ist. Das Neue wollen wir nicht anders ehren und lieben als das Alte, sofern es in Kunstgestalt vorgetragen wird. Ob, was in den letzten Heften den Lesern angesonnen wurde, noch Kunst ist, das wäre bei allem Sinn für das Originale oder Revolutionäre fraglich.

Felix Braun (7–8, 1964)

Seit einigen Monaten haben sich immer wieder Leser der Zeitschrift [...], aber auch Schriftsteller über die Ungleichwertigkeit mancher Beiträger tadelnd zu mir geäußert. Ich erinnerte die Mißmutigen daran, daß in der Demokratie auch der Kunst das Recht der Freizügigkeit zukomme, konnte jedoch den Vorwurf, betreffend die übermäßige Bevorzugung des Pseudo-Modernismus nicht entkräften.

Johann Gunert (7–8, 1964)

Diese (Feber-)Nummer ist ja nur eine weitere Konsequenz der nun mehr als zweijährigen Haltung der Zeitschrift, die alle jene österreichischen Autoren mit Erfolg herausgeekelt hat, welche Österreich legitim vertreten, um das Blatt völlig in die Hände der hiesigen Nachäffer der reichsdeutschen Nachäffer einer angeblich weltbewegenden internationalen Eintopf-Literatur zu spielen, wobei von uns Älteren nur noch die Protektoren und Herolde dieser »Richtung« am Leben bleiben dürfen. Faktisch heißt das, daß aus der einzigen österreichischen Literaturzeitschrift eine Literatur-Boutique geworden ist, die pseudo-avantgardistischen Schund, Kitsch, Gschnas und Talmi unter kräftigster und gänzlich unbekümmerter Eigen- oder Freunderl-Reklame an das Publikum zu bringen sucht.

Rudolf Felmayer (7–8, 1964)

Die Art oder Unart, in der diese jungen Herren Rühm und Bayer sich die Welt und die Menschen vorstellen, dieses Kokettieren mit dem Makabren, dieses lässige Spiel mit der Zerstörung aller Form jenseits echter Verzweiflung – das kann meinetwegen ihr privates Vergnügen sein, solange es eben im Privaten bleibt.

Franz Taucher (7–8, 1964)

Ich glaube, es war notwendig, Rühm und Bayer in »Wort in der Zeit«, das ja auch nicht »Wort aus dem Olymp« heißt, zu veröffentlichen. Nicht zuletzt beweist dies das lebhafte Echo, das Literatur aus Österreich in Österreich nicht jeden Tag findet.

Gerhard Fritsch (7–8, 1964)

Wir protestieren unsererseits gegen das Bestreben einiger Konservativer, die einzige offizielle Literaturzeitschrift Österreichs unter Druck zu setzen und unter dem nicht stichhaltigen Vorwand, einer Stildiktatur des Modernismus zu begegnen, eine Stildiktatur des Konservatismus aufzurichten.

René Altmann und elf weitere Unterzeichner, s. oben (11, 1964)

Eben erst habe ich erfahren, daß Konrad Bayer Selbstmord begangen hat. [...] Ob die Angriffe der Antimodernisten Ursache oder »nur« ein Teil der Veranlassung dieser Katastrophe waren, wird sich kaum feststellen lassen. Daß die Angreifer so etwas nicht gewollt haben, steht fest, kann aber die Anklage, die sie selbst gegen sich erheben müssen, nur mildern, nicht entkräften. [...] Gewiß kann man einwenden, daß Konrad Bayer auch unstabil gewesen sein muß. Aber junge Dichter und Künstler sind fast immer unstabil. [...] Daß die Argumente der Antimodernisten Konrad Bayer irgendwie überzeugt haben, kann man allerdings nicht annehmen, aber schlimm genug, wenn die durch ihre Angriffe entstandene ungute Atmosphäre seinen Lebenswillen in einem kritischen Augenblick verringert hat.

Erich Fried (11, 1964)

Bald, in Heft 1–2 (1965), kehren einige der »Modernismus«-Fürstreiter auf dem Titelblatt von Wort in der Zeit wieder (s. gegenüberliegende Seite). Der dort nicht abgebildete Erich Fried wird im darauffolgenden Jahr seinen Gedichtband *und Vietnam und* (1966) veröffentlichen, eines der Hauptwerke der deutschsprachigen »politischen Lyrik« in den sechziger Jahren.

wort in der zeit
österreichische literaturzeitschrift
stiasny
1-2
1965

Oben Der Jurist und Schriftsteller Albert Drach liest aus *Das große Protokoll gegen Zwetschkenbaum*. Der bereits 1939 in Frankreich entstandene Roman erschien erst 1964 als erster Band seiner Gesammelten Werke im Langen-Müller-Verlag.

Unten links Albert Drach in den sechziger Jahren mit seiner Ehefrau Gertie auf dem Eislaufplatz in Mödling (bei Wien), wo er nach seiner Rückkehr aus dem Exil bis zu seinem Tod 1995 im sogenannten »Drach-Hof« lebte.

Unten rechts Elias Canetti liest aus seinem Theaterstück *Hochzeit* (1932), das erst 1965 (im Staatstheater Braunschweig) uraufgeführt wurde.

Hans Lebert (l.) und Peter von Tramin (r.) auf der Konferenz »Unser Jahrhundert und sein Roman« der »Österreichischen Gesellschaft für Literatur« in Wien, Oktober 1965

Rechts Der Autor und sein Werk: Max Brod, hinter ihm als Neuerscheinung von 1965 *Johannes Reuchlin und sein Kampf. Eine historische Monographie*. Brod war ein enger Vertrauter Franz Kafkas, dessen Werk er edierte.

In dem Jahr, in dem Peter Handke die »Gruppe 47« in Aufruhr versetzt, erscheint nicht nur sein Erstlingsroman *Die Hornissen*; für Aufregung sorgt auch seine *Publikumsbeschimpfung*, die von Claus Peymann in Frankfurt am Main uraufgeführt wird und in einem Sammelband mit weiteren »Sprechstücken« erscheint.

Ich bemerke, daß in der gegenwärtigen deutschen Prosa eine Art Beschreibungsimpotenz vorherrscht

Peter Handke, Princeton 1966

O ihr Krebskranken, o ihr TBC-Spucker, o ihr multiplen Sklerotiker, o ihr Syphilitiker, o ihr Herzkranken, o ihr Lebergeschwellten, o ihr Wassersüchtigen, o ihr Schlagflußanfälligen, o ihr Todesursachenträger, o ihr Selbstmordkandidaten, o ihr potentiellen Friedenstoten, o ihr potentiellen Kriegstoten, o ihr potentiellen Unfallstoten, o ihr potentiellen Toten.

Aus: *Publikumsbeschimpfung*

Die »Publikumsbeschimpfung« ist kein Stück gegen den Zuschauer. Oder es ist nur deswegen ein Stück gegen den Zuschauer, damit es ein Stück für den Zuschauer werden kann. Der Zuschauer wird befremdet, damit er zum Überlegen kommt. Das Stück ist auch nicht gegen ein bestimmtes Publikum geschrieben, etwa gegen eines, das bequem in den Sesseln hockt etc. (Im Gegenteil, das Publikum sollte möglichst bequem in den Sesseln hocken, so bequem jedenfalls, daß es aufmerksam zuhören kann.) Das Stück ist nicht geschrieben, damit das übliche Publikum einem anderen Publikum Platz macht, sondern damit das übliche Publikum ein anderes Publikum wird.

Peter Handke, »Zur ›Publikumsbeschimpfung‹«

Peter Handke auf dem Treffen der »Gruppe 47« in Princeton (USA), 1966, beim Anhören der Kritik nach seiner Lesung aus *Der Hausierer* (erschienen 1967 bei Suhrkamp). »Dieser Peter Handke«, so berichtete anschießend in der *Süddeutschen Zeitung* Joachim Kaiser, »mit hübscher Beatle-Frisur und unaustilgbarem Zorn gegen die alten Bonzen ausgestattet, sorgte für eine Entladung, weil er im Namen der Jüngsten aufbegehrte. Obwohl seine wohlüberlegt aufgebaute Prosa an Wittgenstein erinnert hatte, beschwerte er sich gerade darüber, daß die jungen Autoren es sich zu leicht machen, indem sie in leerem, endlosem ›Beschreiben‹ verharren, und daß die verstaubten Kritiker damit höchst einverstanden seien, weil für so einen langweiligen Quatsch ihre Kategorien gerade noch ausreichen.« Speziell gegen einen der ›Großkritiker‹ holt Peter Handke 1968 noch einmal aus: »Reich-Ranicki stellt sich schon lange keine Fragen über sich selbst mehr. Er, der unwichtigste, am wenigsten anregende, dabei am meisten selbstgerechte deutsche Literaturkritiker seit langem, kann freilich alle Angriffe mit seinem Kommuniquésatz abwehren: ›Ein Literaturkritiker, der etwas taugt, ist immer eine umstrittene Figur.‹ Von mir aus ist Reich-Ranicki unumstritten.«

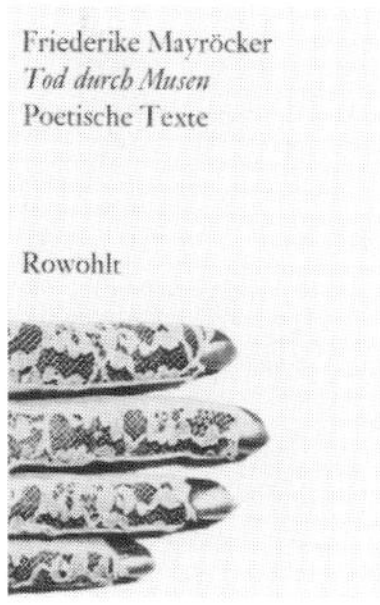

Redefigur / stürzte ins weisze seiner Rede
alle register / alle register gezogen
von aether bis arsenik-blüte
die wölbung deiner stirn /
offenbart das grün des frühlings […]«

Friederike Mayröcker: »Register zu den geheimen Schmerzen meiner Mitbrüder«, aus: *Tod durch Musen*

Oben links Hier spricht Ernst Jandl. Was er »1966 – nach einer Odyssee von Verlag zu Verlag – mit ›Laut und Luise‹ fertigbrachte, was im Bewußtsein der ›Wiener Gruppe‹ lange zuvor schon tonangebend gewesen war, sorgte für eine Verwandlung dessen, was als Gedicht zu begreifen war.« (Wendelin Schmidt-Dengler)

Oben rechts Ebenfalls 1966 erscheint Friederike Mayröckers *Tod durch Musen* mit Gedichten aus den Jahren 1945 bis 1965.

Unten »Fritzerl und ihre Freunde« beschriftete die Mutter Friederike Mayröckers den von ihr gemachten ›Schnappschuß‹ mit Gerhard Rühm (l.) und Oswald Wiener in den sechziger Jahren.

Wiener Gruppe, Wiener Avantgarde um 1966 (v. l. n. r.): Oswald Wiener, Dominik Steiger, Hermann Nitsch, Ingrid Wiener, Gerhard Rühm und Reinhard Priessnitz

Hubert Fabian Kulterer, der zu Beginn der sechziger Jahre in Klagenfurt die verdienstvolle Zeitschrift *Eröffnungen* gründete (Mitredakteur ist ab 1963 der junge Schriftsteller Hannes Schneider). – Kulterer wurde in Werken von Wolfgang Bauer *(Der Fieberkopf*, 1967) und Thomas Bernhard (*Der Kulterer*, Verfilmung 1973, Buchausgabe 1974) verewigt.

Reinhard Priessnitz, um 1966. Der Schriftsteller und Literaturkritiker, der sich bereits als Gymnasiast literarisch betätigte, nahm in den sechziger Jahren an mehreren Veranstaltungen mit den Wiener Aktionisten teil. Seine sprachlich überaus artistische Lyrik erkannten später Franz Josef Czernin, Ferdinand Schmatz oder auch Thomas Kling als vorbildlich für sich an.

Elfriede Gerstl ist Co-Autorin des 1965 erschienenen LCB-Romans *Das Gästehaus* (u. a. mit Peter Bichsel und Hubert Fichte). Ihre ersten Veröffentlichungen publizierten in der Mitte der fünfziger Jahre die *neuen wege*, wo die Schriftstellerin 1957 auf die »neuartigen Gedichte« Ernst Jandls gestoßen war, die sie später als »Einstiegsdroge« zu ihrer Abkehr von der damaligen konventionellen Literatur-Doktrin bezeichnete. Über die Wiener Zeit danach und Ernst Jandl berichtet sie 1996: »Nachdem ich auf Einladung des Literarischen Colloquiums im Winter 1963/64 in Berlin gewesen war, wurde ich mit meinem damaligen Ehemann Gerald Bisinger zwei- oder dreimal in Jandls winzige Wohnung eingeladen. Die Gespräche drehten sich um Berlin, die Unmöglichkeit, in einem ordentlichen Verlag zu publizieren, unser aller vergebliche Anstrengung. Nach einem Imbiß, reichlichem Trinken und Qualmen der Männer und dem Lauschen von Jandls Jazz-Platten gingen wir fast getröstet heim in unser Elendsquartier in der nahegelegenen Rembrandtstraße.«

Heimito von Doderer (2. v. l.) und Hans Weigel (r.) im Café Sacher, 1966

Heimito von Doderer (r.) und seine Lebensgefährtin, Dorothea Zeemann (m.). Beide Autoren schätzten den literarischen Aufbruch um die »Wiener Gruppe«. Rückblickend erinnerte sich Dorothea Zeemann (1982): »Für die jungen Literaten der Avantgarde kann ich jetzt etwas tun. Ich kann jetzt über sie, über ihre literarischen Arbeiten Besprechungen schreiben, in den Zeitungen für sie trommeln. Und ich tue es gern. Ich wittere Qualität. Noch ehe ich ihre Theorien kenne, freut mich ihre ›konkrete Poesie‹. Ich lade sie ein, und Doderer ist bei mir.«

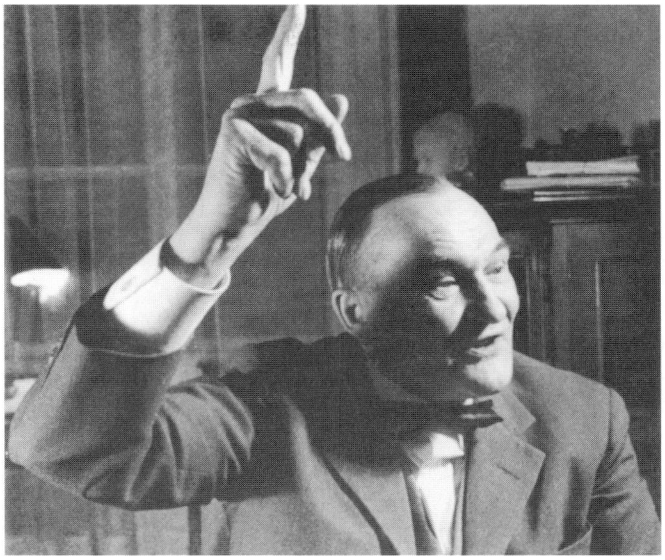

Heimito von Doderer. Der literarische Großmeister verstirbt 1966. Sein Todesjahr markiert das Ende einer Ära der österreichischen Nachkriegsliteratur.

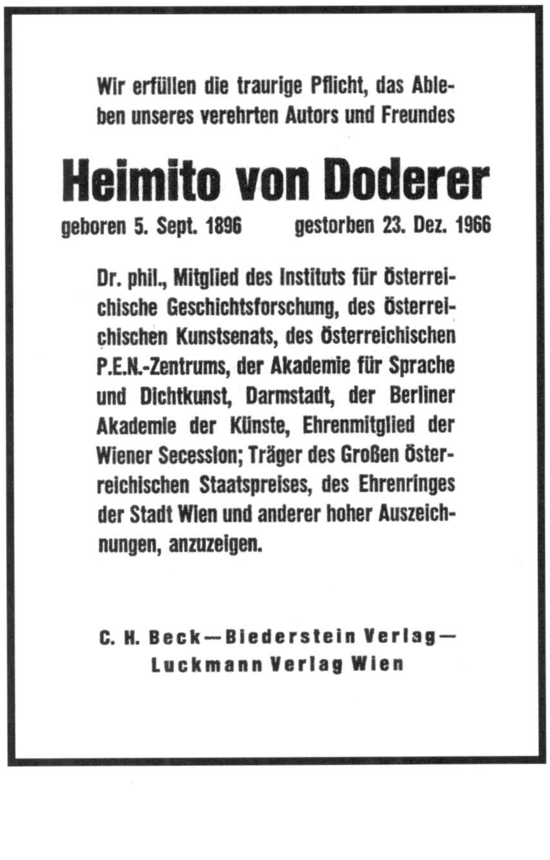

Wir erfüllen die traurige Pflicht, das Ableben unseres verehrten Autors und Freundes

Heimito von Doderer

geboren 5. Sept. 1896 gestorben 23. Dez. 1966

Dr. phil., Mitglied des Instituts für österreichische Geschichtsforschung, des österreichischen Kunstsenats, des österreichischen P.E.N.-Zentrums, der Akademie für Sprache und Dichtkunst, Darmstadt, der Berliner Akademie der Künste, Ehrenmitglied der Wiener Secession; Träger des Großen österreichischen Staatspreises, des Ehrenringes der Stadt Wien und anderer hoher Auszeichnungen, anzuzeigen.

C. H. Beck—Biederstein Verlag—
Luckmann Verlag Wien

Kurier, Wien, 29. Dezember 1966

Max Mell, Repräsentant einer kulturpolitisch fragwürdigen Kontinuität, dessen *Gesammelte Werke* 1962 in vier Bänden erschienen waren, hier vor dem Geburtshaus Peter Roseggers anläßlich der Verleihung des steirischen Peter-Rosegger-Preises 1966 im Gespräch mit der Romanautorin und Preisträgerin Hannelore Valencak

Literaturlandschaft Steiermark

Gerhard Fuchs

Ähnlich wie im übrigen Österreich stellte das Jahr 1945 in der Steiermark keine wirkliche Zäsur im literarischen Leben dar. Personell war bis zum Anfang der sechziger Jahre eine Autorengeneration vorherrschend, für die klerikal-konservative Wertsetzungen maßgeblich erschienen. In den Preisträgerlisten des offiziellen Landes-Literaturpreises, der nach der innersteirischen Orientierungsmarke Peter Rosegger benannt ist, spiegeln sich kulturpolitische Ausrichtung und literarische Produktionspraxis: Ab 1951 werden u. a. Rudolf Hans Bartsch, Paula Grogger, Hélène Haluschka, Paul Anton Keller, Rudolf List, Kurt Hildebrand Matzak, Karl Adolf Mayer, Franz Nabl, Margarete Weinhandl, Julius Zerzer geehrt – allesamt Autoren, die neben einem formalästhetischen Traditionalismus ideologische Positionen vertreten, die ihnen das Arrangement mit dem Nationalsozialismus (bis hin zur offenen Unterstützung) erleichtert hatten.

Die Wiederaufnahme der ›Traditionslinien‹ läßt sich auch in der Programmatik der literarischen Vermittlungsinstanzen ablesen. Auf dem Zeitschriftensektor sorgte die illustrierte Familienzeitschrift *Der Lichtblick* (1945–47) vorwiegend für einen kulinarischen Kulturcocktail mit literarischen Einsprengseln, während sich *Austria* (1946–48) einer austriazistischen Humanitätsbeschwörung auf christlicher Grundlage verpflichtet wähnte, die allerdings wiederum von einigermaßen belasteten Autoren (Paul Anton Keller, Rudolf List, Franz Nabl oder Max Mell) angestimmt wurde. Neben einigen kurzlebigen Kleinverlagen produzierten nach Kriegsende in erster Linie die Firmen Leykam, Stocker und die Verlage des katholischen Preßvereins (Styria, Pustet u. a.). Während der Stocker Verlag unverhohlen prononcierte ehemalige NS-Autoren wie Bruno Brehm, Hans Grimm, Robert Hohlbaum, Erwin Guido Kolbenheyer oder Karl Springenschmid propagierte, orientierten sich die beiden anderen Verlagshäuser vorwiegend an der Riege der älteren Autoren, wenn auch einige einheimische »Newcomer« zu verzeichnen sind, so etwa der Kurzgeschichten-Autor Ernst Hammer bei Leykam oder der formstrenge Lyriker Rudolf Stibill bei Styria/Pustet.

Neue Akzente setzte ab 1953 vor allem der Verlag Stiasny mit seiner Unterreihe »Steirische Autoren«. Bis 1957 erschienen hier 16 Einzelbände als erste Buchveröffentlichungen von Nachwuchsautoren (darunter etwa der spätere streitbare *Tagespost*-Kulturchef Wolfgang Arnold oder der »Forum«-Mitbegründer und -Präsident Emil Breisach) sowie eine Anthologie von *Steirischen Lehrerdichtern der Gegenwart*. Von besonderem Interesse ist im Rahmen dieser Reihe Alois Hergouths Erstling *Neon und Psyche* von 1953, mit dem sich die steirische Lyrik nachdrücklich von der Kirchturm-Perspektive eines traditionalistisch-epigonalen Provinzialismus verabschiedet; die Natur- und Landschaftsbilder sind trotz ihrer kultur- und zivilisationspessimistischen Ausrichtung charakterisiert durch eine verknappt-impressionistische Metaphorik, die jedwede romantisierende Verklärung der engeren Heimat vermeidet und sich in der Folge entfernteren Gestaden (Slowenien, Griechenland, Zypern) zuwendet.

Von 1956 bis 1968 erschienen im Grazer Verlag Stiasny dann insgesamt 175 Bände der »Stiasny-Bücherei« mit Auswahltexten (aber auch Erstdrucken) österreichischer Autoren – ein monumentales Unternehmen, das trotz der bisweilen problematischen, nicht eben an Experiment und Avantgarde orientierten Selektionskriterien bislang seinesgleichen sucht. Als Autoren bzw. Herausgeber fungieren hier u. a. mit Herbert Zand und Walter Buchebner auch zwei formal und thematisch höchst innovative Autoren, die allerdings schon länger ganz oder teilweise nach Wien gezogen waren.

Die Eröffnung des »Forum Stadtpark« und die Gründung der *manuskripte* im Jahr 1960 markierten seinerzeit einen Wendepunkt in der Entwicklung der »Literaturlandschaft Steiermark«. Mit der Verleihung des »Roseggerpreises« an Wolfgang Bauer 1970 ist der Paradigmenwechsel trotz der diversen Proteststürme und Skandalisierungsversuche von konservativer Seite offenkundig: Die junge Grazer Literatur konnte sowohl im kultu-

Wolfgang Bauer bei der Verleihung des Peter-Rosegger-Preises 1970

rellen Klima der Steiermark positive Resonanz als auch steigende internationale Beachtung auf sich ziehen: Seit der Mitte der sechziger Jahre wurde die moderne österreichische Literatur primär via Graz rezipiert. Die Publikationen der steirischen Autoren erscheinen über das (Salzburger) Sprungbrett »Residenz« in bundesdeutschen Großverlagen, das Feuilleton der überregionalen Wochenzeitungen konzentriert sich vor allem in den siebziger Jahren auf das neue Kulturmekka. Als Folge einer gegen den P.E.N.-Präsidenten Lernet-Holenia gerichteten Erklärung beim Literatursymposion im »steirischen herbst 72« organisierte sich 1973 die »Grazer Autorenversammlung«, die bis heute die maßgebliche Vertretung österreichischer Gegenwartsliteratur geblieben ist.

Teilweise im Kontrast zur erfolgreichen Grazer Gruppe entstanden Gruppierungen und entsprechende Publikationsorgane mit höchst unterschiedlichen Zielsetzungen und Ausrichtungen. In der Studentenzeitschrift *Nebelhorn* (1976–80) formierte sich bisweilen verbalradikaler Widerstand gegen das Vertretungsmonopol von »Forum Stadtpark« und den *manuskripten*; aus regionalen Initiativen entwickelte sich neben dem *Reibeisen* in Kapfenberg (seit 1983) und dem *Brucker Literaturturm* (seit 1986) vor allem die 1977 in Deutschlandsberg gegründete Zeitschrift *sterz*, die, als neben den *manuskripten* langlebigste Zeitschrift, mit ihren interdisziplinär konzipierten Themenheften als anspruchsvolle Diskussionsplattform überregional Bedeutsamkeit erlangte. Zu diesen beiden qualitativ und von der Publikationsdauer maßgeblichen steirischen Literaturzeitschriften kommt als weitere seit 1979 das ehemalige Publikationsorgan des traditionell orientierten »Steirischen Schriftstellerbunds«, die *Lichtungen*, die sich seit der Übernahme durch Markus Jaroschka (1983) vorsichtig avancierteren Schreibweisen öffneten und heute als publizistischer Brückenkopf zur europäischen Literaturentwicklung verstehen. Die seit 1983 in Graz erscheinende Zeitschrift *perspektive* schließlich versammelt eine Gruppe junger Autoren, die sich – in der Zusammensetzung seit Anfang der neunziger Jahre – an explizit avantgardistischen Positionen orientiert und innerhalb ihrer überregionalen Teilredaktionen mittels Internet Textproduktion und literaturtheoretische Reflexion dokumentiert (Helmut Schranz, Ralf B. Korte u. a.). Vielversprechende Zeitschriftenprojekte wie die Grazer feministische Kunstzeitschrift *Eva & Co.* (1982–92) oder die *bestände* des »Culturcentrums Wolkenstein« (als Literaturzeitschrift 1982–90) sind inzwischen eingestellt worden oder – wie die anspruchsvolle Mürzzuschlager Kulturzeitschrift *was* (1972–98) – in einen Dornröschenschlaf versunken.

Von den privaten Editionen und Eigenverlagsinitiativen, die Anfang der achtziger Jahre für frischen Wind in der steirischen Publikationslandschaft sorgten, existiert heute (allerdings in Australien) noch der 1984 gegründete »gangan Verlag« mit seiner Ausrichtung auf experimentelle Literatur. Zentrale und wichtigste Verlagsneugründung in der Steiermark ist der Verlag Droschl. Hatte der Verlagsgründer Maximilian Droschl Anfang der achtziger Jahre vor allem die Autoren der »Grazer Gruppe« forciert, so öffnete sich das (ständig wachsende) Verlagsprogramm später auch anderen jüngeren steirischen (Gabriel Loidolt, Peter Pessl u. a.) und österreichischen Autoren. Die Ausgabe der Dramentexte Werner Schwabs ist ebenso hervorzuheben wie die Komplettübernahme der innovativen Linzer »edition neue texte«. Neugründungen als echte (kleine) Literaturverlage sind auch die 1989 in Wies gegründete »Edition

»Forum Stadtpark« in Graz: Alfred Kolleritsch …

… Gerhard Roth (l.), Klaus Hoffer …

… und Barbara Frischmuth

Kürbis« sowie die 1992 entstandene »edition gegensätze«. Die größten Verlage der Steiermark dagegen bescheiden sich mit einer broschierten Reihe von einer Erstpublikation junger steirischer Autoren pro Jahr (Leykam) oder haben gar – wie der prominente Verlag Styria – ihre belletristische Buchproduktion eingestellt.

Zu den eingeschränkten Publikationsmöglichkeiten kommt in den letzten Jahren eine gewisse Stagnation auf dem Veranstaltungssektor. Mit Ausnahme der rührigen Buchebner-Gesellschaft bzw. des Kunsthauses in Mürzzuschlag, die mit ihren aktuellen Symposiums- und Lesungsprogrammen neue Akzente zu setzen vermochten, köchelt das literarische Leben in der Steiermark nach den spektakulären Erfolgen der Vergangenheit eher auf Sparflamme. Die fehlenden Gruppenbildungen und -bindungen und die Individualisierung von Autorenkarrieren führen zu einer Abwanderungstendenz in Richtung Wien, zu der nicht zuletzt fehlende kulturpolitische Rahmenbedingungen und Akzentsetzungen maßgeblich beitragen.

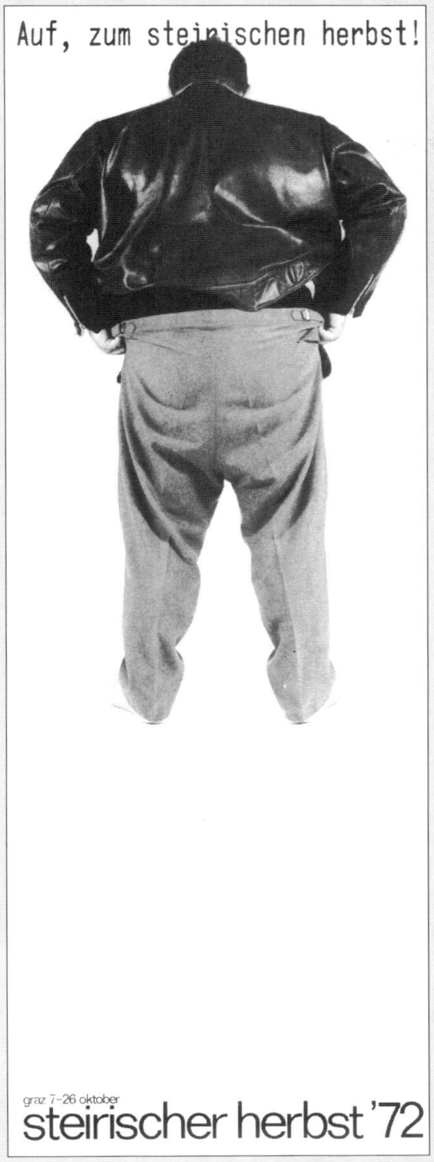

Für Aufregung sorgte bereits das Plakat zum »steirischen herbst '72«. Gegen das Literatursymposion zum Thema »Selbstverwaltung im Kulturbereich« (u. a. mit H. C. Artmann, Rolf Dieter Brinkmann, Barbara Frischmuth, Ernst Jandl, Gert F. Jonke, Friederike Mayröcker, Gerhard Roth, Michael Scharang, Klaus Wagenbach) opponierte der Österreichische P.E.N.-Club. Ohne Proteste ging dagegen die österreichische Erstaufführung von Elias Canettis *Komödie der Eitelkeit* über die Bühne (7. Oktober 1972).

Steirische Landesausstellung 1976: »Literatur in der Steiermark«

Jubiläumsheft 50 (1975) der *manuskripte*

Oben Alfred Kolleritsch (l.) und Günter Waldorf, *manuskripte*-Herausgeber

Unten 20 Jahre *manuskripte*. Es feiern (v.l.n.r.): Wolfgang Bauer, Günter Eichberger, Klaus Hoffer, Gerhard Roth (dahinter: Wolf-Dieter Eigner), Alfred Kolleritsch (dahinter: Jürg Laederach), Gertrud Leutenegger, Reinhard P. Gruber, Gert F. Jonke, Helmut Eisendle und Franz Buchrieser.

Die Zeitschrift »manuskripte«

Daniela Bartens

Blickt man zurück auf die 28 Jahre, fällt auf, daß in den *manuskripten* eigentlich fast alle, die in diesen Jahren schrieben, veröffentlicht haben«, formuliert Alfred Kolleritsch 1988 in einer Jubiläums-»Marginalie« anläßlich des 100. Hefts der Zeitschrift. Wer das von Forum-Mitbegründer Alois Hergouth als »Hauszeitung« geplante und gemeinsam mit Alfred Kolleritsch herausgegebene erste Heft der *manuskripte* in Händen hält, das in einer Auflage von 100 Stück zur Eröffnung des Grazer Forum Stadtpark (4. November 1960) verteilt wurde, und die 15 lose gehefteten hektographierten Blätter mit späteren Jahrgängen jener *manuskripte*, die im Jahr 2000 in ihr fünftes Jahrzehnt gehen, vergleicht, wird in der Tat die literarhistorische Bedeutung des »Ein-Mann-Unternehmens« Alfred Kolleritsch ermessen können, der ab Nummer 2 bis zum gegenwärtigen Zeitpunkt (mit kleinen Ausnahmen) als Alleinverantwortlicher für den Textteil fungiert. War Heft 1 ausschließlich eher konventioneller steirischer Lyrik aus dem Freundeskreis der beiden Herausgeber gewidmet, so änderte sich ab Heft 2 das Konzept der Zeitschrift radikal: »Kunst ist Sprache« lautet der programmatische erste Satz der zweiten Nummer (Georg Jánoska), und in Heft 3 wird nachgereicht: »Sinn ist ein Wort, keine Lösung« (Alfred Kolleritsch).

Der literarische Aufbruch in die Moderne, das Aufarbeiten und Fortführen internationaler avantgardistischer Tendenzen, die durch den Nationalsozialismus in Österreich verschüttet waren, sollten Graz aus provinzieller Rückständigkeit und dem reaktionären Mief einer unbewältigten Vergangenheit befreien. Die Überzeugung, daß dabei gerade die kompromittierte, unreflektiert-ideologische Sprachverwendung auf dem Prüfstand stehen müsse, ließ Kolleritsch zunächst das Schwergewicht auf Texte legen, die mit Sprache als Material arbeiten.

So boten die *manuskripte* bereits ab Heft 2 (1961) den in Wien von Publikationsmöglichkeiten weitgehend abgeschnittenen Autoren der »Wiener Gruppe« ein Forum, ab Nummer 7 (1963) folgten internationale konkrete Dichtung von den deutschen »Konkreten« über die tschechischen Konkretisten bis zur brasilianischen Gruppe der Noigandres, aber auch schon Texte von Ernst Jandl (9, 1963) und etwas später von Friederike Mayröcker. Darüber hinaus präsentierten die frühen Hefte auch Vertreter der historischen Avantgarde, wie Hans Arp und vor allem den österreichischen Dadaisten Raoul Hausmann, dem Kolleritsch 1966 ein eigenes Heft widmete und ihn dadurch erst für Österreich (wieder-)entdeckte.

Auf ein an affirmativer Heimatliteratur und romantisierenden Innerlichkeitsdichtungen geschultes Publikum wirkte die konsequent avantgardistische Ausrichtung der Zeitschrift provozierend, was bereits ab Heft 2 zu diversen »Skandalen«, Zensurversuchen, Auseinandersetzungen mit Subventionsgebern bis hin zu persönlichen Diffamierungen des Herausgebers in den bürgerlich-konservativen bis reaktionären Medien führte. Einen Höhepunkt erreichte die Verunglimpfungskampagne, als anläßlich einer Fortsetzung von Oswald Wieners *die verbesserung von mitteleuropa, roman*, jenes von 1965 bis 1969 in den *manuskripten* als »work in progress« erstveröffentlichten Zentraltexts der österreichischen Nachkriegsavantgarde, gegen den Herausgeber der Zeitschrift Anklage wegen der Verbreitung von Pornographie erhoben wurde und das Innenministerium eine »Verbreitungsbeschränkung« über Heft 18 von 1966/67 der *manuskripte* verfügte.

Dergleichen Erfahrungen mögen Alfred Kolleritschs noch 1969 geäußerter Überzeugung, »daß ein konkretes Gedicht heute genauso eine Kampfansage gegen das Establishment ist wie ein ästhetisches Maoabzeichen« zugrunde liegen, die er formulierte, als im Anschluß an die deutsche Nach-68er-Diskussion auch in Österreich über die politischen Wirkungsmöglichkeiten von Literatur debattiert wurde (vgl. *manuskripte* 25–27). Die scharfe Kontroverse zwischen Kolleritsch, Peter Handke und Klaus Hoffer auf der einen und den marxistisch ausgerichteten *manuskripte*-Autoren Michael Scharang und Elfriede Jelinek auf der anderen Seite exponierte eine idealistisch-kunstautonome antimimetische Literaturauffassung gegenüber einer linksagitatorischen Praxis, die eine Veränderung der ökonomischen Basis der Schriftsteller als primäres Ziel erachtete. Wenn sich jenseits aller vom Herausgeber proklamierten Offenheit eine konzeptuelle Konstante aus den *manuskripten* herauslesen läßt, so ist es eine gegen den »Tod der Literatur« gerichtete Kontinuität des »Weiterschreibens«, die Kolleritsch bis heute als politische Geste des Widerständigen, Unnivellierten und Schwierigen allen eilfertigen ideologischen oder zeitgeistigen Lösungen entgegensetzt.

Insofern die *manuskripte* bis heute weitgehend nur Erstveröffentlichungen abdrucken, tragen sie dadurch, wie offen die Selektionskriterien auch sein mögen, aktiv zur Durchsetzung von Autoren und Werken auf dem Buchmarkt bei. Insbesondere in den sechziger und siebziger Jahren wirkte sich die enge Verflechtung von »Forum Stadtpark« und *manuskripten* (von 1964 bis 1980 war Alfred Kolleritsch Literaturreferent und von 1969 bis 1995 Präsident des »Forum Stadtpark«) günstig auf die Entwicklung einer lebendigen Grazer Literaturszene aus, in der (teilweise aktionistische) Lesungen, Diskussionen, Kritik und Publikationsmöglichkeit sich sinnvoll ergänzten. So traf sehr bald im »Forum« eine Gruppe junger, progressiver, großteils steirischer Autoren um den *manuskripte*-Herausgeber zusammen, die später als »Grazer Gruppe« Eingang in die Literaturgeschichte fand und der einige der heute anerkanntesten österreichischen Gegenwartsautoren zugerechnet werden. In der Reihenfolge ihres Auftauchens in den *manuskripten* sind dies u.a. Kolleritsch selbst (Heft 1), Wolfgang Bauer und Barbara Frischmuth (5, 1962), Gunter Falk (8, 1963), Peter Handke (10, 1964), Michael Scharang (14–15, 1965) und Klaus Hoffer (17, 1966). Um 1970 gesellen sich u. a. Helmut Eisendle, Reinhard P. Gruber, Bernhard Hüttenegger, Gert Jonke und Gerhard Roth dazu. Als 1980 mit Günter Eichberger ein Autor, der im Entstehungsjahr der Zeitschrift geboren wurde, erstmals in den *manuskripten* veröffentlichte, und sich mit Lucas Cejpek, Walter Grond, Ingram Hartinger und Franz Weinzettl eine neue Autorengeneration präsentierte, wurde dies als Indiz für Kontinuität gewertet.

Während jedoch bis etwa Mitte der siebziger Jahre die Literatur aus dem Forum explosionsartige Breitenwirkung im In- und Ausland erzielte und zum Markenzeichen einer formal innovativen, sprachreflexiven, ideologieskeptischen, aber dennoch »lesbaren« Literatur wurde, setzte die Rezeption der stärker theorielastigen jüngeren Forum-Literatur – mit Ausnahme des 1990 wie ein Komet in den *manuskripten* auftauchenden Dramatikers Werner Schwab – nur zögerlich ein. Ihre Lebendigkeit und ihr internationales Renommee erhielt sich die Zeitschrift vielmehr zunehmend durch die Erweiterung ihres Autorenstamms um Schriftsteller aus dem deutschsprachigen Ausland, wie etwa den Schweizer Jürg Laederach oder die Berliner Spätsurrealistin Ginka Steinwachs. Die Publikation von Texten aus den von 1972 bis 1995 vom Literaturreferat des »Forum Stadtpark« veranstalteten Literatursymposien des Avantgardefestivals »steirischer herbst« ermöglichte die Präsentation eines breiten Spektrums internationaler Gegenwartsautoren und Theoretiker und stellte die »Grazer« Literatur in einen internationalen Rahmen. Waren es in den siebziger Jahren die Autoren der sogenannten »Grazer Genieecke«, deren Literatur im deutschen Sprachraum Furore machte, so wurden das Forum Stadtpark und die *manuskripte* später zunehmend zu einem Ort der Konfrontation mit von außen herangetragenen literarischen Tendenzen. Daß die Zeitschrift in den späten neunziger Jahren auch nach ihrer völligen Trennung vom »Forum Stadtpark« einen überregionalen geistigen Raum öffnet und Krisen überdauert, zeigen die jüngsten Nummern, in denen sich neben Erstpublikationen von langjährigen Weggefährten der *manuskripte*, wie etwa Elfriede Jelinek, auch Texte einer jüngeren bis jüngsten, allerdings größtenteils nicht mehr aus der Steiermark stammenden Generation finden. Welche Konsequenzen die Abkoppelung von einem Heterogenes versammelnden Veranstaltungsort langfristig für die Zeitschrift haben wird, läßt sich zum gegenwärtigen Zeitpunkt noch nicht absehen.

»Protokolle, die nicht vollständig sein, aber eine gewisse Verbindlichkeit haben wollen. Sie betreffen den Zustand von Literatur und bildender Kunst, äußern sich zur Musik und behandeln diese Sparten im Hinblick auf Wien von Wien aus.« (Gerhard Fritsch in einem programmatischen Aufsatz in der ersten Nummer der Zeitschrift *protokolle*)

Rechts Otto Breicha, Herausgeber der von 1966 bis 1997 erscheinenden Zeitschrift *protokolle*

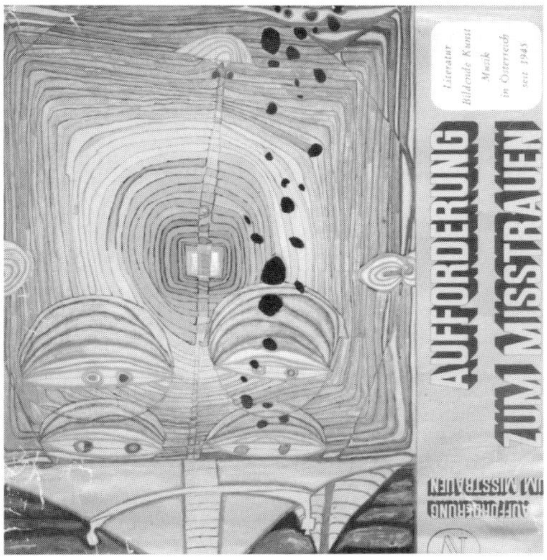

Mitte links Anknüpfend an Ilse Aichingers *Aufruf zum Mißtrauen* (1946) versammeln Otto Breicha und Gerhard Fritsch als Herausgeber 1967 »das Neue und Wesentliche nach 1945« in einer umfangreichen Anthologie (Untertitel: »Literatur, Bildende Kunst, Musik in Österreich seit 1945«) – als »Versuch einer Zwischenbilanz, Bild eines Kunst-Raumes, der trotz vieler Kustoden kein Museum geworden ist, sondern Werkstatt geblieben ist.« (Otto Breicha, Gerhard Fritsch, 1967)

Gerhard Fritsch: *Fasching*, 1967. »Fritsch hat den Roman ungefähr gleichzeitig mit Lebert (›Wolfshaut‹) geschrieben – Saikos ›Mann im Schilf‹ war schon 1956 erschienen – und [hat] sich mit dem Faschismus in der Provinz, auf dem Lande beschäftigt. Die Fronten bleiben starr: die Genasführten und Denkfaulen, die Verbrecher und die Autoritätssüchtigen, die nur der blinde Gehorsam glücklich macht, sind gegen die Autonomen, Verantwortlichen, Denker.« (Dorothea Zeemann, 1989)

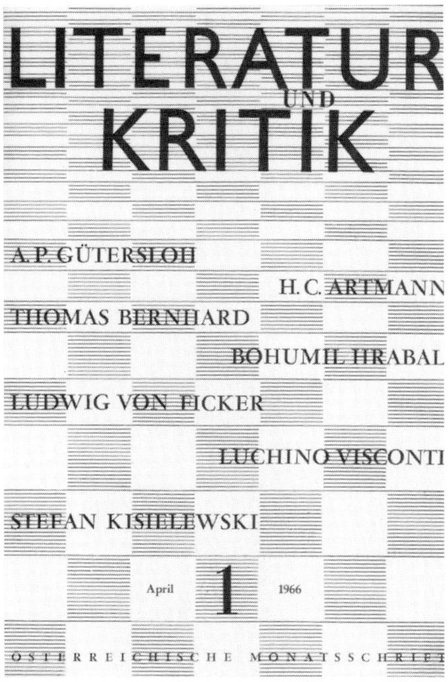

Von Thomas Bernhard erscheint 1967 der Roman *Verstörung*. ›Verstört‹ ist der Schriftsteller auch, als er ein Jahr später den ›Kleinen‹ »Österreichischen Staatspreis« erhält. Über »die sogenannte Verleihung des Staatspreises für Literatur [...], die, wie die Zeitungen damals schrieben, mit einem ›Skandal‹ geendet hat«, schreibt er in ureigenster Manier in *Wittgensteins Neffe* (1982): »Der im Audienzsaal des Ministeriums eine sogenannte Laudatio auf mich haltende Minister hat in dieser Laudatio nichts als Unsinn über mich gesagt, weil er nur das von einem Blatt heruntergelesen hat, was ihm einer seiner für die Literatur zuständigen Beamten aufgeschrieben hat, zum Beispiel, daß ich einen Roman geschrieben hätte über die ›Südsee‹, was ich natürlich niemals getan habe. Obwohl ich immer Österreicher gewesen bin, behauptete der Minister, daß ich Holländer sei. Obwohl ich davon keine Ahnung hatte, behauptete der Minister, daß ich ›auf Abenteuerromane spezialisiert‹ sei. [...] Nachdem ich aber dann, sozusagen als Dank für den Preis, ein paar Sätze, die ich erst kurz vor der Preisverleihung in höchster Eile und mit dem größten Widerwillen auf ein Blatt Papier geschrieben hatte, eine kleine philosophische Abschweifung sozusagen vorgetragen hatte, in welcher ich nichts anderes zu sagen gehabt habe, als daß der Mensch armselig und ihm der Tod sicher sei [...], war der Minister, der überhaupt nicht verstanden hatte, was ich gesagt hatte, empört von seinem Sitz aufgesprungen und hatte mir die geballte Faust ins Gesicht geschleudert. Wutschnaubend hat er mich vor allen Anwesenden auch noch einen ›Hund‹ genannt«.

Oben Heft 1 (1966) der Zeitschrift *Literatur und Kritik*. Die Nachfolgerin von *Wort in der Zeit* wird bis zu seinem Tod (1969) maßgeblich von Gerhard Fritsch geprägt (zeitweilige Mitherausgeber: Rudolf Henz und Paul Kruntorad); danach übernimmt Jeannie Ebner, später Kurt Klinger die Leitung. Zu Beginn der neunziger Jahre wird dem nach und nach an Bedeutung verlierenden Literaturorgan von Karl-Markus Gauß ein neues Profil verliehen werden.

Unten Alte Vertraute und Bekannte (v. l. n. r.): Gerhard und Barbara Fritsch, Thomas Bernhard, Hedwig Stavianicek und Wieland Schmied in der zweiten Hälfte der sechziger Jahre

»Wir, Angehörige der katholischen Jungschar, Zöglinge des Klosters, Schülerinnen der Ober- und Unterstufe, beten täglich und gerne: das Morgengebet vor Tagesbeginn, das Schulgebet vor Schulbeginn, das Schlußgebet nach Unterrichtsschluß, das Tischgebet vor und nach Tisch, das Studiengebet vor und nach dem Studium, das Abendgebet am Abend; [...]. Wir beten, wie man uns zu beten gelehrt hat, erhobenen und gesenkten Blickes, mit aufrecht gefalteten Händen, stehend, kniend oder liegend, je nachdem zu welcher Zeit oder an welchem Ort, laut oder leise, mit oder ohne Gebetbuch als Vorlage, reinen Herzens, frommen Sinnes und mit der nötigen Andacht, damit wir – auf diese Weise die Regeln beachtend – Gott wohlgefällig und unsere Gebete von Nutzen seien. Wir nehmen die Gebete ernst, wie wir das Leben ernst nehmen, in dessen Kampf wir gestellt sind und in dem zu siegen uns nur mit Hilfe der erwähnten Gebete und dem Ernst bei der Arbeit, mit der wir die verbleibende Zeit ausfüllen, gelingen kann, steht doch geschrieben: ora et labora!«

In ihrem ersten Prosaband, der Erzählung *Die Klosterschule* (1968) läßt Barbara Frischmuth in 14 Kapiteln die enge Welt eines katholischen Mädchenpensionats – mit ihren Ordnungssätzen, Sprachmustern und Phrasen – entstehen.

Oben **Auf dem gefürchteten ›elektrischen Stuhl‹ der »Gruppe 47« bei deren letzter Sitzung, 1967: Barbara Frischmuth**

Auf dem Ostermarsch 1967 in Wien: Karl Wiesinger (vorne, 3. v. r.)

Rechts Karl Wiesinger – nach eigenen Angaben »Hilfsarbeiter, Dentist, freischaffender Schriftsteller« – bekannt als Theaterautor und als Romancier auch unter dem Pseudonym Max Maetz. Sein Roman *38* erschien 1967 im Aufbau-Verlag, Berlin.

Wiesinger schreibt keine historischen Romane. Er macht nicht aus den historischen Fakten eine Geschichte. Er schreibt politische Romane. Er setzt in die geschichtliche Wirklichkeit eine realistische Geschichte: er schreibt spannend. Es ist keine aufgesetzte Spannung, sondern eine, die sich aus den Spannungen einer Klassengesellschaft herleitet.

Michael Scharang, 1974

Weiblicher ›Sponti‹ greift ein in das »Internationale Literaturforum« in Frankfurt am Main, 1967. Neugierig: Erich Fried (l.). Unbeeindruckt am Mikrophon: Peter Handke und (über ihm) H. C. Artmann.

Sicherlich war es verrückt, gerade an der Wiener Uni Inspirationen für einen Artikel über das Jahr 68 zu suchen. An der Wiener Uni, an der sich damals (abgesehen von der spektakulären Verunreinigung eines Hörsaals, die das Image der Wiener Studenten bis heute trübte: in die Hörsäle scheißen, gell ja, das könnt ihr ...) eigentlich kaum etwas abgespielt hatte. Aber Paul hatte das Achtundsechzigerjahr nun einmal in Wien erlebt und nirgendwo anders. [...]

Paul stieg die Rampe zum Hauptportal zum ersten Mal seit einigen Jahren wieder hinauf. »Was sich in Berlin getan hat, in Paris oder sonstwo«, schrieb er im Geist, »das haben die Wiener Studenten durchs Fenster betrachtet«. Er studierte die Spuren akademischen Selbstbewußtseins auf den Plakaten links und rechts vom Portal. »Sie haben Bewegungen mit- oder nachvollzogen, aber sie haben sich selber zu wenig bewegt.« Eine AKTION NEUE RECHTE forderte die unverzügliche Säuberung sämtlicher Institute von bolschewistischen Elementen. »Hier ist nichts geschehen, hier ist etwas passiert. Der linken Verseuchung sei endlich durch eine gesunde, rechtsorientierte Politik zu begegnen. Und passiert heißt bekanntlich vorbeigegangen.«

Paul beschloß, etwas in diesem Sinn an den Anfang seines Artikels zu stellen. Ein Motto von Robert Musil (oder war es Karl Kraus, der das gesagt hatte? er war da nicht ganz sicher) machte sich immer gut. Und außerdem ließ sich davon eine gewisse Berechtigung für den speziellen Aspekt ableiten, unter dem man das Thema von Wien aus anpacken konnte. War doch inzwischen auch anderswo eingetreten, was man hierzulande traditionsgemäß vorwegnahm, bevor man Zores bekam: die Resignation.

Peter Henisch,
Der Mai ist vorbei, 1978

Universität Wien, 7. Juni 1968

Veranstaltungsankündigung des »Sozialistischen Österreichischen Studentenbundes« (SÖS). Franz Kaltenbäck stieß erst nach dem Plakatdruck dazu.

zum programm:
jirak sollte ein paar einleitende worte sprechen, hierauf weibel ein pamphlet gegen finanzminister koren, dann wiener einen vortrag halten, gleichzeitig dazu brus seine aktion machen, hernach kaltenbäck mit seiner rede, weibel mit einem aktionsvortrag, am schluß muehl mit seiner gruppe (anastas, dieter haupt, herbert stumpfl, otmar bauer, laurids). nach einer kurzen pause referate von sös mitgliedern und diskussion mit dem publikum.
einige tage vor der veranstaltung war robert kennedy ermordet worden, so daß muehl schnell eine vernichtende leichenrede schrieb. die dynamik der ereignisse und emotionen raffte den abend dann zu einer schnellen eruption.
peter jirak begann mit einem kurzen einleitungsreferat.
die stimmung erreichte einen ersten jähen höhepunkt, als otto muehl seine beschimpfung robert kennedy's und der kennedy-familie verlas.
zu programmiertem tumultuösem geschrei kam es bei peter weibels aktionsvortrag über finanzminister universitätsprofessor dr. koren. ein scheinwerfer, bedient von valie export, schaltete über einen lichtabhängigen widerstand den verstärker des mikrophon an und ab. bei "ein"-rufen schaltete valie den scheinwerfer ein, strom ging zum verstärker und weibels rede war zu hören, bei "aus"-rufen schaltete valie den scheinwerfer aus, die rede war nicht mehr zu hören. ein paradoxon der kommunikation als demonstration der antinomien des parlamentarismus und der pluralistischen demokratie. selbstverständlich wurde ununterbrochen entweder "ein" oder "aus" geschrien, so daß die rede nur verstümmelt, wenn überhaupt, zu hören war. in den letzten minuten hatte sich brus bereits ausgezogen und stand schon nackt auf dem pult, als weibel dieses verließ. während oswald wiener über ein drahtloses mikrophon seinen vortrag hielt, schiß brus auf den boden des hörsaals, verschmierte sich den scheißdreck am leib, stach mit seinen fingern den ösophagus hinab, würgte, erbrach, sang zum scheißen die bundeshymne, onanierte – ein unerhörtes klima, augenblicke der panik und vernichtung, wo das bewußtsein zu kollapsieren drohte, weil das gehirn die verarbeitung der ihm zugetragenen informationen verweigerte, minutenlang, bis zu dem moment, wo muehl unprogrammgemäß mit seinen mitarbeitern aufs podium kam und ebenfalls seine aktionen begann. durch den lärm des ausgepeitschten laurids wurden wieners sätze unhörbar, der jedoch, davon unbeirrt, in seinem vortrag fortfuhr. in dieses inferno der simultaneität hinein hielten kaltenbäck und weibel noch ihre obsessiven reden.
als alles zu ende war, einige kotzend den saal verlassen hatten, der rektoratschef geholt worden war etc, kam eine diskussion nicht recht in gang. das publikum war ratlos, gelähmt, ausgepumpt, die kulturprominenz, von architekt feuerstein bis zukunftsforscher jungk, entließ seine aggressionen in beschimpfungen. erst wieners slogan "geht's heim zu mutti", einige andere wortmeldungen brachten ein paar verbale äußerungen in schwung, unter anderem die des unbedeutenden kulturganoven peter contra "das ganze nochmal im stefansdom" (aber eher als mißfallen geäußert), die zu unrecht oswald wiener vor gericht angelastet wurde und zu seiner verhaftung führte.

Beispielloser Skandal vor 500 Personen Freitag abend an Wiener Uni

Beispiellose Vorfälle ereigneten sich am vergangenen Freitagabend in einem Hörsaal der Wiener Universität. Rund 500 Personen waren zu einer Veranstaltung des SÖS, einer linksradikalen Studentenvereinigung, gekommen.
Das Thema sollte lauten: „Kunst und Revolution." Der Abend nahm einen skandalösen Verlauf.
Vorerst kam es zu beschämenden Beschimpfungen von Mitgliedern der Kennedy-Familie, die mit Beifall quittiert wurden. Dann entledigten sich sechs junge Burschen der Kleider.
Völlig nackt vollführten sie vor den Zuschauern Handlungen, die in ihren Einzelheiten nicht beschrieben werden können.
EXPRESS-Mitarbeiter Michael Jeannee, der Augenzeuge der Vorfälle war, schreibt auf Seite 3, was er sah und erlebte.

Die alten Nazis von Bonn
Deutsche National•Zeitung und Soldaten-Zeitung
R 2295 C
18. Jahrg. / Nr. 27 / 5. Juli 1968
Deutsche - Kombination von Mord und Musik? / Neue Höhepunkte der Deutschenhetze
Sex-Revolution in Wien?
Kakademiker hinter Gittern

WIENER Montag
UNPARTEIISCHE MORGENZEITUNG
Jg. 22 / Nr. 24 • Montag, 10. Juni 1968 • Preis S 2.– Pbb
Kings Mörder wurde von Verschwörern gedungen
SIE TRUGEN Robert Kennedy zur letzten Ruhe: sein Sohn Joseph (ganz vorn), rechts von ihm David Hackett, Exminister McNamara und John Glenn, links Stephen Smith und Exminister Dillon (AP-Funkbild)
Beim Begräbnis Bob Kennedys Johnsons Frau brach zusammen
„Uni"-Skandal: Ins Gefängnis mit den obszönen Rowdies!
Krekels vor Csenar
Faustball: Silber für Österreich

Oben links »kunst und revolution« am 7. Juni 1968. Peter Weibel: »zum programm«

Oben *Express*, 10. Juni 1968

Mitte *Deutsche Nationalzeitung*, 5. Juli 1968

Links *Wiener Montag*, 10. Juni 1968

Valie Export: »Tapp- und Tastkino« 1968. Feministischer Aktionismus – Film und Realität: »der kinosaal ist etwas kleiner geworden. es haben nur zwei hände in ihm platz«

Wolf R. Redl als Peter Handkes *Kaspar* bei der Uraufführung in Frankfurt am Main in der Inszenierung von Claus Peymann am 11. Mai 1968

Nach *Publikumsbeschimpfung* (1966), *Selbstbezichtigung* (1966), *Weissagung* (1966) und *Hilferufe* präsentiert Peter Handke 1968 mit *Kaspar* sein erstes ›größeres‹ Schauspiel. Dazu der Autor: »Das Stück Kaspar zeigt nicht, wie es ›wirklich ist‹ oder ›wirklich war‹ mit Kaspar Hauser. Es zeigt, was ›möglich ist‹ mit jemandem. Es zeigt, wie jemand durch Sprechen zum Sprechen gebracht werden kann. Das Stück könnte auch ›Sprechfolterung‹ heißen.«

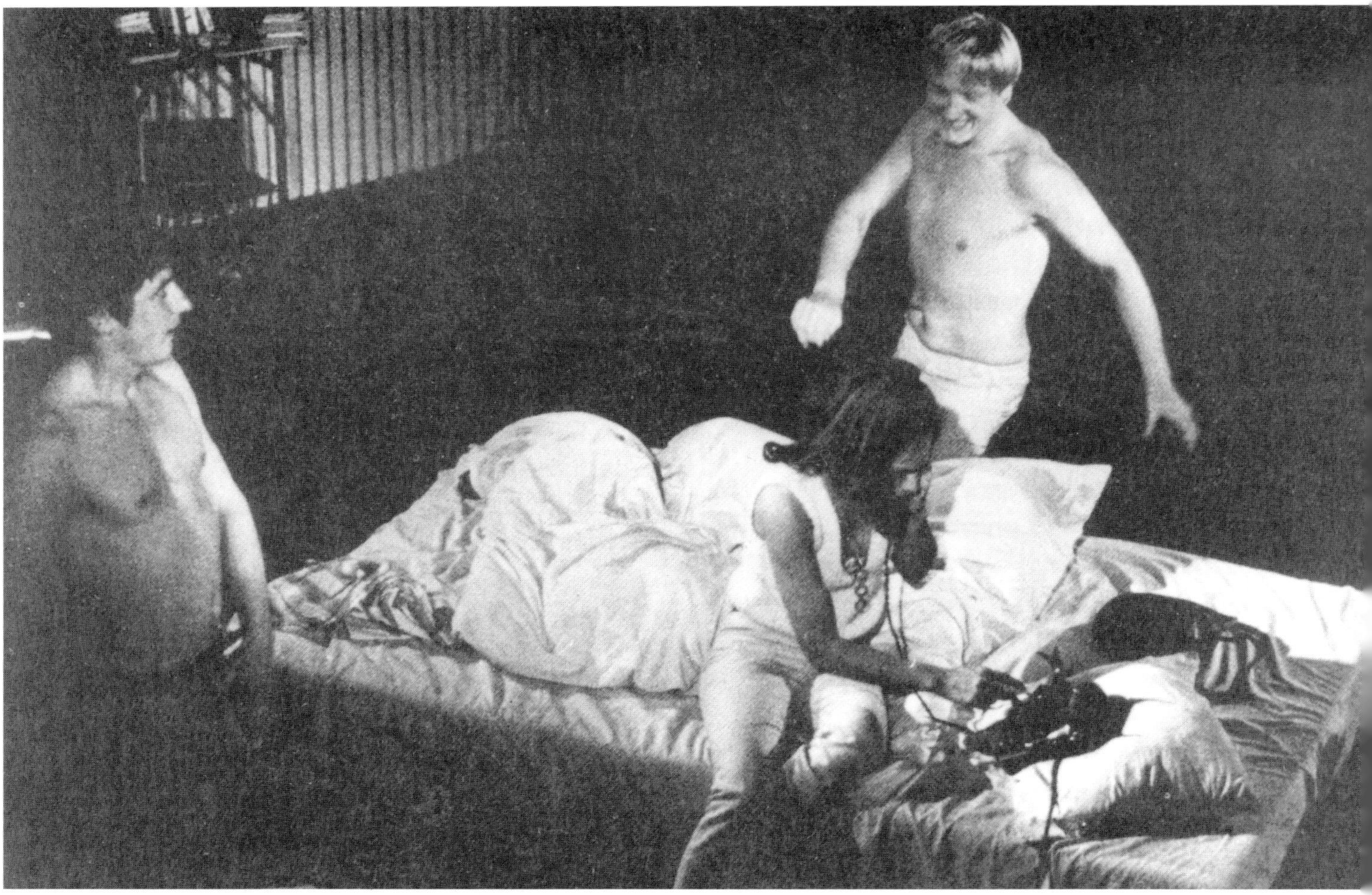

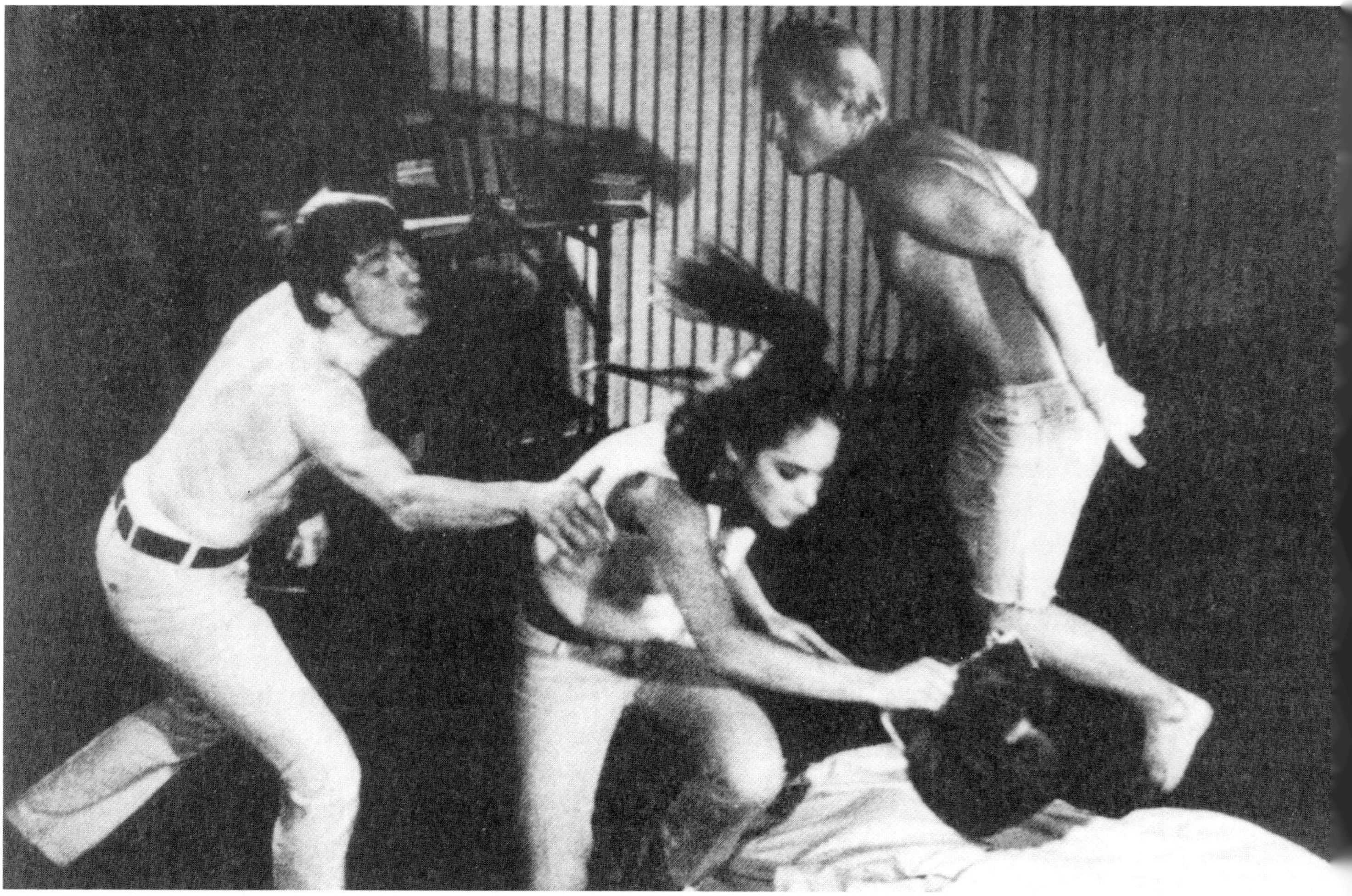

Wolfgang Bauers Theaterstück *Magic Afternoon* wurde im Sommer 1967 geschrieben und von rund 30 Verlagen bzw. Bühnen abgelehnt. Am 12. September 1968 wird es schließlich am Landestheater Hannover in einer Inszenierung von Horst Zankl uraufgeführt. Peter Handke erinnert sich: »Unvergeßlich ist mir die Szene von der Uraufführung des Stückes in Hannover, als die zwei männlichen Akteure mitten im ›ernsthaften‹ Reden aufhören und auf die Platte horchen, die gerade läuft. Und dann warten sie beide auf die gleiche Stelle in der Nummer, auf den Übergang; sie strecken beide den Arm raus und werden so immer stiller: – jetzt kommt die Stelle, sie seufzen, lassen die Arme sinken. Schon lange nicht mehr habe ich einen theatralischen Vorgang von ähnlicher Schönheit gesehen«.

Oben Wolfgang Bauer, ›magischer Nachmittag‹ in Uniform, 1968

Unten Wolfgang Bauer, unter der 68er Sonne

Linke Seite Günther Einbrodt (»Charly«), Monica Bleibtreu (»Birgit«) und Erich Ludwig (»Joe«) in der Uraufführung von Wolfgang Bauers *Magic Afternoon* in Hannover, 1968

Ingeborg Bachmann war 1965 nach Rom übersiedelt, eine Stadt, die sie immer wieder angezogen und wo sie bereits in den fünfziger Jahren gelebt hatte. Von 1955 stammt ihr Text *Was ich in Rom sah und hörte*, der endet: »In Rom freilich habe ich gehört, daß mancher das Brot hat, aber nicht die Zähne, und daß die Fliegen auf die mageren Pferde gehen. Daß dem einen viel und dem anderen nichts geschenkt ist; daß, wer zuviel zieht, zerreißt und nur eine feste Säule das Haus hundert Jahre aufrecht hält. Ich hörte, daß es in der Welt mehr Zeit als Verstand gibt, aber daß uns die Augen zum Sehen gegeben sind.«

Ich grenz noch an ein Wort und an
ein anderes Land,
ich grenz, wie wenig auch, an alles
immer mehr.

Aus: *Böhmen liegt am Meer*

Für das Jahr 1968 verzeichnet der Bachmann-Chronist Hans Höller: »In der November-Nummer der Zeitschrift ›Kursbuch‹ erscheinen vier Gedichte, darunter ›Böhmen liegt am Meer‹, ihr liebstes Gedicht. Bachmann ist von der Kunstfeindlichkeit der Studentenbewegung – ›L'art est mort‹ – tief getroffen und verfaßt einen Protestbrief.«

Linke Seite oben Geehrt: Ingeborg Bachmann, hier zusammen mit dem bildenden Künstler Kurt Moldovan (l.) und dem Komponisten Erich Marckhl bei der Verleihung des Großen Österreichischen Staatspreises im Jahr 1968

Linke Seite unten Ingeborg Bachmann in Rom, Ende der sechziger Jahre

Oben Ingeborg Bachmann, 1968, Zeitung lesend in ihrer Küche in Rom

Oben Marlen Haushofer (l.) wurde 1968 für den Erzählband *Schreckliche Treue* mit dem Österreichischen Staatspreis für Literatur ausgezeichnet; hier nach der Preisverleihung zusammen mit (v. r. n. l.): Hilde Tetsis, Hans Weigel, der Mutter Elfriede Otts, Käthe Frauendorfer und Elfriede Ott.

Links Marlen Haushofer in Rom in der zweiten Hälfte der sechziger Jahre

Oben Franz Nabl (l.) und Max Mell vor dem Geburtshaus Peter Roseggers

Unten Tu felix Austria im bewegten 68er Jahr (vorne, v.l.n.r.): Max Mell, Franz Nabl und Paula Grogger

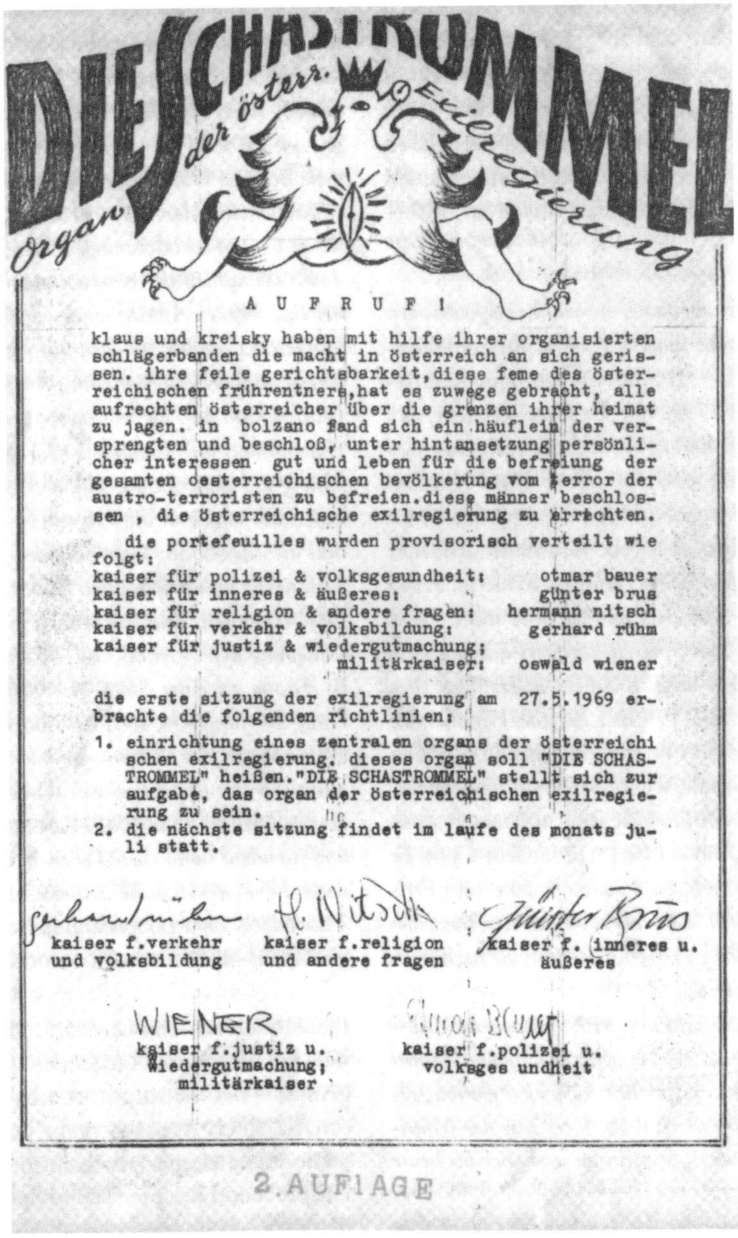

DIE SCHASTROMMEL

Organ der österr. Exilregierung

A U F R U F !

klaus und kreisky haben mit hilfe ihrer organisierten schlägerbanden die macht in österreich an sich gerissen. ihre feile gerichtsbarkeit, diese feme des österreichischen frührentners, hat es zuwege gebracht, alle aufrechten österreicher über die grenzen ihrer heimat zu jagen. in bolzano fand sich ein häuflein der versprengten und beschloß, unter hintansetzung persönlicher interessen gut und leben für die befreiung der gesamten oesterreichischen bevölkerung vom terror der austro-terroristen zu befreien. diese männer beschlossen, die österreichische exilregierung zu errichten.

die portefeuilles wurden provisorisch verteilt wie folgt:

kaiser für polizei & volksgesundheit: otmar bauer
kaiser für inneres & äußeres: günter brus
kaiser für religion & andere fragen: hermann nitsch
kaiser für verkehr & volksbildung: gerhard rühm
kaiser für justiz & wiedergutmachung;
militärkaiser: oswald wiener

die erste sitzung der exilregierung am 27.5.1969 erbrachte die folgenden richtlinien:

1. einrichtung eines zentralen organs der österreichischen exilregierung. dieses organ soll "DIE SCHASTROMMEL" heißen. "DIE SCHASTROMMEL" stellt sich zur aufgabe, das organ der österreichischen exilregierung zu sein.
2. die nächste sitzung findet im laufe des monats juli statt.

kaiser f. verkehr und volksbildung — kaiser f. religion und andere fragen — kaiser f. (inneres u. äußeres

WIENER
kaiser f. justiz u. wiedergutmachung; militärkaiser — kaiser f. polizei u. volksges undheit

2. AUFLAGE

Oben links »klaus und kreisky haben mit hilfe ihrer organisierten schlägerbanden die macht in österreich an sich gerissen«: *Die Schastrommel*, das Organ der »Österreichischen Exilregierung« – bestehend aus den Aktionisten Otmar Bauer, Günter Brus, Hermann Nitsch, Gerhard Rühm und Oswald Wiener – erscheint erstmals 1969.

Links »einfach einwirken auf andere, auf sich selber einwirken, sätze einnehmen wie sonst pillen, sich wohin führen lassen, sich in einen zustand versetzen lassen, mitteilen wollen, auch wohl sich eine hypothese zurechtlegen.« (Aus dem Vorwort zu Oswald Wieners Roman *die verbesserung von mitteleuropa*, 1969)

Oben rechts Oswald Wiener – *die verbesserung von mitteleuropa, roman*, zwischen 1962 und 1967 geschrieben, wurde von 1965 bis 1969 als »work in progress« in den *manuskripten* veröffentlicht. Nach Erscheinen von Heft 18 (1966) wurde Wiener wegen angeblicher »anstößiger Stellen« in einen Pornographie-Prozeß verwickelt, das Heft wurde beschlagnahmt, das Verfahren eingestellt. (Als »Begleit-Programm« zum »Pornographie-Skandal« sollte eine Unterschriften-Aktion gegen den *manuskripte*-Herausgeber Alfred Kolleritsch dessen Entlassung aus dem Schuldienst erzwingen.)

manuskripte 21 (1967)

Gerichtlich belangt: der ›Pornograph‹ Oswald Wiener

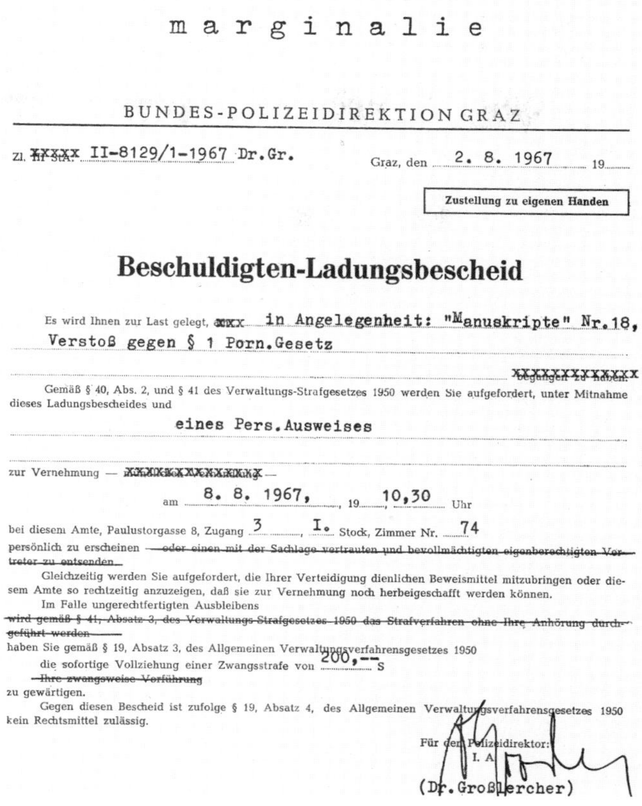

m a r g i n a l i e

BUNDES-POLIZEIDIREKTION GRAZ

Zl. ~~III StA.~~ xxxxx II-8129/1-1967 Dr.Gr. Graz, den 2. 8. 1967 19

Zustellung zu eigenen Handen

Beschuldigten-Ladungsbescheid

Es wird Ihnen zur Last gelegt, xxxx in Angelegenheit: "Manuskripte" Nr.18, Verstoß gegen § 1 Porn.Gesetz

~~begangen zu haben.~~ xxxxxxxxxxxxx

Gemäß § 40, Abs. 2, und § 41 des Verwaltungs-Strafgesetzes 1950 werden Sie aufgefordert, unter Mitnahme dieses Ladungsbescheides und

eines Pers.Ausweises

zur Vernehmung — xxxxxxxxxxxxxxx —

am 8. 8. 1967, 19 , 10,30 Uhr

bei diesem Amte, Paulustorgasse 8, Zugang 3, I. Stock, Zimmer Nr. 74

persönlich zu erscheinen ~~— oder einen mit der Sachlage vertrauten und bevollmächtigten eigenberechtigten Vertreter zu entsenden.~~

Gleichzeitig werden Sie aufgefordert, die Ihrer Verteidigung dienlichen Beweismittel mitzubringen oder diesem Amte so rechtzeitig anzuzeigen, daß sie zur Vernehmung noch herbeigeschafft werden können.

Im Falle ungerechtfertigten Ausbleibens

~~wird gemäß § 41, Absatz 3, des Verwaltungs-Strafgesetzes 1950 das Strafverfahren ohne Ihre Anhörung durchgeführt werden~~

haben Sie gemäß § 19, Absatz 3, des Allgemeinen Verwaltungsverfahrensgesetzes 1950

die sofortige Vollziehung einer Zwangsstrafe von 200,-- S

~~Ihre zwangsweise Vorführung~~

zu gewärtigen.

Gegen diesen Bescheid ist zufolge § 19, Absatz 4, des Allgemeinen Verwaltungsverfahrensgesetzes 1950 kein Rechtsmittel zulässig.

Für den Polizeidirektor:
I. A.
(Dr. Großlercher)

Michael Scharang, Mitglied des Grazer »Forum Stadtpark«, stellt sich in seiner ersten Buchveröffentlichung (*Verfahren eines Verfahrens*, 1969) mit experimentellen Geschichten, Parabeln und Lehrstücken vor.

Wolfgang Bauer: »dir geht's doch wirklich fantastisch, du bist ein fescher junger bursch, du bist ein junger schriftsteller, dem die welt offen steht; wenns dir paßt, dann schreibst was, [...] rauchst ein zigaretterl und blast den rauch in die luft. Schau wolfi, [...] du hast keine sorgen, du kennst kein traurigsein. du bist einfach immer lustig, wolfi.« (Aus einem Brief an den »wolfi«, 1964)

Oben Auf der Frankfurter Buchmesse 1969: Barbara Frischmuth (l.), Gert F. Jonke (m.) und Klaus Hoffer (r.)

Gert F. Jonke. Großes Debüt: *Geometrischer Heimatroman*, 1969 bei Suhrkamp

Zu Jonkes *Geometrischem Heimatroman* schreibt Peter Handke 1969: »Die Sprache erweist sich als ein System von Verhaltensregeln. Jonke greift nun diese Verhaltensregeln nicht in der ›gesellschaftskritischen‹ Weise an – wobei er sich doch diesen Regeln der linken Kitsch-Literatur unterwerfen müßte –, sondern er spielt diese Sätze gegeneinander aus, er läßt sie sich selber vorzeigen, verwendet sie als Spielmaterial. In den Schnitten zwischen den Sätzen zeigt sich die Arbeit des Autors, lohnt sich die Arbeit des Lesenden.«

Wir können über den Dorfplatz gehen. Gehen wir über den Dorfplatz. Der Dorfplatz ist leer.
Gert F. Jonke, *Geometrischer Heimatroman*

Literaturlandschaft Salzburg

Adolf Haslinger

Längst ist Salzburg nicht mehr nur eine Landschaft der Musik. Seit 1945 entwickelte hier ein lebhaftes literarisches Leben regionale Eigenheiten, die kräftig in die Literaturlandschaft Österreichs ausstrahlten.

Nach dem Krieg produzierten Karl Heinrich Waggerl (1897–1973), Georg Rendl (1903–1972) und Georg Eberl (1893–1975) hier noch traditionelle Literatur und fanden ihr Publikum. Waggerl war, trotz seiner Nähe zum Nationalsozialismus, der erfolgreichste unter ihnen. Dem »Nachholbedarf« an deutschsprachiger Exilliteratur und internationaler zeitgenössischer Moderne kam Ernst Schönwiese mit seiner Zeitschrift *Das Silberboot* (1946) entgegen, die Texte von Hermann Broch, Robert Musil, Franz Kafka, auch von Theodor Kramer und Ernst Waldinger brachte.

Die Salzburger Kriegs- und Nachkriegszeit thematisierte Thomas Bernhard, der Kindheit und Jugendjahre hier bei seinem Großvater, Johannes Freumbichler (1881–1949), dem Staatspreisträger von 1937, verlebte: »Die Erforschung der eigenen Herkunft bleibt das Lebensthema Thomas Bernhards« (Hans Höller). Die Uraufführungen seiner Dramen von 1972 bis 1986 bei den Festspielen bilden Glanzpunkte der österreichischen Theatergeschichte. Die Konstituierung der »Internationalen Thomas-Bernhard-Gesellschaft« (ITBG) 1999 in Salzburg läßt neue Aktivitäten zur Verbreitung seines Werkes für die Zukunft erwarten.

Die kreative Rezeption zeitgenössischer Literatur, die in Salzburg in den späten sechziger und frühen siebziger Jahren begann, förderten und bewirkten, im Telegrammstil zusammengefaßt:

Der ORF Salzburg unter Intendant Rudolf Bayr (1919–1989) und Hörspielabteilungsleiter Klaus Gmeiner – die Universität mit ihrer Gegenwartsliteratur betonenden Germanistik durch Professoren wie Walter Weiss, Adolf Haslinger, Josef Donnenberg und Karlheinz Rossbacher – die Gründung der »Leselampe« 1967 durch Josef Donnenberg und die Literaturzeitschrift *Salz* (1975 ff.) – das zunehmend durch Werke österreichischer Autoren angereicherte Literaturprogramm des Residenz Verlages – die Aktivitäten des Otto Müller Verlages – die »Rauriser Literaturtage« unter Erwin Gimmelsberger seit 1971. Dadurch stieg das Interesse an Gegenwartsliteratur gewaltig an. Lesungen fast aller bekannten Autorinnen und Autoren deutscher Sprache luden zur persönlichen Begegnung und weiteren Beschäftigung mit diesen Künstlern ein.

Bedeutsam für die Salzburger Literaturszene waren vor allem zwei überregionale Zeitschriften: *Literatur und Kritik* (1966 ff.) im Salzburger Otto

Oben **Christine Haidegger, Mitbegründerin der Autorengruppe »Projekt-IL« und Herausgeberin der gleichnamigen Literaturzeitschrift (bis 1980)**

Mitte **Christian Wallner, Gründungsmitglied der Zeitschrift *Salz* (1975), hier auf einer Aufnahme um 1980**

Unten **Christoph Wilhelm Aigner, Mitbegründer der Literaturzeitschrift *Projekt-IL*. 1988 erscheint sein Gedichtband *Weiterleben* mit einem lobenden Nachwort von Erich Fried.**

In Zusammenhang mit der Gründung der »Rauriser Literaturtage« kursiert folgende ›Anekdote‹: »›Bist Du verrückt‹, sagte Thomas Bernhard zu Gimmelsberger, als dieser ihm von seinem Plan erzählte, Literaturtage gründen zu wollen. ›Du züchtest Dir ja nur Feinde!‹ Die beiden waren seit gemeinsamen Tagen in der Lungenheilanstalt Grafenhof befreundet und mit einiger Überredungskunst und nach ein paar Gläsern guten Weins sagte Thomas Bernhard schließlich zu, nach Rauris zu kommen: am 15. Februar 1971 las er aus seinem eben erschienenen Roman ›Das Kalkwerk‹ – seine Zuhörer noch in Pinzgauer Festtracht, die Frauen mit Gretlfrisur, kostbaren Kropfketten und in langen Seidendirndln.« (Zit. nach: *25 Jahre Rauriser Literaturtage*, hrsg. von Hildemar Holl und Brita Steinwendtner, Rauris 1995)

Oben Internationale Solidaritätsaktion des Literaturhauses Salzburg, 1995. Für verfolgte Schriftsteller in aller Welt lesen im Landestheater Salzburg die österreichischen Kollegen (v.l.n.r.): Felix Mitterer, Milo Dor, Barbara Frischmuth, H. C. Artmann, George Tabori (sitzend, dahinter ORF-Redakteur Peter Huemer), Elisabeth Reichart und Renate Welsh.

Unten Rauriser Literaturtage 1972. Unterwegs (v.l.n.r): Irene Sazenhofen, Christian Wallner, Bodo Hell (Empfänger des ersten Rauriser Literaturpreises) und Erich Landgrebe. Letzterer, der sich von seinem einstigen Nazi-Mitläufertum offiziell distanziert hatte, gibt im gleichen Jahr die Anthologie *Dichtung aus Salzburg* heraus.

Müller Verlag und die *Protokolle* (1966–97), deren Herausgeber Otto Breicha von 1977 bis 1997 das Salzburger Rupertinum leitete. Während die *Protokolle* eigenwillig ein enorm anregendes Single-Dasein führten, entfachte das Herausgeberteam von Literatur und Kritik eine überregionale Literaturdebatte. Die junge Generation forderte von Redakteur Kurt Klinger (1979–90) Mitwirkung. Ihrem Wortführer Karl-Markus Gauß samt Team gelang es bald nach Übernahme der Redaktion, den Ruf »als eine der bedeutendsten Kulturzeitschriften des deutschsprachigen Raums« wieder herzustellen (Renate Langer).

Die regionalen Salzburger Literaturzeitschriften sind neben *Salz* (1975 ff.) *Projekt-IL* (1975–80), *Antenne* (1977–80), *erostopost* (1987 ff.), *Prolit* (1988–93) und *Lillegal* (1991–94). Sie haben verschiedene Absichten, aber ähnliche Abnehmer und bieten jungen Autoren frühe Chancen zur Veröffentlichung.

Charakteristisch für die Salzburger Literaturgeschichte seit 1945 sind folgende Phänomene, die der Gegenwartsliteratur Bedeutung und Publikumswirkung verschafften:

Der 1952 zum 65. Geburtstag Georg Trakls vom Land Salzburg gestiftete »Georg-Trakl-Preis für Lyrik« förderte die »Neubelebung der heimischen Literaturszene im Geiste der Moderne« (Hildemar Holl). Seit 1954 wechseln Landespreis und Bundespreis einander ab.

Die »Rauriser Literaturtage« sind mit Lesungen, Autorenbegegnungen, Diskussionen, Seminaren und Literaturpreisen ein überregional akzeptiertes Ereignis im ländlichen Raum. Erwin Gimmelsberger hat sie 1971 gegründet, ausgebaut und bis 1986 geleitet. Nach Franz Mayrhofer (1986–89) übernahm 1990 Brita Steinwendtner die Leitung und gab dem Programm durch thematische Akzente neuen Schwung.

Der Residenz Verlag war der Hauptinitiator für die Etablierung der zeitgenössischen Literatur in Salzburg. Seine Autoren brachten literarisches Leben hierher: Peter Handke lebte während der Gymnasialzeit seiner Tochter von 1979 bis 1988 auf dem Mönchsberg. H. C. Artmann, Peter Rosei und andere arbeiteten jahrelang hier. Neue Autoren debütierten wie Alois Brandstetter 1972 mit dem Erzählband *Die Überwindung der Blitzangst*, Franz Innerhofer 1974 mit dem Roman *Schöne Tage*, der viel Aufsehen erregte – ein zeitgenössisches Buch, das auch ländliche Schichten zum Lesen fiktionaler Literatur bewegte. Daß der Verlag bemerkenswerten Rang im deutschsprachigen Raum erreichte, haben Rudolf Bayr, der Freund und Berater des Verlegers Wolfgang Schaffler, und, nachdem Schaffler den Residenz Verlag an den Bundesverlag verkauft hat, sein Nachfolger Jochen Jung bewirkt.

Der vielfältigen Dokumentation Salzburger Literatur dient das »Salzburger Literaturarchiv«, 1977 von Adolf Haslinger gegründet, seit 1996 eine Stiftung. In der Stadt ist das aktivste literarische Zentrum das »Literaturhaus Salzburg« im historischen »Eizenbergerhof« geworden. Seit 1991

Walter Kappacher (l.) und Gerhard Amanshauser bei einer Lesung im Literaturhaus Salzburg in der zweiten Hälfte der neunziger Jahre

entfaltet es, vor allem unter der Leitung von Tomas Friedmann, vielfältige Veranstaltungsaktivitäten. Diese bringen, gemeinsam mit allen Salzburger Literaturgruppen, der zeitgenössischen Literatur ein wachsendes Publikum.

Vom Literaturhaus Eizenbergerhof gehen heute die kräftigsten Impulse zum gegenwärtigen literarischen Leben aus. Hier sammelt sich auch die neue Generation der Salzburger Schriftsteller: Neben Catarina Carsten, Christine Haidegger, Karl Markus Gauß, Walter Kappacher, Georg Schmid, Christian Wallner, sind dies u. a. Christoph W. Aigner, Max Blaeulich, Christoph Janacs, Ludwig Laher, Dorothea Macheiner, Walter Müller, Günther Schatzdorfer Gudrun Seidenauer, Wilfried Steiner, Wolfgang Wenger und O. P. Zier.

Oben »Casino«-Sommerfest des Residenz-Verlages im Salzburger Schloß Kleßheim, 1994 (v. l. n. r.): Arnold Stadler, Alfred Kolleritsch, Barbara Frischmuth, Verleger Jochen Jung, Michael Donhauser, Gert Jonke und H. C. Artmann

Unten Literaturhaus Salzburg

In Berlin, 1970 (v. l. n. r.): Gerald Bisinger, H. C. Artmann und Gert F. Jonke. Gerald Bisinger gehört von 1964 bis 1986 zum Mitarbeiterstab des »Literarischen Colloquiums Berlin«.

Andreas Okopenko, seit 1968 freier Schriftsteller

Das Material ist alphabetisch geordnet, damit Sie es mühelos auffinden. Wie in einem Lexikon. Aus dem Lexikon sind Ihnen auch die Hinweispfeile bekannt (→), die Ihnen raten sollen, wie Sie am besten weitergehen, wie Sie sich zusätzlich informieren oder wie Sie vom Hundertsten ins Tausendste gelangen können. Wie im Lexikon haben Sie die Freiheit, jeden Hinweispfeil zu beherzigen oder zu übergehen.

Aus der »Gebrauchsanweisung« zu Andreas Okopenkos *Lexikon Roman*, 1970

Peter Handke in den siebziger Jahren

Die Angst des Tormanns beim Elfmeter – ›Entfremdungs‹-Erzählung zwischen Sprachphilosophie und Krimi mit dem kafkaesken Beginn: »Dem Monteur Josef Bloch, der früher ein bekannter Tormann gewesen war, wurde, als er sich am Vormittag zur Arbeit meldete, mitgeteilt, daß er entlassen sei.« (1970; Verfilmung durch Wim Wenders 1972)

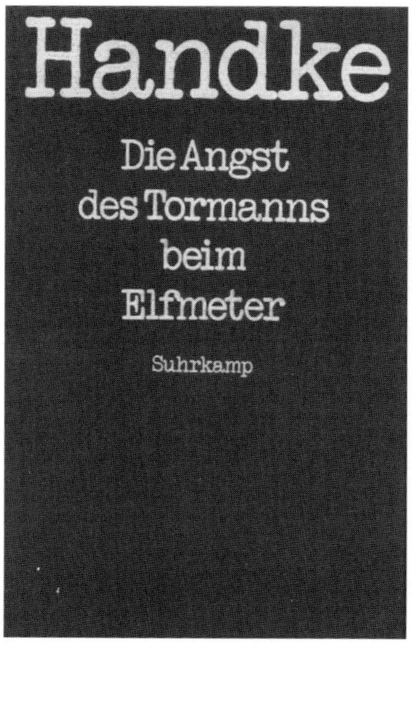

Seit Jahren habe ich mich nach dem Sinn dieser sogenannten Darmstädter Akademie gefragt und mir immer wieder sagen müssen, daß ein solcher Sinn doch nicht darin bestehen kann, daß eine Vereinigung, die letzten Endes doch nur aus dem kühlen Grunde der Selbstbespiegelung ihrer eitlen Mitglieder gegründet worden ist, jährlich zweimal zur Eigenbeweihräucherung zusammenkommt und da, nach vom Staat bezahlter teurer, weil Luxusanreise in guten Darmstädter Hotels großbürgerlich aufgetragene Speisen ißt und Getränke trinkt, um eine knappe Woche lang um ihren abgestandenen faden Literaturbrei herumzureden. [...] Dichter und Schriftsteller gehören nicht subventioniert und schon gar nicht von einer subventionierten Akademie, sondern sich selbst überlassen.
Thomas Bernhard, 1979

Andererseits bin ich natürlich kein heiterer Autor, kein Geschichtenerzähler, Geschichten hasse ich im Grund. Ich bin ein Geschichtenzerstörer, ich bin der typische Geschichtenzerstörer.
Thomas Bernhard, 1972

Oben links Thomas Bernhard hält seine Büchner-Preis-Rede in Darmstadt, 1970. Ihre Entscheidung hatte die Deutsche Akademie für Sprache und Dichtung begründet: »Den unablässigen Vorgang der Zerstörung individuellen Lebens hat er in einer anscheinend beruhigten Prosa aufgespürt und als Roman und Erzählung in den Zusammenhang der latenten Krankheiten unserer Zeit gebracht.«

Links *Wespennest*-Lesung in den siebziger Jahren: Heidi Pataki (l.), Gustav Ernst (r.), Redakteur ab Heft 3 (1970) und bis 1997 Mitherausgeber des *Wespennests*

Mitte Wespennest-»Voom Voom«-Lesung. V. l. n. r.: E. A. Richter, Helmut Zenker, Gerhard Hanak, Gustav Ernst, Peter Henisch

Unten Hannes Schneider, *Wespennest*-Autor, hier bei einer Lesung in den siebziger Jahren – für oder gegen eine Parole wie »Staatsmann sozial und objektiv«?

›Brauchbare Texte‹: *Wespennest*, Heft 1 (1969)

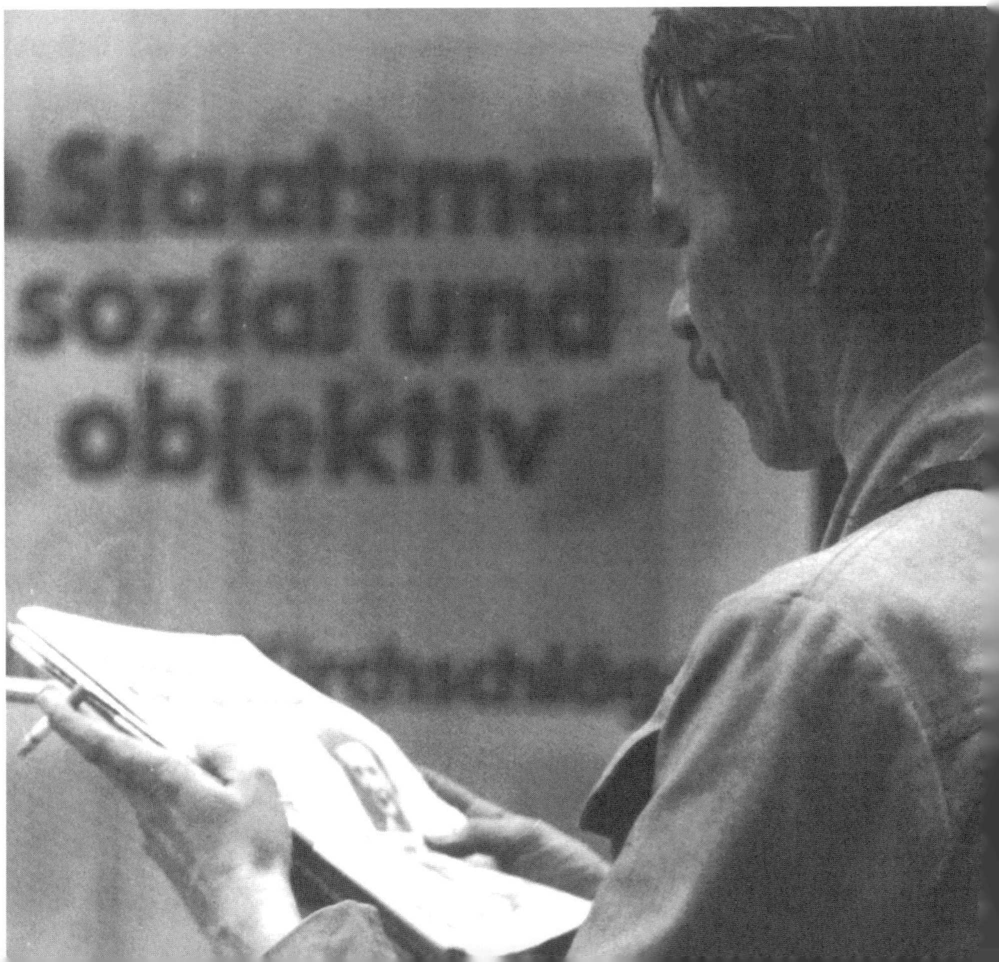

Anläßlich des 20jährigen Bestehens der Zeitschrift *Wespennest* skizzierten 1989 die Herausgeber Gustav Ernst und Walter Famler deren Start so: »Die österreichische Literaturzeitschrift WESPENNEST entstand 1969 aus der Unzufriedenheit mit der damals vorherrschenden Literatur und dem Literaturbetrieb. Für die realistische, gesellschaftskritische – ›brauchbare‹ – Literatur, die junge Autoren, eng verbunden mit den kulturrevolutionären Ideen und Ansprüchen der Studentenbewegung von 1968, zu schreiben begannen, gab es kaum Publikations- und Verbreitungsmöglichkeiten. Entsprechend der Forderung nach Selbstverwaltung und Selbstorganisation der Produzenten nahmen einige der Autoren die Verbreitung ihrer Texte selber in die Hand: Sie waren Redakteure der Zeitschrift und zugleich Setzer, Buchbinder, Versand- und Vertriebspersonal. Sie repräsentierten, gemeinsam mit den anderen Autoren der Zeitschrift, eine neue Autorengeneration, ein neues politisches, emanzipatorisches Autorenselbstverständnis, eine Literaturproduktion, die die Einheit von Literatur, Leben und Politik postulierte«.

So wurde auch eine eigene Reihe, die »Edition Literaturproduzenten«, ins Leben gerufen, in der u.a. Texte von Friedemann Bayer, Gustav Ernst, Peter Henisch, Heinz Knienieder, Erich A. Richter, Christian Wallner und Helmut Zenker veröffentlicht wurden. Henisch, zusammen mit Zenker ›Urvater‹ des *Wespennests*, publizierte zu dieser Zeit ebenfalls bei den ›Parallel-Revoluzzern‹ der Gruppe »Hundsblume«, so wie einer deren Exponenten, Robert Schindel, sich mit Gedichten im *Wespennest* einfand. In den ersten zwanzig Jahren kamen im *Wespennest* des weiteren zu Wort (Auswahl): Joe Berger, Manfred Chobot, Antonio Fian, Erich Fried, Josef Haslinger (Redakteur ab Heft 26, 1977), Werner Herbst, Ernst Jandl, Elfriede Jelinek, Norbert C. Kaser, Werner Kofler, Manfred Maurer, Michael Scharang, Franz Schuh (Redakteur ab Heft 14, 1974), Hermann Schürrer, Jutta Schutting, Rolf Schwendter, Franz Tumler, Peter Turrini, Karl Wiesinger, Gernot Wolfgruber sowie aus den deutschsprachigen Nachbarländern: Peter Bichsel, Peter O. Chotjewitz, F. C. Delius, Hans Magnus Enzensberger, Max von der Grün, Heinar Kipphardt, Franz Xaver Kroetz, Reinhard Lettau, Christoph Meckel, Heiner Müller, Martin Walser, Gabriele Wohmann und Peter Paul Zahl. – Die Zeitschrift existiert – in attraktiv neuem Gewand – bis heute.

Oben Wespennest-»Voom Voom«-Lesung: Peter Henisch

Peter Henischs ›doppelköpfiger Sprung‹ nach Frankfurt am Main. Im S. Fischer Verlag erscheint 1971 *Hamlet bleibt.*

»Edition Literaturproduzenten« 1973

Plakat zur Ausstellung »Podium. Literatur optisch« in Wien, 1973. An der über die Grenzen Niederösterreichs hinaus bedeutenden Literaturzeitschrift *Podium* und dem dazugehörigen Literaturkreis beteiligten sich unter anderem die oben abgebildeten Autoren.

Literaturlandschaft Niederösterreich

Gerhard Winkler

Insgesamt stellt sich die niederösterreichische Literaturszene nach 1945 als heterogen, aber aktiv dar – wie es am Beispiel von einigen Autoren aus dieser Region deutlich wird: Da ist Theodor Kramer, jüdischer Arztsohn aus Niederhollerbrunn, der 1939 ins englische Exil geflohen war, wo er von 1943 bis zu seiner Rückkehr nach Österreich 1957 vier Bücher herausbrachte. Als weiterer bedeutender niederösterreichischer Emigrant neben Kramer sei Albert Drach genannt, der 1938 *Das große Protokoll gegen Zwetschkenbaum* verfaßte, das erst 1964 veröffentlicht wurde.

Hans Weigel, der seine letzten Lebensjahre im niederösterreichischen Bamhartsthal verbrachte und der, nach 1945 aus dem Schweizer Exil zurückgekehrt, aus dem Wiener »Cafe Raimund« eine Stätte kultureller Begegnung machte, förderte junge Talente, unter ihnen auch Jeannie Ebner, Ver-

treterin des magischen Realismus, der er Gelegenheit bot, in der Kleinbuchreihe »Junge Österreichische Autoren« zu publizieren. Auch der in Oberndorf bei Herzogenburg 1923 geborene Hans Heinz Hahnl erhielt hier Gelegenheit zur Veröffentlichung. Hans Lebert, der seit 1965 bis zu seinem Tod in Baden zurückgezogen lebte, thematisierte in seinen Romanen *Die Wolfshaut* (1960), *Der Feuerkreis* (1971) und in der Erzählung *Das Schiff im Gebirge* (1993) die Mitschuld seiner Landsleute an den Verbrechen der Nationalsozialisten. Der in Neulengbach geborene Kriegsheimkehrer Fritz Habeck beschrieb in seinem Roman *Das Boot kommt nach Mitternacht* (1951) den Konflikt zwischen soldatischer Pflichterfüllung und menschlicher Ethik seines Helden, die zur Desertation führt. Gilt Habeck als Vertreter des traditionellen Realismus des kontinuierlichen Erzählens, so steht Peter Marginter mit seinem 1966 erschienenen ersten Roman *Der Baron und die Fische* inhaltlich in der kaka-

Oben Manfred Chobot, Mitglied des Literaturkreises »Podium«

Unten *Podium*-Mitarbeiterin Herta Staub, 1982

nischen und formal in der manieristischen Tradition. Imma von Bodmershof ist eine bedeutende niederösterreichische Vertreterin eines vergeistigten Realismus und gab in einer Zeit, die sich vom gesetzmäßigen Versbau des Gedichtes abwandte, 1962 einen Band *Haiku* heraus. Alois Vogel, seit 1976 in Pulkau ansässig, griff in seinem 1977 erschienenen Roman *Schlagschatten* auf die österreichische Geschichte vor 1938 zurück. Julian Schutting, geboren in Amstetten, entwickelt in Lyrik und Prosa mit eigenwilligen grammatikalischen Variationen sprachliche Radikalität. Während sich Ilse Tielsch mit der Problematik der Vergangenheitsbewältigung einer Heimatvertriebenen in ihrer Romantrilogie *Die Ahnenpyramide* (1980), *Heimatsuchen* (1982) und *Die Früchte der Tränen* (1988) auseinandersetzt, hinterfragt Gernot Wolfgruber mit seinen desillusionierenden Romanen *Auf freiem Fuß* (1975), *Herrenjahre* (1976), *Niemandsland* (1978) den brüchig gewordenen Heimatbegriff. Josef Haslinger, in Zwettl geboren, wählt die Dorfwelt zum Schauplatz seiner gesellschaftskritischen Auseinandersetzungen: *Der Tod des Kleinhäuslers Ignaz Hajek* (1985). Die Titelfigur »Franz« in Norbert Silberbauers gleichnamigem Roman (1994) kommt aus ähnlichen Verhältnissen und macht auf ihrem Weg Bekanntschaft mit Korruption und anderen Mißständen der Gesellschaft. Der 1945 in Petzelsdorf geborene »Augenmensch« Hans Raimund setzt sich in seiner genau beobachtenden Lyrik skeptisch mit menschlichen und gesellschaftlichen Problemen auseinander, wobei er oft den formalen Kunstgriff einsetzt, durch Verfremdung einem Wort eine neue überraschende Bedeutung zu geben. Die in Waidhofen an der Ybbs geborene Evelyn Schlag schließlich geht vorzugsweise der Frage nach, wie sehr Krankheit oder besondere Konstellationen einen Menschen zu formen imstande sind.

Neben dem von Wilhelm Szabo 1970 gegründeten Literaturkreis »podium«, an dem sich unter anderem die hier abgebildeten Autoren Manfred Chobot, Hermann Gail und Herta Staub beteiligten, gibt der niederösterreichische P.E.N. durch eine Reihe von Veranstaltungen (unter denen die seinerzeit von Albert Drach in der Perchtoldsdorfer »Galerie Romanum« eingeleiteten vielbesuchten Lesungen in bester Erinnerung sind) regelmäßige Lebenszeichen von sich. Seit 1999 ist Wiener Neustadt Sitz des von Heinrich Eggerth geleiteten Vereines. Die niederösterreichische Vertretung der Grazer Autorenversammlung wird von Margit Hahn in Klosterneuburg betreut. Seit 1999 führt die Kremser Autorin Brigitte Wiedl die Geschäfte der Arbeitsgemeinschaft Literatur des Bildungs- und Heimatwerkes. Ebenfalls in diesem Jahr konstituierte sich die »Literarische Gesellschaft St. Pölten« neu.

Von den vielen, oft kurzlebigen Literaturzeitschriften des Landes seien nur einige angeführt. Wichtig ist die 1971 von Wilhelm Szabo gegründete, noch heute existierende Zeitschrift *Podium* des gleichnamigen, bereits er-

Klaus Sandler, *pult*-Herausgeber

wähnten Literaturkreises. 1977 startete die Kulturzeitschrift *morgen* unter dem Chefredakteur György Sebestyén. Und 1999 erschien in der Nachfolge der von Klaus Sandler herausgegebenen Zeitschrift *das pult* (1968–85) und der ebenfalls in St. Pölten erschienenen Zeitschrift *limes* (1986–96) die großformatige St. Pöltner Kulturzeitschrift *cetera*.

1989 wurde die »Dokumentationsstelle für Literatur in Niederösterreich« gegründet. Die Sammlungsschwerpunkte umfassen eine Bibliothek mit über 3500 Titeln Primärliteratur (sowie den umfangreichen Bestand einer Handbibliothek), ein großes Bildarchiv und audiovisuelle Dokumente sowie eine Personen- und Schaffensdokumentation in Form von Biographien, Rezensionen usw. zu etwa 2000 niederösterreichischen Autoren. 1991 wurde die »Literaturedition Niederösterreich« ins Leben gerufen, die Medium sowohl für arrivierte als auch junge niederösterreichische Autoren sein soll. Eine Besonderheit dieser Edition ist die Verbindung qualitätvoller Literatur mit zeitgenössischer bildender Kunst.

Die Kulturpreise des Landes Niederösterreich gibt es seit 1960. Weiters wurde im Rahmen der Literaturförderung des Landes seit 1991/92 das Hans-Weigel-Literaturstipendium eingeführt und 1999 das Projekt »Namen und Gesichter« zur Förderung junger niederösterreichischer Autoren (Höchstalter 35) gestartet. Angestrebt ist die Schaffung eines »Niederösterreichischen Literaturhauses«.

Oben **György Sebestyén, *morgen*-Chefredakteur**

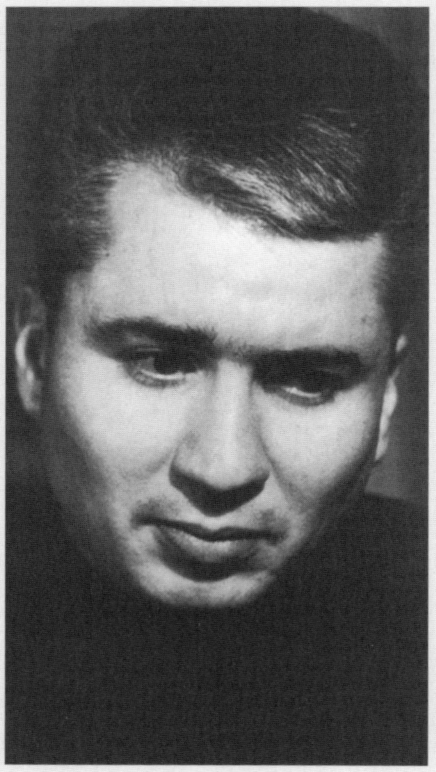

Hermann Gail, Mitglied des Literaturkreises »Podium«

Kollegen-Begrüßung: Michael Scharang und Jeannie Ebner (r.) auf einer gemeinsamen Veranstaltung in den siebziger Jahren. Die Schriftstellerin Jeannie Ebner war von 1968 bis 1979 Redakteurin der Zeitschrift *Literatur und Kritik*; Michael Scharang, der 1973 Mitglied der KPÖ wurde, veröffentlicht im gleichen Jahr mit *Charly Traktor* seinen Romanerstling. Die sich in dieser Phase vollziehende »Entwicklung von Scharang, der, einst von Handke gar nicht so weit entfernt, mit ›Schluß mit dem Erzählen und andere Erzählungen‹ (1970) den interessanten Versuch unternahm, Techniken der Konkreten Poesie mit politischer Analyse zu verbinden«, schätzte Thomas Rothschild 1992 so ein: »Unzufrieden mit einer Literatur, die jene Schichten nicht erreichte, von denen sich Scharang die Veränderung der Gesellschaft erhofft, bemühte er sich mit dem Roman ›Charly Traktor‹ um eine moderne österreichische Variante des sozialistischen Realismus.«

Jeannie Ebner (r.) und »Podium«-Mitglied Doris Mühringer in den siebziger Jahren

Oben Elias Canetti in der Grazer Wohnung von Franz Nabl zu Beginn der siebziger Jahre. Der nicht ganz unbelastete Franz Nabl (u.a. Beiträger von *Die Ostmark erzählt*) erfuhr die Wertschätzung von einer Reihe ›Grazer Kollegen‹, von Gerhard Roth bis Peter Handke, der meinte: »Daß so jemand fast vergessen ist! Mein Gott, da kann man schon Angst kriegen.«

Unten Hilde Spiel (2.v.l.) heiratete 1971 den Schicksalsgenossen und Englandemigranten Hans Flesch(-Brunningen), hier auf einer Aufnahme von 1970, zusammen mit Ernst und Louise Fischer (r.).

Oben Elias Canetti (r.) mit Wolfgang G. Fischer (l.) und dem Künstler Alfred Hrdlicka in London, 1971

Links Oskar Kokoschka. Der bedeutende Maler (von 1938 bis zu Beginn der fünfziger Jahre im Londoner Exil) veröffentlicht 1971 ein Buch mit dem selbstredenden Titel *Mein Leben*.

Rechts Der spätere Präsident des österreichischen P.E.N.-Clubs (ab 1998) Wolfgang G. Fischer, Kunsthistoriker, Galerist (in London) und Schriftsteller, mit seinem Debütroman *Wohnungen* (1969), dem 1972 *Möblierte Zimmer* folgte

Oben Vergnüglicher Ausgleichssport während der Rauriser Literaturtage 1972 – in Aktion: Alois Brandstetter. Am Eisstockschießen beteiligen sich unter anderem auch: Günter Eich (l.), Ilse Aichinger (2. v. l.), Hilde Spiel (vorne neben A. Brandstetter) und Wolfgang A. Teuschl (r. hinter A. Brandstetter).

Links Hans Lebert, dessen zweiter Roman *Feuerkreis* 1971 erschien, auf einer Lesung in Rauris in den siebziger Jahren

Rechte Seite oben Scheinbar heile Welt: Doppelgeburtstagsfeier am 19. Oktober 1972 für Alexander Lernet-Holenia und Hilde Spiel im P.E.N.-Club. Am Abend wird der Rücktritt des P.E.N.-Präsidenten in Reaktion auf die Verleihung des Literaturnobelpreises an »den besonders unappetitlichen Bolschewiken [Heinrich] Böll« (Lernet-Holenia) bekannt. Als seine Nachfolgerin wird er, obwohl von deren (literatur-)politischer Linie nicht überzeugt, die amtierende, ›links-liberale‹ Vize-Präsidentin Hilde Spiel vorschlagen.

Rechte Seite unten Tagung des Österreichischen P.E.N. 1972 mit Milo Dor (2. v. l.), Günther Nenning (2. v. r.) und Hilde Spiel, die im Dezember 1972 für das Präsidentschaftsamt kandidiert. Milo Dor steht nicht auf der Seite der Kandidatin, mit der er immerhin die Gründung der »Interessengemeinschaft österreichischer Autoren« (1971) initiiert hatte. Eigentlicher Motor der vorangegangenen und letztlich erfolgreichen Anti-Spiel-Kampagne aber ist Friedrich Torberg.

PRESSECLUB
CONCORDIA
PEN CLUB

Oben links Ernst Schönwiese, von 1972 bis 1978 Präsident des Österreichischen P.E.N.

Oben rechts Insgeheim zufrieden mit der Wahl seines P.E.N.-Nachfolgers: Alexander Lernet-Holenia

Mitte links Friedrich und Marietta Torberg im Gespräch mit dem ständigen Delegierten Österreichs beim internationalen P.E.N., Peter von Tramin (r.). Friedrich Torberg hatte sich zu dieser Zeit massiv gegen die mit ihm befreundete Kollegin Hilde Spiel als P.E.N.-Präsidentschaftskandidatin verschworen.

Rechts 1972: Friedrich Torberg sorgt mit der Herausgabe des Auswahlbandes *Der Mond schlug grad halb acht* für die Wiederentdeckung des von den Nationalsozialisten verschleppten, 1942 verstorbenen Wiener Kabarettisten und Groteskyrikers Peter Hammerschlag.

Oben Ernst Schönwiese (l.), Jeannie Ebner und Peter Henisch auf einer Tagung der niederösterreichischen Zeitschrift *Podium*, Juni 1972. Ebner und Henisch setzen sich im selben Jahr (zusammen mit Carry Hauser, Friedrich Heer, Peter Turrini und Dorothea Zeemann) für Hilde Spiel als P.E.N.-Präsidentin ein. Für den erfolgreichen Gegenkandidaten Ernst Schönwiese votierten unter anderem Herbert Eisenreich, Reinhard Federmann, György Sebestyén und Peter von Tramin.

Unten Elias Canetti, 1972, bei der Darmstädter Verleihung des Georg-Büchner-Preises (neben ihm, v.l.: Erik Wolf und Horst Krüger; 2.v.l. in der 2. Reihe: Hilde Spiel). – »Die Deutsche Akademie für Sprache und Dichtung verleiht den Georg-Büchner-Preis 1972 Elias Canetti für ein Werk, das den Spannungen zwischen Macht und Intellekt, Masse und Verführung, Moralität und Widerstand gilt: von dem Roman ›Die Blendung‹ bis zu den exemplarischen Aufzeichnungen, die in der Weise des Essays und des Aphorismus die Zeit und die uns umwuchernden Ideologien kritisch untersuchen.« (Begründung der Jury)

Oben Früher Anlauf zu einer literarischen und publizistischen Karriere: Robert Menasse, Mit-Initiator einer *Literarischen Wandzeitung*, um 1972. Zu den Debütstücken des Erzählers gehört der Text *Nägelbeißen* über die Lebensnervosität eines jungen Mannes in den *Neuen Wegen* (1973).

Unten Die »First Vienna Working Group: Motion« bei der Arbeit (v.l.n.r.): Joe Berger, Gunter Falk, Reinhard Priessnitz, Otto Kobalek

»*Sauschlachten* ist eine Parabel. Es erzählt die Geschichte eines Außenseiters bis zu seiner konsequenten Vernichtung« (Peter Turrini, 1972). – Der Bauernsohn Valentin weigert sich zu sprechen und gibt nur noch Grunzlaute von sich. Zuerst verhöhnt und gequält, wird er schließlich von der Familie im Beisein der Dorfhonoratioren gemeinschaftlich als Sau geschlachtet. Bei der Uraufführung an den Münchner Kammerspielen am 15. Januar 1972 kommt es zu einem Skandal, das Publikum hatte versucht, das Stück mit Buh-Rufen, Türenschlagen und Pfiffen zu unterbrechen. »Ein unappetitliches, simples Gemenge«, urteilt die *Frankfurter Allgemeine Zeitung*.

Die Sprache dieses Stückes ist österreichisch, mit Anklängen ans Kärntnerische. Die Geschehnisse dieses Stückes sind eine Abfolge physischer und geistiger Brutalitäten. Natürlich haben wir Österreicher die Gewalt nicht erfunden, wir führen sie nur etwas unterhaltender aus. Mit Recht nennt man uns daher ein urgemütliches Völkchen.

Peter Turrini, Vorwort zu *sauschlachten. ein volksstück*

Hier haben Sie so ein Stück Bauerntheater, eine feiste Wurscht, nichts für die gebildeten Schichten. Das Volk braucht sein Volkstheater, und ich brauche die kleine Freude, es am geliebten Fraß ersticken zu lassen.

Peter Turrini, Nachwort zu *sauschlachten*

Volksstück, das: Theaterstück für die Volksbühne; im Unterschied zur Dorfkomödie des Land-Volkes für das Stadt-Volk bestimmte, und seinen Stoff aus dessen Lebensumkreis schöpfende Volkskomödie, meist mit Musik und Tanzeinlagen, schlicht, gefühlvoll volkstümlich und oft eher anspruchslos« (Otto F. Best, *Handbuch literarischer Fachbegriffe*). – »Es stört mich nicht, wenn man meine Stücke als Volksstücke bezeichnet, aber ich führe keine Auseinandersetzung mit diesem Begriff. Es geht mir auch nicht um eine Neubewertung des Volksstücks. Was mich viel mehr beschäftigt, als die Kategorie des Volksstücks: inwieweit kann Literatur helfen, inwieweit kann Literatur stören und diesen unmenschlichen Prozeß der Ausgrenzung von Menschen nicht nur kommentieren, sondern beeinflussen?« (Peter Turrini in einer Diskussion über das Volksstück, 1977)

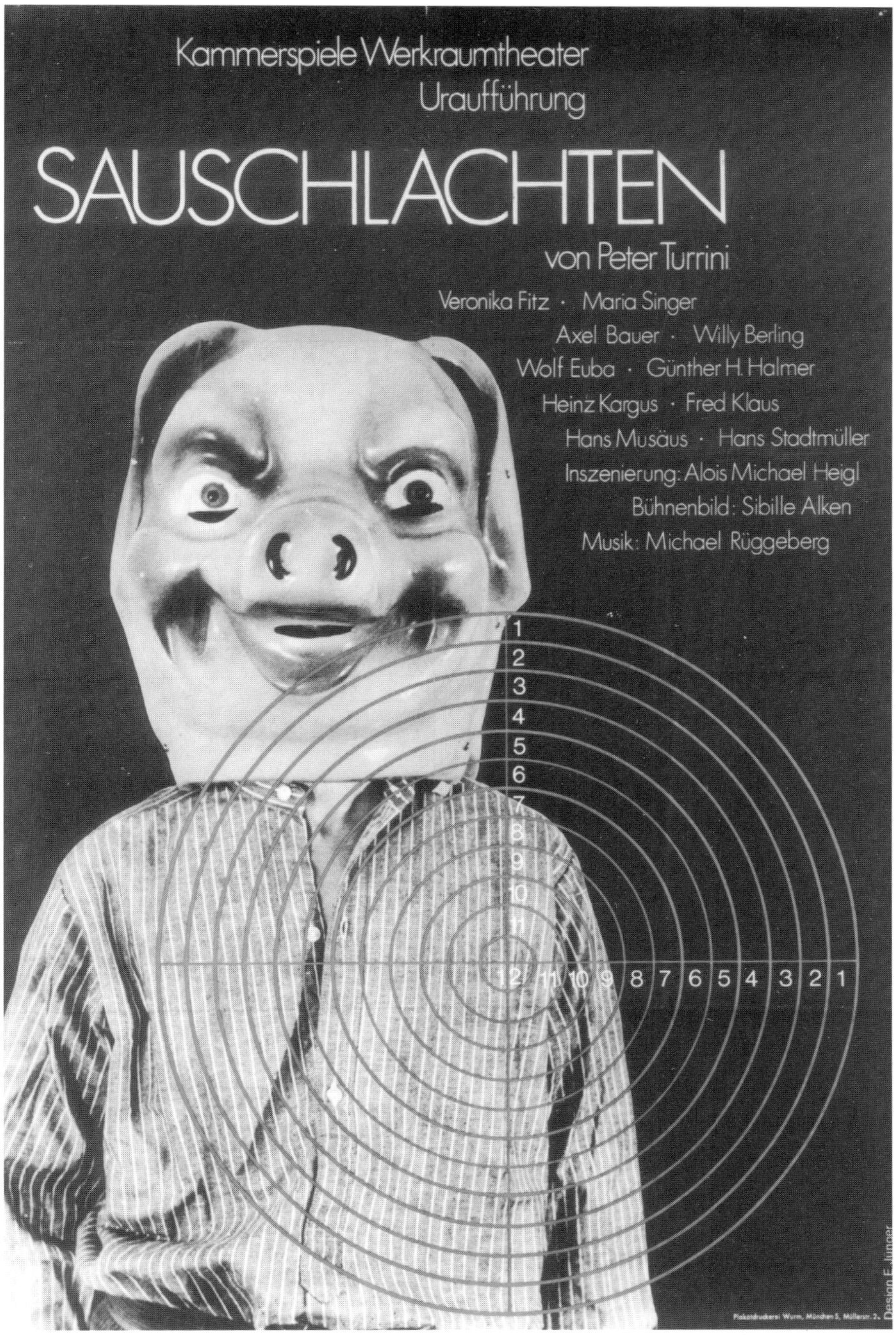

Peter Turrini (l.) in Zwiesprache mit Ferdinand Raimund

Oben links Helmut Eisendle, der bereits einiges (wie das Lexikon aufzählt: Telefonmechanikerlehre, Entstörer, Revisor, Bundesrealgymnasium für Berufstätige, Philosophie-, Psychologie- und Biologiestudium, freier Psychologe und Pharma-Sales-Promotor) hinter sich hat, lebt ab 1972/73 als freier Schriftsteller. In dieser Zeit kommt auch sein erster Roman heraus: *Walder oder Die stilisierte Entwicklung der Neurose. Ein programmiertes Lehrbuch des Josef W.* (1972).

Oben rechts Peter Rosei liest aus seinen Debüterzählungen *Landstriche* (1972): »Vom Schilf stieg schon der Nebel auf, er mußte noch weiter, er hoffte auf die verlassenen Arbeitshütten der Schilfleute zu treffen. Dort gab es manchmal größere Vorräte. [...] Vorn auf einem langen Hügelrücken standen die Hütten. Es waren zwei, es würde sich etwas finden. – ›Soll ich sie nachher anzünden‹, dachte er. ›Ja und nein‹, dachte er.«

Rechts Im Vorfeld der Uraufführung von Peter Handkes Stück *Der Ritt über den Bodensee* an der Berliner Schaubühne am Halleschen Ufer, Januar 1971: Der Autor (l.) und der Regisseur Claus Peymann

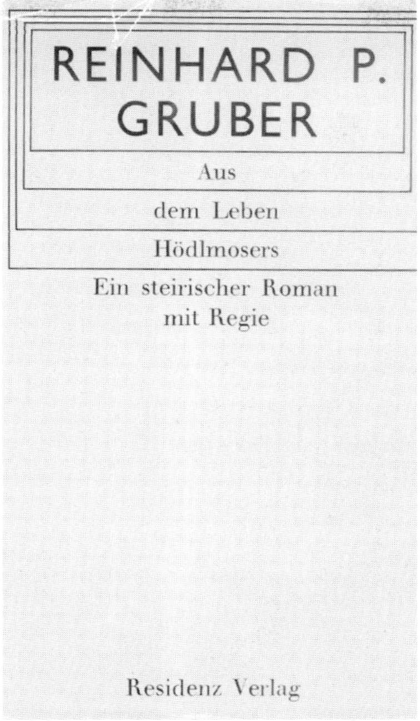

Links Reinhard P. Gruber verschafft 1973 mit dem ›Heimatroman‹ *Aus dem Leben Hödlmosers* tiefe Einblicke in die Mentalität der Steirer.

Kürzestkapitel (»Die steirische Aggressionsgeschichte«): »›was hast denn vater?‹ sagt schurl zu hödlmoser. ohne zögern gibt hödlmoser schurl eine ohrfeige.«

Unten Peter Handke (r.) nimmt in Darmstadt die Gratulation des Schriftstellers und Präsidenten der Deutschen Akademie für Sprache und Dichtung, Karl Krolow, zum Georg-Büchner-Preis 1973 entgegen.

PRESSEKOMMUNIQUE
zur Sitzung vom 24., 25. 3. 1973

Die Grazer Autorenversammlung tagte am 24./25. März in Graz. Sie konstituierte sich als Verein. Ihr gehören 58 Autoren an. Präsident ist H.C. Artmann, Vicepräsidenten sind Gerhard Rühm und Alfred Kolleritsch, dem Vorstand gehören weiters an: Heimrad Bäcker, Gerald Bisinger, Otto Breicha, Ernst Jandl, G.F. Jonke, [~~Otto Mühl~~]x, Hermann Nitsch, Heidi Pataki, Reinhard Frießnitz, Peter Weibel, Peter Weiermair.

Es wurden folgende Beschlüsse gefaßt:

1) Durchführung einer Klausurtagung vom 6. - 1o. September im Bildungshaus Retzhof/Leibnitz. Ihre Themen sind:
   a) Die Situation der österreichischen Schriftsteller
   b) Analyse der österreichischen Kulturpolitik und Vorschläge zu ihrer Veränderung.

2) Durchführung eines öffentlichen Symposions mit den gleichen Themen zur Zeit des "steirischen herbstes" im Oktober 1973 im "Forum Stadtpark" Graz.

3) Untersuchung der Berichterstattung über österreichische Kultur in der ausländischen Presse.

4) Untersuchung der Zusammensetzung und der Wirkungsweise österreichischer Juries bei der Vergabe öffentlicher Gelder an Autoren.

5) Vorbereitung einer repräsentativen Ausstellung "Moderne österreichische Literatur".

6) Förderung kritischer Studien über österreichische Gegenwartsliteratur zur Korrektur der in Österreich herrschenden Fehleinschätzungen.

7) Prinzipielles Eintreten für gewerkschaftliche Organisation der Autoren und Einrichtung einer vorbereitenden Kommission zur Prüfung dieser Frage.

x ist inzwischen ausgeschieden

Presseaussendung der »Grazer Autorenversammlung« (GAV) vom 24./25. März 1973, die u.a. das frühe Ausscheiden Otto Mühls aus dem GAV-Vorstand dokumentiert. Der zündende Funke für die Gründung der gegen die offizielle (ästhetische wie politische) Konservativität des österreichischen P.E.N.-Clubs opponierenden Autorenorganisation war 1972 im Grazer »Forum Stadtpark« von Ernst Jandl ausgegangen. Den stetigen Mitgliederzulauf der GAV über die angedeuteten »58 Autoren« hinaus belegt eine undatierte, wahrscheinlich Ende 1973 oder Anfang 1974 zusammengestellte »Complete list of the members of the ›Graz Convention of Authors‹«. Sie verzeichnet: Friedrich Achleitner, Marc Adrian, René Altmann, Hans Carl Artmann, Christian Ludwig Attersee, Heimrad Bäcker, Josef Bauer, Wolfgang Bauer, Gottfried Bechthold, Joe Berger, Gerald Bisinger, Otto Breicha, Günter Brus, Franz Buchrieser, Helmut Eisendle, Gustav Ernst, Valie Export, Gunter Falk, Barbara Frischmuth, Elfriede Gerstl, Friedrich Geyrhofer, Reinhard P. Gruber, Franz Haderer, Peter Handke, Wilhelm Hengstler, Friedrich Herrmann, Klaus Hoffer, Ernst Jandl, Elfriede Jelinek, Gert F. Jonke, Kurt Kalb, Franz Kaltenbäck, Otto Kobalek, Werner Kofler, Alfred Kolleritsch, Peter Kraml, Wolfgang Kudrnofsky, Hubert Fabian Kulterer, Fritz Lichtenauer, Anestis Logothetis, Peter Matejka, Friederike Mayröcker, Günther Nenning, Hermann Nitsch, Andreas Okopenko, Heidi Pataki, Cora Pongracz, Reinhard Priessnitz, Hans Pusch, Arnulf Rainer, Peter Rosei, Gerhard Roth, Gerhard Rühm, Michael Scharang, Hans Scheugl, Alfred Schmeller, Hermann Schürrer, Waltraud Seidlhofer, Harald Sommer, Michael Springer, Dominik Steiger, Hans Trummer, Peter Turrini, Peter Vujica, Christian Wallner, Peter Weibel, Peter Weiermair, Oswald Wiener, Helmut Zenker.
Die GAV bleibt (mit ihrem von Graz bald nach Wien übersiedelten Generalsekretariat) in den folgenden Jahrzehnten die führende und wegweisende Schriftstellervereinigung in Österreich.

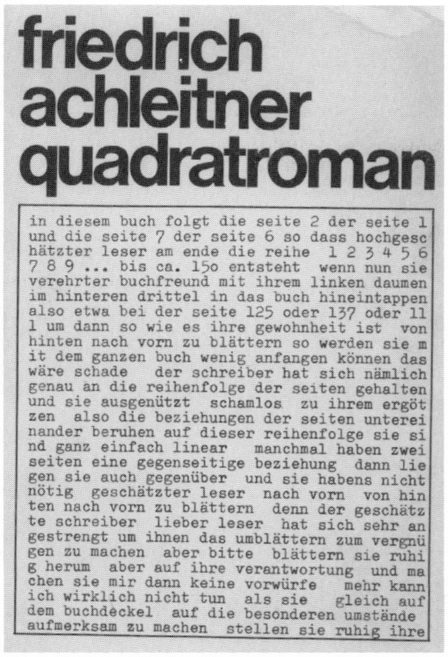

friedrich
achleitner
quadratroman

in diesem buch folgt die seite 2 der seite 1
und die seite 7 der seite 6 so dass hochgesc
hätzter leser am ende die reihe 1 2 3 4 5 6
7 8 9 ... bis ca. 15o entsteht wenn nun sie
verehrter buchfreund mit ihrem linken daumen
im hinteren drittel in das buch hineintappen
also etwa bei der seite 125 oder 137 oder 11
1 um dann so wie es ihre gewohnheit ist von
hinten nach vorn zu blättern so werden sie m
it dem ganzen buch wenig anfangen können das
wäre schade der schreiber hat sich nämlich
genau an die reihenfolge der seiten gehalten
und sie ausgenützt schamlos zu ihrem ergöt
zen also die beziehungen der seiten unterei
nander beruhen auf dieser reihenfolge sie si
nd ganz einfach linear manchmal haben zwei
seiten eine gegenseitige beziehung dann lie
gen sie auch gegenüber und sie habens nicht
nötig geschätzter leser nach vorn von hin
ten nach vorn zu blättern denn der geschätz
te schreiber lieber leser hat sich sehr an
gestrengt um ihnen das umblättern zum vergnü
gen zu machen aber bitte blättern sie ruhi
g herum aber auf ihre verantwortung und ma
chen sie mir dann keine vorwürfe mehr kann
ich wirklich nicht tun als sie gleich auf
dem buchdeckel auf die besonderen umstände
aufmerksam zu machen stellen sie ruhig ihre

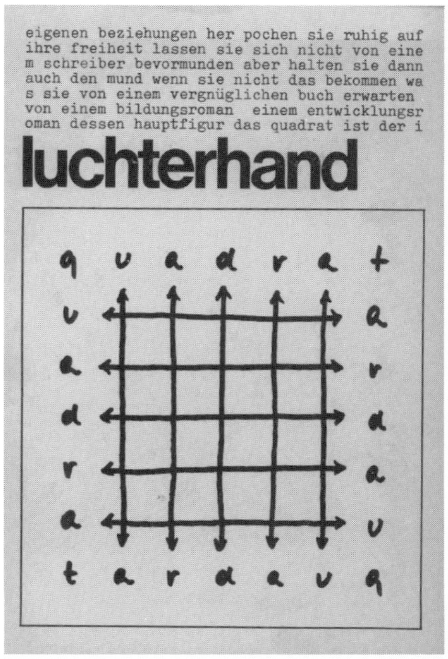

eigenen beziehungen her pochen sie ruhig auf
ihre freiheit lassen sie sich nicht von eine
m schreiber bevormunden aber halten sie dann
auch den mund wenn sie nicht das bekommen wa
s sie von einem vergnüglichen buch erwarten
von einem bildungsroman einem entwicklungsr
oman dessen hauptfigur das quadrat ist der i

luchterhand

Friedrich Achleitner: *quadratroman*, 1973 – »meiner genauigkeit ist aber nicht entgangen dass die hier verwendeten quadrate gar keine quadrate sind [...] womit dem ganzen roman titel und basis entzogen sind das ganze müsste wie sie schon richtig bemerkt haben rechteckroman heissen blöder titel und die ganze philosophie ums quadrat herum [...] muss ich zurücknehmen«. (Friedrich Achleitner)

Ich sage Dichterin, ganz ausdrücklich, und nicht Schriftstellerin oder gar abscheulich zeitgemäss Literaturproduzentin. Sie hatte es nicht nötig, irgendwas zu erklügeln, sich Theorien abzuquälen, Trends zu wittern.

Jean Améry, »Am Grabe einer ungekannten Freundin«, in: *Die Weltwoche*, Zürich

Ich denke mit Schmerz an sie, mit Zärtlichkeit und in Freundschaft [...] und ich wehre mich gegen etwas, das leicht gesagt ist: der Tod habe sie erlöst. Nein, diese Art von Erlösung suchte sie nicht; ich würde sie gern selber fragen, ob ich mich täusche.

Heinrich Böll, »Ich denke an sie wie an ein Mädchen«, in: *Der Spiegel*, Hamburg

Wo sie ihre Fragen stellte und was sie in Frage stellte, wußte sie ziemlich genau, und sie wußte auch, mit welchen Antworten sie sich nicht abspeisen ließ.

Erich Fried, »Mit scharfem Gehör für den Fall«, in: *Die Zeit*, Hamburg

Ingeborg Bachmann, wenige Monate vor ihrem Tod, auf Einladung des Österreichischen Kulturinstituts in Warschau. Sie stirbt am 17. Oktober 1973 an den Folgen schwerer Verbrennungen in Rom.

Oben Hans Krendlesberger, Dramatiker, Hörspiel- und Fernsehspielautor, inszeniert die legendäre Radioaufnahme von Karl Kraus' *Die letzten Tage der Menschheit.* Links: Fritz Habeck als Produktionsleiter, die Cutterin Helga Stehr; rechts: Tonmeister Ernst Köhler

Unten links Alfred Kolleritsch präsentiert 1974 mit *Die grüne Seite* einen der zeittypischen ›Vater-Romane‹.

Unten rechts Jutta Schutting, deren literarische Karriere in den frühen siebziger Jahren begann, wird 1974 mit *Tauchübungen* (Prosa) »Residenz«-Autorin.

Tropfen auf den heißen Stein: Der ›arme Poet‹ H. C. Artmann erhält 1974 den »Großen Österreichischen Staatspreis für Literatur«.

1973 bei den Rauriser Literaturtagen ›entdeckt‹ und als ›literarische Sensation‹ gefeiert: Franz Innerhofer mit seinem – autobiographisch geprägten – Text *Schöne Tage*, einem Roman über eine »Unheimat«, wo den Dienstboten und Knechten, die »ein Leben lang im Bauern-KZ« schuften, »außer Arbeiten alles verboten ist«; wo alle »Leibeigenen«, auch die Kinder, »jahraus, jahrein um die Kost über die grelle Landschaft gehetzt wurden, wo sie sich tagein, tagaus bis zum Grabrand vorarbeiteten, aufschrien und hineinpurzelten.«

Links H. G. Adler in seiner Bibliothek in London: »Bestimmt gehöre ich heute zu London, das habe ich wohl genügend erklärt, doch gehört auch London zu mir? Da bin ich mir nicht so sicher, aber zumindest glaube ich es.« (Aus einem 1981 erschienenen Aufsatz mit dem Titel »Zu Hause im Exil«)

Links Poesie und Schnulze, Verbalkunst und Mainstream beim Small Talk: André Heller *(sie nennen mich den messerwerfer. lieder – worte – bilder*, 1974) trifft Peter Alexander.

Oben Johannes Mario Simmel mit einem seiner ›Publikumsrenner‹, der 1973 erscheint

Unten Der israelische Erfolgsschriftsteller Ephraim Kishon (l.) und sein Übersetzer Friedrich Torberg. – Über Torberg schrieb Herbert Eisenreich: »Literaturkritische Fehlangriffe oder Irrtümer, wie die Befehdung Brechts einerseits und die Überschätzung Kishons andererseits, gehörten zum Berufsrisiko dieses streitbaren Konservativen.«

Oben links Auf einer P. E. N.-Veranstaltung Mitte der siebziger Jahre: Präsident Ernst Schönwiese (l.), mit dabei Maria Franchy, Hugo Huppert, Peter von Tramin, Wilhelm Szabo u. a.

Oben rechts 1975 werden Gregor von Rezzoris erfolgreiche *Maghrebinische Geschichten* verfilmt. Regie: Walter Davy, Drehbuch: Gregor von Rezzori und Jörg Mauthe. Darsteller: Leon Askin, Fritz Muliar, Karl Paryla, Kurt Sowinetz u. a.

Unten Albert Drach (l.) und Friedrich Torberg in den siebziger Jahren. 1975 erscheint Torbergs berühmt gewordener Erzählband *Die Tante Jolesch oder Der Untergang des Abendlandes in Anekdoten.*

Links »Internationales Symposion zur Erforschung des österreichischen Exils« im Juni 1975 in Wien: Elisabeth Freundlich (l.) und Günther Anders

Unten »Was hindert Dich wirklich daran, lieber Alter, zur Ruhe zu kommen, irgendwo zu Haus zu sein, Ja zu sagen zu einem Ort, einer Situation? Das interessiert mich«, schreibt Maxie Wander (r.) 1974 in einem Brief an ihren Mann Fred Wander (l.). Der gebürtige Wiener war 1938 nach Frankreich geflohen, wurde später in mehrere KZ deportiert und lebte von 1955 an – nach einem kurzen Intermezzo in Wien – in der DDR. 1983 übersiedelte der Erzähler und Dramatiker wieder nach Wien.

Rechte Seite Buchmarkt 1975/76: oben Gerhard Amanshauser (*Schloß mit späten Gästen*, 1975) und Gernot Wolfgruber (*Auf freiem Fuß*, 1975; *Herrenjahre*, 1976); unten Peter Handke (*Die Stunde der wahren Empfindung*, 1975; *Falsche Bewegung*, 1975; *Die linkshändige Frau*, 1976) und Barbara Frischmuth, jeweils mit Kind (Die *Mystifikationen der Sophie Silber*, 1976)

Elfriede Jelinek

Überall auf den türschwellen sitzen angestorbene frauen wie zerquetschte eintagsfliegen, sitzen da wie mit flüssigem asphalt angeklebt und überblicken pausenlos ihre eigenen kleinen hausfrauenreiche, in denen sie königinnen sind, manchmal macht sie ein spülmittel zur königin, manchmal ein patentkochtopf.

Elfriede Jelinek in:
***Die Liebhaberinnen*, 1975**

Oben Engagement beim »Volksstimmefest«, Wien 1975 (v. l. n. r.): Heinz R. Unger, Wilhelm Pevny und Peter Turrini. Pevny und Turrini veröffentlichen in diesem Jahr mit *Der Dorfschullehrer* eine erste Arbeit des Erfolgsprojekts *Alpensaga* (sechsteilige TV-Serie, 1976–80; dreibändige Buchausgabe, 1980).

Links *buenas noches piaster* – Alfred Paul Schmidts Stück in den *manuskripten* 49 (1975), Uraufführung im Grazer »Forum Stadtpark«, 1976

Oben Alfred Paul Schmidt (l.) und *manuskripte*-Herausgeber Alfred Kolleritsch

Im Namen der Republik!

Das Bezirksgericht für Strafsachen Graz hat durch den Richter OLGR Dr. Helmut H a b i a n über den vom Privatankläger Wolfgang Arnold, Redakteur, 8010 Graz, Herrengasse 9, gegen Gerhard Roth, geb. 24. Juni 1942, verh., Angestellter und Schriftsteller, wegen Presseehrenbeleidigung durch Verspottung nach § 29 Abs. 1 PreßGes. und § 115 Abs. 1 StGB gestellten Strafantrag nach der am 21. November 1975 in Anwesenheit des Privatanklägers Wolfgang Arnold, seines Vertreters Dr. Hans Baier, RA in Graz, des Beschuldigten Gerhard R o t h, des Verteidigers Dr. Erika Polenat, RA in Graz, und des Schriftführers Rp. Dr. Friedrich Beringer durchgeführten Hauptverhandlung am 21. November 1975 zu Recht erkannt:

Der Beschuldigte

Gerhard R o t h

ist

s c h u l d i g,

er hat in Graz im Oktober 1975 in den Tageszeitungen „Südost-Tagespost" vom 14. Oktober 1975 auf Seite 9 und in der „Kleinen Zeitung" vom 14. Oktober 1975 auf Seite 22 mit der Überschrift „Offener Brief, des Schriftstellers Gerhard Roth an den Redakteur Wolfgang Arnold" die nachangeführten Textstellen veröffentlicht, wodurch der Privatankläger Wolfgang Arnold öffentlich verspottet wu
und zwar:

1. „Das Schlimmste aber waren jene Klos fliegen, die der Auftritt des Kulturk kers der Grazer Südost-Tagespost Ar nach sich zog";
2. „Wie Arnold argumentierte, das war einfallslose Rezitieren eines Schmie komödianten";
3. „... wenn er (Arnold) seine Vorur aufs Papier trenzt ...";
4. „... warum soviel Aufhebens wegen e Mumie?"

Der Beschuldigte Gerhard Roth hat durch das Vergehen der Beleidigung § 29 Abs. 1 PressGes., § 115 Abs. 1 StGB gangen und wird hiefür gem. § 115 Ab StGB zu einer Geldstrafe von

40 Tagessätzen

(im Nichteinbringungsfall zu 20 Tagen Er freiheitsstrafe) bei Festsetzung des Tagess mit 250 Schilling, daher zu einer Gesamt strafe von 10.000 Schilling (i. W. zehntau Schilling)

und gem. § 389 StPO zum Ersatz der K des Strafverfahrens

v e r u r t e i l t.

Gerhard Roth (19. Oktober 1975): »Es ist notwendig, daß dem Schnauben, das aus der rechten Ecke zu vernehmen ist, widersprochen wird.«

Oben rechts *Süd-Ost Tagespost*, Graz, 23. November 1975

Mitte Wolfgang Bauer. Die österreichische Erstaufführung der *Gespenster. Stück in vier Akten* beim ›steirischen herbst‹ 1975 (Regie: Fritz Zecha) löste eine wahre Flut von Leserbriefen in österreichischen Zeitungen aus und eine Unterschriftenaktion »Rettet den steirischen herbst«. Ein Leserbrief Gerhard Roths auf dem Höhepunkt des Konflikts führte schließlich zu einem Prozeß (siehe oben).

Zu *Gespenster*, 1973 – »Für Gunter Falk und Henrik Ibsen« – geschrieben, uraufgeführt in den Münchner Kammerspielen am 5. Juni 1974, erläutert Wolfgang Bauer: »Ich wollte das Stück ironisch, mit einer Pop-Idee beginnen; zu Beginn sollten Ibsens ›Gespenster‹ gespielt werden und dann wollte ich die Figuren immer mehr ihre Rollen verlieren lassen. Ich habe aber dann gemerkt, wie schwer es ist, die Figuren aus den Rollen Ibsens herauszuholen. Das ging nicht, weil man dieses Stück dazu überhaupt nicht mißbrauchen kann – es ist einfach zu gut. Ich bin dann auf eine ganz andere Sache gekommen, hatte wieder ›Fleisch‹ aus meiner Umgebung: Zwei Ex-Eheleute und eine etwas männlich wirkende Dame, die der Emanzipationsbewegung anhängt; Handlungsort ein einfaches Zimmer, in dessen Mitte ein Haufen Dinge, die die geschiedene Frau mitnehmen möchte, als ihren Besitz reklamiert. In diese Gruppe scheinbar lockerer Typen gerät ein sehr sensibles, überlegtes und gescheites Mädchen und wird zugrunde gerichtet. Was mir dabei wichtig ist: Da sind Leute mit ›verlorenen‹ Rollen, und die, die während des Spiels die ›Rolle‹ verliert, das ist die sogenannte Menschlichkeit, das Mädchen Magda, die in diese Gruppe hineinkommt, ohne deren Spielregeln zu kennen. Ich will zeigen, daß sich diese Leute, die sich einen Zynismus zugelegt haben, die ihre Pseudo-Freiheit genießen und das Kleinbürgertum parodieren, auch nicht auf das Wichtigste achten, auf die wirklich menschlichen Kontakte.«

Die ›Freibordler‹ Gerhard Jaschke (l.), Hermann Schürrer (r.) und Werner Herbst (experimentierfreudiger Schriftsteller und Gründer der »Herbstpresse«)

Die Zeitschrift wurde 1975 in einer gemeinsamen Initiative von Hermann Schürrer und Gerhard Jaschke gegründet. Der Name, von Gerhard Jaschke angeblich in einem Schiffslexikon entdeckt, ist einer der wenigen wirklich originellen Zeitschriftentitel, die ja meist ein seit langem vorgegebenes Repertoire variieren. Freibord meint als schiffstechnischer Fachausdruck »die Höhe der Oberkante des Decks über Wasser, mittschiffs gemessen.« (*Meyers Großes Konversations-Lexikon*, 6. Aufl. 1904). Die Metaphorik des Namens erstreckt sich einmal auf den Teil des Schiffes, der über Wasser ist, läßt sich aber auch ausdehnen auf weitere Aspekte des »Freibords«. Denn, so weiß Meyer, vom »Freibord ist die Sicherheit des Schiffes abhängig, weshalb in vielen Staaten Gesetze seine Größe für jede Schiffsart bestimmen.« Die Größe unseres Freibords ist nicht durch Gesetze festgelegt, höchstens seine ungebührliche Entfaltung durch sie gehemmt. Die Sicherheit des Schiffs jedoch, des Schiffes Erde, des Schiffes Literatur, vielleicht auch des Schiffes Österreich, liegt Freibord, wenn auch nicht auf den ersten Blick erkennbar, am Herzen.

Gerhard Renner, 1992

Kulturkampf und »Arena«-Solidarität: Heft 23 (1976) des *Wespennests*

Im stillgelegten sogenannten Wiener »Auslandsschlachthof St. Marx« wurde 1975 und 1976 unter dem Namen »Arena« das Jugendprogramm der Wiener Festwochen durchgeführt. Danach sollte der städtische Abrißplan greifen, aber Jugendliche, Architekten und Künstler besetzen Ende Juni 1976 den Gebäudekomplex und fordern: »1. Kein Abbruch; 2. ARENA als ganzjähriges Kultur- und Kommunikationszentrum; 3. Selbstverwaltung; 4. Bezahlung der Betriebskosten durch die Gemeinde«. Von den ›Literaten‹ engagieren sich tatkräftig nicht nur Robert Menasse und Heinz R. Unger. Von Beginn an wird Programm gemacht (u.a. auf dem Arena-Volksfest vom 3./4. Juli, das – unter den argwöhnischen Augen eines großen Polizeiaufgebots – über 8000 Menschen besuchen): Lesungen, an denen sich etwa beteiligen: Michael Scharang, Peter Turrini, die ›Wespennestler‹ Günter Brödl, Gustav Ernst, Josef Haslinger, E. A. Richter, Franz Schuh, Bernd Sibitz sowie Franz Buchrieser, Reinhard P. Gruber und Bernhard Hüttenegger vom Grazer »Forum Stadtpark«. Des weiteren solidarisieren sich Gerhard Kofler, Christine Nöstlinger, Christian Wallner, der in London lebende Erich Fried u.a.

Doch schon im Herbst ist die ›Rebellion‹ (»In der Wiener Schweinehalle proben Maoisten & Co. den Kulturaufstand«, so die Wiener *Presse* vom 30. Juni) gebrochen; am 12. Oktober ›besetzen‹ Abbruch-Bagger das Gelände.

Unten links Heinz R. Unger, dessen *Proletenpassion* 1976 von der Gruppe »Schmetterlinge« uraufgeführt wird, hier bei einer »Arena«-Lesung

Unten rechts »Arena«-Mitbesetzer: Robert Menasse. Mit Unterbrechungen arbeitet er zwischen 1975 und 1980 an einem Roman mit dem Titel *Kopfwehmut*. Was sein erster großer Wurf werden sollte, ein Wien-Panorama der siebziger Jahre nach dem Vorbild der Gesellschaftsromane von Dostojewski bis Doderer, blieb unvollendet und unveröffentlicht. Aus der Ferne erinnert daran nur noch die Überschrift der ersten Gedichtveröffentlichungen, eben *Kopfwehmut* (in *Literatur und Kritik*, 1989).

Jean Améry (1. v. l.) und Erich Fried (2. v. l.) während der Frankfurter »Römerberggespräche« 1976 zum Thema »Literatur – Opium ohne Volk«

Michael Scharang mit programmatischem Engagement: *Der Sohn eines Landarbeiters* (Roman, 1976)

1977: Elias Canetti beschreibt in *Die Gerettete Zunge* die – so der Untertitel – »Geschichte einer Jugend«. Seine Autobiographie der frühen Jahre wird er mit *Die Fackel im Ohr. Lebensgeschichte 1921–1931* (1980) und *Das Augenspiel. Lebensgeschichte 1931–1937* (1985) fortsetzen.

Alexander Lernet-Holenia

Rechts Hans Flesch(-Brunningen) und Hilde Spiel am Wiener Grab des 1976 verstorbenen Schriftstellers Alexander Lernet-Holenia

Unten Im Todesjahr Alexander Lernet-Holenias wurde dessen 1934 erschienener Offiziersroman *Die Standarte* für das Fernsehen verfilmt (hier vier Szenenfotos); Drehbuch: Herbert Asmondi, Regie: Ottokar Runze.

Oben Manès Sperber, Büchner-Preisträger von 1975, erhält 1977 den »Großen Österreichischen Staatspreis für Literatur«. In dieser Zeit veröffentlichte er seine dreiteilige Autobiographie *All das Vergangene…* (*Die Wasserträger Gottes*, 1974; *Die vergebliche Warnung*, 1975; *Bis man mir Scherben auf die Augen legt*, 1977).

Unten Doris Mühringer (l.) und Hannelore Valencak, 1977. Doris Mühringer hatte 1976 (nach 1957 und 1969) die dritte Folge ihrer *Gedichte* unter dem Titel *Staub öffnet das Auge* vorgelegt; das zuletzt erschienene Buch der studierten Physikerin Hannelore Valencak, die erst 1975 ihre Karriere als freiberufliche Schriftstellerin einschlug, war der Band *Erzählungen* (1973).

Brigitte Schwaiger. Ihr erster Roman *Wie kommt das Salz ins Meer* (1977) erlebte innerhalb eines Jahres 15 Auflagen, wurde in zahlreiche Sprachen übersetzt und von Kollegen wie Friedrich Torberg, Herbert Eisenreich, Johannes Mario Simmel und Peter Turrini mit viel Lob bedacht.

Oben *Ein echter Wiener geht nicht unter* heißt die wohl umstrittenste österreichische Fernsehserie der siebziger Jahre – der Erfinder von »Mundl Sackbauer« und Dichter der ›kleinen Leute‹, Ernst Hinterberger, mit dem Hauptdarsteller Karl Merkatz (l.)

Unten *Im Schatten der Burenwurst*: H. C. Artmann (r.) und der österreichische Star-Architekt Gustav Peichl, in der zweiten Hälfte der siebziger Jahre. 1977 veröffentlicht Artmann *sämtliche persische quatrainen*, *Die Heimholung des Hammers* (zusammen mit Uwe Bremer) und den Roman *Die Jagd nach Dr. U.*

Oben Fortgesetzte künstlerische Wahlverwandtschaft in den siebziger Jahren (1): Valie Export und Gerhard Rühm, der 1976 einen »führer durch österreich für außerirdische wesen« veröffentlichte (*komm mit nach österreich*)

Unten Fortgesetzte künstlerische Wahlverwandtschaft in den siebziger Jahren (2): Helmut Eisendle (l.), Peter Rosei (m.) und H.C. Artmann, 1977. In diesem Jahr erscheinen die Romane *Exil oder der braune Salon* (Eisendle, 1977) und *Wer war Edgar Allen?* (Rosei, 1977). H. C. Artmann legt übersetzte Werke von Jean Giraudoux und Lope de Vega vor.

Gert F. Jonke, Bachmann-Preisträger 1977

Der Ingeborg-Bachmann-Literaturwettbewerb

Doris Moser

Machen wir uns nichts vor: Die Literatur muß heutzutage mehr denn je ihr bloßes Dasein verteidigen. Dies versucht der Klagenfurter Wettbewerb: Er will der Literatur Öffentlichkeit verschaffen. Und er will der Öffentlichkeit zur Literatur verhelfen.« So formulierte zum ersten Jahr des Wettbewerbs Marcel Reich-Ranicki das Programm, dem die Veranstaltung bis dato verpflichtet ist. Markenzeichen dieser in Klagenfurt gepflegten Form literarischer Öffentlichkeit ist die vor Fernsehkameras und Hörfunkmikrophonen geäußerte, mehr oder weniger umstrittene, spontane Literaturkritik. Als »schönster Betriebsausflug der Literatur« bezeichnet (Christian Döring), hat sich der Wettbewerb durch die Teilnahme von Lektoren, Verlegern, Kritikern, Journalisten und Autoren als einer der Fixpunkte im Kalender der deutschsprachigen Literaturbranche etabliert.

Der Modus des Wettbewerbs wurde in Anlehnung an die Treffen der Gruppe 47 entwickelt: eine Jury (Kritiker, Wissenschaftler, Autoren aus allen deutschsprachigen Ländern) nominiert die Teilnehmer und bespricht bzw. beurteilt vor Publikum, Fernsehen und Hörfunk unveröffentlichte, von den Autoren gelesene Prosatexte. Das Votum am Ende der viertägigen Veranstaltung ist öffentlich zu begründen. Vom Gründungsjahr 1977 bis 1996 waren der Jury die Texte vor den Lesungen nicht zugänglich. Mit insgesamt rund 650 000 Schilling Preisgeld (Stand 1999: Ingeborg-Bachmann-Preis, Ernst-Willner-Preis der Verlage, Preis des Landes Kärnten, 3sat-Preis, Telekom Austria-Stipendium) ist dieser Wettbewerb einer der höchstdotierten im deutschen Sprachraum. Durch die Liveübertragung von Lesungen, Diskussionen und Preisverleihung auf 3sat wird eine breite Öffentlichkeit erreicht, wovon besonders unbekanntere Autoren profitieren.

Die 1977 vom Schriftsteller und Publizisten Humbert Fink und dem ehemaligen Intendanten des ORF Kärnten Ernst Willner initiierte und von Marcel Reich-Ranicki (Vorsitzender der Wettbewerbsjury 1977–86) inhaltlich wesentlich mitbestimmte Veranstaltung war zunächst Teil des lokalen Klagenfurter Kulturfestivals »Woche der Begegnung«. Die Kärntner Landeshauptstadt ergriff mit dem Ingeborg-Bachmann-Wettbewerb die Möglichkeit zur Positionierung als internationale Kulturstadt, indem man ökonomisches (hohes Preisgeld) und soziales (prominente Kritiker) Kapital zur Verfügung stellte. Die Dotation des ersten Ingeborg-Bachmann-Preises entsprach der des Großen Österreichischen Staatspreises (1977: 100 000 Schilling), und die Jury glänzte mit großen Namen: Friedrich Torberg, Hans Weigel, Marcel Reich-Ranicki, Walter Jens, Joachim Kaiser, Gert Ueding, Adolf Muschg, Peter Härtling u. a. Für den ORF Kärnten wurde die mediale Begleitung der Veranstaltung mit der Erweiterung des Landesstudios im Jahr 1983 zum öffentlich-rechtlichen Prestigeprojekt. Art und Umfang der Fernsehpräsenz waren ein einflußreicher Faktor in der weiteren Entwicklung des Wettbewerbs. 1989 übernahm 3sat erstmals die Lesungen und Diskussionen sowie die Preisvergabe als Live-Programm.

Noch vor der ersten Wettbewerbsrunde im Juni 1977 wurde die konkurrenzbetonte Art der Literaturförderung kritisiert, vor allem seitens österreichischer Autoren und Autorenverbände. Im Namen der Grazer Autorenversammlung sprachen Ernst Jandl, Friederike Mayröcker, Andreas Okopenko und Gerhard Rühm in einer schriftlichen Stellungnahme von »der Einführung beispielloser Praktiken bei der Vergabe eines Literaturpreises« und empfahlen den Mitgliedern, dem Treiben am Wörthersee fernzubleiben. Namhafte Autoren lehnten eine Teilnahme ab: Der Name Ingeborg Bachmanns müsse dafür herhalten, daß Autoren wie »Aspiranten einer Schönheitskonkurrenz gegeneinander antreten und 3 Tage (oder länger) ihre Kollegen als Konkurrenten sehen« (Gerhard Roth, März 1977). Man könne von Autoren nicht erwarten, daß sie sich einem Wettbewerb stellen, dessen Modus »höchstens für eine Sportveranstaltung, wie etwa Eiskunstlauf, passend erscheint, aber nicht für eine ernsthafte Beurteilung von Literatur« (Gernot Wolfgruber, April 1977). Peter Handke nennt die Betreiber einen »Trupp gravitätisch-nichtsnutziger Barbaren«, die »statt der Kulturerneuerung, -wiederholung, -weiterführung vielmehr einen finsterlich-grausig-legalisierten Akt der Kultur-Abtreibung« (Juni 1984) durchführen. Der österreichische Kunstsenat wiederum war der Ansicht, daß zwar die Teilnahme des ORF als Veranstalter begrüßenswert sei, aber, wie dessen Präsident

Josef Winkler (»Preis der Klagenfurter Jury«, 1979), hier bei der Vorbereitung seiner zweiten Teilnahme am Bachmann-›Wettlesen‹, 1996

Rudolf Henz formulierte, »in der ganzen sensationellen Aufmachung mit der kulturellen Aufgabe des Rundfunks kaum vereinbar«.

Zur Kritik von außen gesellte sich die Kritik von teilnehmenden Autoren, die sich in – zum Teil spektakulären – Aktionen manifestierte. Rainald Goetz schnitt sich mit einer Rasierklinge während der Lesung seines literaturbetriebskritischen Textes die Stirn auf (1983), Ginka Steinwachs erweiterte ihre Lesung zu einer Performance (1985), Sten Nadolny teilte das Preisgeld unter allen Teilnehmern auf (1980), das 1987 von der Klagenfurter Partnerstadt Dachau als Literaturpreis gestiftete Geld wurde von den Autoren Vereinen der Verfolgten des Nazi-Regimes zugesprochen; 1991 löste die Vergabe des Preises des Landes Kärnten an Urs Allemann für seinen Text *Babyficker* einen politischen Skandal aus und führte zur Umbesetzung der Jury.

Informelle Pausengespräche und abendliche Gesellschaften bieten neben dem finanziellen Gewinn, der den Preisträgern zugestanden wird, Gelegenheit zu persönlicher Begegnung mit Verlegern und Presse. Erfahrungs- und Gedankenaustausch unter Kollegen und vor allem das Aufmerksammachen auf die eigene schriftstellerische Arbeit motiviert die Autoren zur Teilnahme. Durch ›social networking‹ haben alle Teilnehmer die Gelegenheit, soziales und symbolisches Kapital zu akkumulieren (um mit Bourdieu zu sprechen) – was einen beträchtlichen Anteil am Reiz des Wettbewerbs ausmacht. Die ursprüngliche Kritik an der Klagenfurter Literaturbetriebsamkeit ist in den letzten Jahren in den Hintergrund getreten. Grundlegend veränderte Mechanismen auf dem Literaturmarkt und eine kommerzialisierte Entertainmentkultur im Fernsehen mögen das Ihre ebenso dazu beigetragen haben wie auch der Wandel innerhalb der Jury, in der seit Ende der achtziger Jahre nicht mehr die Großkritiker des deutschen Feuilletons um Sekundärlorbeeren kämpfen. Juryvorsitzender Robert Schindel hegt den Verdacht, daß »das vielbeschumpfene Klagenfurt [...] zum Ort des Widerstands gegen epidemisch werdende Designerliteratur wird« und so »ausgerechnet im Auge des Medienspektakels Literatur jenseits der Quotenspekulation eine Chance hat« (*Klagenfurter Texte*, 1999).

Preisträgerinnen und Preisträger 1977–99

Ingeborg-Bachmann-Preis
Gert Jonke (1977), Ulrich Plenzdorf (1978), Gert Hofmann (1979), Sten Nadolny (1980), Urs Jaeggi (1981), Jürg Amann (1982), Friederike Roth (1983), Erica Pedretti (1984), Hermann Burger (1985), Katja Lange-Müller (1986), Uwe Saeger (1987), Angela Krauß (1988), Wolfgang Hilbig (1989), Birgit Vanderbeke (1990), Emine Sevgi Özdamar (1991), Alissa Walser (1992), Kurt Drawert (1993), Reto Hänny (1994), Franzobel (1995), Jan Peter Bremer (1996), Norbert Niemann (1997), Sibylle Lewitscharoff (1998), Terézia Mora (1999).

Preis der Klagenfurter Jury (1977–84) und Preis des Landes Kärnten (ab 1985)
Hans J. Fröhlich (1977), Gertrud Leutenegger (1978), Josef Winkler (1979), Anna Jonas (1980), Eva Demski (1981), Birgitta Arens (1982), Gerhard Köpf (1983), Renate Schostack (1984), Birgit Kempker (1985), Ingrid Puganigg (1986), Werner Fritsch (1987), Anselm Glück (1988), Norbert Gstrein (1989), Franz Hodjak (1990), Urs Allemann (1991), Alois Hotschnig (1992), Hanna Johansen (1993), Raoul Schrott (1994), Ulrike Kolb (1995), Johannes Jansen (1996), Steffen Kopetzky (1997), Kathrin Schmidt (1998), Stefan Beuse (1999).

Ernst-Willner-Preis der Verlage (ab 1987)
Irina Liebmann (1987), Michael Wildenhain (1988), Sabine Peters (1989), Ludwig Roman Fleischer (1990), Marcel Beyer (1991), Ulrich Holbein (1992), Sandra Kellein (1993), Stefanie Menzinger (1994), Ingo Schulze (1995), Felicitas Hoppe (1996), Bettina Galvagni (1997), John von Düffel (1998), Thor L. Kunkel (1999).

Oben Die Preisträger des Ingeborg-Bachmann-Wettbewerbs 1986 (v. l. n. r.): Zsuzsanna Gahse, Ingrid Puganigg (»Preis des Landes Kärnten«), Katja Lange-Müller, Jochen Beyse, Daniel Grolle und Arnulf Ploder

Doppelter ›Glücks‹-Moment: Zuerkennung des »Preises des Landes Kärnten« an Anselm Glück (m.) beim Ingeborg-Bachmann-Wettbewerb 1988

Literaturlandschaft Kärnten

Klaus Amann

Die Voraussetzungen dafür, daß Kärnten, mit seinen 500 000 Einwohnern, heute jenes österreichische Bundesland ist, das im Vergleich mit den übrigen ländlichen Gegenden Österreichs nach 1945 wohl die meisten literarischen Begabungen hervorgebracht hat, waren denkbar ungünstig. Es hat Züge des Tragikomischen an sich, zu sehen, mit welcher Inbrunst und Kampfbereitschaft die literarischen Meinungsmacher im Land bis in die siebziger Jahre hinein einem Konzept von Literatur nachhingen, dessen Richtschnur und Krönung die Werke und die Biographie Josef Friedrich Perkonigs waren. Kennzeichnend ist dabei die enge Verquickung von politischer und literarischer Sphäre, die besonders nach der Gründung der Perkonig-Gesellschaft (1963) kartellhafte Züge annahm. Präsidium und Vorstand der Gesellschaft versammelten, vom Landeshauptmann abwärts, die gesamte politische und kulturelle Prominenz des Landes. Das Fundament dieser politisch forcierten Konstruktion einer ›Kärntner‹ Literaturtradition bildeten die in Kärnten als ›Grenzland‹ zum ›Slawischen‹ traditionell tief verankerte Volkstumsideologie und der zeitweilige Erfolg der landschaftsgebundenen, ›heimattreuen‹ Literatur Perkonigs während der dreißiger und vierziger Jahre. Dieser Erfolg, der sich nicht zuletzt einer Konjunktur des ›Völkischen‹ verdankte, schien die Gültigkeit des Konzepts einer Literaturgeschichte der deutschen Stämme und Landschaften (Josef Nadler) weit über sein politisches Ablaufdatum hinaus zu beweisen. Dem utilitaristischen, politisch bequem instrumentalisierbaren Charakter dieser ›Kärntner‹ Literaturtradition kam entgegen, daß ihre Protagonisten nach dem Vorbild Perkonigs überwiegend Lehrer, Beamte oder Funktionäre waren. Um 1960 wurden in Kärnten nicht weniger als dreißig Lehrerdichter gezählt. Die geringen öffentlichen Mittel, die für literarische Belange zur Verfügung standen, waren im wesentlichen für das Zementieren dieser Literaturauffassung in Form von offiziösen Almanachen und Anthologien, für die halbamtliche Zweimonatsschrift *Kulturnachrichten aus Kärnten* (1956–70, deren Literaturbeilage dezidiert antimodernistische Positionen propagierte) und für die Finanzierung einer achtbändigen Perkonig-Ausgabe reserviert. Der einzige Autor von überregionaler Bedeutung aus der ersten Jahrhunderthälfte, Johannes Lindner, der Begründer der modernen Lyrik in Kärnten, zog sich nach 1945 ganz aus der literarischen Öffentlichkeit zurück.

In diesem Klima der Restauration und des machtgestützten Traditionalismus war das Neue auf einige wenige Enklaven und private Initiativen angewiesen. Dies waren vor allem die St. Veiter Kulturtage, das Engagement des Klagenfurter Verlags Ferd. Kleinmayr und die Aktivitäten des mäzenatisch tätigen Ehepaares Lampersberg auf dem ›Tonhof‹ in Maria Saal. Die St. Veiter Kulturtage, die zwischen 1950 und 1968 siebenmal stattfanden, waren, zumindest in den Anfangsjahren, die einzigen literarischen Veranstaltungen in Kärnten, die dezidiert die Fenster nach draußen öffneten und die auch keine Berührungsängste mit der literarischen Avantgarde zeigten. Hier hatte das Publikum zum ersten Mal Gelegenheit, bei Lesungen, Podiumsdiskussionen und Vorträgen Autoren wie Heimito von Doderer, Gerhard Fritsch, Ernst Jandl, Friederike Mayröcker, Andreas Okopenko, Friedrich Torberg, Herbert Zand oder auch Walter Jens, Hans Mayer, Hans Werner Richter oder Erich Kästner kennenzulernen. Die Präsentation junger Kärntner Autoren war ein besonderes Anliegen: So hatte Christine Lavant 1950 ihren ersten öffentlichen Auftritt in St. Veit, es folgten unter vielen anderen Michael Guttenbrunner, Humbert Fink, Ingeborg Bachmann, Peter Handke, Gert Jonke und Werner Kofler. Auch Thomas Bernhard, der auf dem ›Tonhof‹ im nahen Maria Saal ab 1957 insgesamt fast zwei Jahre Gast des Schriftstellers und Komponisten Gerhard Lampersberg und seiner Frau, der Sopranistin Maja Weis-Ostborn, war, trat in St. Veit auf. Der ›Tonhof‹ war ab Mitte der fünfziger Jahre für ein gutes Jahrzehnt ein ganz außergewöhnlicher Ort, an dem sich die österreichische Avantgarde zum Arbeiten und Feiern traf. Zu verschiedenen Zeiten, länger oder kürzer, waren neben vielen anderen in Maria Saal zu Gast: H. C. Artmann, Wolfgang Bauer, Konrad Bayer, Jeannie Ebner, Gerhard Fritsch, Elfriede Gerstl, Christine Lavant, Gerhard Rühm, Wieland Schmied und, als Halbwüchsiger schon, der Nachbar Peter Turrini; die Musiker und Komponisten Friedrich Cerha, Ivan Eröd, Ernst Kölz, Anestis Logothetis und Otto M. Zykan, daneben eine ganze Reihe von Malern und Bildhauern. 1960 wurden

Josef Friedrich Perkonig

im ›Theater am Tonhof‹, einer adaptierten Scheune, Lampersbergs Kammeroper *die köpfe* (Libretto: Thomas Bernhard) und drei Dramolette Bernhards (*die erfundene, frühling, rosa*), seine ersten dramatischen Versuche, die er auf dem ›Tonhof‹ geschrieben hatte, unter der Regie von Herbert Wochinz und der musikalischen Leitung von Friedrich Cerha uraufgeführt. Gemeinsam mit Konrad Bayer gab Lampersberg im Klagenfurter Kleinmayr-Verlag zwei Folgen der *edition 62* heraus, die in einer repräsentativen Sammlung die von der ›Wiener Gruppe‹ entwickelten neuen poetologischen Ansätze und Schreibtechniken vorstellten. Weitere gemeinsame Pläne wurden durch Bayers Tod (1964) zunichte gemacht. Im Kleinmayr-Verlag, der sich als einziger Kärntner Verlag für die junge Literatur des Landes engagierte (u. a. erschienen dort die ersten Bücher von Arnold Clementschitsch, Humbert Fink, Michael Guttenbrunner und Hermann Lienhard), wurden ab 1961 auch die ersten sechs Nummern der *Eröffnungen* (1961–71) publiziert, einer der interessantesten und lebendigsten Literaturzeitschriften Österreichs jener Jahre. Die *Eröffnungen* wurden von Hubert Fabian Kulterer (und, bis 1964, unter maßgeblicher Mitwirkung von Konrad Bayer) herausgegeben und standen in loser Verbindung mit dem ›Tonhof‹-Kreis. Bemerkenswert ist neben der graphischen Gestaltung vor allem die Mischung aus traditionellen und experimentellen Texten (vor allem auch der ›Wiener Gruppe‹) und die Öffnung für die internationale Avantgarde. Neben den *Eröffnungen* machte auch der von Hans Leb und Heinz Pototschnig herausgegebene *Bogen* (1961–65) ernsthafte Anstalten, die Dominanz der bodenständigen Literatur in Kärnten zu brechen. Er bot u. a. Gert Jonke und Werner Kofler erste Veröffentlichungsmöglichkeiten.

Alle erwähnten Aktivitäten waren z. T. heftigen Attacken und Polemiken durch die Hüter der ›Kärntner‹ Tradition ausgesetzt. Deren Allmachtsphantasien und politisch protegierten Reglementierungsgelüste wurden jedoch zunehmend obsolet angesichts der wachsenden internationalen Reputation einer neuen Generation Kärntner Schriftsteller und Schriftstellerinnen. Aufschlußreich bleibt allerdings, daß mit Ausnahme von Christine Lavant, die in einer Mischung aus Mitleid und Stolz für die ›Kärntner‹ Tradition vereinnahmt wurde, fast alle deutschsprachigen Autoren und Autorinnen von Rang das Land verlassen und ihren literarischen Weg außerhalb Kärntens gemacht haben: Ingeborg Bachmann, Michael Guttenbrunner, Peter Handke, Gert Jonke, Werner Kofler, Peter Turrini, Lilian Faschinger, Antonio Fian, Josef Winkler, Lydia Mischkulnig, Helga Glantschnig, Alois Hotschnig, Ingrid Puganigg. Seit der Mitte der siebziger Jahre hat sich die Situation – auch als Folge eines Generationswechsels bei den Meinungsmachern – nach und nach normalisiert. Die Internationalität und Offenheit des seit 1977 jährlich stattfindenden Bachmann-Preises ist jedoch keineswegs der Maßstab für den Umgang mit der Literatur im Land. Der Wettbewerb selber hat kaum Rückwirkungen auf die literarische Szene gehabt, und die für die Kulturpolitik des Landes typische Gratwanderung zwischen den sogenannten ›Kärntner‹ Interessen und

Janko Ferk, 1984

den Ansprüchen der Kunst hat bis in die jüngste Gegenwart herauf immer wieder zu katastrophalen Abstürzen und Rückschlägen geführt. Die Forderung nach einem Einschreiten der Politik, der Ruf nach Zensur und die öffentliche Verächtlichmachung von mißliebigen Künstlern sind noch immer jederzeit möglich. Die politisch inszenierten Skandale um die Verfilmung von Thomas Pluchs *Das Dorf an der Grenze* (1983), die Auseinandersetzung um den Text *Babyficker* des Schweizer Autors Urs Allemann, der 1991 beim Bachmann-Preis-Wettbewerb mit dem Preis des Landes Kärnten ausgezeichnet wurde, oder auch die von Abwehrkämpferbund, Kärntner Heimatdienst und Kameradschaftsbund erzwungene Absetzung der für den 10. Oktober 1995 im Stadttheater Klagenfurt geplanten szenischen Collage über den slowenischen Klassiker der Moderne, Ivan Cankar, belegen stets aufs Neue, wie prekär diese Balance ist. Das war zuletzt am 6. November 1997 bei der Eröffnung des Musil-Hauses in Klagenfurt zu verifizieren. Weil der Schriftsteller Florjan Lipuš in seiner Festrede einige Sätze auf Slowenisch formuliert hatte, verweigerte die Stadt Klagenfurt dem Lipuš-Symposium des Musil-Instituts im Dezember 1997 ihre Unterstützung.

Die slowenische Literatur in Kärnten, deren prominentester Repräsentant Lipuš ist, hatte sich nach 1945 aufgrund der schwierigen volksgruppenpolitischen Situation vor allem gegen ältere pädagogische und volksbildnerische Vorstellungen zu behaupten. Die 1960 (im selben Jahr wie die Grazer *manuskripte*) von Florjan Lipuš, Erik Prunč und Karel Smolle gegrün-

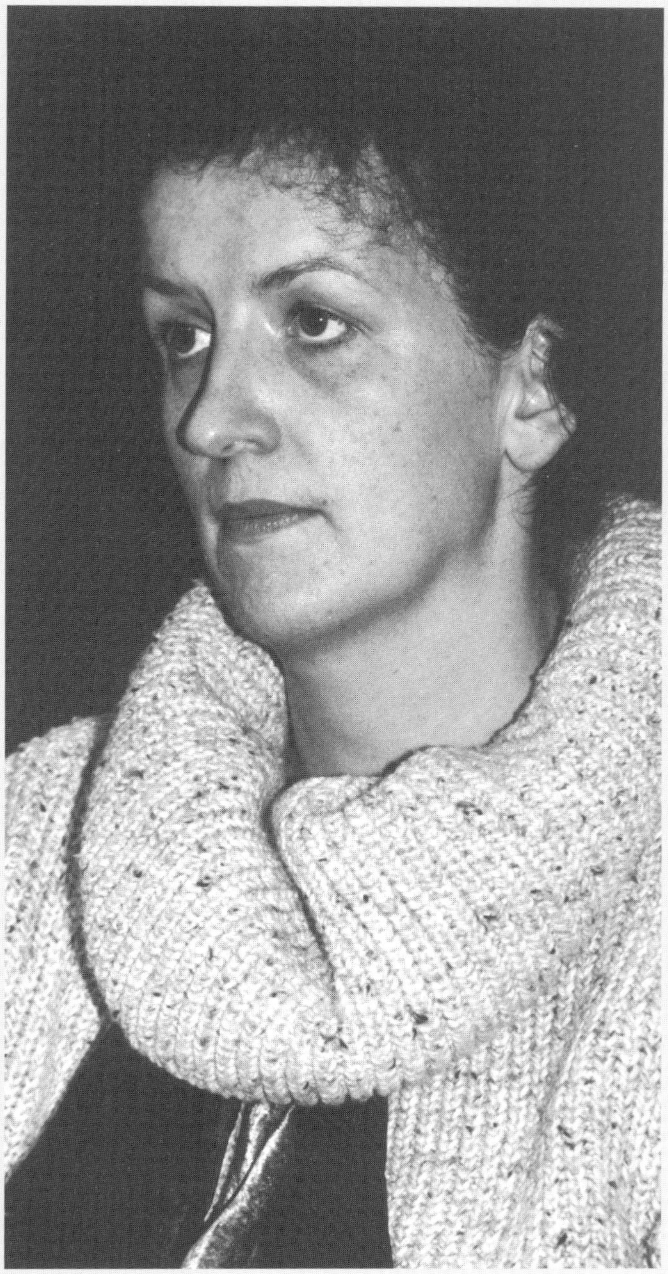

Maja Haderlap, verantwortliche Redakteurin der slowenischsprachigen Literaturzeitschrift *Mladje*, 1998

Fabjan Hafner, 1998

dete Zeitschrift *Mladje* (= Jungholz) war Ausdruck der Opposition gegen derartige Funktionalisierungen der Literatur für ideologische Zwecke. Lipuš sah die Funktion der Zeitschrift primär darin, die slowenischen Leser, die jahrzehntelang mit künstlerisch anspruchslosen Produkten überschwemmt worden seien, mit Literatur als einer Kunstform vertraut zu machen. *Mladje* wurde so für drei Jahrzehnte der Kristallisationspunkt und der Motor der Entstehung einer modernen slowenischen Literatur in Kärnten. In ihrem Umkreis sind alle wichtigen Autoren und Autorinnen der Kärntner slowenischen Literatur zu finden, die, anders als die deutschsprachigen, in der Mehrzahl im Lande geblieben sind: Janko Ferk, Maja Haderlap, Fabjan Hafner, Gustav Januš, Andrej Kokot, Cvetka Lipuš, Janko Messner, Jani Oswald und Valentin Polanšek. Nach einer fast hundert Jahre langen Unterbrechung der bis dahin intensiven literarischen Beziehung zwischen den beiden Volksgruppen in Kärnten war mit der Zeitschrift *Mladje* auch die Voraussetzung für einen neuen Dialog zwischen den deutschsprachigen und den slowenischen Autoren geschaffen. Von unschätzbarer Bedeutung für die Rezeption der slowenischen Literatur im deutschsprachigen Raum sollte sich dabei vor allem der Lipuš-Roman *Zmote dijaka Tjaza* (1972) erweisen, der 1981 unter dem Titel *Der Zögling Tjaz* von Peter Handke und Helga Mračnikar ins Deutsche übersetzt wurde. Dieser Roman lenkte die Aufmerksamkeit der literarischen Öffentlichkeit mit einem Schlag auf die ›kleine Literatur‹ der Kärntner Slowenen und avancierte gleichsam zum Kultbuch. Von diesem Erfolg zehrt die slowenische Literatur in Kärnten bis heute. Die rührigen Verlage Drava, Wieser und Hermagoras versuchen tapfer, ihn zu prolongieren.

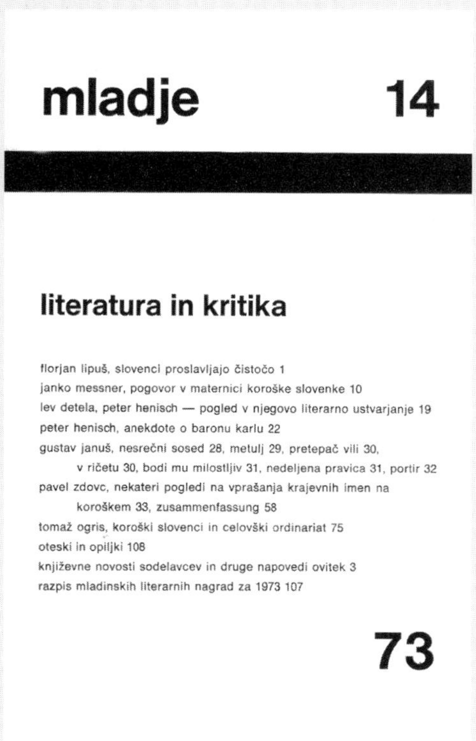
mladje 14

literatura in kritika

florjan lipuš, slovenci proslavljajo čistočo 1
janko messner, pogovor v materinici koroške slovenke 10
lev detela, peter henisch — pogled v njegovo literarno ustvarjanje 19
peter henisch, anekdote o baronu karlu 22
gustav januš, nesrečni sosed 28, metulj 29, pretepač vili 30,
v ričetu 30, bodi mu milostljiv 31, nedeljena pravica 31, portir 32
pavel zdovc, nekateri pogledi na vprašanja krajevnih imen na
koroškem 33, zusammenfassung 58
tomaž ogris, koroški slovenci in celovški ordinariat 75
oteski in opiljki 108
književne novosti sodelavcev in druge napovedi ovitek 3
razpis mladinskih literarnih nagrad za 1973 107

73

Rechts Grazer Autorenversammlung, 1977: Solidaritätsveranstaltung für Fritz Herrmann. V. l. n. r.: Eva Pilz, Gerhard Rühm, Joe Berger, Elfriede Gerstl, Herbert J. Wimmer, Gustav Ernst, Ernst Jandl, Franz Schuh. 1977 hatte das *Neue Forum* das Lied *Trara Trara die Hochkultur* des Kulturministeriums-Beamten Fritz Herrmann abgedruckt (»Aus Salzburg quetscht der Karajan / zu Ostern auße, was er kann, / ab Juli melkt er auch die Kuah – / ›ein Leben für / die Hochkultur!‹ // Es scheißt der Herr von Karajan / bei jedem falschen Ton sich an / und wascht sein Arsch im Goldlawur – / ›anal sein g'hört / zur Hochkultur!‹«). Die Veröffentlichung löste den sogenannten »Karajan-Skandal« aus: »Herrmann-Chef Sinowatz mußte zum Bußgang antreten, denn der Salzburger Maestro drohte unmißverständlich, er werde sein für den Mai geplantes Gastspiel an der Staatsoper (bisher 100 000 Kartenbestellungen) absagen.« (*Kurier*, Wien, 20. April 1977)

Links Hermann Schürrer kann 1977 für sein zweites Buch *Kriminelle Spielereien in der Sandkiste der Weltverbesserer* wegen angeblicher Affinität zur RAF keinen deutschen Verlag finden und muß es im Eigenverlag herausbringen. Im Anhang ›bekennt‹ der Autor: »Ich bin ja ein Schreibtischtäter (wie jeder Schriftsteller, der mit fiktiven Personen hantiert, die einen Realitätskern besitzen).«

Symmetrische Intellektuellen-Annäherung 1977: GAV-Generalsekretär Franz Schuh (1976–80) und Robert Menasse

Anselm Glück. Zu ihm und seinem Prosadebüt *stumm* (1977) schreibt Gerhard Melzer 1992: »Entgrenzung wird zur schöpferischen Grundenergie schlechthin, zur Antriebskraft, die der Bewegung der Sprache die Richtung weist. In ›stumm‹ zum Beispiel [...] gibt es eine Seite, auf der über fünfhundert Mal das Wort ›schwarz‹ steht. Tatsächlich wird einem beim Lesen dieser Seite schwarz vor Augen, und das mag nicht zuletzt damit zu tun haben, daß die Wortmassierung gleichsam im Stechschritt daherkommt.«

»Gedichte über Gedichte, Romane über Romane« enthält Liesl Ujvarys 1977 erschienenes Buch *Sicher & Gut*. Die gebürtige Tschechin lebt seit 1945 in Österreich, seit 1971 als freiberufliche Schriftstellerin und Photographin in Wien.

Werner Kofler liest aus *Ida H. Eine Krankengeschichte* (1978).

Literarische Wahlverwandte: Friederike Mayröcker (3. v. r.) und Ernst Jandl (r.) bei einer Lesung von Reinhard Priessnitz (l.) in der Wiener »Galerie nächst St. Stephan« gegen Ende der siebziger Jahre. Das zu Lebzeiten in Buchform vorgelegte Werk des Lyrikers und ›ästhetischen Hoffnungsträgers‹ Priessnitz blieb schmal: *vierundvierzig gedichte* (1978).

Sagt der Leser: Literatur,
sagt der Autor: Wirklichkeit;
sagt der Leser: Wirklichkeit,
sagt der Autor: Literatur.«
Werner Kofler,
Vorspruch zu *Aus der Wildnis*

1980 veröffentlicht Werner Kofler *Aus der Wildnis*, wozu der Verlag Klaus Wagenbach erläutert: »Zwei ›Fragmente‹ aus der Wildnis unserer Zivilisation, angesiedelt zwischen Krieg und Frieden Mann und Frau.«

Werner Kofler – durchs wilde Österreich (Frontispiz zu *Aus der Wildnis*)

›Links, wo das Herz ist‹, debattieren im Wiener KPÖ-Lokal um 1978 (v. l. n. r.): Werner Herbst, Elfriede Jelinek, Heinz R. Unger, Arthur West (*Volksstimme*-Kulturredakteur), Friedrich Polakovics und Helmut Zenker.

Peter Turrini und Heinz R. Unger. Turrini 1977: »Kein ›linker Gesellschaftsveränderer‹, kein engagierter Umweltschützer hat das Leben vieler Menschen auch nur annähernd so beeinflußt, wie die moderne Industriegesellschaft […].«

Heinz R. Unger: »Und als die letzte Schlacht geschlagen war / und die Staubwolken sich hoben, / sah man deutlich, daß der Bourgeois / der wirkliche Gewinner war, / hops – jetzt war er oben.« (Aus: *Proletenpassion*)

Elfriede Jelinek als KPÖ-Mitglied beim *Volksstimme*-Fest 1978

Oben Autor im *Niemandsland* (Roman, 1978) der österreichischen Arbeitswelt: Gernot Wolfgruber

Unten Helmut Zenker, *Wespennest*-Mitbegründer, avancierte mit seinen TV-Serienkrimis *Kottan ermittelt* (ab 1978) zu einem der meistgespielten österreichischen Drehbuchautoren.

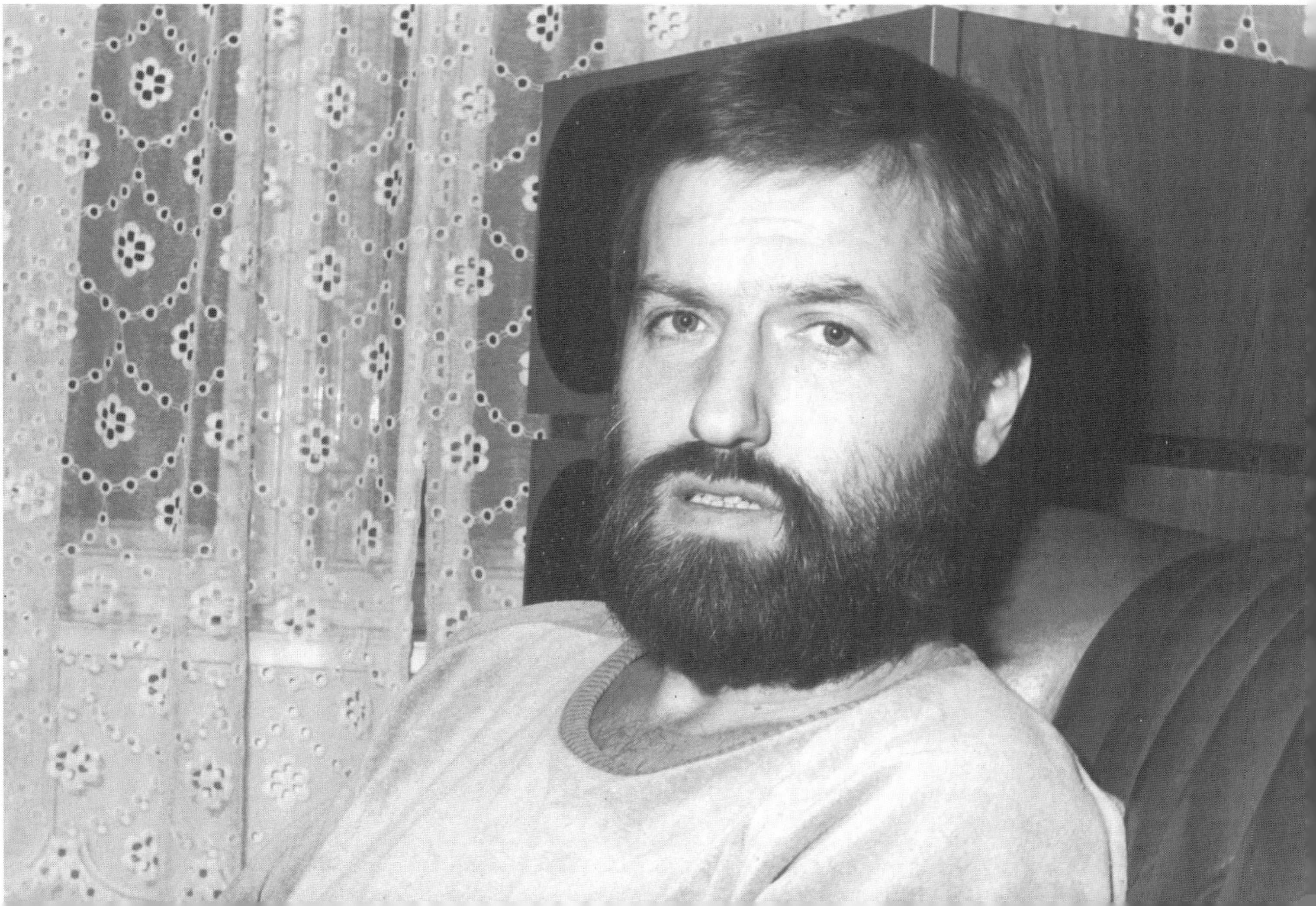

Oben Der Lyriker Norbert C. Kaser bei einer Lesung in der »Alten Schmiede« 1978, im Jahr seines Todes. Als letzten Text las der Südtiroler ›Revoluzzer‹ das *lied der einfallslosigkeit*: »geliebtes land / aus kuhglocken gebaut & / gasthausrauferei / kind des wetters / mutter der trauben / […] / hackbretter zithern / jodeln kann keiner / dem herzen des gottes verschworen / & ueber allem schwebt der henngeier«.

Links Nimmt sich 1978 in Salzburg das Leben: Jean Améry, Verfasser der Schrift *Hand an sich legen. Diskurs über den Freitod* (1976), hier bei einer Lesung im Deutschen Literaturarchiv, Marbach, 1977

Vor dem Abdanken

Vor dem Abdanken schildere ich
einen Herbsttag noch
Beim Kahlenbergerdorf.
Wo Schiff macht huuh.
Wo Schiff macht huuh.

René Altmann, 1959

1979 erscheint eine Sondernummer der *protokolle* mit den Gedichten des im Jahr zuvor verstorbenen René Altmann.

Oben Die Erfolgsautorin des Vorjahrs, Brigitte Schwaiger (*Wie kommt das Salz ins Meer*), im Gespräch mit Friedrich Torberg (l.) und Peter Stephan Jungk (m.) auf der Frankfurter Buchmesse 1978, wo ihr neuer Erzählband *Mein spanisches Dorf* präsentiert wird

Unten Peter Handke (l.) auf Einladung des österreichischen Kulturrats in Moskau, um 1978, im Gespräch mit dem russischen Germanisten Jurij Archipov

Oben Unermüdliche ›Manuskriptoren‹ (v. l. n. r.): Klaus Hoffer, Alfred Kolleritsch (*Einübung in das Vermeidbare,* 1978) und Bernhard Hüttenegger (*Reise über das Eis,* 1979)

Links 1978 erhält Peter Daniel Wolfkind den Literaturpreis des Landes Steiermark. Im gleichen Jahr wird im Grazer Schauspielhaus sein Drama *Hoffmanns Erzählungen* uraufgeführt.

Rechte Seite, links Klaus Hoffer, der 1979 – mit, wie Urs Widmer meint, Kafka als »Ahnvater« und Oswald Wiener als »jüngerem Vater« – sein erstes Buch vorlegt, den Roman *Halbwegs. Bei den Bieresch 1*: »Den Sommer verbrachte ich in einer der unwegsamen Provinzen im Osten des Reiches [...]« (Gesamtausgabe mit *Der große Potlatsch*, 1983).

Rechte Seite, rechts *Einübung in Katastrophen* heißt der erste, 1979 publizierte Teil der Autobiographie Dorothea Zeemanns über die Zeit von 1913 bis 1945 (Teil 2 erscheint 1982).

Und plötzlich, mitten in der Lektüre von Hoffers Buch, wird dem Leser mit heiligem Erschrecken klar, daß auch Hoffer ein Bieresch ist, daß auch er das Unmögliche versucht, DASS DIESES BUCH IHM UND UNS DIE ERLÖSUNG BRINGEN SOLL, und es gelingt ja auch, halbwegs.«
Urs Widmer

Klaus Hoffer
Bei den Bieresch
Halbwegs
Der große Potlatsch
Roman / S. Fischer

Dorothea Zeemann
Einübung in Katastrophen
Leben von 1913-1945
Erstausgabe
suhrkamp
taschenbuch

Am 29. September 1976 stiegen in meinem Heimatort Kamering bei Paternion, Kärnten, der 17jährige Mechanikerlehrling Jakob Pichler und sein gleichaltriger Freund, der Maurerlehrling Robert Ladinig, mit einem drei Meter langen Kalbstrick über eine Holzleiter des Pfarrhofstadels zu einem Trambaum hinauf. Sie schlangen das Seil um ihn und verknoteten die beiden Seilenden hinter ihren linken Ohren. […] Ihre Hände flochten sich zu einem Zopf ineinander, immer schneller im Kreis sich drehend wirbelten sie wieder auseinander und kamen vor ihren blutunterlaufenen Augen zum Stehen.

Josef Winkler, *Menschenkind*, 1979

Oben Felix Mitterer macht sich mit seinem frühen Stück *Kein Platz für Idioten* (Uraufführung 1977, Buchausgabe 1979) auf den Weg, einer der renommiertesten Vertreter des kritischen österreichischen Volkstheaters zu werden.

Unten Josef Winkler. 1979 erscheint sein Roman *Menschenkind*, der erste Teil der Trilogie *Das wilde Kärnten*.

Barbara Frischmuth nach einer Lesung im Deutschen Literaturarchiv, Marbach, 1980

Oben Fresacher Ost-West-Gespräche 1980: Joseph Zoderer (m.) mit dem Schriftsteller und Wirtschaftsmanager Matthias Mander (l.), der im Jahr zuvor mit seinem Roman *Der Kasuar* den künstlerischen Durchbruch geschafft hatte

Unten Ende der siebziger Jahre (v. l. n. r.): Jeannie Ebner, Marianne Gruber, Ilse Tielsch und Elke Vujica (Styria-Verlag). Ilse Tielsch arbeitet in dieser Zeit bereits an einem literarischen Großprojekt (Romantrilogie: *Die Ahnenpyramide*, 1980; *Heimatsuche*, 1982; *Die Früchte der Tränen*, 1988); Marianne Grubers erstes Buch wird ein Science-Fiction-Roman sein (*Die gläserne Kugel*, 1981).

Manès Sperber (l.) und Rudolf Henz, 1980

Franz Richter, Generalsekretär des Österreichischen P.E.N.-Clubs von 1976 bis 1990, mit Herta Staub, die von den Nationalsozialisten mit zeitweiligem Schreibverbot belegt worden war und danach (neben ihrem Engagement in der Erwachsenenbildung) nur noch sporadisch größere Veröffentlichungen vorlegte. Zwischen ihren Lyrikbänden mit dem jeweiligen Untertitel »Neue Gedichte« liegen genau zwanzig Jahre (*Der Feen-Rufer*, 1958; *Welt als Versuch*, 1978).

Wilhelm Szabo, der sogenannte »letzte Dichter des Dorfs« und Begründer des niederösterreichischen »Podium« (Literaturkreis und -zeitschrift), stirbt 1980.

Rechts Erik G. Wickenburg, Präsident des Österreichischen P.E.N.-Clubs von 1980 bis 1988, mit Gattin

Unten links Ilse Tielsch

Unten rechts Kollegenlob: Der seit seiner Emigration in der Schweiz lebende Fritz Hochwälder über Ilse Tielschs *Die Ahnenpyramide* (1980)

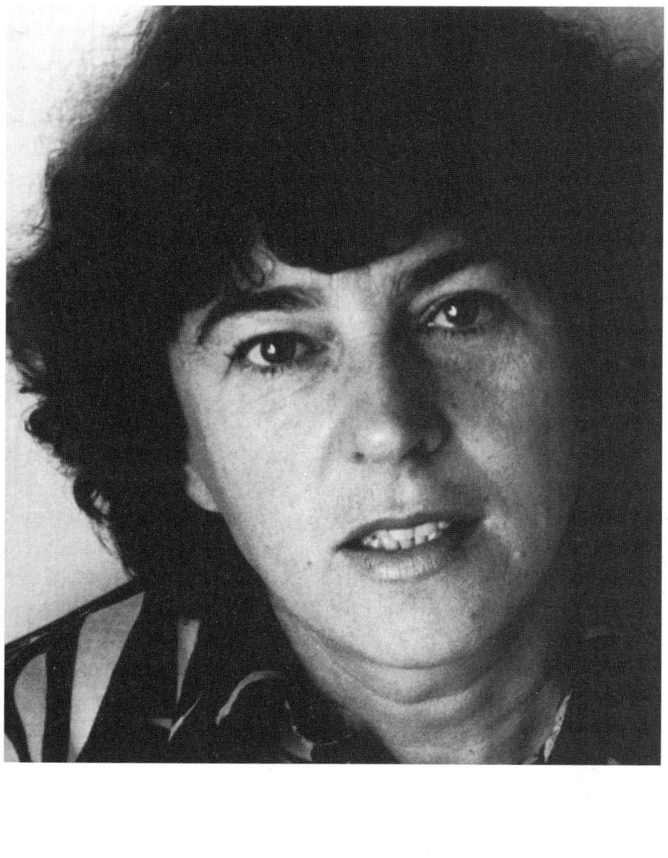

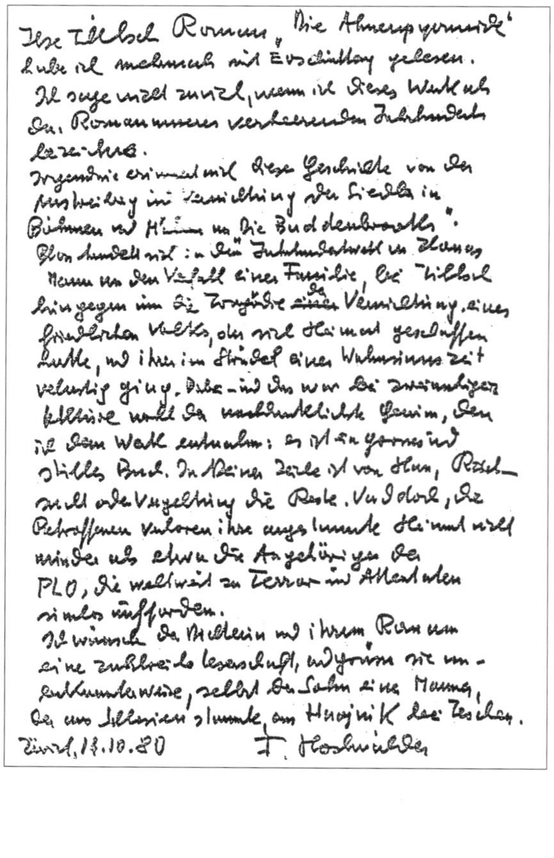

Ilse Tielsch Roman „Die Ahnenpyramide"
habe ich mehrmals mit Erschütterung gelesen.
Ich sage nicht zuviel, wenn ich dieses Werk als
den Roman unseres verheerenden Jahrhunderts
bezeichne.
Irgendwie erinnert mich diese Geschichte von der
Austreibung und Vernichtung der Siedler in
Böhmen und Mähren an die „Buddenbrooks".
Dort handelt sich's in dem Jahrhundertwerk von Thomas
Mann um den Verfall einer Familie, bei Tielsch
hingegen um die Vorgänge der Vernichtung eines
friedlichen Volkes, das sich Heimat geschaffen
hatte, und ihrer im Strudel einer Wahnsinnszeit
verlustig ging. Aber – und das war die zwingendste
Erkenntnis, wohl der nachdenklichste Gewinn, den
ich dem Werk entnahm: es ist ein ganz und
stilles Buch. In keiner Zeile ist von Hass, Rach-
sucht oder Vergeltung die Rede. Und doch, die
Betroffenen verloren ihre angestammte Heimat nicht
minder als etwa die Angehörigen der
PLO, die weltweit zu Terror und Attentaten
sinnlos aufforderten.
Ich wünsche der Dichterin und ihrem Roman
eine zahlreiche Leserschaft, und grüße sie un-
bekannterweise, selbst der Sohn eines Mannes,
der aus Slowenien stammte, am [illegible] des Zeichen.
Zürich, 13.10.80 F. Hochwälder

Lotte Ingrisch, in zweiter Ehe verheiratet mit dem Komponisten Gottfried von Einem, veröffentlicht seit Anfang der sechziger Jahre Romane, Hör- und Fernsehspiele sowie Theaterstücke. Ende der siebziger Jahre verfaßt sie das Libretto zu Gottfried von Einems *Jesu Hochzeit. Mysterienoper in zwei Akten*. Vor der Uraufführung im Rahmen der Wiener Festwochen 1980 eskaliert der Streit um das Stück zu einem Glaubenskrieg. Katholiken beschimpfen das ›ungeheuerliche Machwerk‹ und sehen die Mutter Gottes ›ästhetisch verunstaltet‹: »Als ›Herabwürdigung religiöser Lehren‹, eine laut Paragraph 188 des Strafgesetzbuches klagbare Handlung, wurden neben dem Titel mehrere Passagen empfunden, in denen Jesus mit Magdalena und der ›Tödin‹ schäkert oder Maria in einer Rüpelszene sich salopp gegen das ihr auferlegte Schicksal als Muttergottes wehrt. Wer die inkriminierten Stellen einigermaßen vorurteilslos las, konnte freilich blasphemische Züge darin nicht entdecken.« (Hilde Spiel, 1980) – Ein Titel wie *Reiseführer ins Jenseits* (1990) deutet die Richtung der weiteren Publikationen Lotte Ingrischs an.

Der weibliche Name des Widerstands – 1980 erscheint Marie-Thérèse Kerschbaumers Buch über sieben Frauenschicksale unter dem Nationalsozialismus, eine »radikale Antithese zur herrschenden Diskurssprache, die sich […] distanzlos mit den Tätern identifiziert und sich gleichzeitig identifikationslos von deren Verbrechen distanziert.« (Robert Menasse)

Marie-Thérèse Kerschbaumer beim *Volksstimme*-Fest

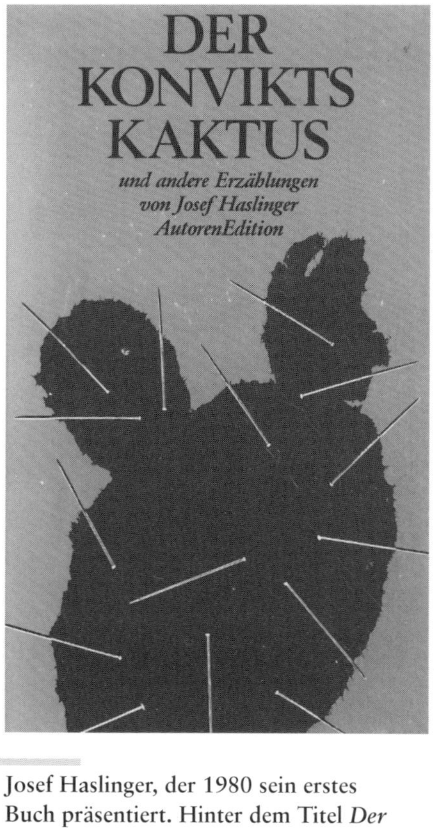

Josef Haslinger, der 1980 sein erstes Buch präsentiert. Hinter dem Titel *Der Konviktskaktus und andere Erzählungen* offenbart sich eine realistische Prosa. Die ›Titel-Story‹, in der ein katholischer Zögling mit »einem eineinhalb Meter langen Haslinger« bestraft wird, weist auf Erfahrungen des Erzählers als Konviktsschüler im Waldviertel zurück.

Gerhard Roth, der sich von den experimentellen Formen seiner frühen Prosa getrennt hat, legt mit *Der stille Ozean* (1980) die erste Arbeit zu dem literarischen, erst 1991 beendeten Großwerk *Die Archive des Schweigens* vor. Hauptschauplätze dieses tief in die ›österreichische Seele‹ eindringenden Roman-Zyklus' sind ein kleines Dorf in der Südsteiermark und der Moloch Wien.

Links Buchausgabe 1980 (Veröffentlichung in den *manuskripten* und in *theater heute* sowie Uraufführung in Graz bereits 1979). Hermann Schödel befindet in der Hamburger *Zeit* 1979: »Eines der schönsten Stücke der späten siebziger Jahre: in Graz verschenkt, in Zürich abgeschoben, in der Bundesrepublik bisher kaum beachtet.«

Ernst Jandl. *Aus der Fremde*, heißt es in dem Programmheft der Berliner Aufführung von 1980, »ist die Darstellung einer Depression, die einen etwa fünfzigjährigen Schriftsteller nahezu vollständig isoliert. Er klammert sich an eine gleichaltrige Kollegin, seine langjährige Freundin, und, weniger heftig, an einen um eine Generation jüngeren Freund. Sein Zustand spiegelt sich in seiner Sprache, in der es kein Ich, kein Du [...] gibt.« Im gleichen Jahr wird das Stück in der Berliner Inszenierung von Ellen Hammer zu einem durchschlagenden Erfolg (Mülheimer Dramatikerpreis 1980).

Links *Exit – Nur keine Panik*: das Plakat. Drehbuch: Gustav Ernst. Co-Drehbuchautor und Regisseur: Franz Novotny

Oben Gustav Ernst, *Wespennest*-Mitbegründer, Lyriker, Romancier, Dramatiker, Hörspiel- und Filmdrehbuchautor (u. a. *Exit – Nur keine Panik*, 1980)

Unten Mit früher Begabung unterwegs zum Erfolgsdramatiker: der zweiundzwanzigjährige Harald Kislinger, von dem 1980 (nach *Television* I und II in Linz und Kremsmünster, 1979/80) eine Kurzversion des Zweiakters *Kalt und warm* im Linzer »Kellertheater« Premiere feiert

Oben Peter Turrini in Moskau nach der dortigen Aufführung seines Stückes *Josef und Maria*, Mai 1981

Unten Multitalent: Ingrid Puganigg. Ihr 1981 erschienener Debütroman *Fasnacht* wird 1984 unter dem Titel *Martha Dubronski* von dem Schweizer Regisseur Beat Kuert verfilmt. Als Hauptdarstellerin wird Ingrid Puganigg auf dem Filmfestival von San Remo 1985 mit dem Preis für die beste weibliche Darstellerrolle bedacht.

UNSER
LANDESVATER

Linke Seite oben Radikal hinterfragender Kreisky-Skeptiker Thomas Bernhard, den später wiederum Erich Fried mit der Frage »Spinnt Thomas Bernhard?« (1983) konfrontieren wird.

Linke Seite unten Karikatur von Manfred Deix: Der ›Sonnengott‹ Bruno Kreisky wird 70. Als Ministranten fungieren Gerhard Roth (l.) und Peter Turrini. Träger sind die politischen ›Erben‹ Kreiskys: vorne Heinz Fischer (l.) und Karl Blecha, dahinter der damalige Bürgermeister von Wien, Leopold Gratz (l.), und der Unterrichtsminister und spätere Bundeskanzler Fred Sinowatz. Thomas Bernhard attackierte Roth und Turrini, weil sie für ein Fotobuch Texte über Bruno Kreisky verfaßt hatten.

Oben Peter Handke begrüßt Bundeskanzler Bruno Kreisky auf der Präsentation des von Handke und Helga Mračnikar übersetzten Romans *Der Zögling Tjaž* (1981) von Florjan Lipuš (in Slowenisch zuerst 1972).

Rechts Florjan Lipuš, um 1980. Lipuš ist seit Mitte der sechziger Jahre als Lehrer an zweisprachigen kärntner Volksschulen (slowenisch/deutsch) tätig und veröffentlicht bereits auch seit dieser Zeit in beiden Sprachen. Er gilt als einer der wichtigen, wenn nicht als der wichtigste unter den Repräsentanten der slowenischen Literatur in Kärnten.

ERSTER ÖSTERREICHISCHER SCHRIFTSTELLERKONGRESS

Der »Erste Österreichische Schriftstellerkongreß« 1981

Gerhard Ruiss

Sowohl von seinen Voraussetzungen als auch von seiner Themenstellung her war der »Erste Österreichische Schriftstellerkongreß« 1981 ein eher zum Scheitern als zum Gelingen bestimmtes Unternehmen. Nie vorher hatte ein solcher Kongreß stattgefunden, der sich das Aufspüren des existentiell Gemeinsamen von Schriftstellern und die berufliche Selbstorganisation der österreichischen Schriftsteller über die Verbands- und Parteigrenzen hinweg zum Ziel gesetzt hatte. Keiner der bei der Tagung »Die Lage der Schriftsteller in Österreich« am 4. November 1979 in Mürzzuschlag bestimmten Angehörigen des »Komitees zur Organisation eines Ersten Österreichischen Schriftstellerkongresses« konnte auf entsprechende Erfahrungen zurückgreifen (Organisationskomitee des Kongresses: Walter Bacher, Milo Dor, Hans Haider, Nils Jensen, Marie-Thérèse Kerschbaumer, Wolfgang Kudrnofsky, Heinz Lunzer, Günther Nenning, Gerhard Ruiss, Franz Schuh, Johannes A. Vyoral). Und niemand, außer den Autoren selbst, ging von einer größeren Anzahl Schreibender in Österreich aus. Das Maximum an Schriftstellern, das die zur Finanzierung dieses Kongresses kontaktierten staatlichen Vertreter den Kongreßorganisatoren zubilligten, war eine Zahl von 200 österreichischen Autoren.

Mitinitiator: Gerhard Ruiss

Rund 800 Autoren waren schließlich am »Ersten Österreichischen Schriftstellerkongreß« beteiligt. Der Festsaal und die Wappensäle des Wiener Rathauses wurden zum ersten Mal für einen Anlaß außerhalb der offiziellen Stadtverwaltungsangelegenheiten geöffnet. Eine politisch und literarisch prominente Rednerliste eröffnete den Kongreß, eine politisch und kulturell prominent besetzte Diskussionsteilnehmerliste schloß ihn. Rede und Antwort standen den Autoren u. a. der Österreichische Bundeskanzler Bruno Kreisky, der ORF-Generalintendant Gerd Bacher, der Burgtheaterdirektor Achim Benning, der Präsident des Österreichischen Gewerkschaftsbundes Anton Benya und Dutzende österreichische Spitzenpolitiker. Grußadres-

Teilnehmer: Michael Scharang (l.) und Gernot Wolfgruber

Teilnehmer (v.r.n.l.): Hans Weigel, Jeannie Ebner, Erich Fried, Michael Scharang

In heftigem Disput: Franz Innerhofer

sen kamen vom Österreichischen Bundespräsidenten Rudolf Kirchschläger und von Thomas Bernhard.

Was war nun das Besondere an diesem Kongreß? Er ist bis heute der einzige geblieben. Die österreichischen Schriftsteller haben sich nicht – wie ihre deutschen Kollegen – innerhalb der Gewerkschaft, sondern innerhalb der bereits bestehenden Interessengemeinschaft österreichischer Autoren (IG Autorinnen Autoren) neu organisiert. Der Festsaal und die Wappensäle des Wiener Rathauses wurden im Anschluß an diesen Kongreß weiteren Kulturveranstaltungen und vor allem der jährlich stattfindenden Österreichischen Buchwoche zugänglich gemacht. Und zum ersten Mal wurden in Österreich die Schriftsteller als Berufsgruppe wahrgenommen.

Als Spätfolgen dieser Selbstorganisation lassen sich zahlreiche rechtliche, soziale und strukturelle Verbesserungen nennen, die ohne diesen Aufbruch nicht denkbar gewesen wären: der Sozialfonds für Schriftsteller und Übersetzer, die Schulbuchabgeltung, die Bibliothekstantieme, die Reprographievergütung, die Steuerbefreiung von Preisen und Stipendien und nicht zuletzt eine erhebliche Anzahl neuer Förderungsmaßnahmen und die Einrichtung von Literaturhäusern in Österreich.

Daß dieser Aufbruch möglich war, lag an einer nie zuvor deutlicher demonstrierten Solidarität, die nicht besser zum Ausdruck hätte kommen können, als in der Umarmung von Erich Fried und Hans Weigel: »So etwas, wie uns hier, hat es, glaube ich, in Österreich noch nie gegeben.«

Christian Ide Hintze engagiert sich für »Frauen Macht«, März 1981.

Elisabeth Wäger(-Häusle), Elfriede Jelinek und Elfriede Gerstl, 1981 (v.l.n.r.)

Brigitte Schwaiger und Arnulf Rainer. Ein ›Werkstatt-Gespräch‹ mit dem Wiener Maler legt die Schriftstellerin 1980 als Buch (*Malstunde*) vor. – Schwaiger: »Sind das blöde Fragen?« Rainer: »Nein, naiv sind sie. Naiv. Blöd nicht.«

Der Wiener Kabarettist und Satiriker Werner Schneyder (r.) gastierte von 1974 bis 1981 bei der »Münchner Lach- und Schießgesellschaft«, hier mit seinem langjährigen deutschen Partner Dieter Hildebrandt im Oktober 1981.

Oben Wilhelm Muster meldet sich nach zwanzigjähriger Publikationspause mit den Romanen *Der Tod kommt ohne Trommel* (1980) und *Die Hochzeit der Einhörner* (1981) zurück.

Unten Joseph Zoderer veröffentlicht 1982 *Die Walsche*. Das Buch wurde, wie sein erster Roman *Das Glück beim Händewaschen*, für das österreichische, italienische, schweizerische und deutsche Fernsehen verfilmt.

Nobelpreis für Literatur 1981 –
an den britischen Staatsbürger und großen ›Alt-Österreicher‹ Elias Canetti

Links Elias Canetti und der König von Schweden beim Bankett anläßlich der Verleihung des Literaturnobelpreises

In seinem Dank für den Literaturnobelpreis bezog sich Canetti unter anderem auf sein altehrwürdiges Vorbild Karl Kraus: »Er hat mich gegen den Krieg geimpft. Heute, seit Hiroshima, weiß jeder, was Krieg ist. Und daß es jeder weiß, ist unsere einzige Hoffnung«.

Oben Friederike Mayröcker bei ihrer Rede anläßlich der Verleihung des »Großen Österreichischen Staatspreises für Literatur«, 1982

Unten Erich Fried ›gastiert‹ auf dem 7. Internationalen Autorenseminar des Literarischen Quartiers / Alte Schmiede in Wien »Über Erich Fried«, das im Dezember 1982 unter anderem von dem Schriftsteller Gerhard Kofler (l., dahinter ›Schmiede-Chef‹ Kurt Neumann) moderiert wurde. Im gleichen Jahr erscheinen Frieds Gedichtsammlung *Das Nahe suchen* und der Erzählband *Das Unmaß aller Dinge*.

Oben P.E.N.-Mitglied György Sebestyén (stehend) bei einer Pressekonferenz anläßlich des 10jährigen Erscheinens der von ihm herausgegebenen Kulturzeitschrift *Pannonia*, 1982

Unten Affront und (fast französische) Konfession: Zur DEMONSTRAKTION bekennen sich auf dem »Zug der Wenigen« im März 1982, der – nach Christian Ide Hintze –»ersten abendländischen Schriftsteller-Demonstration« (v. l. n. r.): Hintze, Brigitte Schwaiger, Peter Henisch und Peter Weibel.

Volksstimme-Fest zu Beginn der achtziger Jahre: Peter Turrini (l.), Elfriede Jelinek (3. v. l.), Marie-Thérèse Kerschbaumer (4. v. l.), Arthur West (5. v. l.), Janko Messner (r.)

»Zug der Wenigen«. Den Transparent-Trägern folgen u. a. (v. l. n. r.) Peter Weibel, Jutta Schutting, Hilde Spiel und Michael Scharang.

»Zug der Wenigen« mit (v. l. n. r.): Christian Ide Hintze, Josef Haslinger und Peter Weibel

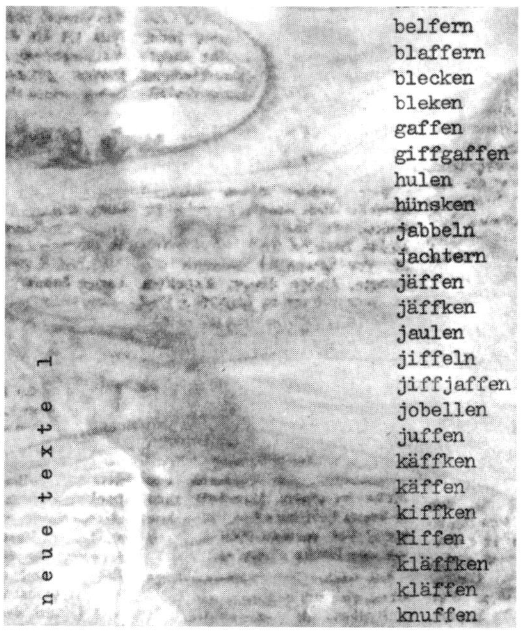

Oben Der oberösterreichische Autor Reinhold Aumaier bei der Aufnahme eines Textes zu Beginn der achtziger Jahre. 1982 erscheinen seine *Briefe an Adalbert Stifter.*

Unten links Heimrad Bäcker, Avantgarde-Förderer, Verlagsgründer und Herausgeber der Zeitschrift *neue texte*

Unten rechts *neue texte*, Heft 1, mit einem Textausschnitt aus Friederike Mayröckers *Aschenbahn*

Literaturlandschaft Oberösterreich

Andreas Brandtner

An der Definition der ›Literaturlandschaft‹ Oberösterreich in den fünfziger und sechziger Jahren hat die *Stillere Heimat*, das seit 1952 herausgegebene literarische Jahrbuch des Kulturamts der Landeshauptstadt Linz, zentralen Anteil, indem es explizit die Publikation eines repräsentativen Querschnitts der oberösterreichischen Gegenwartsliteratur anstrebt. Mit Namensidentität und Überschneidung der Beiträger schließt es an das *Jahrbuch der Gauhauptstadt Linz* (1940–44) an und bestätigt über diese Kontinuität eine gesamtösterreichische Tendenz. In das Organ aufgenommen wurden Texte von Schriftstellerinnen und Schriftstellern, die dem Bundesland biographisch (mitunter auch familiengeschichtlich) enger zugehören, ästhetisch aber unterschiedliche Positionen repräsentieren. So finden sich sowohl antimodernistische und formal restaurative Autoren wie Rudolf Bayr, Richard Billinger, Arthur Fischer-Colbrie, Karl Kleinschmidt, Alexander Lernet-Holenia, Franz Tumler und Julius Zerzer als auch Schriftsteller, die in der Folge den ästhetischen Konnex zur Moderne herstellen sollten: Ilse Aichinger, Heimrad Bäcker, Thomas Bernhard, Marlen Haushofer sowie Hermann Friedl, Franz Kain, Franz Rieger und Karl Wiesinger, die eine kritische Heimatliteratur vertreten.

Keinen stärkeren Akzent konnten die nur kurzfristig bestehenden Organe *Die Silberrose* (1951/52) – die Zeitschrift des oberösterreichischen Künstlerbundes – und *Polyphem* (1963/64) setzen. Auch der in unmittelbarer Nachkriegszeit von offizieller Seite unternommene Versuch, Enrica Handel-Mazzetti, die ein prononciert katholisches Literaturprogramm vertreten hat, wieder als literarische Autorität zu etablieren, wollte nicht gelingen, obwohl ihre historisierenden Romane bis in den Anfang der sechziger Jahre breit rezipiert wurden.

Alois Brandstetter

Unbeeindruckt von aktuellen literarischen Strömungen agiert das *Jahrbuch der Innviertler Künstlergilde* (1927–33, 1958 ff.), das neben Billinger, Fischer-Colbrie, Franz Karl Ginzkey und Zerzer, die bereits in den Vorkriegsbänden zu finden waren, Texte von Gertrud Fussenegger, Eduard Christoph Heinisch, Herbert Lange und Carl Hans Watzinger aufnimmt.

Ende der sechziger Jahre wirkt sich der Modernisierungsschub der österreichischen Literaturszene auch auf Oberösterreich aus. Die Zeitschrift *Stillere Heimat* wird 1970 in *Facetten* umbenannt und vertritt weiterhin die Literatur Oberösterreichs umfassend. Aufgenommen werden etwa Tendenzen der Neuen Subjektivität der siebziger Jahre – Brigitte Schwaiger konnte mit ihrem Erstlingsroman *Wie kommt das Salz ins Meer* (1977) auch einen Bestseller landen –, weiters Schreibformen eines kritischen Realismus – Alois Brandstetter, Erich Hackl und Waltraud Anna Mitgutsch – und schließlich die experimentellen Verfahren Franz Josef Czernins, Franzobels und Walter Pilars.

In ihrem Auftrag, sämtliche aktuelle ästhetische Lager zu vereinen, werden die *Facetten* seit 1975 durch eine Literaturzeitschrift des Landes ergänzt. Im Unterschied zum Periodikum der Stadt Linz konzentriert sich *Die Rampe* aber nicht ausschließlich auf Literatur aus Oberösterreich. Das der Österreichischen Gesellschaft für Literatur nahestehende Organ repräsentiert neben dem regionalen Anspruch mit Texten von Milo Dor, Jeannie Ebner, Elfriede Gerstl, Marianne Gruber, Peter Handke, Bodo Hell, Peter Henisch, Ernst Jandl, Andreas Okopenko, Hilde Spiel usw. die Bandbreite der österreichischen Literatur. Zudem werden auf der regionalen Schiene Außenseiter des Literaturbetriebs wie Hermann Schürrer publiziert und junge Autoren gefördert.

Früh hingewiesen wurde etwa auf Christoph Ransmayr und Reinhold Aumaier, der später mit seinen *Briefen an Adalbert Stifter* (1982) – wie übrigens auch Hermann Friedl mit *Beginn der Errichtung eines Denkmals* (1988) – die neben Franz Stelzhamer zweite große (lokal-)literarische Autorität aus dem 19. Jahrhundert aufgegriffen hat. Seit 1992 wird jährlich ein *Rampe-Porträt* vorgelegt, das kanonisierend den Höhenkamm einer oberösterreichischen Literatur bestimmen soll und bislang auf die Exponenten tendenziell traditioneller Schreibweisen rekurrierte, nämlich Gertrud Fussenegger (1992), Franz Rieger (1993), Franz Kain (1994), Käthe Recheis (1995), Friedrich Ch. Zauner (1996), Franz Josef Heinrich (1997), Alois Brandstetter (1998) und Kurt Klinger (1999).

Die österreichische und internationale Avantgarde vertritt die Zeitschrift *neue texte*, die von 1968 bis 1991 von Heimrad Bäcker betreut wurde und sprach- und formreflexive Arbeiten unter anderem von Friedrich Achleitner, H. C. Artmann, Konrad Bayer, Anselm Glück, Eugen Gomringer, Helmut Heißenbüttel, Franz Mon und Ferdinand Schmatz veröffentlichte. 1976 wurde flankierend die innovative *edition neue texte* gegründet, in der etwa mit Bäckers *nachschrift* (1986) ein wichtiger Beitrag zur konkreten Poesie erschienen ist. Die Reihe wurde 1992 dem Droschl-Verlag in Graz übergeben. Ebenso dem literarischen Experiment verpflichtet finden seit den siebziger Jahren in der Linzer Galerie Maerz Lesungen statt. Die avancierten Texte werden in der 1990 initiierten Reihe *Linzer Notate* publiziert. Übrigens tritt bereits seit den fünfziger Jahren neben die traditionsgebundene oberösterreichische Dialektlyrik – institutionell vom seit 1882 existierenden Stelzhamerbund und literarisch von Autoren wie Otto Jungmair, Hans Schatzdorfer und Josef Viktor Stummer repräsentiert – Achleitners analytischer Umgang mit seiner Innviertler Heimatmundart. An diese experimentelle Praxis schließt Fritz Lichtenauer an.

Die Erneuerung der Literaturszene erfaßte auch den Bereich der Autorenverbände und hatte schließlich Auswirkungen auf das Verlagswesen: In den siebziger Jahren traten zur ältesten Schriftstellervereinigung Oberösterreichs, dem 1956 gegründeten Autorenkreis Linz (bis 1972 Gemeinschaft oberösterreichischer Schriftsteller), regionale Gruppierungen (inter-)nationaler Verbände. Seit 1972 besteht der Oberösterreichische P.E.N.-Club als eigene Landesgruppe und versteht sich unter den langjährigen Präsidentschaften Fusseneggers und Zauners als Zusammenschluß bereits

Franz Rieger

Franz Kain

profilierter Schriftsteller (Buchreihe: Edition 90). 1987 bildete sich mit der Regionalisierung der Grazer Autorenversammlung auch eine GAV-Gruppe Oberösterreich. Nach dem Ersten Österreichischen Schriftstellerkongreß 1981 in Wien organisierte sich in Oberösterreich ebenfalls der Dachverband – die Interessengemeinschaft Österreichischer Autorinnen Autoren – unter dem Namen Forum Literatur. Von dieser Oberösterreich-Sektion spaltete sich 1990 das Neue Forum Literatur ab, eine kleine Gruppe um Walter Wippersberg, die seit 1992 die Zeitschrift 99 herausgibt.

Ende der siebziger Jahre kam es zu ersten Gründungen von Kleinverlagen, die sich auf bestimmte Segmente des literarischen Diskurses konzentrieren. Mittlerweile zeichnet sich der Literaturbetrieb Oberösterreichs durch eine sehr hohe Dichte von Verlagen aus. Die sprunghafte Steigerung der Buchproduktion in den neunziger Jahren wird von Werbe- und Distributionsmaßnahmen wie der jährlich stattfindenden Linzer Buchmesse »Herbstlese« mitgetragen. Den Kontakt zwischen Schriftstellern und Verlegern unterstützt die öffentlich geförderte Reihe »Lektorat«, in der konkrete Buchprojekte professionell betreut werden.

Seit 1947 werden die Literaturpreise des Landes Oberösterreich vergeben; dazu kommt der 1990 neu geschaffene große Adalbert-Stifter-Preis als höchste Auszeichnung des Landes für literarische Leistungen, der bisher Heimrad Bäcker, Franz Kain und Franz Rieger zuerkannt wurde. Im Anschluß an die Ende der sechziger Jahre aufgekommene Werkkreis-Bewegung wurde 1976 der Max-von-der-Grün-Preis »Literatur der Arbeitswelt« unter dem Juryvorsitz des Namensgebers eingesetzt und zuletzt 1998 durchgeführt. Preisträger war unter anderem Manfred Maurer (1981), der dem realistischen Erzählen verpflichtet blieb. 1999 erfolgte eine Neuausschreibung als »Buch.Preis.99« für einen bereits publizierten Text, der mittlerweile über die Arbeitswelt hinausgehende Themen behandeln kann. Der neu gegründete Marianne-von-Willemer-Preis wurde als Literaturwettbewerb für Schriftstellerinnen ausgeschrieben.

Die Unterstützung des literarischen Nachwuchses läuft vor allem über die erstmals 1974 überreichte Talentförderungsprämie für Literatur – 1980 hat diese Auszeichnung Elisabeth Reichart, die sich sowohl als Historikerin als auch als Literatin intensiv mit dem Nationalsozialismus auseinandergesetzt hat, erhalten – und das von 1986/87 bis 1998 eingerichtete Jahresstipendiat »Linzer Geschichtenschreiber«. Als überregionaler Literaturwettbewerb wurde zudem 1995 die »Floriana« geschaffen.

Ein programmatischer Zugang zur Gegenwartsdramatik entwickelte sich seit den fünfziger Jahren – und damit vergleichsweise früh – am Linzer Landestheater, wobei mit Uraufführungen von Thomas Baum, Harald Kislinger, Kurt Klinger, Franz Pühringer, Friedrich Ch. Zauner und Oskar Zemme auch Stücke aus Oberösterreich aufgegriffen werden. 1989 etablierte sich als neue Spielstätte, die verstärkt Gegenwartsliteratur berücksichtigt, das Theater Phönix in Linz.

Das Adalbert-Stifter-Institut des Landes Oberösterreich wurde 1950 als kulturelles Zentrum der Stifter-Forschung gegründet. 1983 wurde sein Aufgabengebiet auf den Gesamtbereich der Literatur Oberösterreichs ausgedehnt und ein Oberösterreichisches Literaturarchiv eingerichtet. Seit 1992/93 nimmt das Stifter-Haus die Funktion eines Literaturhauses wahr und veranstaltet regelmäßig Lesungen, Präsentationen und Literaturausstellungen mit regionaler und überregionaler Ausrichtung.

Kurt Klinger

Oben Die studierte Kunsthistorikerin Elfriede Czurda legt mit dem Prosaband *Diotima oder Die Differenz des Glücks* 1982 ihre vierte Buchveröffentlichung vor. Von 1975 bis 1976 war sie bei der GAV engagiert, wofür sie von Ernst Jandl die beste Note erhielt: »Dr. Elfriede Czurda, die neue Generalsekretärin, setzte die Arbeit Klaus Hoffers mit Umsicht und Einsatzbereitschaft fort und baute in mühsamer Kleinarbeit das neue Sekretariat, 1010 Wien, Schwertgasse 2/13, auf« (1977).

Unten Mit der Beschreibung der Jahre 1945 bis 1973 setzt Dorothea Zeemann (l.) 1982 ihre äußerst freizügige Autobiographie fort (*Jungfrau und Reptil*). Barbara Frischmuth (r.) präsentiert in diesem Jahr ihren Roman *Die Frau im Mond*.

Oben 1983 erscheint Elfriede Jelineks Roman *Die Klavierspielerin* über die beklemmende Existenz einer Frau, die nach dem Willen ihrer Mutter eine große Piano-Virtuosin hätte werden sollen.

Unten Elfriede Jelinek mit ihrer Mutter in den achtziger Jahren

Oben Helmut Eisendle in Berlin: *Vom Charlottenburger Ufer zur Monumentenstraße. Berliner Notizen* (1983)

Unten Peter Waterhouse. 1984 erscheint in der »manuskripte Edition« sein erster Lyrikband: *MENZ.*

Oben links Reinhard Priessnitz, 1983, zwei Jahre vor seinem Tod

Unten links Franz Weinzettl debütiert 1983 bei Residenz mit der Erzählung *Auf halber Höhe*.

Oben rechts Gunter Falk bei einer Lesung in der Wiener »Alten Schmiede« 1981, zwei Jahre vor seinem Tod

Unten rechts Wolfgang Kraus, der Leiter der »Österreichischen Gesellschaft für Literatur«, im Jahr 1983 als ›Kulturphilosoph‹ mit düsterer Botschaft: »Die Gier, sich mit Gott zu verwechseln, zerstört das Mögliche. Mißlingen, Selbsthaß, Gleichgewichtsverlust sind die Zeichen einer schleichenden Apokalypse von innen […].«

Walter Kappacher, engagierter Literaturanwalt der ›Arbeitswelt‹, veröffentlicht 1984 den Erzählband *Gipskopf*. Selbst seine ›ideologischen Gegner‹ zollen ihm Anerkennung (»Literaturpreis des Kulturkreises des Bundesverbandes der Deutschen Industrie«, 1986).

Rechts Elisabeth Reichart veröffentlicht den Roman *Februarschatten* (1984). Dazu Christa Wolf: »Gegen Ende des Krieges, Anfang Februar 1945, wurden fast 500 sowjetische Offiziere, die aus dem Konzentrationslager Mauthausen entflohen waren, von der Bevölkerung des Mühlviertels in Oberösterreich niedergemacht. Elisabeth Reichart ist im Mühlviertel aufgewachsen. Nie, niemals hat sie von den Erwachsenen auch nur eine Andeutung über jenen Massenmord gehört, bis sie selbst fast erwachsen war. Da sprach ihre Großmutter. Wir saßen uns in einem Wiener Restaurant gegenüber, als sie mir davon erzählte, ähnlich stockend, wie sie [...] schreibt. Daß diese Mitteilung ihrem Schreibzwang für ihr erstes Buch die Richtung geben mußte, war selbstverständlich. Und daß der Schock, den die Mitteilung auslöste, in dieses Buch eingehen mußte, auch.«

Oben Manfred Maurer debütiert 1984 mit dem Roman *Sturm und Zwang*. Über den Autor und seine Teilnahme am Ingeborg-Bachmann-Wettbewerb 1987 informiert Ulrich Weinzierl die Leser der *Frankfurter Allgemeinen Zeitung* anläßlich des Erscheinens der Erzählsammlung *Thrill* (1988): »Als Manfred Maurer beim letzten Ingeborg-Bachmann-Wettbewerb einen Auszug aus diesem Band vortrug, geriet ein gelehrter Juror in Verzückung, weil er, naturgemäß irrtümlich, eine subtile Parodie auf Thomas Manns ›Tod in Venedig‹ zu hören glaubte. Von eleganter Morbidezza und bildungsgesättigtem Spiel mit der Dekadenz ist in Maurers Prosa freilich nichts zu bemerken. Dieser Erzähler liebt Schockfarben und Neonlicht, vor allem aber Aktion, die er hurtig – geradezu presto agitato – ablaufen läßt.«

Mitte Liesl Ujvary liest in der Alten Schmiede in Wien, Ende 1983. Im darauffolgenden Jahr erscheint ihr Roman *Schöne Stunden*.

Oben Der junge, in beiden kärntner Landessprachen schreibende Schriftsteller Janko Ferk (l.) und Erich Fried, 1984. Ein Interview, das Ferk und Janko Kulmesch in diesem Jahr mit Fried »zur Slowenenfrage in Kärnten« führen, erscheint unter dem Titel *Die Idioten haben wirklich Urangst* in der Dezember-Ausgabe von *Das Magazin* (Wien).

Mitte Der Romancier Frederic Morton: *The Forever Street*, 1984 (dt. *Ewigkeitsgasse*, 1986)

Unten Helmut Qualtinger in der Mitte der achtziger Jahre in einem Lokal der Wiener Innenstadt, in dem eine seiner populären Lesungen angekündigt ist.

Oben links Literarischer ›agent provocateur‹: Thomas Bernhard, Mitte der achtziger Jahre

Oben rechts Skandal 1984/85 um Bernhards *Holzfällen. Eine Erregung* (1984): Der ›Schlüsselroman‹ wird von der Polizei konfisziert, und eine Ehrenbeleidigungsklage von Gerhard Lampersberg folgt. Thomas Bernhard veranlaßt ein Auslieferungsverbot seiner Bücher in Österreich.

Unten H. C. Artmann (r.) und Maja Lampersberg (l.), um 1985. In der Mitte der ›indignierte‹ Ex-Bernhard-Vertraute Gerhard Lampersberg, eine ›Schlüsselfigur‹ in *Holzfällen*

Ernst Jandl:
Großer Österreichischer Staatspreis 1984

Der Jazz-Fan Ernst Jandl tritt mit Mitgliedern des »Vienna Art Orchestra« im Konzerthaus Wien auf (1984). Das von Jandl hochgeschätzte Musikensemble ist auch bei der Verleihung des Großen Österreichischen Staatspreises dabei, was der Preisträger in seinem Dank kommentiert: »Und wie wunderbar, ich habe es jüngst erlebt, mit Mathias Rüegg und Musikern seines Vienna Art Ochestra, die für uns hier Musik des Altmeisters Erik Satie spielen, wofür ihnen und jenen, die mir diesen Wunsch erfüllt haben, wärmstens gedankt sei – wie wunderbar, daß neue Musik auf neue Weise mit dem Gedicht zu verschmelzen begonnen hat – ich habe es jüngst erlebt, viele haben es miterlebt, und ich bitte Lauren Newton, mir einige Atemzüge lang ihre Stimme zu schenken, damit ich Ihnen zeige, wo mein Herz schlägt.«

Büchner-Preisträger 1984: Ernst Jandl (m.) – »der in seinem poetischen Werk mit unerschöpflichem Sprachwitz den Zustand unserer Gesellschaft bloßlegt und mit der Erfindung der von ihm so genannten heruntergekommenen Sprache einen neuen poetischen Raum für den Ausdruck heutiger Erfahrung geöffnet hat.« (Begründung der Jury) – bei der Preisverleihung mit Erwin Chargaff (l.) und Odo Marquard. – 1985 erscheint zum ersten Mal eine (dreibändige) Jandl-Werkausgabe.

Dichtung, bisweilen, ist ein blutiges Geschäft, zwischen Selbstverletzung und Selbstzerfleischung.«
Ernst Jandl,
Büchner-Preisrede 1984

Oben Josef Haslinger liest aus seiner Waldviertler Sozialnovelle *Der Tod des Kleinhäuslers Ignaz Hajek* (1985).

Mitte Josef Haslinger (l.) und der deutsche Wahlwiener Ludwig Fels, 1985

Unten links Für ihren Erzählband *Ein Vergleich mit dem Leben* (1985) erhält Eva Schmidt (l.) 1986 den »Förderpreis des Bremer Literaturpreises«. Neben der Preisträgerin hat ihr ostdeutscher Kollege Volker Braun Platz genommen.

(Waltraud) Anna Mitgutsch. – »Ich war das besterzogene Kind in der Verwandtschaft, Mund halten und sitzen bleiben, nicht dreinreden, still und alleine spielen, niemanden belästigen […]« (in ihrem vielbeachteten Romanerstling *Die Züchtigung*, 1985).

Oben links Klaus Hoffer hält in Graz die »Poetik-Vorlesung« 1985/86, die unter dem Titel *Methoden der Verwirrung. Betrachtungen zum Phantastischen bei Franz Kafka* (1986) erscheint. Dazu eine freie Foto-Interpretation: Negationselimierung durch Kopfesstärke, und in diesem Fall berechtigt: »Lesen Sie das!«

Oben rechts Bernhard Hüttenegger signiert *Der Glaskäfig* (1985), eine Erzählung über die trostlose Welt des Versicherungsangestellten Lesski.

Unten links »Eine steirische Wirtshausoper in einem Rausch«: 1985 wird beim »steirischen herbst« im Grazer Opernhaus Reinhard P. Grubers *Heimatlos* uraufgeführt.

Unten rechts »Es gibt da nix zu verstehen, weil. Das ist nicht zum Verstehen. Verstehst.«: Marianne Fritz veröffentlicht mit *Dessen Sprache du nicht verstehst* ein monumentales Romanwerk mit 3388 Seiten in drei Bänden. Bei der Buchpräsentation des Suhrkamp-Verlages erläutert Wendelin Schmidt-Dengler: »Ist einem literarischen Kunstwerk schwer beizukommen, so sucht die Kritik sich der Sache quantifizierend zu entledigen. So bereits geschehen bei Marianne Fritz' Roman [...], wo der stupende Umfang registriert wurde und die Kritiker veranlaßte, den erreichten Seitenstand bei der Lektüre einander in den Journalen zuzurufen oder die weiße Flagge zu hissen und in Ehren zu kapitulieren.« An anderer Stelle gibt der Wiener Germanist eine erste Idee von dem, was man traditionell den ›Inhalt‹ eines literarischen Werks nennt: »Im Mittelpunkt steht die Familie Null, eine Proletarierfamilie. Der Held ist Johannes Null, der – und wir sind im Jahre 1914 – sich dem Wehrdienst entzieht und somit fahnenflüchtig wird. Und dann gibt es auch noch die Geschichte der vier anderen Null-Brüder, die auch nahezu durchgehend tragisch endet.«

Oben links Claudia Erdheim. – »Um was geht es? Dem Therapeuten, so scheint es, um sein Selbstbild als unwiderstehlich Erfolgreicher, das demontiert wird. Der Patientin, Romanheldin und Autorin, um ein Stück unverbrüchlicher Authentizität, das sich nicht zuschütten lassen will mit klinischen Begriffen, Deutungen, Kommentaren und Tricks.« (Thomas Leithäuser im Vorwort zu Claudia Erdheims Roman *Herzbrüche*, 1985)

Oben rechts Gabriel Baryllis Stück *Butterbrot* – 1986 im Wiener Theater Drachengasse mit dem Autor als Darsteller uraufgeführt – wird in den Folgejahren auf über 80 deutschen Bühnen gespielt, 1988 verfilmt und als Roman (1989) zum Bestseller. »Drei Menschen versuchen einander zu sagen, wie sie sich fühlen und hören dem anderen zu. Und das ist so selten geworden, wie Sonnenblumen im Winter und vielleicht gehen die Menschen deswegen gerne hinein und schauen diesen Menschen zu.« (Gabriel Barylli, 1986)

Unten Lilian Faschinger, Verfasserin des Romans *Die neue Scheherazade*, die die renommierte Kritikerin Sigrid Löffler zu den wenigen wirklich »interessanten Debütantinnen« des Bücherherbstes 1986 zählt

Links Evelyn Schlag, Lehrerin und Schriftstellerin, in der zweiten Hälfte der achtziger Jahre. 1985 erscheint ihre Erzählung *Brandstetters Reise*, zwei Jahre später *Kränkung*, die Story einer jungen Autorin in einer Beziehungs- und Schaffenskrise: »Nach der fesselnden Lektüre hat man nicht das Gefühl, nur eine vergleichsweise kurze Erzählung gelesen zu haben, sondern einen komplexen Roman […] über unser aller Kränkung« (Wendelin Schmidt-Dengler).

Oben Wird nach heftigen Kritikerdiskussionen auf dem Ingeborg-Bachmann-Wettbewerb 1986 sogleich Suhrkamp-Autorin: die gebürtige Südtirolerin Anita Pichler (*Die Zaunreiterin*, 1986). Zwei Jahre vor ihrem frühen Tod erschien im Innsbrucker Haymon Verlag *Beider Augen Blick. Neun Variationen über das Sehen* (1995).

Unten Friederike Mayröcker in ihrem legendär gewordenen Arbeitszimmer, Mitte der achtziger Jahre. 1986 bringt sie den Gedichtband *Winterglück* heraus.

Erich Fried in Wien, 1986. In diesem Jahr erhält Fried den »Österreichischen Staatspreis für Verdienste um die österreichische Kultur im Ausland«.

Ende April 1986: Staatspreisverleihung an Erich Fried im Großen Konzerthaussaal in Wien, bei der mit entsprechender Prominenz – u. a. Wolf Biermann, Alfred Hrdlicka, Hans Mayer, Helmut Qualtinger, Erwin Ringel und die deutsche Schriftstellerin Christa Wolf (r.) – auch Frieds 65. Geburtstag vorgefeiert wird.

Staatspreisträger und Alt-Bundeskanzler: Erich Fried (l.) und Bruno Kreisky, 1986

Oben Helmut Qualtinger verstirbt im September 1986, nur wenige Monate vor der geplanten Uraufführung des Stücks *Sir John Falstaff* im Wiener Volkstheater, einer Bearbeitung der Shakespeareschen *Heinrich*-Dramen von Erich Fried, in der Qualtinger die Hauptrolle spielen sollte. Fried eröffnet seinen »Nachruf« in der Wiener *Wochenpresse* mit den Worten: »Helmut Qualtinger war für mich nicht nur ein ganz großer Schauspieler, sondern auch der wichtigste österreichische Satiriker seit Karl Kraus. Sein ›Herr Karl‹ ist leider heute noch so aktuell wie am Tag seiner Entstehung. Gerade deshalb, weil er ihn so oft gelesen hatte, [...] und weil sich trotzdem so wenig geändert hatte, wollte er ihn nicht mehr öffentlich lesen und hat nur zu meiner Geburtstagsfeier im Konzerthaussaal Ende April auf meine Bitte hin eine Ausnahme gemacht. Diese Lesung war einer der Höhepunkte der Feier«.

Unten Inge Merkel (l.) und Jutta Schutting (r.) auf einer Wiener Heurigen-Feier anläßlich des 75. Geburtstages von Hilde Spiel (m.), 1986. Inge Merkel hatte 1982 sechzigjährig ihren ersten Roman *Das andere Gesicht* veröffentlicht, 1985 folgte *Die letzte Posaune*.

Oben Hermann Schürrer, der 1986 stirbt, im Café. – »das publikum der cafés bestand und besteht zum größten teil aus, wie schürrer es nennen würde, kleinen idioten, es erfordert tatsächlich ausdauer und guten willen angesichts der nervenzermürbend geführten reden einer aufreizenden blödigkeit, noch weitere konsumationen zu bestellen, oder durch die ständig irgendwo herumliegenden villongedichtbände und kerouacausgaben nicht dem gedanken nachzuhängen, aber, wie gesagt, beschränken sich die kontakte und ereignisse, die wien zuläßt, doch mehr auf kaffeehäuser als auf parties.« (Reinhard Priessnitz, 1969)

Unten Feier zum 30jährigen Bestehen des Residenz Verlages im Wiener »Metropol«, 1986 (v. l. n. r.): Barbara Frischmuth, Inge Merkel, Verlagsleiter Jochen Jung

Die Kandidatur und Wahl des ehemaligen Wehrmachts-Offiziers und UN-Generalsekretärs Kurt Waldheim zum österreichischen Bundespräsidenten wird 1986/87 im In- und Ausland zur Waldheim- und Österreich-Affäre. Gegen den Politiker und den ÖVP-Slogan »Jetzt erst recht« protestiert auch eine Vielzahl österreichischer Schriftsteller von Peter Handke bis Erich Fried (»Vom Verdacht spricht sich mancher jetzt frei: / ›Ich war a-dabei, doch nicht dabei!‹ / Durch solche Berichte / wird aus unsrer Geschichte / ein ungenießbarer Brei.«). Die nachhaltig wirkende Affäre – in bezug auf das Nachdenken über Österreichs Rolle in der NS-Zeit ein markanter Einschnitt in das Selbstverständnis der Zweiten Republik – ist breit dokumentiert. Dazu eine Rückblicks-Einschätzung von Thomas Rothschild:

»Es muß schon Außerordentliches vorfallen, um Handke zu einem tagespolitischen Statement zu verlocken. Solch ein Vorfall war die Kandidatur Kurt Waldheims [...]. Mit ungewohnter Schärfe, freilich nicht ohne Bezüge zur Literatur von Grillparzer bis Kafka und nicht ohne Kritik an Waldheims Sprache, die wirklich nicht das Schlimmste an ihm ist, artikulierte Handke seinen Widerwillen gegenüber einem Gegenstand, der ›ein derart unpoetischer, d. h. Worte abstoßender ist‹ [= Handke-Zitat von 1986]. Freilich, selbst wenn Handke den Bundespräsidenten auffordert, wenigstens von seiner Ausstellungseröffnung während der Salzburger Festspiele 1987 zurückzutreten, mischt sich in den Respekt für diese wenn auch wohlfeile und ineffektive Zivilcourage der Verdacht einer verspäteten, aber medienwirksamen Einzelgänger-Aktion. Denn es war schon zuvor gerade der Fall Waldheim, der die unmittelbare Einmischung zahlreicher österreichischer Künstler in die Politik beförderte und etwa so unterschiedliche Autoren wie Frischmuth, André Heller, Jelinek, Kerschbaumer, Peter Rosei, Schutting, Turrini und Peter Weibel bei einer Mahnwache für den österreichischen Widerstand (gegen den Nationalsozialismus) vereinte. Das hindert allerdings nicht, daß man sich um Einladungen balgt, wenn der Bundeskanzler, der Waldheim diplomatisch verteidigt, ein Sommerfest gibt. Österreich ist eben ein Land der Widersprüche. Von der Politik hat man sich in Österreich das Feiern noch nie verderben lassen.« (1992, im letzten Jahr von Kurt Waldheims Amtsperiode)

Oben Peter Handke (r.) mit skeptischer Miene bei der Begegnung mit dem neuen österreichischen Bundespräsidenten Kurt Waldheim (l., in der Mitte Verleger Jochen Jung) auf dem Sommerfest 1986 des Residenz Verlages.

Unten Peter Handke (r.) veröffentlicht 1987 *Die Abwesenheit. Ein Märchen*, dessen Nachsatz er dem ›wahren Buch vom südlichen Blütenland‹ entnimmt: »Das Leben des Menschen auf Erden ist schnell vorüber wie der Schein eines weissen Rosses, der durch eine Spalte fällt ... Versuche, mit mir zu wandern in das Schloß des Nicht-Seins, wo alles eins ist.« Luc Bondy (l.) verfilmt *Die Abwesenheit* 1992.

Jetzt erst recht, ganz Österreich ist verfolgt. Waldheim zu wählen war Widerstand gegen eine Weltverschwörung. Von nationaler Schicksalsgemeinschaft hat man früher gesprochen. Einmal diese Geister erfolgreich aus dem Keller geholt, spuken sie bei jeder Gelegenheit. Noch die Katastrophe von Tschernobyl paßt in dieses Szenarium. Jens Tschebull schrieb im Wahlkampf: ›Die durch Tschernobyl ins Bewußtsein gerufenen Möglichkeiten der äußeren Bedrohung durch Strahlung und andere Krisenfälle könnten das Bekenntnis zur nationalen Schicksalsgemeinschaft stärken und die Entfremdung zwischen Politikern und Volk mildern.‹ Fast sieht es so aus, als hätten die Russen Tschernobyl für Österreich inszeniert, als hinterlistige Empfehlung, Waldheim zu wählen.

Josef Haslinger:
Politik der Gefühle

Josef Haslinger, von 1986 bis 1989 Generalsekretär der »Grazer Autorenversammlung« (und 1992 Mitbegründer der sozial engagierten »SOS Mitmensch«-Initiative). 1987 erscheint sein »Essay über Österreich«: *Politik der Gefühle.*

Oben links Anläßlich seines 75. Geburtstages wird in Wien 1987 ein Symposion für den seit 1950 in West-Berlin lebenden Franz Tumler abgehalten, bei dem der österreichische Schriftsteller persönlich anwesend ist und sich dabei auch erneut offen kritischen Aussagen über seine anfängliche ›Verblendung‹ in der Nazizeit stellt.

Oben MItte Ingram Hartinger, im Hauptberuf Klinischer Psychologe und Psychotherapeut in Kärnten, tritt nach frühen literarischen Anfängen in den siebziger Jahren erstmals mit selbständigen Publikationen an die Öffentlichkeit: mit den Erzählbänden *Schöner Schreiben* (1986) und *Feige Prosa* (1988).

Oben rechts Erika Molny, die in den sechziger Jahren TV-Drehbücher (etwa zu Doderers *Strudlhofstiege*) und im darauffolgenden Jahrzehnt u. a. auch Kabarett-Texte verfaßt, ›outet‹ sich erst spät als Erzählerin. Zwischen ihre beiden ersten Romane (1984 und 1988) – die Karl-Markus Gauß 1991 anläßlich des aus dem Nachlaß der 1990 verstorbenen Schriftstellerin erschienenen Prosabandes *Das Fest des Hahns* 1991 in der *Neuen Zürcher Zeitung* loben wird – fällt die gemeinsam mit ihrem Ehemann Thomas Pluch veröffentlichte Erzählsammlung *Der liebe Gott des Waldviertels* (1986).

Mitte György Sebestyén, Präsident des Österreichischen P.E.N.-Clubs von 1988 bis 1990

Unten Joseph Zoderer (r.) mit Herbert Rosendorfer bei den 11. Innsbrucker Wochenendgesprächen

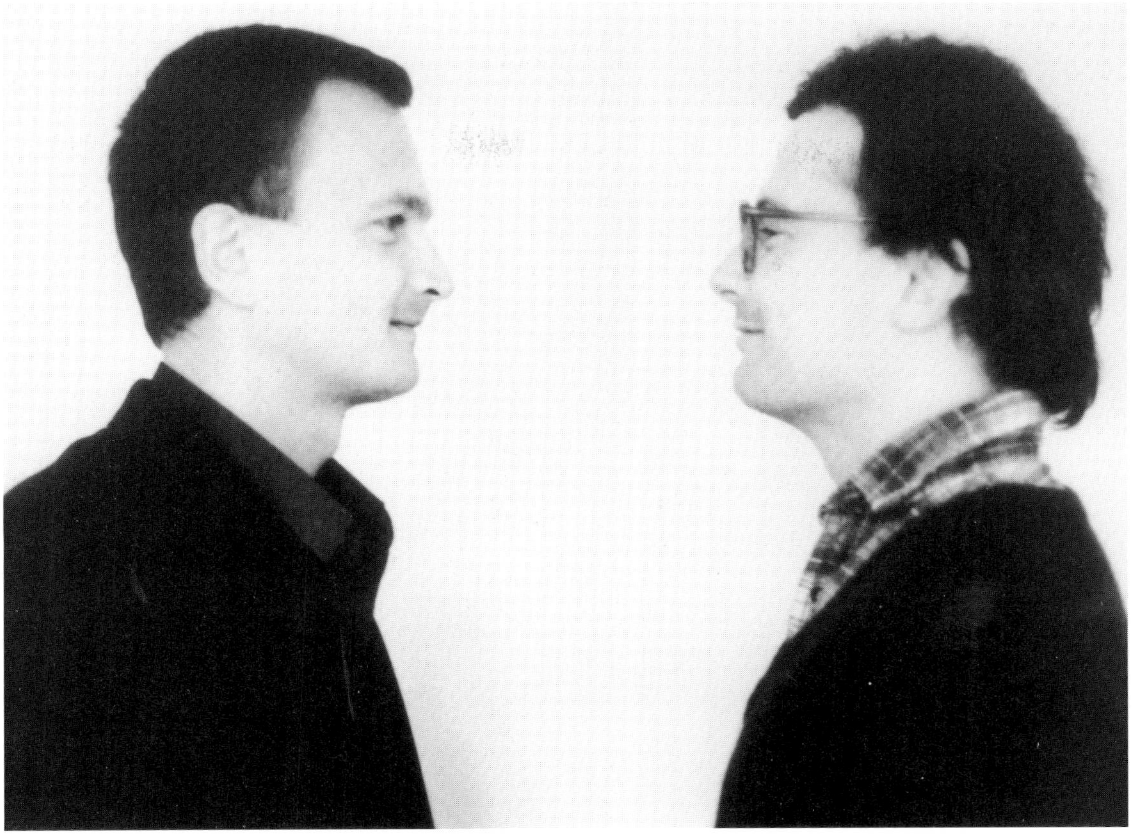

Oben Bluff und Blamage: 1987 unterschieben Ferdinand Schmatz (l.) und Franz Josef Czernin (r.) dem Residenz Verlag mit dem vermeintlichen Czernin-Manuskript *Die Reisen. In achtzig Gedichten um die ganze Welt* kalkuliert ›schlechte Gedichte‹ der beiden ›experimentellen‹ Autoren. Der Nachweis der Fragwürdigkeit des ›Lektorengeschmacks‹ gelang. Verlag und Verleger waren düpiert, vor allem als in Heimrad Bäckers »edition neue texte« postwendend das Gegenbuch *Die Reise. In achtzig flachen Hunden in die ganz tiefe Grube* erscheint.

Unten Verwegene *Reise*-Begleiter (v. l. n. r.): Franz Josef Czernin, Heimrad Bäcker und (der gleichzeitige Priessnitz-Herausgeber) Ferdinand Schmatz

BURGTHEATER
SPIELZEIT 1988/89

Anfang 19 Uhr — Freitag **4.** November — Ende 22.45 Uhr

Kasseneröffnung eine Stunde vor Vorstellungsbeginn
Wahlabonnement – eingeschränkter Verkauf – Abonnement aufgehoben

URAUFFÜHRUNG

HELDENPLATZ

von Thomas Bernhard

Robert Schuster, Professor, *Bruder des verstorbenen Professors Josef Schuster* . . . . . Wolfgang Gasser
Anna *und* . . . . Kirsten Dene
Olga, *Töchter* . . . . Elisabeth Rath
Lukas, *Sohn* . . . . Karlheinz Hackl
Hedwig, *genannt Frau Professor, die Frau des Verstorbenen* . . . . . Marianne Hoppe
Professor Liebig, *ein Kollege* . . . Frank Hoffmann
Frau Liebig . . . . Bibiana Zeller
Herr Landauer, *ein Verehrer* . . . Detlev Eckstein
Frau Zittel, *die Wirtschafterin des Verstorbenen* . . . . Anneliese Römer
Herta, *sein Hausmädchen* . . . . . Therese Affolter

Inszenierung: Claus Peymann
Bühnenbild und Kostüme: Karl-Ernst Herrmann
Dramaturgie: Hermann Beil, Jutta Ferbers
Regieassistenz: Walter Delazer
Bühnenbild- und Kostümassistenz: Matthias Karch
Akustische Einrichtung: Christian Venghaus
Technische Einrichtung: Herbert Kratochvil
Beleuchtung: Johann Lascsak

Pause nach der 2. Szene

Oben Überstanden: Thomas Bernhard und Claus Peymann nach der Premiere von Bernhards *Heldenplatz*, November 1988

Unten *Heldenplatz*, Szenenfoto

Die in die frühe Amtszeit Claus Peymanns am Wiener Burgtheater fallende Inszenierung von Thomas Bernhards *Heldenplatz* sorgt (vor dem Hintergrund der Waldheim-Affäre) bereits vor der Aufführung für Aufregung und löst den größten Theaterskandal jener Jahre aus. Zensurrufe werden laut, für die Premiere wird eine Protestversammlung vor dem Burgtheater angekündigt. Erich Fried, Barbara Frischmuth, Josef Haslinger, Elfriede Jelinek, Gerhard Roth, Michael Scharang, Peter Turrini und Gernot Wolfgruber rufen zu einer Gegendemonstration auf: »Nach der schon zur Gewohnheit gewordenen Hetzkampagne gegen Künstler ist nun über Österreich der kulturelle Ausnahmezustand verhängt worden.« Die Uraufführung verläuft (unter den Augen der Polizei) friedlich, doch die Schlammschlachten der erbitterten Bernhard- und Peymann-Gegner toben weiter. Die internationale Presse feiert das Stück.

Oben Gelassene Logen-Beobachter: Thomas Bernhard (r.) und *Heldenplatz*-Dramaturg Hermann Beil

Unten ›Standing ovations‹ des Premiere-Publikums

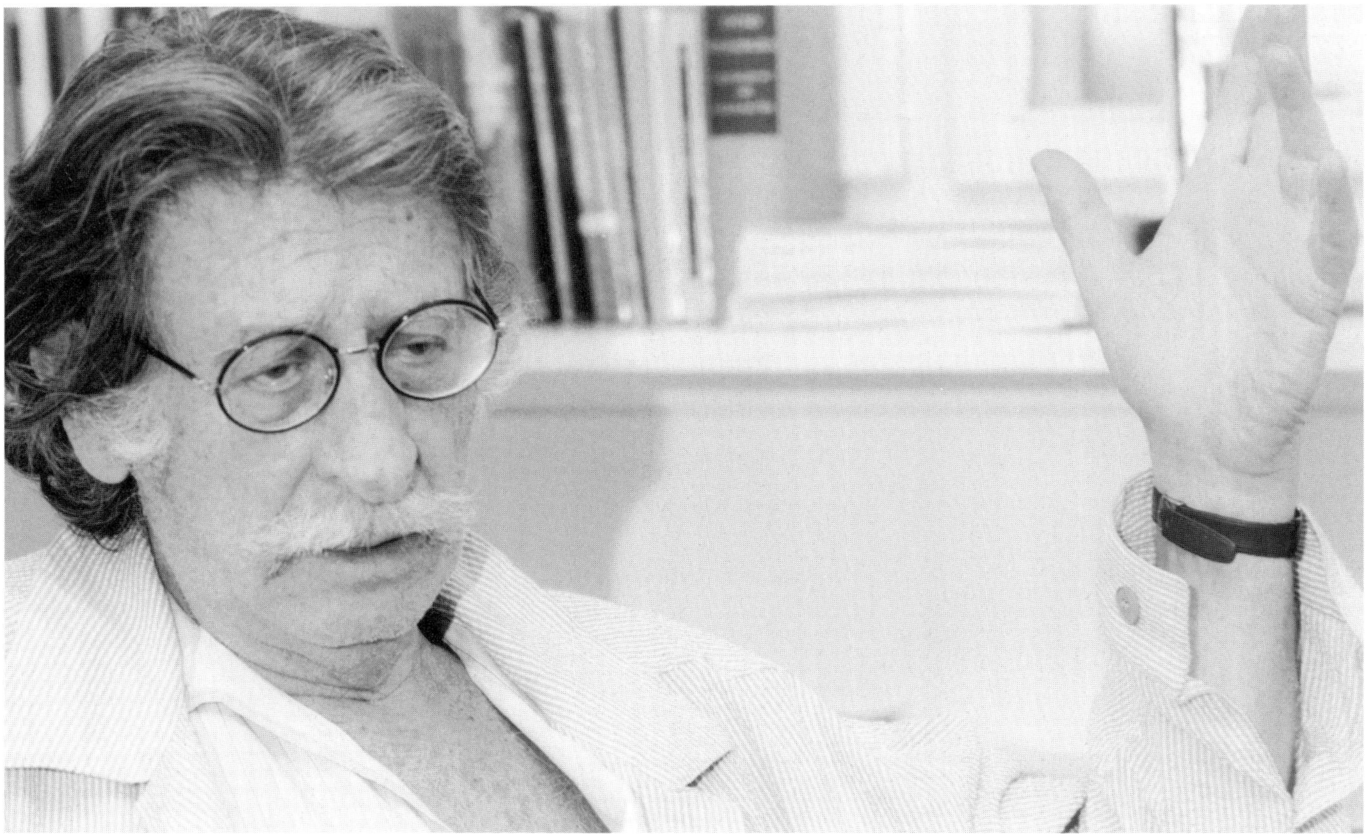

Oben 1987 eröffnet in Wien das Theater »Der Kreis« unter der Leitung von George Tabori. Im selben Jahr wird am Akademietheater Taboris Stück *Mein Kampf* in einer Inszenierung des Autors uraufgeführt.

Rechts George Tabori (l.) und Ignaz Kirchner in *Mein Kampf* am Wiener Akademietheater

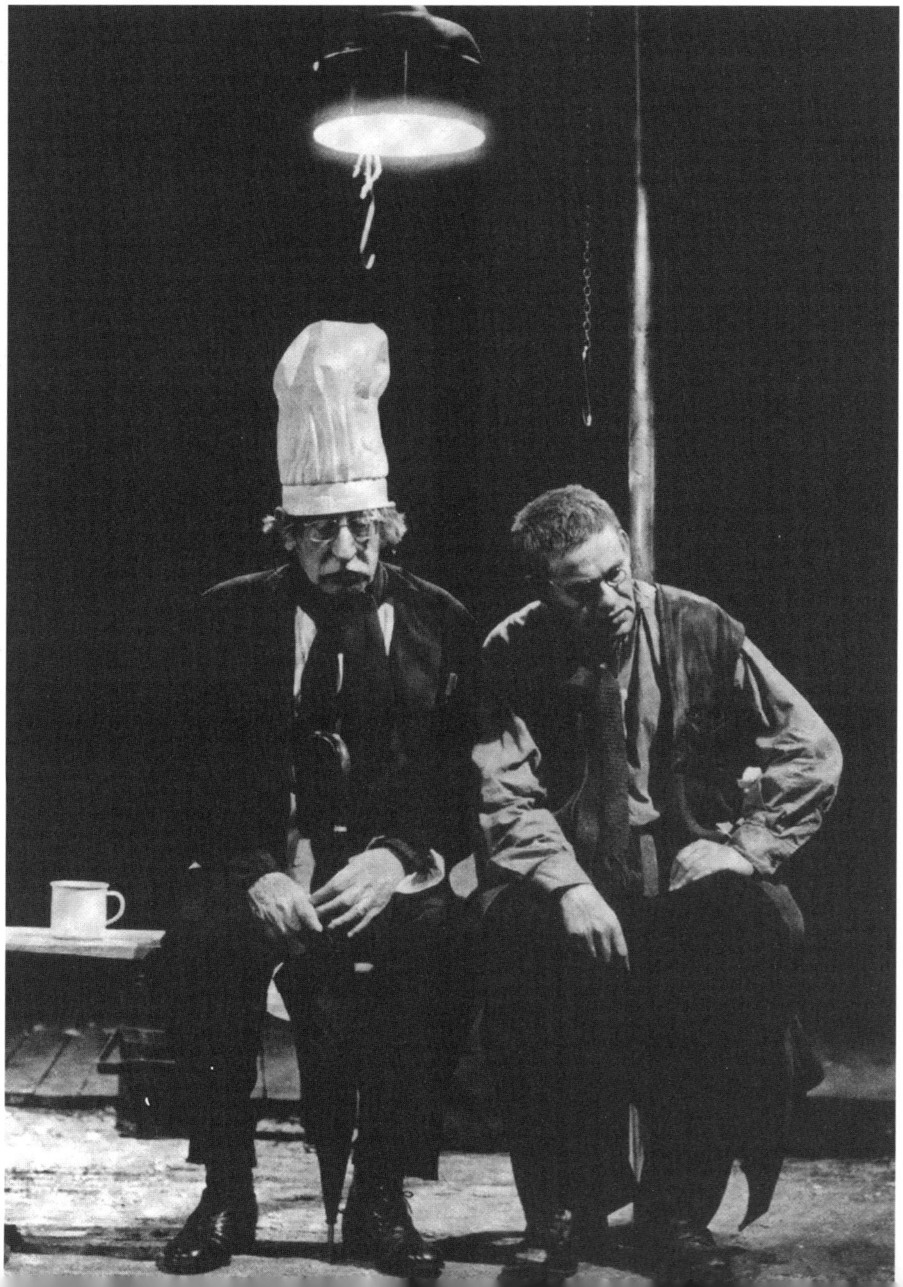

Ich nenne »Mein Kampf« einen theologischen Schwank. Grundsätzlich geht es um die Liebe. Auf verschiedenen Ebenen. Die himmlische Liebe, die erotische Liebe, die sexuelle. […] Ein paar Zitate aus »Mein Kampf« gibt es, die wir furchtbar finden oder absurd. Wir sind gegen die Mythologie und nicht historisch. Wie in einem Traum, wo jedes Element Bruchstück vom eigenen träumenden Ich sind. Schlomo und Hitler sind Teile von einem Traum, eine Art directed dream. Sie besitzen ihre Autonomie und tauschen die Rollen. Man hat so viele Ichs in sich, so viele Figuren, es ist das große Welttheater, jedes Leben.

George Tabori, 1987

Oben Gemeinsam mit Rudi Palla verfaßt Peter Turrini (l.) das Drehbuch zur Fernsehserie *Arbeitersaga*, 1988, Teil 1: *Müllomania*

Unten Alte Bekannte: Alfred Kolleritsch (l.) und Peter Handke, 1988 in Graz. Von Kolleritsch erscheint ein Jahr später der Roman *Allemann*.

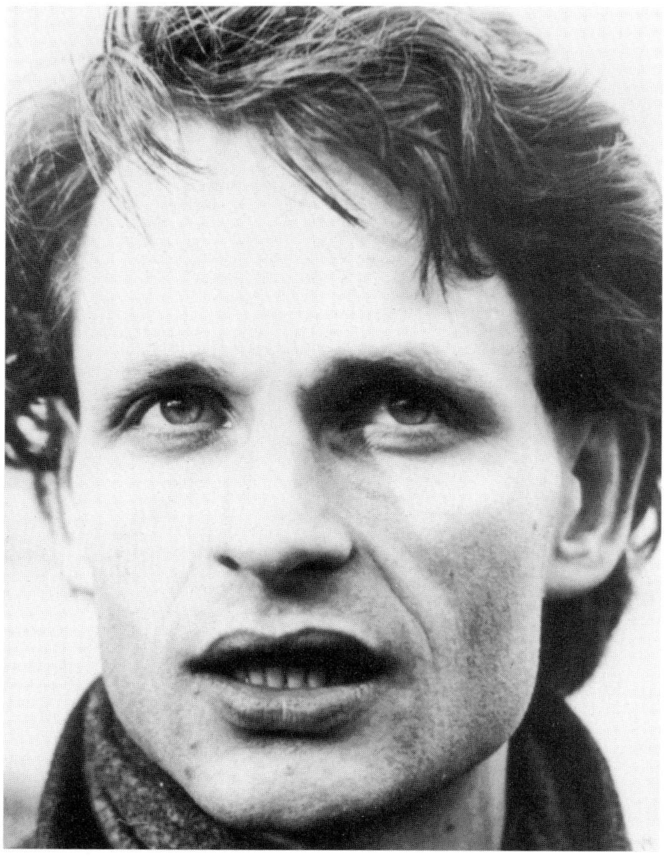

Oben Unmittelbar nach Erich Fried (1987) erhält ein weiterer, einst aus Österreich vertriebener Schriftsteller den »Georg-Büchner-Preis«: Albert Drach (r.), daneben der Schauspieler Helmut Winkelmann, der in Darmstadt den fast gänzlich erblindeten Autor bei der traditionellen »Orangerie«-Festlesung im Oktober 1988 vertritt.

Unten links 1988 veröffentlicht Wolfgang Hermann seinen ersten Prosaband *Das schöne Leben* bei Hanser.

Unten rechts Erwin Einzinger, Lehrer, Schriftsteller und Übersetzer, literarisch seit 1972 tätig, Begründer der Salzburger Literaturgruppe »projekt-IL« 1974, veröffentlicht 1988 den Prosaband *Das Ideal und das Leben.*

Oben links Auf den Spuren Ovids zum literarischen Welterfolg: Christoph Ransmayr, dessen ambitionierter Roman *Die letzte Welt* (1988) im Laufe der Zeit in annähernd 30 Sprachen übersetzt wird

Oben rechts Robert Menasse (l.) präsentiert 1988 seine erste Romanveröffentlichung und proklamiert (mit Hegel im intellektuellen Gepäck): *Sinnliche Gewißheit.*

Unten Norbert Gstrein debütiert 1988 mit der düsteren Tirol-Erzählung *Einer.*

Mitte Christoph Ransmayrs *Die letzte Welt* – Vorankündigung der von Hans Magnus Enzensberger herausgegebenen »Anderen Bibliothek« im Greno-Verlag

Elfriede Jelineks Roman *Lust* ist eines der vielbeachteten und vieldiskutierten Bücher des Jahres 1989, für manche ein Skandalon, für andere ein Glanzpunkt der deutschsprachigen Gegenwartsliteratur. Jedoch gab es auch kühle analytische Stimmen, wie etwa die der deutschen Kritikerin Sibylle Cramer: »›Lust‹ ist eine feministische Attacke auf die Pornographie und eine Obduktion des Genres. Nach der Pornographiedebatte allerdings, die kürzlich in den Medien weit differenzierter geführt wurde, erscheint das Buch in seiner argumentativen Verfassung als arme Nachhut. Daß die Autorin keine poetischen Gewinne macht, daß ihre Tirade keinerlei rhetorischen Ehrgeiz entfaltet, daß diese ›Lust‹ ein unförmiger Klumpen ist, formal eine Katastrophe, liegt gewiß in der Absicht der Autorin und nimmt für das Buch dann doch wieder ein. Das Garstige bleibt garstig. Ob das Häßliche hier freilich seinen Zweck erfüllen kann, nämlich zu provozieren, wage ich zu bezweifeln. Die Zeiten gesellschaftlicher Tabus sind vorbei, die solche Erfolge garantierten«. (*Der Tagesspiegel*, Berlin)

Von der Rezeption der ›anderen Seite‹ berichtet Christel Dormagen, die 1999 die Jelinek-Kritik des Feuilletons untersucht hat: »Weit davon entfernt, über die Geschlechterfrage hinaus zu sein, hat es sogar manchmal den Anschein, als befänden wir uns sogar noch vor dem Sündenfall. 1989 beschließt ein Rezensent seinen Artikel tatsächlich mit einem Prediger Salomonis-Bibelspruch als Gegengift zur ›Lust‹: ›Genieße das Leben mit einem Weibe, das du liebhast, solange du das eitle Leben hast, das dir Gott unter der Sonne gegeben hat […].‹«

Oben Mit *Lust* spaltet Elfriede Jelinek 1989 erneut die Gemüter.

Unten Sylvia Treudl (o. l.), Barbara Neuwirth (o. r.), Karin Ivancsics (u. l.) und Diana Voigt (u. r.) bilden 1988 das ›A-Team‹ des 1980 gegründeten »Wiener Frauenverlags«

Der 1987 erstmals mit einer selbständigen Buchpublikation (*Auroras Anlaß*) angetretene Erzähler Erich Hackl wird 1989 mit *Abschied von Sidonie* weit über die Grenzen Österreichs bekannt (TV-Verfilmung 1991 unter der Regie von Karin Brandauer).

Alois Hotschnig (l.) debütiert 1989 mit *Aus*, einer Erzählung über das Gewaltverhältnis zwischen Vater und Sohn, Sohn und Vater: »Ich bin auch ein Täter geworden. Zum Opfer erzogen, von dir, bin ich einer geworden. Wie du.«

Oben rechts Der Salzburger Essayist und Herausgeber Karl-Markus Gauß (r.) mit Freunden. Dazu eine Bildunterschrift ›aus erster Hand‹ (1): »1988. Zur Zeit, als *Tinte ist bitter* erschien, mein zweites Buch und das erste Buch, mit dem der neugegründete Wieser-Verlag an die Öffentlichkeit trat, hielten sich drei mit diesem Verlag verbundene Leute häufig in Istrien auf: Links der Autor und Herausgeber der Wieser-Reihe ›Traumreiter‹ Max Blaeulich, in der Mitte der Lektor Ludwig Hartinger, rechts ich« (Karl-Markus Gauß).

Oben Mitte Bildunterschrift ›aus erster Hand‹ (2): »1989. Seit den späten achtziger Jahren hat mich der österreichische Emigrant Theo Waldinger (l.) häufig in Salzburg besucht [...]. Nachdem wir die gemeinsame Arbeit an der Edition seines Bruders, des Dichters Ernst Waldinger, mit der Publikation von *Noch vor dem Jüngsten Tag* beendet hatten, ermunterte ich ihn, seine eigene Lebensgeschichte aufzuschreiben. Er hat sie mir kapitelweise, bei jedem neuen Besuch aus den USA, übergeben. Theo Waldinger starb im Mai 1992, sein Lebensbuch habe ich im Jahr darauf unter dem Titel *Zwischen Ottakring und Chicago* herausgegeben« (Karl-Markus Gauß).

Thomas Bernhard war wie Kaiser Franz Joseph, insofern sein Tod das Ende einer österreichischen Epoche darstellt.

Aus einem Nekrolog von Günther Nenning

Die zusammengeräumte Schreibwerkstatt Thomas Bernhards, nach dessen Tod im Jahr 1989

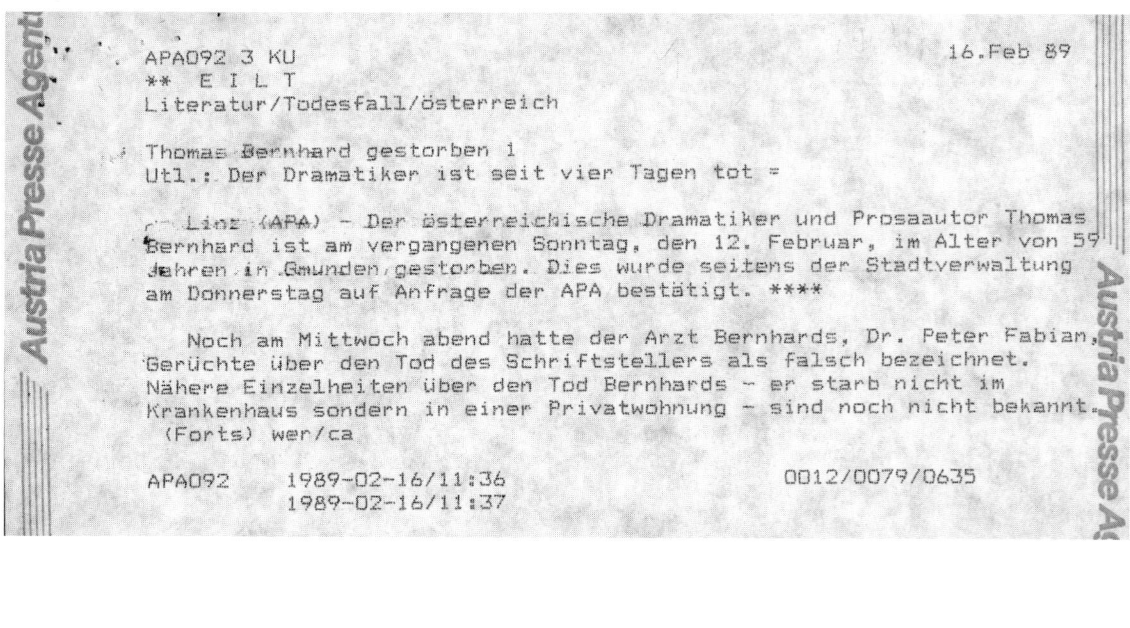

APA092 3 KU 16.Feb 89
** E I L T
Literatur/Todesfall/österreich

Thomas Bernhard gestorben 1
Utl.: Der Dramatiker ist seit vier Tagen tot =

Linz (APA) - Der österreichische Dramatiker und Prosaautor Thomas Bernhard ist am vergangenen Sonntag, den 12. Februar, im Alter von 59 Jahren in Gmunden gestorben. Dies wurde seitens der Stadtverwaltung am Donnerstag auf Anfrage der APA bestätigt. ****

Noch am Mittwoch abend hatte der Arzt Bernhards, Dr. Peter Fabian, Gerüchte über den Tod des Schriftstellers als falsch bezeichnet. Nähere Einzelheiten über den Tod Bernhards - er starb nicht im Krankenhaus sondern in einer Privatwohnung - sind noch nicht bekannt.
(Forts) wer/ca

APA092 1989-02-16/11:36 0012/0079/0635
1989-02-16/11:37

Thomas Bernhard stirbt am 12. Februar 1989 in Gmunden – noch am 16. Februar wird er von Tageszeitungen als »erkrankt« gemeldet. Die allgemeine Verwirrung kommt auch in einer Fernschreiber-Meldung der österreichischen Presseagentur APA zum Ausdruck.

Hilde Spiel und Marcel Reich-Ranicki (am rechten Bildrand: Robert Jungk). Die Schriftstellerin und langjährige Korrespondentin der *Frankfurter Allgemeinen Zeitung* starb im November 1990. »Was man von ihr lernen konnte – denn das ist keine Frage des Talents –, waren Unerschrockenheit, Anstand und Würde« (Ulrich Weinzierl im FAZ-Nachruf).

Hilde Spiel †

Hilde Spiel, prominente Wiener Autorin, ist 79jährig in Wien gestorben. Nach ihrer London-Emigration in der NS-Zeit kehrte sie in die Heimat zurück. In mehreren Büchern setzte sie sich mit Wien auseinander, so daß André Heller sie „eine Säule der Stadt" nannte. Auch „Welche Welt ist meine Welt?", ihr letztes Buch, sind Erinnerungen einer Europäerin aus Wien!

Kurier, Wien, 1. Dezember 1990

Oben Die 1928 in Wien geborene, in Dublin lebende Lida Winiewicz schrieb gemeinsam mit Eric Woolfson und Brian Brolly das Buch zu *Freudiana*. Das Erfolgsmusical über den Vater der Psychoanalyse wurde am 19. Dezember 1990 im Theater an der Wien uraufgeführt.

Unten links Der Kabarettist, Musiker und Texter Georg Kreisler liest 1990 im Wiener Palais Palffy aus seinem 1989 erschienenen *Erinnerungsbuch*. Unvergessen ist u. a. sein ›wienerisch-böses‹ Lied über das *Taubenvergiften im Park* aus den fünfziger Jahren, das der USA-Exilant allerdings in einer Adaptation von *Poisoning pigeons in the park* des amerikanischen Klavier-Entertainers Tom Lehrer importiert hatte.

Unten rechts Alexander Giese, Präsident des Österreichischen P.E.N.-Clubs 1990–97

Der Schriftsteller (vor allem Lyriker mit Arbeitsplatz in Rilkes Duino) und Übersetzer Hans Raimund, Autor des Wieser Verlages seit 1990

Oben rechts Julian Schutting (l.) und Friederike Mayröcker nach einer ORF-Lesung bei den »Innsbrucker Wochenend-Gesprächen«, 1990. Friederike Mayröcker hatte ein Jahr vorher ihre *Gesammelte Prosa 1949–1975* veröffentlicht.

Unten Trakl-Preisträger 1989: Julian Schutting. Zu seinen Veröffentlichungen im Jahr 1990 gehört der Gedichtband *Flugblätter*.

Oben Margit Schreiner: »Eine eigenwillige neue Erzählerin«, meint 1990 der *Zeit*-Rezensent Volker Hage in seiner Besprechung von *Die Rosen des Heiligen Benedikt. Liebes- und Haßgeschichten* (1989) und *Mein erster Neger* (1990).

Unten Michael Donhauser knüpft 1990 mit den Prosagedichten *Die Wörtlichkeit der Quitte* an seine erste selbständige Buchveröffentlichung *Der Holunder* (1986) an. In diesem Jahr erhält er den »Manuskripte-Preis des Forum Stadtpark«, 1986 hatte Peter Handke den »Franz-Nabl-Literaturpreis der Landeshauptstadt Graz« an Donhauser (und Walter Grond) weitergegeben.

Oben Josef Winkler. 1990 erscheint sein Roman *Friedhof der bitteren Orangen*: »O gekreuzigter Jesus Christus! Ich armer, sündiger Mensche falle vor deinem heiligen Kreuze nieder und bete mit Furcht und Zittern deinen entseelten Leichnam an. [...] Alle Menschen müssen sich entsetzen, welche dich anschauen. Deine Augen sind halb geöffnet, dein Mund ist voll Blut und läßt die Zähne und Zunge sehen.«

Unten links Ferdinand Schmatz, Herausgeber einer zwischen 1986 und 1994 in der »edition neue texte« erschienenen vierbändigen Ausgabe der Werke von Reinhard Priessnitz, hier auf der Priessnitz-Gedenkveranstaltung der Alten Schmiede in Wien, November 1995

Unten rechts Klagenfurt fachsimpelt, 1989: Gert F. Jonke (vorne l.), Literaturwissenschaftler Klaus Amann (m.) und Josef Winkler (r.)

Oben 20 Jahre *Wespennest* (1969–89) an einem Tisch: Josef Haslinger (2. v. l.), Walter Famler (3. v. l.), Franz Schuh (2. v. r.) und Gustav Ernst (r.)

Unten links Peter Henisch, Ex-»Wespennestler«, veröffentlicht 1991 einen ›Verwirr-Roman‹ über das Schicksal Jim Morrisons, des legendären Leadsängers der amerikanischen Popgruppe »The Doors«

Unten rechts Peter Henisch am ›Kultgrab‹ Jim Morrisons auf dem Pariser Friedhof Père-Lachaise

Gerhard Roth (r.) schließt 1991 mit den Bänden *Die Geschichte der Dunkelheit* und *Eine Reise ins Innere von Wien* seinen Zyklus *Die Archive des Schweigens* ab. *Die Geschichte der Dunkelheit* ist – nach dem Untertitel – ein »Bericht« über den Lebensweg des 1962 remigrierten Wiener Juden Walter Berger (l.), den Roth 1987 kennengelernt und in zahlreichen Gesprächen ›biographisch erforscht‹ hat. – »Was immer es heissen mag«, schreibt Andreas Breitenstein in der *Neuen Zürcher Zeitung* über Gerhard Roth, »dass er die Aufzeichnungen der Gespräche mit Berger ›ohne große Änderungen‹ in kurze Prosasequenzen ›für das Lesen übersetzt‹ habe: seine literarische Leistung wird man in der stofflichen und sprachlichen Dezenz suchen müssen, mit der er scheinbar kunstlos ein Dasein erzählt, dessen Erfahrungen der Sprache immer wieder zu entgleiten drohen.«

Gerhard Roth, der seine Eindrücke häufig auch mit der Fotokamera festhält. Eigene und fremde Fotos prägen unter anderem den »*Archive des Schweigens*«-Band *Im tiefen Österreich* (1990). Die *Photo-Notizbücher* von Gerhard Roth erscheinen 1995.

Der ›psychiatrisierte‹ Dichter Ernst Herbeck, der in den siebziger Jahren (u. a. durch die Veröffentlichungen Leo Navratils und durch diverse Texte von Heinar Kipphardt) unter dem Namen Alexander bekannt wurde. Auch Gerhard Roth hat sich eingehend mit Herbeck beschäftigt und ihm 1994 einen Nachruf gewidmet, nachdem er ihn und dessen künstlerisch tätigen ›Mitpatienten‹ August Walla mehrfach in der Heilanstalt Gugging bei Klosterneuburg besucht hatte. Züge von Herbeck und Walla trägt eine Hauptfigur der *Archive des Schweigens*, der schizophrene Imkerssohn Franz Lindner, der uns auch in *Der See* (1995) wiederbegegnen wird.

Oben Ernst Molden. Unter der Regie von Hans Gratzer wird 1991 *Der Basilisk*, ein »Zauberspiel«, am Wiener Schauspielhaus uraufgeführt.

Rechts Christoph Janacs *(Schweigen über Guernica*, Debütroman 1989; *Das Verschwinden des Blicks*, Erzählungen 1991) erhält 1992 den »Stefan-Zweig-Preis der Landeshauptstadt Salzburg«.

Oben rechts Sabine Scholl, 1988–90 Lektorin in Portugal, danach freiberufliche Autorin, legt 1991 ihren ersten Erzählband *Fette Rosen* vor.

Rechts Literaturkundig in eigener und Anderer Sache: die Bregenzerin Ulrike Längle, die 1991 ihre Doktorarbeit über den Exilautor Ernst Weiß und kurze Zeit später ihren ersten Erzählband *Am Marterpfahl der Irokesen* (1992) veröffentlicht; seit 1984 Leiterin des Franz-Michael-Felder-Archivs / Vorarlberger Literaturarchiv

Im Vorfeld war sie umstritten, oder zumindest stellten Kritiker die Frage nach dem simplen Sinn und Zweck: die 1991 von Christian Ide Hintze initiierte und mit der Marketing-Spezialistin Sonja Orator-Moor sowie den beiden Schriftstellern Christine Huber und Christian Loidl verwirklichte »Schule für Dichtung in Wien« (»SfD«). Doch von Beginn an bewies das Projekt – bis heute – außerordentliche Leistungsfähigkeit. Höhepunkt der zahlreichen Aktivitäten ist in jedem Jahr die festivalartig angelegte sogenannte »Akademie«: »8–12 autoren und autorinnen, die ihre klassenarbeit mit referaten, lehrgespraechen, lesungen, performances und studentenpraesentationen begleiten. es gelten die prinzipien der ›expanded poetry‹, der mehrsprachigkeit, der solidaritaet mit missachteten kulturen sowie der souveraenitaet sowohl des künstlerischen aktes als auch der erforderlichen infrastrukturellen inventionen« (aus einem »SfD«-Papier). Beeindruckend ist nicht nur die Liste von Schriftstellern, die aus dem Ausland zur Mitarbeit gewonnen werden konnten (Nick Cave, Allen Ginsberg, Bert Papenfuß, Ginka Steinwachs, Anne Waldman u.v.a.), sondern auch die Akzeptanz und Teilnahmefreudigkeit der einheimischen, literarischen ›crème de la crème‹, darunter: H. C. Artmann, Wolfgang Bauer, Gert F. Jonke, Ernst Jandl, Friederike Mayröcker, Peter Rosei, Gerhard Rühm, Ferdinand Schmatz, Julian Schutting, Marlene Streeruwitz und Robert Schindel.

Nach dem Kampf gegen den österreichischen literarischen Provinzialismus durch Hans Weigel und den weltweit wahrgenommenen Errungenschaften der Wiener Gruppe ist die Schule für Dichtung in Wien die neueste, höchst erfolgreiche Kraft zur Förderung eines globalen Bewußtseins, wie es jeder besitzen muß, der heute Dichter sein will.

Ernst Jandl, 1996

Oben **Ein starkes Team dank engagierter Mitarbeiterinnen: »SfD«-›Boss‹ Christian Ide Hintze und sein ›staff‹ von 1993**

Mitte 1992: Mit Marianne Gruber (m.), die 1991 den Erzählband *Der Tod des Regenpfeiffers* vorlegt. Des weiteren: Rolf Schwendter (l.), Wolfgang Bauer (2. v. l.), Christian Ide Hintze (3. v. l.), Gerhard Rühm (5. v. l.) und der Publizist Günther Nenning (r.)

Unten Langjähriger »SfD«-Weggefährte und ›Klassenlehrer‹: H. C. Artmann, hier zu Beginn der neunziger Jahre

Staatspreis 1991 an Gerhard Rühm
(r.: Minister Rudolf Scholten)

Mutierend, inbegriffen diebische Neuner-Zeitung,
Freier undenklich gleichbleibend sehnenwirbelnden Schriftdeutschs,
archäologisch fromm, undenklich höflichkeitsreif.
Eingekampfert lässig, inbegriffen brühwarme Christbäume,
vegetierende Dübel, trianguliert schwül
Vielfrass liederliche Ottomanen.

Gerhard Rühm, *die österreichische bundeshymne, um einen schritt weiter*

Literaturlandschaft Burgenland

Barbara Tobler

Unter den österreichischen Bundesländern nimmt das Burgenland einen besonderen Platz ein. Es kam erst 1921 durch Abtrennung von Teilen westungarischer Komitate (Verwaltungsbezirke) ohne kulturelles und politisches Zentrum als östlichstes Bundesland zu Österreich. Das literarische Leben entwickelte sich in den folgenden Jahrzehnten bis zum Zweiten Weltkrieg nur langsam, erst danach entstand ein Netz von Literaturschaffenden, zu denen in der Folge arrivierte Schriftsteller und Schriftstellerinnen aus Wien wie auch aus den Nachbarländern kamen, die sich im Land niederließen und der literarischen Szene Profil verliehen.

Die Publikationsmöglichkeiten im Burgenland sind unzureichend: Es gibt nur wenige Verlage mit literarischem Programm; die meiste Verbreitung findet Literatur in Kulturzeitschriften (*Pannonia*, *Volk und Heimat*), in der Literaturzeitschrift *Wortmühle* (gegr. 1978 von Günter Unger) und in den Literatursendungen des ORF.

Zu den größten Talenten der Nachkriegsliteratur zählte die aus Mattersburg stammende Hertha Kräftner. Die 1989 gegründete Hertha-Kräftner-Gesellschaft widmet ihre Arbeit Werk und Wirkung dieser beeindruckenden Schriftstellerpersönlichkeit sowie der Förderung zeitgenössischer burgenländischer Literatur, der von ihr gestiftete Literaturpreis wurde Irene Kabanyi und 1993 Karin Ivancsics, die mit feministisch orientierter Literatur in mehreren österreichischen Verlagen vertreten ist, verliehen.

Der bereits zum 20. Male ausgeschriebene BEWAG-Literaturpreis erfährt besonders in der Sparte Lyrik großes Echo, unter den Preisträgern befinden sich El Awadalla, Walter Ladisich, Maria Stahl und David Stifter. Mit erzählenden Texten beteiligten sich u. a. Jakob Michael Perschy, Lisa Stromszky, Gertrud Zelger-Alten. Mit dramatischen Werken traten etwa Peter Wagner, Günter Unger, Kurt A.

Oben Peter Wagner

Unten Hans Raimund

Schantl, Ana Schoretits und Heinz Vegh in Erscheinung.

1974 wurde eine burgenländische Landesgruppe des P.E.N.-Clubs gegründet. Mitglieder waren u. a. György Sebestyén, Ernst Schönwiese, Ernst Willner, Franz Probst, Jan Rys und Helmut Stefan Milletich, heute Präsident des P.E.N.-Clubs Burgenland. Der aus der ČSSR emigrierte Autor Jan Rys begründete in Unterrabnitz jährliche Autorentreffen, deren Schwerpunkt auf der Kunst des Radiohörspiels lag. Nach seinem Tod 1986 übersiedelte das »Internationale Hörspielzentrum« nach Rust und wird nunmehr von Günter Unger, Hannelore Mädl und Robert Stauffer geleitet.

In den letzten Jahren haben sich der früher in Deutschland und Italien tätige Schriftsteller Hans Raimund und die Südtiroler Autorin Helene Flöss im Burgenland niedergelassen; dazu die aus Wien stammende Christine Huber, eine Vertreterin der experimentellen Lyrik.

In der deutschsprachigen Kinder- und Jugendliteratur haben sich Jutta Treiber, Heinz Janisch und der in Gols aufgewachsene Erwin Moser weit über die Grenzen Österreichs hinaus etabliert.

Einen eigenen Platz in der burgenländischen Literatur nimmt das Schrifttum der kroatischen Volksgruppe ein, deren jüngere Vertreter zunehmend zweisprachig publizieren, wie u. a. Jurica Čenar, Fred Hergovich, Andreas Novosel oder Ana Schoretits. Eine markante Persönlichkeit unter den burgenländischen Kroaten ist P. Franz Augustin Blazovich, der religiöse und weltliche Literatur in deutscher, kroatischer und ungarischer Sprache veröffentlicht hat.

Zu einem neueren Zentrum der burgenländischen Literatur und zur Anlaufstelle für Autoren und Literaturinteressierte entwickelte sich das 1994 eröffnete Literaturhaus Mattersburg, das in seiner Bibliothek das literarische Schaffen in Zentraleuropa dokumentiert und die Präsentation burgenländischer Schriftsteller ebenso wie Kontakte zu Autoren und Institutionen in den Nachbarländern zu seinen Aufgaben zählt. Lesungen, Buchpräsentationen und Fotoausstellungen sowie die Errichtung einer Literaturdatenbank sollen den Kontakt der Literaturschaffenden intensivieren und ihren Arbeiten Öffentlichkeit bieten. Die IG Autorinnen Autoren Burgenland hat seit 1994 im Literaturhaus Mattersburg eine Anlaufstelle; die Gründung einer burgenländischen Gruppe der GAV erfolgte zu Beginn 2000.

Die Mobilität unserer heutigen Gesellschaft und die Möglichkeiten elektronischer Vernetzung lassen eine Standortbestimmung der sich entwickelnden »burgenländischen« Literatur problematisch erscheinen. Bei gründlicher Bestandsaufnahme des kreativen Potentials präsentiert sich das Burgenland aber durchaus auch als »Land zum Schreiben«.

Oben **Helene Flöss**

Oben Robert Menasse sinniert und schreibt in einem dem Wiener Naschmarkt nahegelegenen Traditionscafé. 1992 liefert er mit *Das Land ohne Eigenschaften* einen viel diskutierten »Essay zur österreichischen Identität« über den selbstheuchlerischen »entweder und oder«-Habitus seiner Landsleute.

Unten »Das ist die Geschichte des Johannes Alder, der 22jährig sein Leben zu Tode brachte, nachdem er beschlossen hatte, nicht mehr zu schlafen« – so beginnt Robert Schneider seinen Debütroman *Schlafes Bruder*, der ihn zur ›literarischen Entdeckung des Jahres 1992‹ macht und ihm monatelang Platz 1 auf diversen Bestsellerlisten sichert.

Oben Werner Schwab (l.), der Philosoph und Kritiker Konrad Paul Liessmann (m.) und Alfred Kolleritsch auf der Frankfurter Buchmesse, 1992

Mitte Werner Schwab (m.) bei den Proben zur Uraufführung von *Mein Hundemund* im Schauspielhaus Wien (15. Januar 1992 in Coproduktion mit der Theater-Sektion des Grazer »Forum Stadtpark«). Rainer Frieb (r.) verkörpert den »Hundemund« (»Eine optisch / übelriechende Person als gottlose Beleidigung. / Eine Wohltat für das Gehirn«), zu dem sich Schwab durch einen Nachbarn und Freund in tiefer oststeirischer Provinz hatte inspirieren lassen.

Links Feuriges Theater: Werner Schwab, Wien 1992

Mit Ihnen, ehrwürdige Damen und gesetzte Herren, genieße und feiere ich heute einen herzerfrischenden Skandal: Der Ausländer George Tabori kassiert den Georg-Büchner-Preis.
Wolf Biermann, Tabori-Laudatio 1992

Der Fremde ist nicht unbedingt ein Ausländer, aber meistens ein Emigrant, der sein Asyl in der Autonomie und in der Gnade sucht. Wenn er nicht schweigend sucht, kann er mitunter ein Dichter werden […].
George Tabori, Büchner-Preisrede 1992

Ein Büchner-Preisträger und sein Laudator: ›Tabori meets Biermann‹, 1992

Links George Tabori hält seine Darmstädter Preisrede

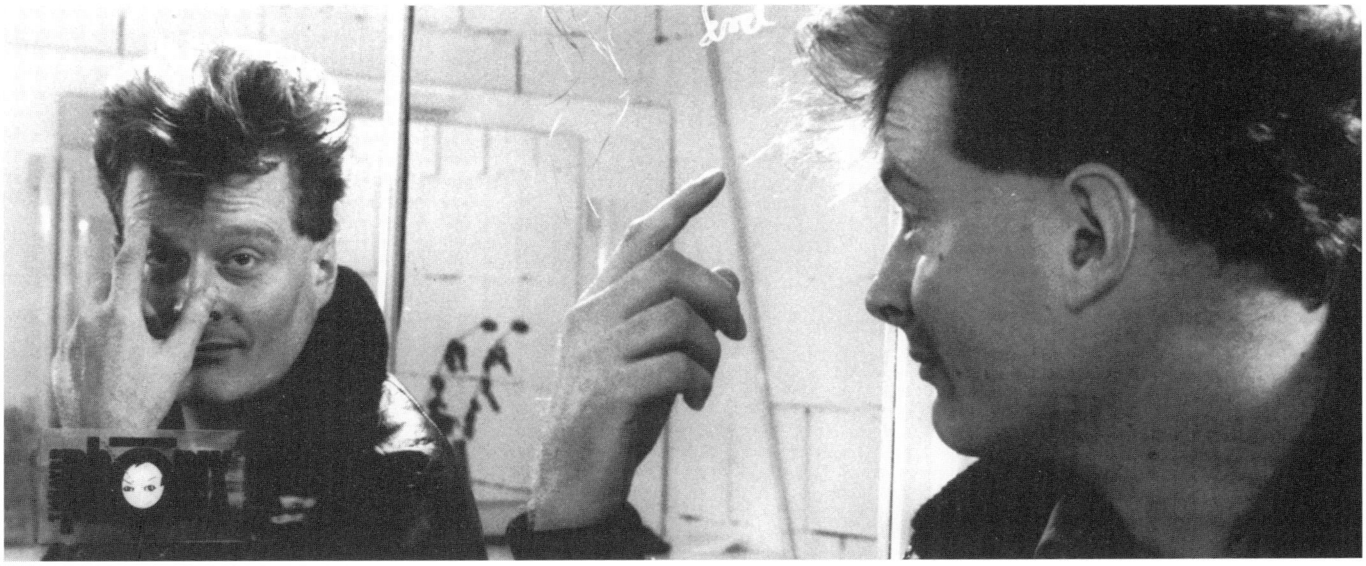

Werner Schwab, 1992, in Linz, wo – inszeniert vom Autor – zum ersten Mal Schwabs *Volksvernichtung oder Meine Leber ist sinnlos* in Österreich aufgeführt wird. – »Werner Schwab ist der Aufsteiger des Theaters der neunziger Jahre. ›Theater heute‹, das Renommierblatt der Bühnenbranche, kürte ihn erst zum vielversprechenden Nachwuchsschreiber des letzten, und kürzlich, neben George Tabori, zum wichtigsten Theaterautor dieses Jahres« (*Der Tagesspiegel*, Berlin, November 1992).

Debütiert als Dramatikerin 1992: Margret Kreidl

Zur Uraufführung von Margret Kreidls *Auf die Plätze*: »Der Text der Darsteller aber ist aufs Äußerste reduziert. [...] Für die Österreicherin ist das Drama vor allem ein kompliziertes Sprachkunstwerk und die Darstellung von Realität ein ständiges Experiment« (Werner Schulze-Reimpell in der *Frankfurter Rundschau*).

»Die Theater haben Angst vor dem Neuen. Angst auch vor den riskanten formalen Lösungen meiner Stücke.« (Marlene Streeruwitz, 1992)

April 1992: Uraufführung von Marlene Streeruwitz' *Waikiki Beach* am Kölner Schauspielhaus unter der Regie von Torsten Fischer

Oben links Nach *seestück* (1985) und *nachschrift* (1986) in seiner eigenen »edition neue texte« erscheint 1992 eine Werkauswahl Heimrad Bäckers, *gedichte und texte*, im Berliner Rainer-Verlag.

Oben rechts Nicht nur in Heimrad Bäckers »edition neue texte«: Der ›Residenz-Schreck‹ von 1987, Franz Josef Czernin, publiziert u. a. auch bei Droschl (Graz), Steidl (Göttingen) und 1992 bei Sonderzahl in Wien den Band *Sechs tote Dichter. Aufsätze zur Literatur. Über Raoul Hausmann, Franz Kafka, Karl Kraus, Robert Musil, Reinhard Priessnitz, Georg Trakl.*

Unten links Mit der Uraufführung von *Heimatstöhnen* im Schauspielhaus Wien (1992) ist Harald Kislinger – laut Bericht der Fachzeitschrift *bühne* – »der meist uraufgeführte deutschsprachige Dramatiker des Jahres«.

Unten rechts »Der Schriftsteller und Mathematiker Nobert Gstrein, dessen Bruder ein berühmter Skiläufer ist«, schreibt Jens Jessen in der *Frankfurter Allgemeinen Zeitung* über Nobert Gstreins Roman *Das Register* von 1992, »erzählt die Geschichte eines Mathematikers, dessen Bruder ein berühmter Skiläufer war. Was sie hinter sich haben, ist die fast schon sprichwörtlich gewordene Tiroler Kindheit. Was sie vor sich haben, ist das Scheitern.«

Ruth Klüger überlebte das KZ. Die Biographie der USA-Emigrantin *Weiter leben. Eine Jugend* erscheint 1992. – »Mir ist keine vergleichbare Biographie bekannt, in der mit solcher kritischen Offenheit und mit einer dichterisch zu nennenden Subtilität auch die Nuancen extremer Gefühle aus Situationen vergegenwärtigt werden, in denen man dem seelischen Sterben und dem physischen Tod nahe war.« (Paul Michael Lützeler in der *Neuen Zürcher Zeitung*)

Robert Schindel, bis dato vor allem als Lyriker bekannt, veröffentlicht 1992 mit *Gebürtig* einen vielbeachteten Roman über Holocaust, Exil und die Befindlichkeit der ›Nachgeborenen‹ in Österreich und Deutschland.

Elfriede Gerstl (l.) und Elfriede Jelinek, 1993. Passend dazu – zumindest dem Titel nach – Elfriede Gerstls Publikationen: *Unter einem Hut* (Essays und Gedichte, 1993) und *Kleiderflug. Texte – Textilien – Wohnen* (Literarische Texte und Essays, 1995)

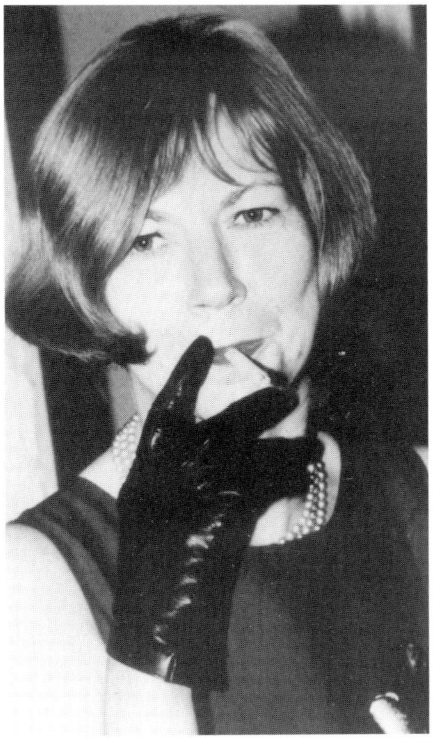

Rosa Pock: »Ich kommen lasse Altes hoch und noch mal Altes und Vergangenes ein Klagelied wie Kessel von Wasser bei Hitze zu groß« (in ihrer Erstveröffentlichung *Monolog braucht Bühne*, 1993).

Sorgt seit Beginn der neunziger Jahre für knisternde Hochspannung: die Psychotherapeutin und Krimi-Autorin Edith Kneifl (*In der Stille des Tages. Psychothriller*, 1993)

»Dorothea Macheiner weiß lyrische Stimmungsbilder ebenso zu entwerfen wie sie den beschwörenden Ton des Mythos kennt […]« (Karl-Markus Gauß zu Dorothea Macheiners *Nixenfall* von 1993).

Oben links Aus den Privatpapieren der Doppelbegabung Erwin Einzinger: Skizze mit heiligen und diabolischen Figuren, angefertigt in Rom im Herbst 1993

Oben Mitte Erwin Einzinger. 1994 erscheint sein Gedichtband *Kleiner Wink in die Richtung, in der jetzt auch das Messer zeigt.*

Oben rechts Berufsfischer am Attersee und »Residenz«-Autor seit 1993, als sein Gedichtband *Das Zimmer als voller Bauch* erscheint: Hans Eichhorn

Mitte rechts Paulus Hochgatterer (l.) und Radek Knapp, der 1994 für seinen Erzählband *Franio* den »Literaturpreis des ZDF-Magazins ›Aspekte‹« erhält. Daß Hochgatterer ein abgeschlossenes Medizinstudium hinter sich hat, manifestiert sich an Buchtiteln wie *Über die Chirurgie* (Roman, 1993) und *Die Nystensche Regel* (Erzählungen, 1995). Und nicht zuletzt wird sich auch die sensible Einfühlung in Jakob, den jugendlichen Protagonisten der Erzählung *Wildwasser* (1997), Hochgatterers Tätigkeit als Kinderpsychiater in Wien verdanken.

Unten Helga Glantschnig, deren erster Roman *Wider Willen* 1992 bei Droschl erschienen war, erhält für ihr (Ausländer-) Kinder-»Lexikon der Falschheiten« (*Blume ist Kind von Wiese oder Deutsch ist meine neue Zunge*, 1993) eine Vorbemerkung von Ernst Jandl: »Ohne es zu wollen und ohne es zu wissen, sind die genannten Kinder, durch Umstände bedingt, in dieser Phase ihres Lebens zu einer Art Sprachkünstlern geworden.«

Oben Zwei langjährige Freunde unterstützen die »Schule für Dichtung« (»SfD«): Ernst Jandl (m.) und H. C. Artmann (r.), 1993

Unten »SfD«-Lesung mit Wolfgang Bauer, um 1992/93

Rechts oben Erste Kuratoriumssitzung der »Schule für Dichtung«, 1993, unter anderem mit: Peter Rosei (2. v. l.), der zukünftigen Leiterin der »Österreichischen Gesellschaft für Literatur« Marianne Gruber (ab 1994, 4. v. l.), Ferdinand Schmatz (4. v. r.), »Alte Schmiede«-Chef Kurt Neumann (3. v. r.), »SfD«-Oberhaupt Christian Ide Hintze (2. v. r.) und Gerhard Rühm (r.)

Rechts Mitte Zwei, im wahrsten Sinne des Wortes, ›Dichterlehrer‹ und ›Lehrdichter‹: Ernst Jandl (l.) und Christian Ide Hintze, 1993

Rechts unten ›Theoretiker der Subkultur‹: Rolf Schwendter bei einem »SfD«-Referat über »allen ginsberg – ein lyriker in vorwegnahme neuer sozialer bewegungen«

Kleine Fürstin und *Telemach*, so die 1995 erschienenen Buchtitel der Vorarlberger Michael Köhlmeier und Monika Helfer

Literaturlandschaft Vorarlberg

Ulrike Längle

Wer heute einen Blick nach Vorarlberg wirft, staunt über die große Zahl der Autoren, die dort schreiben oder von dort stammen. Bis in die siebziger Jahre war das kleinste und westlichste Bundesland Österreichs eine Gegend, die man mit Textilien und Wintersport in Verbindung brachte, aber nicht mit Literatur. Im konservativen Klima der Nachkriegszeit dominierten, um nur zwei Namen zu nennen, die christlich-provinzielle Literatur eines Eugen Andergassen und die ideologisch durch die nationalsozialistische Vergangenheit belastete Heimatliteratur einer Natalie Beer. Daneben gab es immer eine intensiv gepflegte Dialektliteratur, die sich ebenfalls in traditionellen Bahnen bewegte.

Der Aufbruch in die Moderne, den man mit der Entwicklung um das »Forum Stadtpark« in Graz vergleichen kann, erfolgte in Vorarlberg später; es fehlte ein zentrales Publikationsorgan und es gab auch keine Ausrichtung auf ein gemeinsames ästhetisches Programm. Die wichtigste Rolle als Kristallisationspunkt spielte in den siebziger Jahren das ORF-Studio Vorarlberg unter dem damaligen Leiter Leo Haffner, das sich durch eine beachtliche Hörspielproduktion auch um die finanzielle Förderung der jungen Autoren verdient machte und mit den St. Gerolder Literaturtagen auch internationale Schriftsteller nach Vorarlberg brachte.

Bedeutend für das literarische Leben Vorarlbergs ist der nach dem bedeutendsten Vorarlberger Schriftsteller des 19. Jahrhunderts benannte Franz-Michael-Felder-Verein, der sich neben der Publikation der Werke Felders auch anderen literaturpolitischen Aufgaben widmet: So startete man 1977 eine Reihe »Neue Texte aus Vorarlberg«, die ausdrücklich der neuen Schriftstellergeneration gewidmet war, unter den Mitgliedern jedoch heftige Debatten über den »Verlust an Heimatliebe« auslöste. Im Zuge dieser öffentlich und mit heftigen Invektiven gegen die neuen Autoren geführten Diskussion erfolgte 1981 die Gründung des »Vorarlberger Autorenverbandes«, in dessen Vorfeld beim »Ersten Österreichischen Schriftstellerkongreß« in Wien eine »Resolution Vorarlberger Autoren« verabschiedet wurde, in der es unter anderem hieß: »Seit Ende der sechziger Jahre gibt es in Vorarlberg eine literarische Bewegung, die ein beachtliches Werksverzeichnis nachweisen kann. Die offizielle Kulturpolitik hat dies kaum registriert, und wenn doch, dann meistens in Form von pauschalen Diffamierungen. Die bevorzugten Vokabeln in diesem Zusammenhang waren ›progressiv‹ und ›pornographisch‹.« Der Autorenverband brachte in der Folge eine Reihe von Anthologien unter dem Titel *Kataloge des Vorarlberger Autorenverbandes* heraus (und unterhält seit 1998 ein eigenes Büro in Feldkirch). 1981 wurde per Vertrag mit dem Felder-Verein durch das Land Vorarlberg das »Franz-Michael-Felder-Archiv« (Vorarlberger Literaturarchiv) in Bregenz gegründet, das neben der Sammlung und Aufarbeitung von Nachlässen eine Fülle von Lesungen und literarischen Veranstaltungen organisiert. Doch auch außerhalb der Landeshauptstadt regt sich so manches: Die Marktgemeinde Hard veranstaltet seit Jahren einen Literaturwettbewerb, neue Initiativen setzten die Marktgemeinde Götzis, die im Rahmen der Initiative »Villes refuge« des »International Writers' Parliament« 1998/99 den usbekischen Schriftsteller Jodgor Obid beherbergte oder der »Spielboden Dornbirn«, wo 1999 erstmals ein großes Lyrik-Festival »Poesie

Vorarlberger Autoren beim Ersten Österreichischen Schriftstellerkongreß, Wien, 1981: (1. Reihe v. l. n. r.) Ingrid Puganigg, Roland Jörg, Leo Haffner; (2. Reihe v. l. n. r.) Michael Köhlmeier, Monika Helfer, Ulrich Gabriel, Hubert Dragaschnig, Eva Schmidt, Roger Vorderegger

International Dornbirn« stattgefunden hat. 1999 gibt es in Vorarlberg mit Josef Winkler auch erstmals einen literarischen Landbeobachter in Bludenz.

Schwierig in Vorarlberg ist nach wie vor die Verlagssituation: der fink's Verlag existierte nur einige Jahre, gegenwärtig bemüht sich vor allem der Hecht Verlag in Hard um zeitgenössische Literatur. Auch die Gründung einer Literaturzeitschrift kam erst 1998 zustande, als die erste Nummer der Zeitschrift *V* des Vorarlberger Autorenverbandes erschien.

Derzeit gilt Vorarlberg als Land, »wo im Verhältnis zur Einwohnerzahl die meisten erfolgreichen Schriftsteller hausen«, wie 1997 die Zeitschrift *Profil* bemerkte: »Neben Robert Schneider und Michael Köhlmeier, die mit ihren letzten Veröffentlichungen die Spitzen der nationalen Buchverkaufslisten blockierten, arbeiten im Ländle auch Monika Helfer, Ulrike Längle, Kurt Bracharz.« Weitere Namen: der 1997 verstorbene große Avantgardist Max Riccabona, Ingrid Puganigg, die ihr gesamtes literarisches Werk in Vorarlberg geschrieben hat, der türkische Lyriker Kundeyt Şurdum, Stephan Alfare, Susanne Alge, Elisabeth Amann, Jürgen Benvenuti, Ricarda Bilgeri, Gudrun Embacher, Willibald Feinig, Christian Futscher, Arno Geiger, Werner Grabher, Wolfgang Hermann, Wolfgang Linder, Norbert Loacker, Christian Mähr, Norbert Meyer, Petra Nachbaur, Oscar Sandner, Eva Schmidt, Maria Schneider, Ingo Springenschmid und Elisabeth Wäger-Häusle. Dazu kommt noch eine ganze Reihe von Mundartautoren, die moderne Formen und das Experiment pflegen, wie Ulrich Gabriel, Herbert Häusle, Christa Hutter oder Adolf Vallaster. Kurzum: ein Land mit höchster Dichterdichte.

Max Riccabona im Bregenzer Künstlerhaus Palais Thurn und Taxis, 1979

mittendrin – Bodo Hell, 1994. Über den Träger des Erich-Fried-Preises schwärmte Ernst Jandl bei der Preisverleihung 1991: »Und von welchem österreichischen Autor, seit Reinhard Priessnitz, ließe sich sagen, daß er an ›einem neuen Entwurf von Literatur‹ arbeite, wenn nicht von Bodo Hell […]. Ach, möge doch jeder lesende, denkende Mensch zwischen den fernen Echos nationalsozialistischer Sprachtaktik und den pausenlos in uns eindringenden Sprachklischees unserer jetzigen Welt einmal im Jahr sich zu einer Kur – um dieses Wort noch einmal zu verwenden – einer Kur der Sprache entschließen, wie sie nicht nur, aber auch Bodo Hell anzubieten hat«.

Oben Verleger Maximilian Droschl (2. v. l.) und seine Autoren (v. l. n. r.) Bodo Hell, Antonio Fian und Walter Grond

Mitte »Der 1940 geborene Dominik Steiger stammt aus dem Wiener Avantgardekreis der sechziger Jahre (von Attersee bis O. Wiener). Unabhängig davon hat er insbesondere in den siebziger Jahren ein souveränes eigenständiges Werk entwickelt, das im Ausland hoch geschätzt wird, so sehr es auch der österreichischen Öffentlichkeit verborgen blieb.« (Peter Weibel, 1982) – Nach zwei Prosabänden bei Suhrkamp (1968, 1969) hat Steiger (l.) in den neunziger Jahren bei Droschl seine verlegerische Heimat gefunden – wie auch die »Neuentdeckung« Klaus Händl (r.), dem 1995 der Rauriser Literaturpreis zuerkannt wurde.

Unten Alfred Kolleritsch (l.) und Walter Grond. »Absolut Grond« (so ein Romantitel von 1994) übernimmt im Juni 1995 den Vorsitz über das Grazer »Forum Stadtpark«.

Oben links Mit dem Roman *Leonardos Hände* gewinnt Alois Hotschnig beim Ingeborg-Bachmann-Wettbewerb 1992 den Preis des Landes Kärnten.

Oben rechts Egyd Gstättner, 1994 mit gleich zwei Büchern vertreten (*Servus oder Urlaub im Tauerntunnel* und dem Prosaband *Spielzeug*), wird eine Würdigung zuteil, deren Bezeichnung man sich im wahrsten Sinne des Wortes merken muß, nämlich der »Erste Preis des Max-von-der-Grün-Förderungspreises für ›Literatur der Arbeitswelt‹ der Kammer für Arbeiter und Angestellte für Oberösterreich und der Stadt Linz«.

Unten Evelyn Schlag, 1994 erneut mit einem Erzählband auf dem Büchermarkt: *Touché*

Rechts Doron Rabinovici debütiert 1994 mit *Papirnik. Stories*. Viel beachtet wird drei Jahre später sein Roman *Suche nach M.*, ein wichtiger Beitrag zur Literatur der jüngeren jüdischen Generation.

Wolfgang Bauer (l.) bei der Verleihung des »Großen Österreichischen Staatspreises für Literatur« durch Minister Rudolf Scholten im Literaturhaus Wien, 1994. – »Was Bauers Werk in allen seinen Facetten und Genres, seiner Vielfalt von Methoden und Sinnebenen zeigt, ist, daß Tiefe nicht gleichbedeutend ist mit tierischem Ernst, daß eine mit einer einzigartigen Mischung von leichtem Schwung, aber auch derbem Witz, von Eleganz und Spontaneität, Volkstümlichkeit und Gelehrsamkeit und vor allem ohne jede Prätention geschaffene Dichtung wertvoller sein kann als manche mit feierlicher, hieratischer Pose dahinschreitende Literatur« – so der Literaturwissenschaftler und Laudator Martin Esslin.

Rechts Karl-Markus Gauß, seit 1991 Herausgeber der Zeitschrift *Literatur und Kritik*, hier bei der Präsentation eines Sonderheftes zum Thema »Jiddische Literatur Österreichs« in der Salzburger Synagoge, 1993

Oben Clemens Eich mit seiner Mutter Ilse Aichinger, seiner Frau und seinem Sohn, um 1995. In den achtziger Jahren war Eich mit Gedichten und Erzählungen in der »Collection«-Reihe des Fischer Taschenbuch Verlags hervorgetreten. Drei Jahre nach dem Erscheinen seines ersten Romans (*Das steinerne Meer*, 1995) kam er durch einen tragischen Unfall in Wien ums Leben. Aus seinem Nachlaß erschien 1999 das von der Kritik hoch gelobte Fragment *Aufzeichnungen aus Georgien.*

Unten 1995 erhält endlich auch die bedeutende Autorin Ilse Aichinger (r., dahinter Minister Rudolf Scholten) den »Großen Österreichischen Staatspreis für Literatur«.

Mit dem Roman *Schubumkehr* (und der im gleichen Jahr als Ergänzungsschrift erschienenen *Phänomenologie der Entgeisterung*) schloß Robert Menasse 1995 seine *Trilogie der Entgeisterung* ab. Zu dem Großprojekt hatte er sich zu Beginn der achtziger Jahre – mittlerweile schon Gastdozent für Literaturtheorie in São Paulo – aufgemacht. Wien und São Paulo sind dementsprechend auch die Hauptschauplätze der ersten Teile (*Sinnliche Gewißheit*, 1988; *Selige Zeiten, brüchige Welt*, 1991).
In *Schubumkehr* (ein Wort, das zu Beginn der neunziger Jahre nach dem Absturz einer Maschine von Lauda Air in aller Munde ist) verschickt Menasse eine seiner früheren Hauptfiguren, den Wiener Germanisten und Mittdreißiger Roman G., genannt Romy, nach siebenjährigem Brasilienaufenthalt in die niederösterreichische Provinz nahe der tschechischen Grenze, just zu dem Zeitpunkt, als sich der gewaltige, Europa verändernde Umbruch des Jahres 1989 vollzieht.

Robert Menasse (l.) mit seinem Doktorvater, dem Wiener Germanisten Wendelin Schmidt-Dengler. Menasse jedenfalls kam zu der Einsicht, daß es ein Irrtum sei zu glauben, daß einem ein Germanistikstudium der Schriftstellerei näherbringe (»Ich dachte dort zu lernen, wie es die großen Dichter gemacht haben«).

Robert Menasse, Festredner bei der Eröffnung der Frankfurter Buchmesse 1995: »Schade, oder auch ein Glück, daß Kühe nicht reden können. Sie würden, etwa als Eröffnungsredner von Landwirtschaftsmessen, die schönsten Reden über ein friedvolles Zusammenleben aller Arten auf diesem Planeten und die notwendige Versöhnung von Mensch und Natur halten. [...] Meine Erfahrung mit literarischen Festansprachen ist, daß man vom Schriftsteller gemeinhin erwartet, ein solches Rindvieh zu sein.«

Buchmesse

Österreich auf der Frankfurter Buchmesse 1995

Rüdiger Wischenbart

Das Unbekannte im Vertrauten« (*Börsenblatt*, 21. Juli 1995), wenngleich dieses mitunter auch »ein bißchen fremd« (F.A.Z., 14. Oktober 1995) wirke – mit solchen, oft auch belustigt bis wohlwollend im Grundton gehaltenen Glossen kommentierte das deutsche Feuilleton den »Österreich-Schwerpunkt zur Frankfurter Buchmesse 1995«.

Um vieles heftiger war dem gegenüber die Auseinandersetzung in österreichischen Medien, nicht zuletzt »weil der Österreich-Schwerpunkt nirgendwo auf so großes Interesse stößt wie in Österreich selbst« (*Profil*, 9. Oktober 1995).

Bereits zwei Jahre vor dem Ereignis befanden heimische Kommentatoren, Österreich sei »dabei, in Krisenzeiten eine Chance für seine Verlage zu verschlafen« (*Der Standard*, 21. Juli 1993). Im unmittelbaren Vorfeld wurde der Auftritt in Frankfurt dann zur Projektionsfläche für scharfe Kontroversen zwischen einzelnen Autoren und Medien – etwa zwischen Gerhard Roth und Robert Menasse um die Wahl des Eröffnungsredners, aber auch um die grundsätzliche Haltung von Schriftstellern gegenüber dem überwiegend aus Steuermitteln finanzierten und deshalb als staatlich repräsentativ empfundenen Auftritt. Am krassesten spitzte das Magazin *News* die Kontroverse zu mit Titeln wie: »Umstrittene Buchmesse. Elfriede Jelinek: ›Wenn ich Artmann wäre, würde ich vor den Österreich-Pavillon scheißen‹« (*News* 40, 1995).

Im Rampenlicht sowohl der Auseinandersetzungen wie auch der sehr umfangreichen Gesamtberichterstattung standen – naturgemäß – einerseits die Autoren, andererseits, als weithin sichtbare und prägende Ikone des Österreich-Auftrittes, der gläserne Pavillon des Architekten Adolf Krischanitz, der »festlich ohne Theaterdonner, elegant, ohne peinliche Prätention« wirkte (F. A. Z., 12. Oktober 1995) und nicht nur dem Österreich-Auftritt, sondern der Buchmesse insgesamt einen überraschenden, neuen Mittelpunkt verlieh. Mehr als tausend Einzelveranstaltungen mit mehr als zweihundert österreichischen Schriftstellern gab es bei den verschiedenen Programmreihen auf der Messe, in Frankfurt und im gesamten deutschen Sprachraum. In Frankfurt konzentrierten sich die Auftritte auf zwei Bühnen, einerseits – an den Buchmessetagen zwischen dem 11. und 15. Oktober – im Pavillon selbst, wo täglich mehrmals Autorengespräche vor Publikum in dem vom Wiener Hotel Sacher betriebenen Kaffeehaus stattfanden, die teilweise vom ORF live im Radio übertragen wurden. An einem einzigen Tag traten hier etwa Gerhard Rühm, Peter Turrini, Friederike Mayröcker, Michael Köhlmeier, Robert Schneider und Inge Morath hintereinander auf. Diese Gespräche erwiesen sich Tag für Tag als Publikumsmagnet.

Kurz vor der Vollendung: Das Markenzeichen der Frankfurter Buchmesse 1995

Parallel dazu wurde andererseits, organisatorisch von der IG Autoren betreut, ein noch größerer literarischer Bogen im Literaturhaus Frankfurt gespannt, mit Lesungen, Podiumsdiskussionen und Selbstdarstellungen zahlreicher literarischer und kultureller Institutionen und Vereinigungen des Landes.

Am ersten Buchmessetag präsentierte überdies Hermann Beil in der Alten Oper Frankfurt vor rund zweitausend Besuchern einen literarischen Abend unter der Überschrift »Oh, du mein Österreich« mit prominenten Autoren – etwa H. C. Artmann, Peter Turrini, Barbara Frischmuth – und Schauspielern des Burgtheaters (z.B. Fritz Muliar, Kirsten Dene, Michael Heltau) sowie, zur musikalischen Kontrastierung, mit den »Neuwirth Extremschrammeln« und dem »Vienna Art Orchestra«.

Einen breiteren literaturgeschichtlichen Hintergrund präsentierte im Pavillon die Schau »Der sechste Sinn«. Anstelle einer Ausstellung ›über‹ Literatur gab es eine von Cathrin Pichler kuratierte, behutsam selbstironische Schau mit persönlichen Objekten von österreichischen Schriftstellern des 20. Jahrhunderts. In den Vitrinen lagen »Dinge des Lebens, geknüpft an die Arbeit des Schreibens« (nach dem Klappentext der von Cathrin Pichler und Johannes Schlebrügge herausgegebenen Ausstellungs-Anthologie *Der sechste Sinn oder die Spur der Dinge*, Wien 1996): Robert Musils Buntstifte zur Manuskriptkorrektur etwa neben einer Wasserschale, die Christoph Ransmayr im westlichen Himalaya eingetauscht hatte, oder das Notizbuch von Ludwig Wittgenstein mit dem Bleistifteintrag vom Juni 1939 »Pass erhalten« neben Heidi Patakis Mädchenzöpfen.

Insgesamt wurden sowohl das Österreich-Programm wie auch diese 47. Frankfurter Buchmesse von einer neuen, jüngeren Generation österreichischer Autoren geprägt, die – in der Nachfolge der weithin bekannten und renommierten Namen wie Thomas Bernhard, Peter Handke, Ernst Jandl, Friederike Mayröcker oder Elfriede Jelinek – zwar schon jeweils mehrere teils erfolgreiche Bücher vorgelegt hatten, jedoch um 1995 einen breiten Zugang zum gesamten deutschsprachigen Publikum erlangen

konnten. Dies gilt, um nur einige Namen herauszugreifen, für so unterschiedliche Autoren wie Norbert Gstrein, Josef Haslinger, Robert Schneider, Lilian Faschinger, Raoul Schrott, Michael Köhlmeier, Bachmann-Preisträger Franzobel oder den Eröffnungsredner Robert Menasse, die jeweils auch wichtige Neuerscheinungen 1995 vorlegten und bei den verschiedenen Veranstaltungen auftraten.

Die – außerhalb der österreichischen Landesgrenzen – relativ neuen Autorennamen wie auch, nach dem Beitritt Österreichs zur Europäischen Union zu Jahresbeginn 1995, die Chance, das Land über seine Kultur in einem weiteren europäischen Zusammenhang überzeugend vorzustellen, legten es nahe, »Österreich jenseits des süssen und sauren Kitsches als selbstbewusste europäische Nation zu präsentieren« (*Neue Zürcher Zeitung*, 8. Mai 1995).

Dieses für das Gesamtkonzept des Auftritts formulierte Ziel war letztlich auch die Grundlage für die Aufbringung der erheblichen Mittel von insgesamt 70 Millionen Schilling (d. h. 10 Millionen Mark) für Programm und Pavillon durch die österreichische Bundesregierung unter Kunstminister Rudolf Scholten gewesen.

Was ist von dem aufwendigen Projekt schließlich geblieben? Selbst kritische Kommentatoren konstatierten einhellig: ›Frankfurt war die Reise wert‹. Eine unabhängige wissenschaftliche Gesamtanalyse des umfänglichen Medienechos ergab ebenfalls, wie Evi Scheipl 1996 schreibt, daß erfolgreich ein »generell positive[s] Österreich-Image« vermittelt werden konnte, das »noch durch das partielle österreichische ›Kunst-, Autoren- und Verlags-Image‹ verstärkt« worden sei, so daß in diesem zentralen Anliegen Konzept und Ergebnis einander entsprachen.

Oben **Ikone der Frankfurter Österreich-Präsentation, 1995: Buchmesse-Pavillon von Adolf Krischanitz**

Unten **Pavillon-Beschriftung: »Werbung« mit Robert Musil**

Oben Verhandlung: Robert Menasse (r.) mit dem Verleger Siegfried Unseld

Mitte Im Kollegen-Gespräch: Lilian Faschinger und Alfred Kolleritsch

Rechts Emigrantenbegegnung: Ruth Klüger und Jakov Lind

Oben GAV in Frankfurt (v. l. n. r.): Gerhard Kofler, Ingram Hartinger und Gerhard Rühm

Rechts V. l. n. r.: Sylvia Treudl, Margit Hahn und Barbara Neuwirth

Unten Elfriede Czurda (l.) und Sabine Scholl

Oben Anna Mitgutsch. Über ihren Roman *Abschied von Jerusalem* (1995) schreibt Karl-Markus Gauß: »Selten sind in den letzten Jahren Städte mit solcher topographischer Präzision erzählend erwandert, mit so sinnlicher Kraft ihre Gerüche und Farben beschworen, die bekannten und die abgelegenen, die hellen und die dunklen Viertel erkundet worden.«

Unten Elfriede Jelinek veröffentlicht 1995 den österreichischen ›Vampir-Roman‹, ein opus magnum mit 667 Seiten: *Die Kinder der Toten.*

Rechte Seite Als überlebensgroße Puppe von Frank Castorf auf die Bühne zitiert – Elfriede Jelinek in ihrem Stück *Raststätte oder Sie machens alle*. Bei der Wiener Uraufführung (5. November 1994, Regie: Claus Peymann) war der angekündigte Skandal ausgeblieben. Zwei Monate später empörte sich das Hamburger Publikum über die Castorf-Inszenierung. Die *Zeit* vermerkte ein »Theaterbeben der Stärke 5,5 auf der nach oben offenen Kunstrichterskala«.

Oben links Die junge Salzburgerin Kathrin Röggla stellt bei der Frankfurter Buchmesse 1995 ihren ersten Prosaband *Niemand lacht rückwärts* vor. Die *Frankfurter Rundschau* lobte Rögglas »Rollenprosa voller sprachverdrehter, kauzig-verquerer Lebensan- und -einsichten«.

Oben rechts Ein Allroundgenie im Erfolgsjahr 1995: Von Michael Köhlmeier erscheinen die Erzählung *Sunrise* und der Roman *Telemach*. Zur Aufführung kommen *Mein privates Glück* (Theater für Vorarlberg, Bregenz) und *Der liebe Augustin* (Bregenzer Festspiele).

Unten rechts Melitta Breznik. – »Ganz ohne spürbare Anstrengung gelingt ›Nachtdienst‹, was autobiographisch fundierte Erstlinge oft vermissen lassen – die Eruption der Gefühle in künstlerische Bahnen zu lenken. […] Vielversprechender als Melitta Breznik kann man eine literarische Karriere nicht beginnen.« (Andreas Breitenstein in der *Neuen Zürcher Zeitung*, 1995).

Links Mit *Krautflut* zum Ingeborg-Bachmann-Preisträger 1995: Stefan Griebl alias ›Franzobel‹

Oben Erich Hackl (l.) und der bei Residenz in Salzburg verlegte, uruguayische Autor Mauricio Rosencof. – »Es ist genaugenommen nicht Hackls Geschichte der uruguayischen Regimegegnerin Sara Méndez, der ihr neugeborenes Kind Simón geraubt wurde, während sie jahrelang in den Folterkellern Argentiniens und den Gefängnissen Uruguays gequält wird. Es ist Saras Geschichte, hinter der der Autor so weit zurücktritt, wie es die wenigsten Journalisten noch tun«, schrieb Anna Mitgutsch über Hackls Erzählung *Sara und Simón* (1995), »ein Buch über die Ohnmacht der Gerechtigkeit und gegen das Vergessen. Solche Bücher sind rar geworden, seit es unfein ist, Wirklichkeit darzustellen.«

Elfriede Czurda liest: »Die Spalte quillt / es lallt der Quilt, / verhallt und schilt: / die Alte schielt / zu sehr. Es müssen / junge Kalebassen / ihr Häutchen lassen.« (Aus *Unglüxreflexe*, 1995) – Die Schriftstellerin betreute in den achtziger Jahren u. a. gemeinsam mit Reinhard Priessnitz und Gerhard Rühm das Lektorat der »edition neue texte«.

Oben Christoph Ransmayr

Unten Josef Haslinger signiert *Opernball*

Desaster-Szenario (1), Christoph Ransmayrs *Morbus Kitahara* (1995): Mit erzählerischer Urkraft fiktionalisiert der gespenstische Endzeitroman die Wirklichkeitswerdung des Morgenthau-Plans. Österreich und Deutschland sind dauerhaft zu einem menschenfeindlichen »Brachland« mit wenigen militärisch kontrollierten Städten verkommen.

Desaster-Szenario (2), Josef Haslingers *Opernball* (1995): Ein aus verschiedenen Perspektiven zusammengesetztes Erzählgeflecht rund um die Auslöschung (›Vergasung‹) der feinen Wiener Opernball-Gesellschaft und ihrer ›Adabeis‹ durch eine kleine Gruppe irregeleiteter, rechtsradikaler Kleinbürger, durch die »Entschlossenen«.

Raoul Schrott: Literarischer Wanderer, »von Ort zu Ort, durch die Begriffe und ihre Schichten, ihn prägt das historische Bewußtsein für den Augenblick«. (Ulrich Weinzierl, 1995) – Mit dem Romanerstling *Finis terrae* gelingt Raoul Schrott 1995 der literarische Durchbruch.

1995 wird Robert Schneiders (l.) Erfolgsroman *Schlafes Bruder* unter der Regie von Joseph Vilsmaier (r.) verfilmt.

Rechts »Udo prallte zurück und knallte mit dem Schädel an die senkrechte Haltestange. Seine rechte Wange war aufgerissen und blutverschmiert. Ich holte nochmals aus, diesmal mit dem Fuß, und verpaßte ihm einen gewaltigen Tritt in die Eier.« – *Harter Stoff* (1994) aus Vorarlberg: Jürgen Benvenuti, Krimiautor mit Vorliebe für Henry Rollins

Oben Jandl signiert 1995 seinen soeben erschienenen Auswahlband *lechts und rinks. gedichte statements peppermints*

Unten Festlicher und festliches Regen: die »Schule für Dichtung«, Freunde und ein begeistertes Publikum feiern 1996 im Wiener »Ronacher« den 75. Geburtstag von H.C. Artmann (m.)

In Österreich wurde 1994 in einer Volksabstimmung über den Beitritt zur Europäischen Union entschieden. Im Vorfeld bangte Ernst Jandl, der sich immer wieder auch in politischen »statements« artikuliert, um das Ja seiner Landsleute und sprach das Lager der EU-Beitrittsgegner mit einem »offenen brief an einen großen alten mann« an, der auf den Architekten und Stadtplaner Roland Rainer abzielte.

[...] daß sogar sie gegen einen solchen irrtum nicht gefeit sind, ging mir auf, als ich ihren namen im verein mit leuten genannt sah, deren ziel es ist, die bürger unseres landes dazu zu bewegen, sich bei der stimmabgabe am 12. juni gegen einen beitritt unseres landes zur europäischen gemeinschaft zu wenden, während einzig und allein der beitritt zur EU unserem land und seinem volk freiheit und wohlergehen für die zukunft sichert.

Ernst Jandl in: *lechts und rinks*, 1995

Ernst Jandl hatte auch folgendes Inserat initiiert, das 1994 in verschiedenen österreichischen Tageszeitungen veröffentlicht worden war: »Wir österreichischen Architekten, Komponisten, Künstler, Musiker und Schriftsteller Friedrich Achleitner, Heimrad Bäcker, Paul Flora, Barbara Frischmuth, Hans Hollein, Ernst Jandl, Franz Koglmann, Alfred Kolleritsch, Friederike Mayröcker, Gustav Peichl, Gerhard Rühm und Max Weiler fordern ein Vereintes Europa. Wir stimmen am 12. Juni 1994 mit Ja.«

Oben links Weit über die oberösterreichische ›Provinz‹ hinaus: Der Erzähler und ›szenische Dichter‹ Friedrich Christian Zauner, hier bei einer Lesung aus seinem Roman *Heiser wie Dohlen* von 1996

Oben rechts O. P. Zier. – »Als stärkster Leseeindruck bleibt freilich die Nähe des Autors zu seinen Protagonisten; im Grunde hat er eine leidenschaftliche Rede geschrieben zur Verteidigung zweier Menschen aus ärmsten Verhältnissen, eine Kampfschrift gegen alles, was ihnen zeit ihres Lebens angetan wurde.« (Erich Hackl über Ziers Roman *Schonzeit*, 1996)

Mitte links Herbert Maurer debütiert 1996 mit *Gnädige Frau! Oder die Kunst des Tiefschlafs* – »eine Sammlung von be- und verrückenden Episteln über Geographie, Musik, Wasser und Frauen« (Hermann Wallmann in der *Süddeutschen Zeitung*, 1997).

Mitte rechts Janko Messner, 1996: Bedeutender Vertreter der slowenischsprachigen Literatur in Österreich. Noch ist Kärnten nicht verloren, denn zum 75. Geburtstag des Schriftstellers äußert sich der Erste Landeshauptmannstellvertreter Michael Ausserwinkler anerkennend: »Janko Messner hat in den vergangenen Jahrzehnten in wichtigen geschichtlichen Phasen des Landes Kärnten seine Stimme erhoben und sich niemals als Opportunist erwiesen.«

Links *Aushäusige* heißt der erste Roman der in Meran geborenen und in Wien lebenden Autorin Sabine Gruber, veröffentlicht 1996

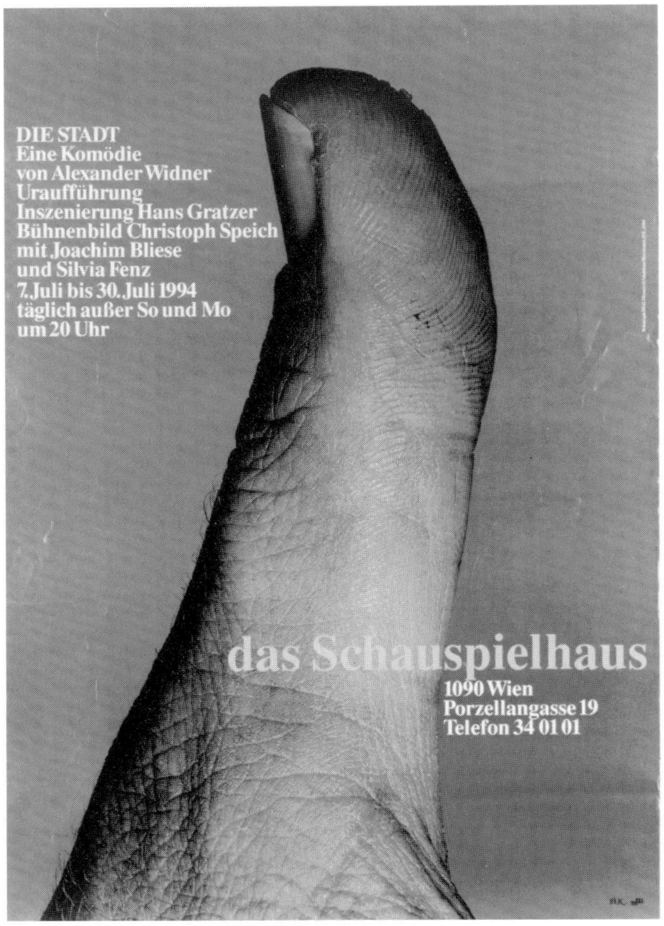

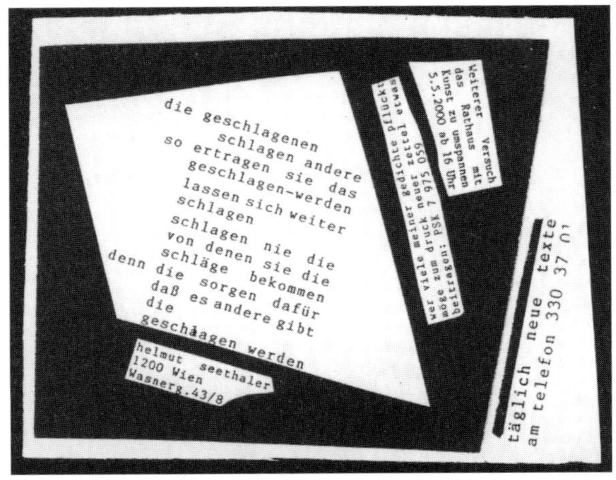

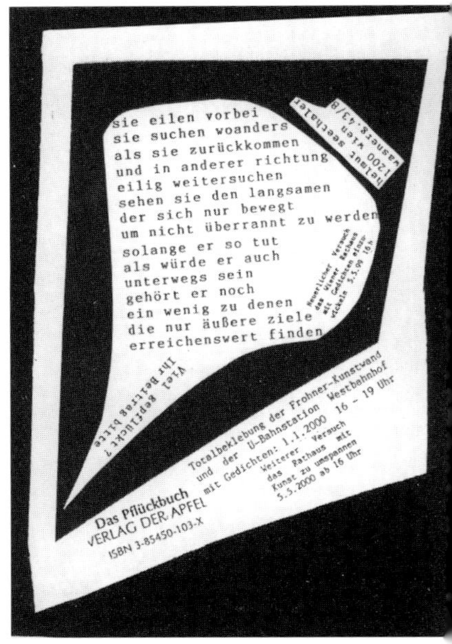

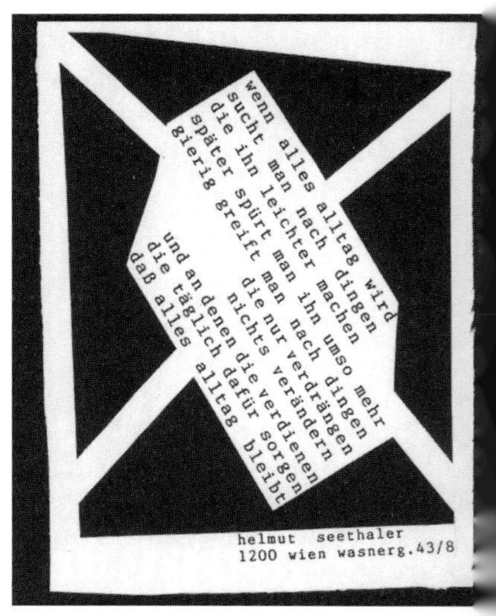

»der druck meiner zetteltexte und der gegendruck der behörden kosten etwas. mögen die, die viele meiner gedichte pflücken, das bedenken. 1200 Wien Wasnergasse 43« (Helmut Seethaler, 1996).

Der Klagenfurter Kulturamtsmitarbeiter und Schriftsteller Alexander Widner (erste literarische Veröffentlichung 1980) präsentiert 1996 im Schauspielhaus Wien, wo zwei Jahre vorher seine Komödie *Die Stadt* uraufgeführt wurde, das Buch *Stark wie ein Nagel* (neben Widner die Schauspielerin Therese Affolter und *Stadt*-Regisseur Hans Gratzer). Die Neuerscheinung, kein Roman, sondern ein »literarisches Ermittlungsverfahren«, wie Klaus Amann in der Wiener *Presse* kommentiert, »bestätigt uns keine unserer Meinungen über Väter, über Mütter, über Söhne. Es erzählt auch keine der in der österreichischen Literatur der vergangenen Jahrzehnte nicht gerade seltenen Leidensgeschichten aus den Familienhöllen. Es stört und verunsichert unser soziales und moralisches Koordinationssystem, stellt in Frage, was wir zu wissen und zu kennen meinen, weil es sich weigert, die Sätze und Verhaltensweisen der Figuren zu kommentieren und zu beurteilen«.

Oben Helmut Seethaler, seit 1974 mit »Zettel«- und »Pflück«-Gedichten (vor allem) in Wien unterwegs, in den neunziger Jahren aufgrund seiner ›öffentlichen Aushänge‹ mehrfach gerichtlich wegen ›Sachbeschädigung‹ belangt

Mitte links Martin Amanshauser: »Wenn die Hälfte der österreichischen Menschheit meine Tagebuchaufzeichnungen kennen würde, dann wäre unser Nationalstaat um einiges weniger abgelutscht. Deshalb ist mein Credo: rein mit der Weisheit ins Tagebuch, vielleicht lesen es meine Töchter und Sohnessöhne.« (Aus dem ›Wiener Stadtkrimi‹ *Im Magen einer kranken Hyäne*, 1998)

Mitte rechts Peter Waterhouse: »Oder die Sprache der Dichtung ist ein Honig, das Zeidelige im Waldbezirk, die Zeichen sind nach ihrem Glanz benannt. Ein Zeichen ist kein Benenner, es steht zu den Dingen der Welt nicht in einer nennenden Beziehung, sondern es läßt sich durchleuchten, schimmert, leuchtet von etwas außerhalb seiner selbst.« (Aus *Die Geheimnislosigkeit*, 1996)

Rechts Zum 60. Geburtstag geehrt, und deshalb im Mittelpunkt (und mit sich selbst im Hintergrund) auf dem Wiener »Fest für Gerald Bisinger«: der gefeierte Autor, 1996, weit davon entfernt – so ein Buchtitel von 1998 – *Ein alter Dichter* zu sein.

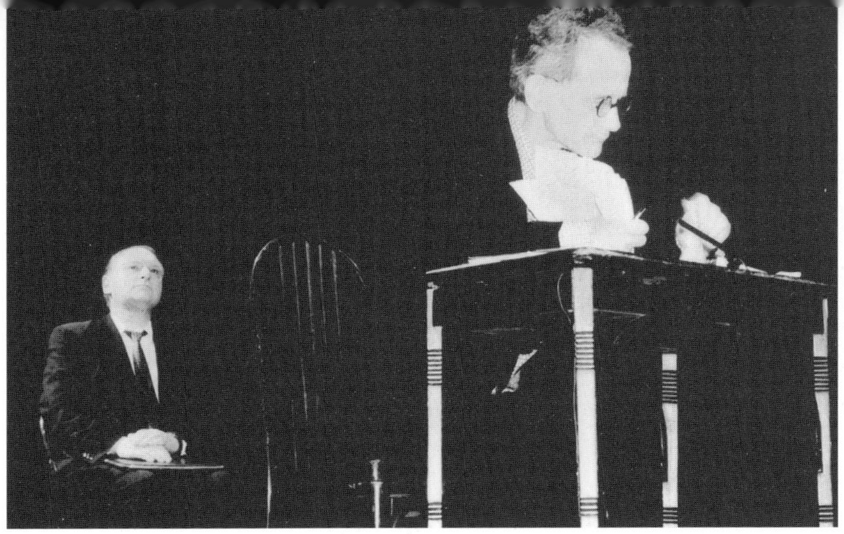

Links *Stoffgewitter*: Erich-Fried-Preisträger Gert F. Jonke im Wiener Akademietheater, 1997

Oben Der Präsident der Deutschen Akademie für Sprache und Dichtung, Christian Meier (r.), verliest die Begründung der Vergabe des Georg-Büchner-Preises 1997 an H. C. Artmann.

Unten H. C. Artmann (l.) und Raoul Schrott, 1997. »Denn wer dichten kann, ist Dichtersmann, und einer der's noch besser kann […]« – natürlich H. C. Artmann, so jedenfalls sah es Raoul Schrott in einer Geburtstagswürdigung für seinen Kollegen und Freund 1996.

Ein scharfer Versuch, mit Peter Handkes ›literarisierter Winterreise‹ »zu den Flüssen Donau, Save, Morawa und Drina oder Gerechtigkeit für Serbien« (1996) ›abzurechnen‹, findet sich in der *Frankfurter Rundschau*: »Von A bis Z diktieren Handke bei seinen Verdrängungen und Übertragungen Ressentiment und Rankünе den Bleistift; Aggression gegen die Boten der Verbrechen geht der Regression des Friedens-Boten Handke voraus« (Wolfram Schütte, 17. Februar 1997). Die Wiener *Presse* reagierte schneller als das *Rundschau*-Feuilleton und zeigte sich in bezug auf die Handkesche Nachfolgeschrift *Sommerlicher Nachtrag zu einer winterlichen Reise* (1996) betont einfühlend: »Gerechtigkeit für Serbien, das lehrt uns Handke in seiner zweiten Lektion, beginnt mit dem Erbarmen mit den Verzweifelten« (Hans Haider, 2. Oktober 1996). Wie hoch währenddessen die Wellen schlugen, zeigt ein Wortgefecht zwischen Handke und dem Journalisten Karl Wendl im Wiener Akademietheater: »Wendl: Max Frisch ist durch Nazi-Deutschland gereist und hat geschrieben, daß die Nazis nicht so schlimm seien. Wäre er im Warschauer Ghetto gewesen, wäre er betroffener gewesen. Handke: Gehn Sie nach Haus mit ihrer Betroffenheit. Stecken Sie sie sich in den Arsch.« (Zit. nach: *News*, Wien, 21. März 1996)

Oben Peter Handke veröffentlicht (mit ausgewiesenem Salzburg-Bezug) 1997 einen neuen ›Großroman‹: *In einer dunklen Nacht ging ich aus meinem stillen Haus.* Die Kritik reagiert wie gewohnt, d.h. in gespaltenen Lagern. Dauerhaft schwelt jedoch der Streit um die »Gerechtigkeit für Serbien« einfordernde Schrift *Eine winterliche Reise* von 1996 fort.

Unten Der Wahl-Ire Christoph Ransmayr, von dem 1997 unter dem Titel *Der Weg nach Surabaya* gesammelte »Reportagen und kleine Prosa« erscheinen. Zusammen mit Salman Rushdie hatte Ransmayr 1996 den »Aristeion-Literaturpreis« der Europäischen Union erhalten.

Oben links Neuerscheinungen 1997: Marlene Streeruwitz mit *Lisa's Liebe* …

Oben rechts … Helga Glantschnig (l.) und Friederike Mayröcker mit *Mirnock* und *das zu Sehende, das zu Hörende* …

Mitte … Marie-Thérèse Kerschbaumer (l.) und Julian Schutting mit *bilder immermehr* und *Der Tod meiner Mutter* …

Unten … Sylvia Treudl (l.) und Margit Hahn mit Erzählungen zum Thema Eifersucht – *… dann kratz ich dir die Augen aus!* (als Herausgeberin) und *Haut. Nah*

Oben Franzobel. – Sein Protagonist in *Kafka. Eine Komödie* (1997) spricht: »Schon jetzt sind meine Nerven ausgefranst, meine Verdauung eine Lotterie, ich zittere, verbrenne mich, und schlafe nachts fast nichts. Wenn ich schreibe, bin ich so zerkratzt, daß der Schlaf mich nicht mehr will. Und wie? Schreibe ich nicht, ist mir das Leben gefroren schon wie Tod.«

Unten links Vormarsch der jungen ›Mittsiebziger‹ (1): Daniel Kehlmann mit dem Roman *Beerholms Vorstellung* (1997) auf der alljährlichen Wiener Veranstaltung »Literatur rund um die Burg«

Unten rechts Vormarsch der jungen ›Mittsiebziger‹ (2): Bettina Galvagni, Verlags-Preisträgerin des Ingeborg-Bachmann-Wettbewerbs 1997 und Verfasserin von *Melancholia* (1997), in jenen Tagen als »neue Scheherazade aus Südtirol« bezeichnet

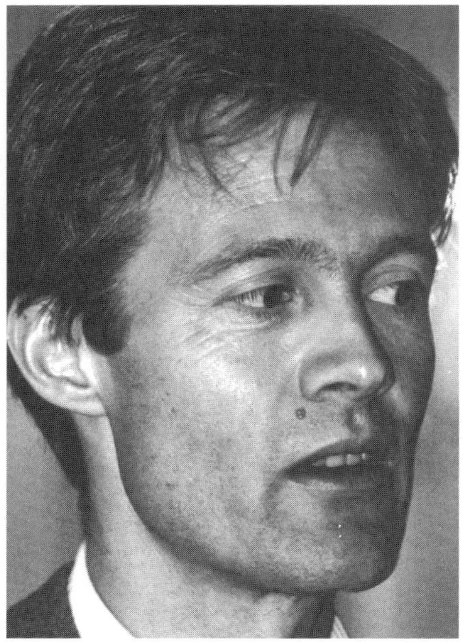

Links Alexander Widner (l.) und Josef Winkler, der 1998 seine »große, grausame Literatur« (Antonio Fian) um den Roman *Wenn es soweit ist* bereicherte

Oben links Lydia Mischkulnig (*Halbes Leben*, Romandebüt 1994; *Sieben Versuchungen*, Erzählungen 1998)

Mitte links Gabriel Loidolt (*Hurensohn*, Roman 1998)

Oben Mitte Walter Klier (*Grüne Zeiten*, Roman 1998)

Mitte Rudolf Habringer (*Aus. Endlich*, Prosadebüt 1992; *LiebesKind*, Roman 1998)

Oben rechts Herbert J. Wimmer (*Nervenlauf*, Prosadebüt 1990; *das offene schloß – ambivalenz*, Roman 1998)

Mitte rechts Elfriede Kern (*Etüde für Adele und einen Hund*, Romandebüt 1996; *Kopfstücke*, Roman 1997)

Unprätentiöses Selbstporträt: Anselm Glück

Oben Anselm Glück. – Die neue Publikation (1998) der schriftstellerischen und malerischen ›Doppelbegabung‹ bespricht Johanna Schwanberg in der Wiener *Presse* mit den einleitenden Worten: »Ein Buch, das den Leser-Betrachter sprachlich und visuell, sinnlich und analytisch fordert: Anselm Glücks neuer Text-Bild-Band ›ich kann mich nur an jetzt erinnern‹. Bereits der in Klammern gesetzte zweite Untertitel, ›sehen sie selbst‹, weist darauf hin, daß dieses Buch gelesen und gesehen werden will: ›die bilder sind der mittelpunkt der welt, sie versuchen, die schöpfung wiederzubeleben‹ verlautbart das ›Ich‹, um einen Absatz später zu bemerken: ›ich wähle dieses wort, ich schreibe es auf, und hier steht es, du kannst es sehen, so oft du willst‹«.

Monika Helfer. »Der einstmals kunstvoll inszenierte, naive Tonfall, viele Bücher lang ihr literarisches Markenzeichen«, urteilt in ihrer Rezension des Romans *Wenn der Bräutigam kommt* (1998) Susanne Schaber in der *Neuen Zürcher Zeitung*, »ist in die Jahre gekommen. Monika Helfer weiß genau, was sie will. Ihre Sprache ist klarer geworden, schärfer, weniger verschnörkelt.«

Oben Büchner-Preisträgerin Elfriede Jelinek, Staatstheater Darmstadt 1998

Unten Gratulation des Laudators Ivan Nagel (r.; neben der Preisträgerin Akademiepräsident Christian Meier)

In den Wind gereimt

Wenn Peymann nächstes Jahr, gottlob,
die „Burg" verläßt, sein Biotop,
das er erfüllt mit Sumpfes Fäule,
dann braucht es wohl noch eine Weile,
bis daß die Bretter wieder blank
und sich verzogen der Gestank
des wahrlich penetranten Drecks
der Mühls, Turrinis, Jelineks.

Wolf Martin

Neue Kronenzeitung, Wien, 15. Februar 1998

Oben Szenenfoto aus Elfriede Jelineks *er nicht als er (zu, mit Robert Walser)*, uraufgeführt bei den Salzburger Festspielen 1998, die Jelinek als erste Autorin der neuen Festspielreihe »Dichter zu Gast« eingeladen hatten

Unten Der Burgtheaterdirektor und sein Dramatiker als »Nestbeschmutzer«: »In Wien hätte ich mich gleich erschießen können« (Claus Peymann) – »Das Theater ist eine Irrenanstalt« (Peter Turrini)

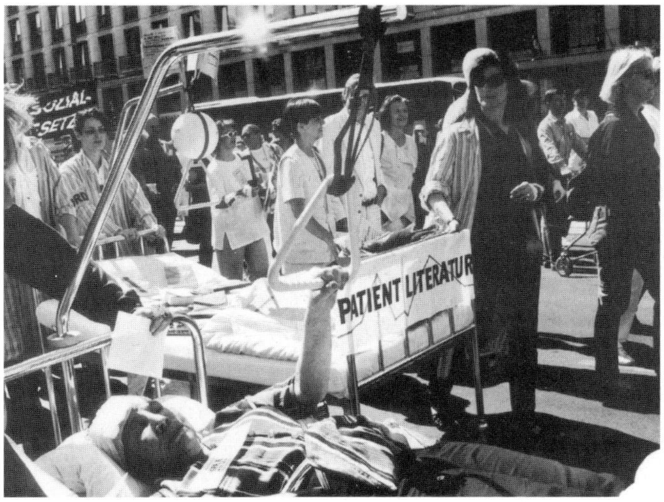

Oben links »Umzug der Maroden«: Demonstration für bessere soziale Absicherung der österreichischen Künstler, Wien 1998

Oben rechts Unermüdlicher Anwalt künstlerischer Sozialbelange: Gerhard Ruiss, ›Chef‹ der IG Autoren seit 1982

Unten Kampf gegen die Boulevardpresse, 1998: Werner Koflers literarische Antwort auf die Klage eines österreichischen Klatschreporters wegen »übler Nachrede«

Romandebüt 1997: »Schon im September hat der junge Autor Arno Geiger in Bregenz für ein Verkehrschaos gesorgt. Man möchte halt dabei sein, wenn nach Köhlmeier und Schneider ein dritter Bestsellerautor aus dem Ländle ›gemacht‹ werden soll. Arno Geigers Debütroman ›Kleine Schule des Karusselfahrens‹ (Hanser) fand vergangenen Donnerstag im Wiener Literaturhaus große Beachtung.« (*Der Standard*, Wien, 1. Dezember 1997)

Mitte links Romandebüt 1998: »Es geht um die Rekonstruktion einer Familiengeschichte: Soviel wird deutlich aus der Bilderflut von Richard Obermayrs *Der gefälschte Himmel*, einem monumentalen Erinnerungsprojekt, das auf dem schmalen Grat zwischen Poesie und falschem hohen Ton wandelt.« (Bernhard Fetz)

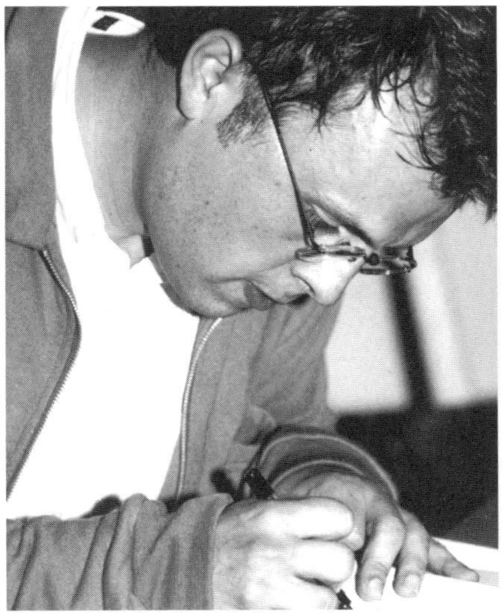

Mitte rechts Wolf Haas. – Ihm, so berichtet Fabjan Hafner anläßlich des Erscheinens von Haas' *Silentium* (1999), »bin ich zum ersten Mal an einem Bahnhofskiosk begegnet – nicht in eigener Person, sondern in Gestalt seiner ›Gesammelten Werke‹ (Rowohlt Taschenbuch Verlag, Reinbek). ›Der Knochenmann‹ (1997) ließ sich prompt genauso schnell verschlingen, wie es der Erwerbsort versprochen hatte. Begierig und in der zagen, ungläubigen Hoffnung, daß Spannung und Unterhaltungswert über ein Buch zu halten wären, kaufte ich ›Auferstehung der Toten‹ (1996), ›Komm süßer Tod‹ (1998) und ›Ausgebremst‹ (1998) […].«

Unten rechts Werner Kofler und Antonio Fian im Literaturhaus Wien, 1998

Oben Lokalinspektion in der Österreichischen Nationalbibliothek (1): Gerhard Roth betrachtet das Mysterium des Zettelkatalogs

Unten Lokalinspektion in der Österreichischen Nationalbibliothek (2): Gerhard Roth. Die Bibliothek und ein dort verübter Diebstahl führen letztlich zum Tod des Protagonisten im fernen Japan, so in Roths Roman *Der Plan* (1998), in der Folge von *Der See* (1995) zweites Buch eines neuen geplanten Zyklus vom Kaliber der *Archive des Schweigens.*

Ausgewiesene Repräsentanten der österreichischen Gegenwartsliteratur, jedoch noch lange nicht ›denkmalgeschützt‹: Peter Rosei und (über ihm) Robert Menasse, 1998 in Prag. Von Peter Rosei erscheint in diesem Jahr der Lyrikband *Viel früher*; *Dummheit ist machbar* resümiert Robert Menasse 1999 in einem Essayband im Vorfeld der österreichischen Nationalratswahlen.

Oben Bestseller-Autor (1): Gabriel Barylli – *Wer liebt, dem wachsen Flügel …*
… und irgendwann landet er garantiert in den Kissen. Baryllis Roman wurde 1997 verfilmt. Auf dem Szenenfoto die Schauspieler Heio von Stetten und Elke Winkens mit dem Autor und Regisseur Barylli

Unten Bestseller-Autor (2): Robert Schneider. Sein zweiter Roman, *Die Luftgängerin* (1998), wurde zwar glänzend verkauft, aber von der Kritik weit weniger freundlich als *Schlafes Bruder* aufgenommen. Achselzucken des Autors: »Damals hat ein großer Kritiker gesagt, das Buch ist gut, und es war für alle gut. Jetzt sagt einer, es ist schlecht. Dadurch ist es für alle schlecht.«

Oben Anerkennung für die Bewältigung einer langen literarischen Wegstrecke: Andreas Okopenko erhält 1999 den Österreichischen Staatspreis für Literatur.

Unten Andreas Okopenko (r.) bei der Staatspreisverleihung, 1999, mit Staatssekretär Peter Wittmann

Oben Zweifache Ehrung im 99er Jahr: Elfriede Gerstl erhält den »Erich Fried Preis« der Internationalen Erich Fried Gesellschaft für Sprache und Literatur (auf Vorschlag Elfriede Jelineks) und den »Georg-Trakl-Preis« des Landes Salzburg.

Links Als Auftragswerk (zusammen mit der Straßburger »Opéra du Rhin«) präsentieren die Wiener Festwochen 1999: »›Bählamms Fest‹. Musiktheater in 13 Bildern nach Leonora Carrington von Olga Neuwirth. Librettofassung von Elfriede Jelinek in der Übersetzung von Herbert Becker«. Olga Neuwirth (r.) und die Librettistin

Unten »Erschütterung und massive Zweifel«. Österreichische Künstler reagieren auf das Nato-Bombardement in Serbien (*Der Standard*, Wien, 26. März 1999)

Belgrad wird auch auf Gewalt nicht hören

Elfriede Jelinek: „Ich bin schockiert über diesen Krieg, aber jedes Wort ist natürlich billig, wenn man selber im Trockenen sitzt und auch seine Schäfchen dort beisammen hat: Es kostet nichts.

Problematisch ist eine Militäraktion ohne UNO-Mandat grundsätzlich immer, und ich bin auch ebenso grundsätzlich dagegen. Wenn ich auch auf der anderen Seite einsehen muß, daß das Regime in Belgrad auf Vernunft nicht hören wird, allerdings wird es auch auf Gewalt nicht hören, fürchte ich, sondern sich nur noch mehr einbunkern.

Die Lösung wäre vielleicht, wenn das Wort nicht durch die Nationalsozialisten so in Verruf wäre, ein Protektorat, bei dem sich auch Rußland beteiligen müßte. Eine Konföderation der Teilstaaten plus autonomem Kosovo, über die die Nato-Mächte, die Neutralen und Rußland für einen bestimmten Zeitraum gemeinsam das Protektorat

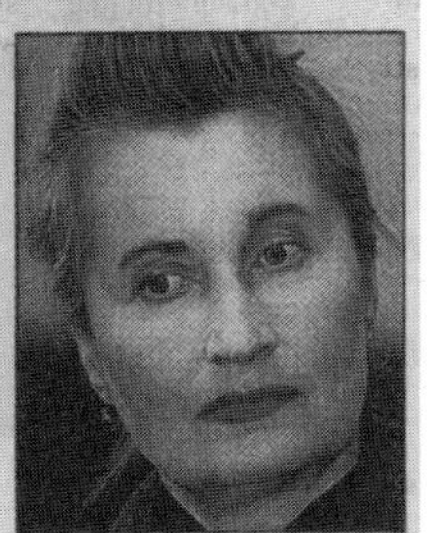

Elfriede Jelinek: Die Lösung wäre vielleicht ein „Protektorat“. *Foto: APA*

übernehmen würden, bis die betreffenden Länder sozusagen „gesund“ gemacht wären, demokratisiert wären und wieder in die Unabhängigkeit entlassen werden könnten.

Der derzeitigen Situation allerdings stehe ich depriminiert und verzweifelt gegenüber, mir ist, als wäre das überhaupt der erste Krieg (trotz Vietnam, aber das ist damals ja sehr weit entfernt gewesen), der mir real und bewußt ist.“

Es spitzt sich zu. Ein Beschiß.

Der Dichter Franzobel stellt aus Anlaß der Nato-Aktion „Fragen zur Abstumpfung“

Sollte tatsächlich der Kosovo, dieser Beistrich in der Unterhose Welt, sich zu einer großen Scheißerei ausweiten? Krieg? Der Ursprung des nur deutschen Wortes ist trotz aller Deutungsversuche dunkel. Und die Motivation? Kann ein Krieg gerecht sein? Ist nicht jede Kriegsbegründung immer auch Verarschung? Oder geht es am Balkan bloß darum, die nach Santa Monica schmeckenden Zigarrenbrösel aus dem Image des amerikanischen Gröfaz zu kehren? Krieg? Kann es in BigApple-Wunderworld überhaupt noch Krieg geben, oder ist Krieg bloß noch ein Häusl-Thema für die Journalisten, ein Zuscheißen mit Kriegssprache, Flugzeugtypen, Abwehrsystemen, mit Sonderberichten, Landkarten und virtuellen Erlebniswelten? Krieg als Hauptabendprogramm? Jugendfrei. Warum sonst werden die Einsätze in der Nacht geflogen? Weil es dann primetime im amerikanischen Fernsehen ist? Was passiert während der Werbepausen?

Franzobel (32), experimenteller Literat und Bachmann-Preisträger. *Foto: APA*

Darf dann das Rote Kreuz die Wechselspieler verarzten. Und gibt es für den Zuseher große Unterschiede zwischen dem Eurovisions-Songcontest, Startreck, einem Formel-eins-Rennen, der Unterhaltungs-Diarrhöe und Krieg? Kann eine Friedensgeneration den Krieg überhaupt verstehen? Wenn ja, als was? Als Computerspiel? Als Grummeln im Magen? Als Einlauf?

Und warum Krieg? Wäre nicht ein Wirtschaftsembargo effizienter? Gerechter? Warum gleich das stärkste Abführmittel, das es gibt? Oder ist es die Lust am Abstrakten, eine Sehnsucht nach Gerechtigkeit, Freiheit, einer Zukunft? Vielleicht macht es ja auch Spaß, den Herren herauszukehren, es dem Bohnensuppen-Gesindel mal zu zeigen, auf alles zu furzen, zu schießen, zu bomben, zu zerstören. Stimmt es denn nicht auch, empfindet der Mensch nicht tatsächlich eine Erleichterung, ja gar eine Lust an Katastrophen – solange er nicht selbst betroffen ist? Haben wir nicht alle insgeheim auch eine Freude, wenn etwas passiert, etwas zerstört wird, es anderen schlechter geht als einem selbst? Aber ist es nicht gerade deshalb, weil wir immer noch nicht gelernt haben, damit umzugehen, ein erschreckendes Armutszeugnis, wenn wir uns so ohne weiteres von scheinbaren Notwendigkeiten eines Krieges überzeugen lassen? Ein Krieg darf nie notwendig sein! Er führt die Werte, die er angeblich verteidigt, ad absurdum. Immer.

Als Kind habe ich mich immer gefragt, wie es möglich sein kann, daß Erwachsene so lange Zeit am Klo verbringen, und es nachher derart stinkt. Heute weiß ich, sie kehren sich nach außen. Sie werden ungehemmt, lassen sich gehen, beginnen Krieg. Und wie schnell kann so etwas eskalieren! Wien ist 500 Kilometer von Belgrad entfernt! Und was wäre von serbischer Seite aus verständlicher als ein Gegenschlag? *Ab heute wird zurückgeschossen!*

Und wenn den Serben nun der Irak zu Hilfe kommt, Lybien, China, Kolumbien, alle die Länder, auf deren Kosten die westliche Welt aufgerüstet hat, gut genug, die alten Waffen abzukaufen? Auch vom Kommunismus hätte man nie gedacht, daß er so schnell zusammenbricht. Sollte tatsächlich der Kosovo sich zu einer großen Scheißerei ausweiten? Verdrücken wir es lieber, hoffen wir, daß die Welt es sich verhält.

Mit Spannung wird im neuen Jahrtausend ein neuer Roman (*Der fliegende Berg*) von Christoph Ransmayr (l.) erwartet, über den Reinhold Messner (r.) bereits so viel andeutete, daß darin auch die Eindrücke einer gemeinsamen Pakistan-Reise verarbeitet werden sollen. Obige Aufnahme zeigt die beiden Freunde auf dem südtirolischen Ortler in fast viertausend Meter Höhe.

Bio-bibliographische Hinweise

Zusammengestellt von Peter Stuiber

Die folgenden Angaben zu den wichtigsten der im vorliegenden Band vertretenen Autor(inn)en erheben – vor allem in bezug auf die bibliographischen Nachweise – keinen Anspruch auf Vollständigkeit. Gattungsnachweise wurden sigliert als:

L: Lyrik; R: Roman; E: Erzählung(en);
P: Prosa; Dr: Drama(tische Werke);
Ess: Essay(s); Hs: Hörspiel(e)

Friedrich Achleitner

Architekturtheoretiker und Verfasser von Prosa, Lyrik, Essays. Geb. 1930 in Schalchen/Oberösterreich, lebt in Wien. Beiträge zu Gemeinschaftsarbeiten der »Wiener Gruppe«. Österreichischer Staatspreis für Kulturpublizistik 1984. Werke: *hosn rosn baa* (mit H. C. Artmann und Gerhard Rühm), 1959; *quadratroman*, 1973; *quadrat-studie* (P), 1974; *Österreichische Architektur im 20. Jahrhundert* (3 Bde.), 1980–90; *Kaas* (L), 1991; *Die Plotteggs kommen* (P), 1995.

H(ans) G(ünther) Adler

Soziologe, Philosoph, Erzähler und Lyriker. Geb. 1910 in Prag. 1942 Deportation nach Theresienstadt, später nach Auschwitz. 1947 Emigration nach England, starb 1988 in London. Werke: *Unser Georg und andere Geschichten*, 1961; *Eine Reise* (R), 1962; *Panorama* (R), 1968; *Stimme und Zuruf* (L), 1980; *Die unsichtbare Wand* (R), 1989.

Ilse Aichinger

Lyrikerin, Hörspielautorin und Erzählerin. Geb. 1921 in Wien. Lektorin beim S. Fischer-Verlag. Mitglied der »Gruppe 47«. Lebte 1963–84 in Großgmain bei Salzburg, danach in Frankfurt, seit 1988 in Wien. Großer Österreichischer Staatspreis für Literatur 1995. Werke: *Die größere Hoffnung* (R), 1948; *Rede unter dem Galgen* (E), 1952; *Eliza, Eliza* (E), 1965; *Auckland* (Hs), 1969; *Verschenkter Rat* (L), 1978; *Kleist, Moos, Fasane* (P), 1987.

Christoph Wilhelm Aigner

Lyriker und Erzähler. Geb. 1954 in Wels/Oberösterreich, lebt in Salzburg. Werke: *Katzenspur* (L), 1985; *Der Mönch von Salzburg* (L, Übertragung aus dem Mittelhochdeutschen), 1995; *Die Berührung* (L), 1998.

René Altmann

Lyriker. Geb. 1929 in Luzern, gest. 1978 in Wien. Publikationen in Zeitschriften (*neue wege, alpha, publikationen, Wort in der Zeit, manuskripte, Protokolle*) und Anthologien (*Stimmen der Gegenwart*). Werk: *Unsinnige Welt. Literarische Texte*, 1949–75; *Wir werden uns kaum mehr kennen* (L), 1993.

Gerhard Amanshauser

Lyriker, Erzähler, Essayist. Geb. 1928 in Salzburg, lebt ebd. Werke: *Aus dem Leben der Quaden* (P), 1968; *Satz und Gegensatz* (Ess), 1972; *Schloß mit späten Gästen* (R), 1975; *Gedichte*, 1986; *Aufzeichnungen einer Sonde* (P), 1997; *Artistengepäck* (E), 1998.

Martin Amanshauser

Lyriker und Erzähler. Geb. 1968 in Salzburg, lebt in Wien. Werke: *Im Magen einer kranken Hyäne* (R), 1997; *Erdnussbutter* (R), 1998.

Jean Améry (d. i. Hans Mayer)

Philosoph und Essayist. Geb. 1912 in Wien. 1938 Flucht vor den Nazis nach Belgien, kämpfte im Widerstand, Deportation in KZ. Lebte nach dem Krieg vorwiegend in Brüssel. 1978 Freitod in Salzburg. Werke: *Jenseits von Schuld und Sühne* (Ess), 1966; *Über das Altern* (Ess), 1968; *Unmeisterliche Wendejahre* (Ess), 1971; *Hand an sich legen* (Ess), 1976.

Günther Anders (d. i. Günther Stern)

Philosoph und Schriftsteller. Geb. 1902 in Breslau/Schlesien. Studierte bei Husserl und Heidegger Philosophie. Flucht vor den Nazis in die USA; ab 1950 wieder in Wien, wo er 1992 starb. Mitinitiator der internationalen Anti-Atom-Bewegung. Werke: *Die Antiquiertheit des Menschen* (philosoph. Werk),1956; *Off Limits für das Gewissen* (Briefwechsel), 1961; *Kosmologische Humoreske* (E), 1978; *Ketzereien* (P), 1991; *Die Molussische Katakombe* (R), 1992.

H(ans) C(arl) Artmann

Lyriker, Prosaautor, Übersetzer. Geb. 1921 in Wien. Mitbegründer der »Wiener Gruppe«. Übersetzungen aus zahlreichen Sprachen, lebt in Salzburg. Großer Österreichischer Staatspreis für Literatur 1974; Georg-Büchner-Preis 1997. Werke: *med ana schwoazzn dintn. gedichta aus bradnsee* (L), 1958; *die fahrt zur insel nantucket* (Dr), 1969; *Aus meiner Botanisiertrommel* (L), 1975; *Im Schatten der Burenwurst* (L), 1983; *Gedichte von der wollust des dichtens in worte gefaßt*, 1989; *die zerstörung einer schneiderpuppe* (Dr), 1992; *Das poetische Werk in zehn Bänden*, 1994; *ein engel hilft mir frühaufstehn* (Dr), 1995; *Gesammelte Prosa* (4 Bde.), 1997.

Reinhold Aumaier

Lyriker und Prosaautor. Geb. 1953 in Linz, lebt in Wien. Werke: *Briefe an Adalbert Stifter* (P), 1982; *ein bedROHlichES* (L), 1988; *Fahren Sie fort!* (P), 1995; *Alles blues, alles Walzer* (Noten, Texte), 1995; *So gengan de gang'* (L), 1999.

Ingeborg Bachmann

Lyrikerin, Erzählerin, Hörspielautorin, Essayistin, Übersetzerin. Geb. 1926 in Klagenfurt. Mitglied der »Gruppe 47«. Ab 1965 Wohnsitz in Rom, wo sie 1973 starb. Georg-Büchner-Preis 1964; Großer Österreichischer Staatspreis für Literatur 1968. Werke: *Die gestundete Zeit* (L), 1953; *Anrufung des großen Bären* (L), 1956; *Der gute Gott von Manhattan* (Hs), 1958; *Das dreißigste Jahr* (E), 1961; *Malina* (R, erster Teil des unvollendeten Roman-Projektes »Todesarten«), 1971; *Simultan* (E), 1972; »Todesarten«-Projekt, 1995.

Heimrad Bäcker

Lyriker und Verleger. Geb. 1925 in Wien, lebt in Linz. 1968 Gründung der Zeitschrift *neue texte*, 1976 des Verlags »edition neue texte«. Werke: *nachschrift* (P), 1986; *nachschrift* 2 (P), 1997.

Gabriel Barylli

Schauspieler, Erzähler und Dramatiker. Geb. 1957 in Wien, lebt ebd. und in München. Werke: *Butterbrot* (R), 1989; *Folge dem gelben Steinweg* (R), 1991; *Zweimaldrei Stücke. Butterbrot. Honigmond. Abendwind* (Dr), 1993; *Honigmond* (R), 1993; *Wer liebt, dem wachsen Flügel* (R), 1999.

Otto Basil

Lyriker, Erzähler, Theaterkritiker. Geb. 1901 in Wien. Nach dem Krieg bedeutender Förderer junger Schriftsteller (u. a. Paul Celans, Ingeborg Bachmanns und Erich Frieds), deren Texte er in seiner avantgardistischen Zeitschrift *Plan* (1945–48) veröffentlichte. Starb 1983 in Wien. Werke: *Sternbild der Waage* (L), 1945; *Wenn das der Führer wüßte* (R), 1966; *Lob und Tadel* (Theaterkritiken), 1981.

Wolfgang Bauer

Verfasser von Theaterstücken, Gedichten, Prosa. Geb. 1941 in Graz, wo er auch heute lebt. Seit 1961 Mitglied des Grazer Forum Stadtpark. Großer Österreichischer Staatspreis für Literatur 1994. Werke: *Der Fieberkopf* (R), 1967; *Magic Afternoon, Change, Party for six* (Dr), 1969; *Katharina Doppelkopf und andere Eisenbahnstücke* (Dr), 1973; *Gespenster. Silvester oder Das Massaker im Hotel Sacher. Film und Frau* (Dr), 1974; *Woher kommen wir? Was sind wir? Wohin gehen wir?* (Dr, P), 1981; *Herr Faust spielt Roulette* (Dr), 1987.

Konrad Bayer

Verfasser experimenteller Lyrik und Prosa. Geb. 1932 in Wien. Mitbegründer der »Wiener Gruppe«. 1964 Freitod (Schloß Hagenberg/Niederösterreich). Werke: *stein der weisen* (P), 1963; *der kopf des vitus bering* (R), 1965; *der sechste sinn* (R), 1966.

Rudolf Bayr

Kritiker, Erzähler und Übersetzer. Geb. 1919 in Linz, starb 1990 in Salzburg. Werke: *Essays über Dichtung*, 1947; *Die Schattenuhr* (P), 1976; *Der Betrachter* (R), 1978; *Flugsand und Schlaf* (L), 1988.

Jürgen Benvenuti

Verfasser von Kriminalromanen. Geb. 1972 in Bregenz, lebt in Wien. Werke: *harter stoff* (R), 1994; *schrottplatz-blues* (R), 1996.

Joe Berger

Erzähler. Geb. 1939 in Kaltenleutgeben. Teilnahme an den aktionistischen Gruppen »ARGE Bauernschnapsen« und »First Vienna Working Group: Motion«. Starb 1991 in Wien. Werke: *Märchen für Konsumkinder*, 1977; *Plädoyer für den Alkohol* (P), 1985; *Märchen für die Satten und Irren*, 1990.

Thomas Bernhard

Prosaautor, Dramatiker und Lyriker. Geb. 1931 in Heerlen (Niederlande). Lebte seit 1971 meist in Ohlsdorf/Oberösterreich. Starb 1989 in Gmunden. Georg-Büchner-Preis 1970. Werke: *Frost* (R), 1963; *Verstörung* (R), 1967; *Das Kalkwerk* (R), 1970; *Der Ignorant und der Wahnsinnige* (Dr), 1972; *Die Macht der Gewohnheit* (Dr), 1974; *Korrektur* (R), 1975; Autobiografie: *Die Ursache* (1975), *Der Keller* (1976), *Der Atem* (1978), *Die Kälte* (1981), *Ein Kind* (1982); *Der Untergeher* (R), 1983; *Holzfällen* (R), 1984; *Alte Meister* (R), 1985; *Der Theatermacher* (Dr), 1985; *Auslöschung* (R), 1986; *Heldenplatz* (Dr), 1988.

Richard Billinger

Dramatiker, Lyriker, Erzähler. Geb. 1890 in St. Marienkirchen bei Schärding/Oberösterreich, gest. 1965 in Linz. Werke: *Lob Gottes* (L), 1922; *Das Perchtenspiel* (Dr), 1928; *Rauhnacht* (Dr), 1931; *Leben aus Gottes Hand* (P), 1935; *Palast der Jugend* (P), 1955.

Gerald Bisinger

Lyriker und Prosaautor. Geb. 1936 in Wien. Langjähriger Mitarbeiter des Literarischen Colloquiums Berlin. Starb 1999 in Wien. Werke: *Zikaden und Genever* (L), 1963; *Am frühen Lebensabend. Trilogie* (L), 1987; *Realität faßt mich an* (L), 1993; *Dieser Tratsch* (L), 1999; *Im siebenten Jahrzehnt. Letzte Gedichte* (L), 2000.

Imma von Bodmersdorf

Erzählerin. Geb. 1895 in Graz, gest. 1982 auf Schloß Rastbach bei Krems/Niederösterreich. Großer Österreichischer Staatspreis für Literatur 1958. Werke: *Die Rosse des Urban Roithner* (R), 1950; *Sieben Handvoll Salz* (R), 1958; *Haiku* (L), 1962; *Bartabnahme* (R), 1966.

Alois Brandstetter

Erzähler. Geb. 1938 in Aichmühl bei Pichl/Oberösterreich. Lehrt an der Klagenfurter Universität Deutsche Philologie. Werke: *Überwindung der Blitzangst* (P), 1971; *Zu Lasten der Briefträger* (R), 1974; *Die Abtei* (R), 1977; *Die Mühle* (R), 1981; *Vom Manne aus Eicha* (R), 1991; *Hier kocht der Wirt* (R), 1995; *Groß in Fahrt* (R), 1998.

Felix Braun

Verfasser von Lyrik, Prosa, Dramen, Essays; Übersetzer. Geb. 1885 in Wien. Während der NS-Zeit im Londoner Exil. Starb 1973 in Klosterneuburg bei Wien. Großer Österreichischer Staatspreis für Literatur 1951. Werke: *Agnes Altkirchner* (R), 1927; *Kaiser Karl V.* (Dr), 1936; *Der tausendjährige Rosenstrauch* (Anthol., Hg), 1949; *Zeitgefährten* (Ess), 1963; *Das Nelkenbeet* (L), 1966.

Bruno Brehm

Romanautor. Geb. 1892 in Ljubljana/Laibach, starb 1974 in Altaussee/Steiermark. Werke: *Apis und Este* (R), 1931; *Das war das Ende* (1932); *Weder Kaiser noch König* (R), 1933; *Das Zwölfjährige Reich* (R), 1960.

Otto Breicha

Publizist und Kritiker. Geb. 1932 in Wien. Mitarbeiter der Österreichischen Gesellschaft für Literatur, Gründungsmitglied der Grazer Autorenversammlung. Von 1966 bis 1997 Herausgeber der Zeitschrift *protokolle*.

Melitta Breznik

Erzählerin. Geb. 1961 in Kapfenberg/Steiermark. Lebt als Fachärztin für Psychiatrie in Zürich. Werke: *Nachtdienst* (E), 1995; *Figuren* (E), 1999.

Hermann Broch

Erzähler, Essayist, Lyriker und Kulturkritiker. Geb. 1886 in Wien. Emigrierte 1938 in die USA, starb 1951 in New Haven/Connecticut. Werke: *Die Schlafwandler* (R-Trilogie): *Pasenow oder Die Romantik 1888, Esch oder Die Anarchie 1903, Huguenau oder Die Sachlichkeit 1918*, 1931–32; *Der Tod des Vergil* (R), 1945; *Die Schuldlosen* (R), 1950; *Die Verzauberung* (R), 1953; *Psychische Selbstbiographie*, 1999.

Max Brod

Erzähler, Essayist, Übersetzer und Kulturkritiker. Geb. 1884 in Prag. Ab 1925 Herausgabe der Werke Franz Kafkas. 1938 Flucht nach Israel. Starb 1968 in Tel Aviv. Werke: *Tycho Brahes Weg zu Gott* (R), 1915; *Reubeni, Fürst der Juden* (R), 1925; *Johannes Reuchlin und sein Kampf* (R), 1966; *Der Prager Kreis*, 1966.

Arnolt Bronnen (d. i. Arnold Bronner)

Verfasser von Dramen, Lyrik und Prosa. Geb. 1895 in Wien. 1920 nach Berlin. Starb 1959 in Berlin (DDR). Werke: *Vatermord* (Dr), 1920; *Ostpolzug* (Dr), 1926; *Film und Leben. Barbara La Marr* (R), 1928; *O. S.* (R), 1929; *Kampf im Äther* (R), 1935; *Arnolt Bronnen gibt zu Protokoll* (Autobiografie), 1954.

Ferdinand Bruckner (d. i. Theodor Tagger)

Dramatiker. Geb. 1891 in Sofia (Bulgarien). 1938 Emigration in die Schweiz, später in die USA. Starb 1958 in Berlin. Werke: *Krankheit der Jugend* (Dr), 1929; *Die Verbrecher* (Dr), 1929; *Elisabeth von England* (Dr), 1930; *Die Rassen* (Dr), 1933; *Napoleon der Erste* (Dr), 1937; *Der Kampf mit dem Engel* (Dr), 1956.

Fritz Brügel

Lyriker. Geb. 1897 in Wien. 1938 Emigration nach Frankreich, später nach England. Starb 1955 in London. Werke: *Zueignung* (L), 1923; *Februar Ballade* (L), 1935; *Gedichte aus Europa*, 1937.

Rudolf Brunngrabner

Verfasser von Romanen, Essays und Filmdrehbüchern. Geb. 1901 in Wien, wo er 1960 starb. Werke: *Karl und das 20. Jahrhundert* (R), 1933; *Radium* (R), 1936; *Opiumkrieg* (R), 1939; *Zucker aus Cuba* (R), 1941; *Überwindung des Nihilismus* (Ess), 1949; *Die Schlange im Paradies* (R), 1958.

Günter Brus

Aktionskünstler. Geb. 1938 in Ardning/Steiermark. Mitbegründer des Wiener Aktionismus. Zahlreiche internationale Ausstellungen, u. a. seiner »Bild-Dichtungen«. Lebt in Graz. Werke: *Irrwisch* (R), 1971; *Die Geheimnisträger* (R), 1984; *Amor und Amok* (P), 1987; *Weisser Wind* (R), 1995.

Martin Buber

Philosoph. Geb. 1878 in Wien. Bis 1933 lehrte Buber jüdische Religionswissenschaft und Ethik in Frankfurt a. M. Nach seiner Emigration 1938 Professor für Sozialphilosophie in Jerusalem. Übersetzte mit dem Theologen und Philosophen Franz Rosenzweig das Alte Testament. Gest. 1965 in Jerusalem. Werke: *Die Geschichten des Rabbi Nachman*, 1906; *Ich und Du*, 1923; *Königtum Gottes*, 1932; *Der Glaube der Propheten*, 1950; *Gog und Magog* (R), 1949; *Die Schriften über das dialogische Prinzip*, 1954; *Elija* (Dr), 1963.

Walter Buchebner

Verfasser von Lyrik und Prosa. Geb. 1929 in Wien. 1964 Freitod in Wien. Werk: *zeit aus zellulose* (L), 1969.

Christine Busta

Lyrikerin und Erzählerin. Geb. 1915 in Wien, wo sie 1987 starb. Großer Österreichischer Staatspreis für Literatur 1969. Werke: *Der Regenbaum* (L), 1951; *Lampe und Delphin* (L), 1955; *Die Scheune der Vögel* (L), 1958; *Salzgärten* (L), 1975; *Der Regenbaum* (L), 1977; *Inmitten aller Vergänglichkeit* (L), 1985; *Der Atem des Wortes* (L), 1995.

Elias Canetti

Verfasser von Romanen, Prosa, Essays. Geb. 1905 in Rustschuk (Bulgarien). Flucht vor den Nazis nach London, wo er bis zu seinem Tod 1994 lebte. Großer Österreichischer Staatspreis für Literatur 1967. Georg-Büchner-Preis 1972. Nobelpreis für Literatur 1981. Werke: *Die Blendung* (R), 1935; *Komödie der Eitelkeit* (Dr), 1950; *Masse und Macht* (philosoph. Werk), 1960; *Die Stimmen von Marrakesch* (P), 1967; *Autobiografie: Die gerettete Zunge* (1977), *Die Fackel im Ohr* (1980), *Das Augenspiel* (1985); *Das Geheimnis der Uhr* (P), 1987.

Veza Canetti

Erzählerin und Dramatikerin. Geb. 1897 in Wien. Exil in London, wo sie 1963 starb. Werke: *Die gelbe Straße* (R), 1990; *Der Oger* (Dr), 1991; *Geduld bringt Rosen* (E), 1992; *Die Schildkröten* (R), 1999.

Paul Celan (d. i. Paul Antschel)

Lyriker und Übersetzer. Geb. 1920 in Czernowitz (Rumänien). Während der NS-Herrschaft Zwangsarbeiter in Rumänien. Lebte von 1948 an in Paris. Zahlreiche poetische Übertragungen (u. a. Rimbaud, Ungaretti und Mandelstam). Georg-Büchner-Preis 1960. 1970 Freitod in Paris. Werke: *Mohn und Gedächtnis* (L), 1952; *Von Schwelle zu Schwelle* (L), 1955; *Sprachgitter* (L), 1959; *Die Niemandsrose* (L), 1963; *Atemwende* (L), 1967; *Lichtzwang* (L), 1970; *Zeitgehöft* (L), 1976.

Manfred Chobot

Verfasser von Lyrik, Prosa und Hörspielen. Geb. 1947 in Wien, lebt ebd. Werke: *I wü net alaane sei* (L), 1983; *Dorfgeschichten* (E), 1992; *Der Hof. Ein Lesebuch zum Leben auf dem Lande* (P), 1995; *Der ertrunkene Fisch* (E), 1997.

Franz Theodor Csokor

Dramatiker, Lyriker und Erzähler. Geb. 1885 in Wien. 1938 Emigration. Nach dem Krieg Rückkehr nach Wien. Von 1947 bis zu seinem Tod Präsident des österreichischen P.E.N.-Clubs. Starb 1969 in Wien. Großer Österreichischer Staatspreis für Literatur 1955. Werke: *Gesellschaft der Menschenrechte* (Dr), 1929; *3. November 1918* (Dr), 1937; *Der Schlüssel zum Abgrund* (R), 1955; *Immer ist Anfang* (L), 1952; *Zeuge einer Zeit. Briefe aus dem Exil*, 1964; *Alexander* (Dr), 1969.

Franz Josef Czernin

Lyriker und Essayist. Geb. 1952 in Wien, lebt ebd. Werke: *ossa und pelion* (L), 1979; *glück? ein fragment der maschine* (P), 1984; *die kunst des sonetts* (L), 1985; *Die Reisen. In achtzig Gedichten um die ganze Welt* (mit Ferdinand Schmatz) (L), 1987; *Die Reise. In achtzig flachen Hunden in die ganz tiefe Grube* (mit Ferdinand Schmatz) (L), 1987; *die aphorismen*, 1992; *die kunst des sonetts. 2. Band* (L), 1993; *natur-gedichte*, 1996; *anna und franz* (P), 1998.

Elfriede Czurda

Verfasserin von Lyrik, Prosa und Essays. Geb. 1946 in Wels/Oberösterreich. Langjährige Lektorin der »edition neue texte«. Lebt in Berlin und Wien. Werke: *Ein griff = eingriff inbegriffen* (P, L), 1978; *Diotima oder die Differenz des Glücks* (P), 1982; *Die Giftmörderinnen* (R), 1991; *Buchstäblich:Unmenschen* (Ess), 1995; *Die Schläferin* (R), 1997.

Heimito von Doderer

Romanautor, Erzähler, Essayist. Geb. 1896 in Weidlingau bei Wien. 1916–20 in russischer Kriegsgefangenschaft. Lebte bis zu seinem Tod 1966 in Wien. Großer Österreichischer Staatspreis für Literatur 1957. Werke: *Geheimnis des Reichs* (R), 1930; *Ein Mord, den jeder begeht* (R), 1938; *Die Strudlhofstiege* (R), 1951; *Die Dämonen* (R), 1956; *Die Posaunen von Jericho* (E), 1958; *Die Merowinger oder die totale Familie* (R), 1962; *Roman No. 7: Die Wasserfälle von Slunj* (1963), *Der Grenzwald* (1967).

Michael Donhauser

Lyriker und Erzähler. Geb. 1956 in Vaduz (Liechtenstein). Lebt in Wien. Werke: *Der Holunder* (L), 1986; *Edgar* (E), 1987; *Von den Dingen* (L), 1993; *Livia oder Die Reise* (R), 1996.

Milo Dor (d. i. Milutin Doroslovac)

Erzähler, Dramatiker, Hörspiel- und Drehbuchautor, Übersetzer. Geb. 1923 in Budapest. Mitglied der »Gruppe 47«, seit 1970 Präsident der »Interessengemeinschaft Österreichischer Autoren«; lebt in Wien. Werke: R-Trilogie: *Tote auf Urlaub* (1952), *Nichts als Erinnerung* (1959), *Die weiße Stadt* (1969); *Meine Reisen nach Wien und andere Verirrungen* (E), 1981; *Auf der Suche nach einer größeren Heimat* (P), 1988; *Wien, Juli 1999* (E), 1997.

Albert Drach

Verfasser von Prosa, Romanen, Theaterstücken, Essays, Gedichten. Geb. 1902 in Wien. Flucht vor den Nazis nach Südfrankreich, dort Internierung. Von 1948 bis zu seinem Tod 1995 als Rechtsanwalt in Mödling bei Wien. Georg-Büchner-Preis 1988. Werke: *Marquis de Sade* (P), 1929; *Das große Protokoll gegen Zwetschkenbaum* (R), 1964; *Das Spiel von Meister Siebentot und weitere Verkleidungen* (Dr), 1965; *Unsentimentale Reise* (R), 1966; *»Z. Z.« das ist die Zwischenzeit* (R), 1968; *Untersuchung an Mädeln* (R), 1971; *In Sachen de Sade* (P), 1974; *Das Beileid* (R), 1993.

Jeannie Ebner

Lyrikerin, Erzählerin. Geb. 1918 in Sydney. 1968–79 Redakteurin der Zeitschrift *Literatur und Kritik*. Lebt in Wien. Werke: *Gesang an das Heute* (L), 1952; *Sie warten auf Antwort* (R), 1954; *Figuren in Schwarz und Weiß* (R), 1964; *Protokoll aus einem Zwischenreich* (E), 1975; *Drei Flötentöne* (R), 1981; *Gesammelte Gedichte* (L), 1988; *Flucht- und Wanderwege* (E), 1998.

Clemens Eich

Lyriker und Erzähler. Geb. 1954 in Rosenheim (Deutschland). Starb 1998 in Wien. Werke: *Aufstehn und gehn* (L), 1980; *Zwanzig nach drei* (E), 1987; *Das steinerne Meer* (R), 1995; *Aufzeichnungen aus Georgien* (P), 1999.

Hans Eichhorn

Lyriker und Prosaautor. Geb. 1956 in Vöcklabruck/Oberösterreich. Lebt als

Berufsfischer in Attersee/Oberösterreich. Werke: *Das Zimmer als voller Bauch* (L), 1993; *Der Ruf* (P), 1995; *Höllengebirge* (P), 1995; *Petruskomplex* (L), 1998.

Erwin Einzinger

Verfasser von Lyrik und Prosa, Übersetzer. Geb. 1953 in Kirchdorf/Oberösterreich. Lebt in Micheldorf/Oberösterreich. Werke: *Lammzungen in Cellophan verpackt* (L), 1977; *Kopfschmuck für Mansfield* (R), 1985; *Das Ideal und das Leben* (P), 1988; *Das wilde Brot* (P), 1995.

Helmut Eisendle

Autor von Prosa, Essays, Hörspielen, Theaterstücken. Geb. 1939 in Graz, lebt heute in Wien und in Gamlitz/Steiermark. Werke: *Walder oder Die stilisierte Entwicklung einer Neurose* (P), 1972; *Jenseits der Vernunft oder Gespräche über den menschlichen Verstand* (R), 1976; *Exil oder der braune Salon* (R), 1977; *Der Narr auf dem Hügel* (P), 1981; *Billard. Eine Groteske für zwei Personen* (Dr), 1984; *Oh Hannah!* (R), 1988; *Entzauberungen* (Ess), 1994; *Abendsport. Zweimal* (P), 1998.

Herbert Eisenreich

Erzähler, Lyriker, Hörspielautor und Essayist. Geb. 1925 in Linz, starb 1986 in Wien. Werke: *Auch in ihrer Sünde* (R), 1953; *Böse schöne Welt* (E), 1957; *Reaktionen* (Ess), 1964; *Verlorene Funde* (L), 1976; *Die abgelegte Zeit* (R, unvollendet), 1985.

Claudia Erdheim

Erzählerin. Geb. 1945 in Wien, lebt ebd. Werke: *Bist du wahnsinnig geworden?* (R), 1984; *Herzbrüche* (R), 1985; *Die Realitätenbesitzerin* (R), 1993; *Virve* (E), 1998.

Gustav Ernst

Verfasser von Lyrik, Prosa, Theaterstücken und Hörspielen. Geb. 1944 in Wien, wo er auch heute lebt. 1969–97 Mitherausgeber der Zeitschrift *Wespennest*, seit 1997 Herausgeber von *kolik*. Werke: *Plünderung* (P, L), 1970; *Am Kehlkopf* (P, Dr), 1974; *Einsame Klasse* (R), 1979; *Frühling in der Via Condotti* (R), 1987; *Herzgruft* (Dr), 1988.

Gunter Falk

Verfasser von Lyrik und Prosa. Geb. 1942 in Graz, wo er 1983 starb. Werke: *Die Würfel in manchen Sätzen* (L, P), 1977; *Die dunkle Seite des Würfels* (L, P), 1983.

Lilian Faschinger

Lyrikerin, Erzählerin und Übersetzerin. Geb. 1950 in Tschöran/Kärnten. Werke: *Die neue Scheherazade* (R), 1986; *Lustspiel* (R), 1989; *Frau mit drei Flugzeugen* (R), 1993; *Magdalena Sünderin* (R), 1995.

Reinhard Federmann

Erzähler und Hörspielautor. Geb. 1923 in Wien, wo er 1976 starb. Werke: *Es kann nicht gelogen sein* (E), 1951; *Internationale Zone* (R, mit Milo Dor), 1953; *Das Himmelreich der Lügner* (R), 1959; *Der schielende Engel* (R), 1963; *Chronik einer Nacht* (R), 1988.

Rudolf Felmayer

Lyriker. Geb. 1897 in Wien. Herausgeber der Lyrikreihe »Neue Dichtung aus Österreich«. Starb 1970 in Wien. Werke: *Die stillen Götter* (L), 1936; *Östliche Seele im Tode* (L), 1945; *Gesicht des Menschen* (L), 1948; *Der Wiener und sein Tod* (L), 1968.

Janko Ferk

Prosaautor, Lyriker und Übersetzer. Geb. 1958 in Unterburg/Kärnten, lebt heute in Ludmannsdorf/Kärnten. Werke: *Der verurteilte Kläger* (R), 1981; *Am Rand der Stille* (L), 1991; *Mittelbare Botschaften* (P), 1995; *Landnahme und Fluchtnahme* (E), 1997.

Antonio Fian

Verfasser von Prosa, Theaterstücken und Hörspielen. Geb. 1956 in Spittal an der Drau/Kärnten. Lebt in Wien. Werke: *Einöde. Außen, Tag* (E), 1987; *Die große Schundtrilogie* (Hs, gemeinsam mit Werner Kofler), 1987–89; *Helden, Ich-Erzähler* (E), 1990; *Schratt* (R), 1992; *Was bisher geschah* (Dr), 1994; *Was seither geschah* (Dr), 1998.

Ludwig von Ficker

Lyriker, Essayist und Herausgeber. Geb. 1880 in München. Lebte von 1896 an in Innsbruck. Bedeutender Förderer junger Schriftsteller (u.a. Trakl, Ehrenstein, Lasker-Schüler). Gründete 1910 die Zeitschrift *Der Brenner*, die – mit Unterbrechungen – bis 1954 erschien. Starb 1967 in Innsbruck. Großer Österreichischer Staatspreis für Literatur 1959. Werk: *Denkzettel und Danksagungen* (Aufsätze und Reden), 1967; *Briefwechsel* (4 Bde.), 1986–96.

Ernst Fischer

Verfasser von Theaterstücken, Essays; Politiker. Geb. 1899 in Komotau/Böhmen. Während des Nationalsozialismus Exil in Moskau. Nach Kriegsende »Minister für Volksaufklärung, Unterricht, Erziehung und Kultur« in der provisorischen österreichischen Regierung. 1969 Ausschluß aus der KPÖ. Starb 1972 in Deutschfeistritz/Steiermark. Werke: *Kunst und Koexistenz. Beitrag zu einer modernen marxistischen Ästhetik*, 1966; *Erinnerungen und Reflexionen* (Autobiografie), 1969; *Das Ende einer Illusion. Erinnerungen 1945–55*, 1973.

Wolfgang Georg Fischer

Prosaautor. Geb. 1933 in Wien. 1938 Flucht mit der Familie nach Jugoslawien. Seit 1998 Präsident des Österreichischen P.E.N.-Clubs. Lebt in London und Wien. Werke: *Wohnungen* (R), 1969; *Möblierte Zimmer* (R), 1972.

Hans Flesch-Brunningen

Erzähler, Hörspielautor, Übersetzer. Geb. 1895 in Brünn/Mähren. 1938 Emigration nach London. 1958 Rückkehr nach Österreich, starb 1981 in Bad Ischl/Oberösterreich. Werke: *Bürger Narr* (E), 1920; *Die Herzogin von Ragusa* (R), 1935; *Perlen und schwarze Tränen* (R), 1948; *Die verführte Zeit. Lebenserinnerungen*, 1988.

Franzobel (d. i. Stefan Griebl)

Verfasser von Prosa und Theaterstücken. Geb. 1967 in Vöcklabruck/Oberösterreich. Lebt in Wien. Ingeborg-Bachmann-Preis 1995. Werke: *Die Musenpresse* (P), 1994; *Die Krautflut* (P), 1995; *Der Trottelkongreß* (P), 1998; *Böselkraut und Ferdinand* (P), 1998; *Scala Santa oder Josefine Wurzenbachers Höhepunkt* (R), 2000.

Elisabeth Freundlich

Erzählerin. Geb. 1906 in Wien. 1938 Flucht nach Frankreich, später in die USA. 1950 Rückkehr nach Österreich, lebt in Wien. Werke: *Invasion Day* (E), 1948; *Der eherne Reiter* (R), 1960; *Der Seelenvogel* (R), 1986; *Die fahrenden Jahre. Erinnerungen*, 1992.

Kurt Frieberger

Dramatiker, Romanautor, Lyriker, Übersetzer. Geb. 1883 in Wien, wo er 1970 starb. Großer Österreichischer Staatspreis für Literatur 1963. Werke: *Barocke Monologe* (L), 1907; *Bahnbrecher* (R), 1946; *Der Fischer Simon Petrus* (R), 1953.

Erich Fried

Verfasser von Lyrik, Prosa, Essays, Hörspielen; Übersetzer. Geb. 1921 in Wien. 1938 Emigration nach London. Bedeutende Übersetzertätigkeit (u.a. T. S. Eliot und Shakespeare). Starb 1988 in Baden-Baden. Georg-Büchner-Preis 1987. Werke: *Deutschland* (L), 1944; *Ein Soldat und ein Mädchen* (R), 1960; *und Vietnam und* (L), 1966; *Anfechtungen* (L), 1967; *Höre, Israel!* (L), 1974; *So kam ich unter die Deutschen* (L), 1977; *Liebesgedichte* (L), 1979; *Es ist was es ist* (L), 1983; *Mitunter sogar Lachen. Zwischenfälle und Erinnerungen* (P), 1986; *Unverwundenes. Liebe, Trauer, Widersprüche* (L), 1988.

Hermann Friedl

Erzähler. Geb. 1920 in Linz, starb 1988 in Steyr/Oberösterreich. Werke: *Der Landarzt* (R), 1962; *Heilverfahren oder das Fernglas*

(R), 1980; *Aufzeichnungen eines wahnsinnigen Beamten* (E), 1982.

Barbara Frischmuth
Verfasserin von Romanen, Erzählungen, Theaterstücken und Hörspielen; Übersetzerin. Geb. 1941 in Altaussee/Steiermark, lebt in Wien. Werke: *Die Klosterschule* (R), 1968; *Das Verschwinden des Schattens in der Sonne* (R), 1973; R-Trilogie: *Die Mystifikationen der Sophie Silber* (1976), *Amy oder die Metamorphose* (1978), *Kai und die Liebe zu den Modellen* (1979); *Einander Kind* (R), 1990; *Die Schrift des Freundes* (R), 1998.

Gerhard Fritsch
Lyriker, Erzähler, Hörspielautor und Übersetzer. Geb. 1924 in Wien. Mitherausgeber der Zeitschriften *Wort in der Zeit, Literatur und Kritik* und *Protokolle*. 1969 Freitod in Wien. Werke: *Zwischen Kirkenes und Bari* (L), 1952; *Lehm und Gestalt* (L), 1954; *Moos auf den Steinen* (R), 1956; *Fasching* (R), 1967.

Marianne Fritz
Prosaautorin. Geb. 1948 in Weiz/Steiermark, lebt in Wien. Werke: *Die Schwerkraft der Verhältnisse* (E), 1978; *Das Kind der Gewalt und die Sterne der Romani* (R), 1980; *Was soll man da machen* (P), 1985; *Dessen Sprache du nicht verstehst* (R, 3 Bde.), 1985; *Naturgemäß I* (R, 5 Bde.), 1996; *Naturgemäß II* (R, 5 Bde.), 1998.

Gertrud Fussenegger
Verfasserin von Romanen, Erzählungen, Lyrik, Hörspielen und Theaterstücken. Geb. 1912 in Pilsen/Böhmen, lebt in Leonding bei Linz. Werke: *Die Brüder von Lasawa* (R), 1948; *Das Haus der dunklen Krüge* (R), 1951; *Das verschüttete Antlitz* (R), 1957; *Die Pulvermühle* (R), 1968; *Ein Spiegelbild mit Feuersäule* (Autobiografie), 1979; *Nur ein Regenbogen* (E), 1987; *Sie waren Zeitgenossen und sie erkannten ihn nicht* (R), 1995; *Ein Spiel ums andere* (E), 1996.

Hermann Gail
Verfasser von Prosa, Lyrik, Hörspielen. Geb. 1939 in Pöggstall/Niederösterreich. Gründete den Verlag »David Presse«. Lebt in Wien. Werke: *Gitter* (R), 1971; *Prater* (R), 1976; *Ich trinke mein Bier aus* (L), 1977; *Styx* (L), 1988; *Indizien* (L), 1992; *Vorbereitungen zum Selbstmord* (P), 1998.

Bettina Galvagni
Verfasserin von Lyrik und Prosa. Geb. 1976 in Neumarkt/Südtirol, lebt in Wien. Werk: *Melancholia* (R), 1997.

Karl-Markus Gauß
Essayist und Literaturkritiker. Geb. 1954 in Salzburg, wo er seit 1991 die Zeitschrift *Literatur und Kritik* herausgibt. Österreichischer Staatspreis für Kulturpublizistik 1994. Werke: *Tinte ist bitter* (Ess), 1988; *Der wohlwollende Despot* (Ess), 1989; *Die Vernichtung Mitteleuropas* (Ess), 1991; *Das Europäische Alphabet* (Ess), 1997; *Der Mann, der ins Gefrierfach wollte* (P), 1999.

Arno Geiger
Erzähler. Geb. 1968 in Bregenz. Lebt in Wolfurt/Vorarlberg und in Wien. Werke: *Kleine Schule des Karussellfahrens* (R), 1997; *Irrlichterloh* (R), 1999.

Elfriede Gerstl
Verfasserin von Prosa, Lyrik und Hörspielen. Geb. 1932 in Wien, lebt ebd. Werke: *Gesellschaftsspiele mit mir* (L, P), 1962; *Berechtigte Fragen* (Hs), 1973; *Spielräume* (L, P), 1977; *wiener mischung* (P), 1984; *Vor der Ankunft* (L), 1988; *Unter einem Hut* (Ess, L), 1993; *Kleiderflug* (P), 1995; *die fliegende frieda* (E), 1998.

Alexander Giese
Erzähler, Lyriker, Hörspielautor und Übersetzer. Geb. 1921 in Wien, lebt ebd. und in Wernstein/Oberösterreich. Von 1990 bis 1997 Präsident des Österreichischen P.E.N.-Clubs. Werke: *Zwischen Gräsern der Mond* (L), 1963; *Wie ein Fremder im Vaterland* (R), 1973; *Licht der Freiheit* (R), 1993; *Die Mitten der Welt* (E), 1994.

Karl Franz Ginzkey
Lyriker und Erzähler. Geb. 1871 in Pola/Istrien. Mitbegründer der Salzburger Festspiele. Starb 1963 in Wien. Großer Österreichischer Staatspreis für Literatur 1957. Werke: *Der von der Vogelweide* (R), 1912; *Der Wandervogel* (R), 1929; *Sternengast* (L), 1934; *Vom tieferen Leben* (L), 1938; *Der selige Brunnen* (E), 1940; *Laute und stille Gassen* (Ess), 1962.

Helga Glantschnig
Verfasserin von Prosa und Essays. Geb. 1958 in Klagenfurt, lebt in Wien. Werke: *Wider Willen* (R), 1992; *Blume ist Kind von Wiese oder Deutsch ist meine neue Zunge* (P), 1993; *Entrée: die Frau* (Ess), 1995; *Mirnock* (R), 1997; *Meine Dreier* (P), 1998.

Anselm Glück
Prosaautor und Dramatiker. Geb. 1950 in Linz, lebt in Wien. Werke: *stumm* (P), 1977; *falschwissers totenreden(t)* (P), 1981; *die eingeborenen sind ausgestorben* (P), 1987; *wir sind ein lebendes beispiel* (Dr), 1992; *die letzte jahreszeit* (P), 1995; *ich kann mich nur an jetzt erinnern* (P), 1998.

Alfred Gong (d. i. Alfred Liquornik)
Lyriker und Prosaautor. Geb. 1920 in Czernowitz (Rumänien). 1951 Übersiedlung in die USA, starb 1981 in New York. Werke: *Manifest Alpha* (L), 1961; *Gnadenfrist* (L), 1980; *Israels letzter Psalm* (L), 1995.

Paula Grogger
Erzählerin und Lyrikerin. Geb. 1892 in Öblarn/Steiermark, wo sie 1983 starb. Werke: *Das Grimmingtor* (R), 1926; *Die Räuberlegende* (R), 1929; *Der Lobenstock* (R), 1935; *Die Hochzeit* (Dr), 1937; *Bauernjahr* (L), 1947; *Der Paradeisgarten* (Autobiografie), 1980.

Walter Grond
Verfasser von Prosa, Theaterstücken, Hörspielen. Geb. 1957 in Mautern/Steiermark. Lebt in Aggsbach Dorf/Niederösterreich. Werke: *Landnahme* (R), 1984; *Labrys* (R), 1989; *Absolut Grond* (R), 1994; *Absolut Homer* (R, in Zus.-Arb. mit einem Autorenkollektiv), 1995; *Der Soldat und das Schöne* (R), 1998; *Der Erzähler und der Cyberspace* (Ess), 1999.

Mimi Grossberg
Lyrikerin. Geb. 1905 in Wien. 1938 Emigration nach New York, wo sie 1997 starb. Werk: *Der Weg zu Dir* (L), 1935; *Versäume, verträume …* (L), 1957.

Marianne Gruber
Erzählerin. Geb. 1944 in Wien, lebt ebd. Werke: *Die gläserne Kugel* (R), 1981; *Protokolle der Angst* (P), 1983; *Der Tod des Regenpfeifers* (E), 1991; *Die Spinne und andere dunkelschwarze Geschichten* (E), 1995.

Reinhard P(eter) Gruber
Verfasser von Prosa, Theaterstücken und Essays. Geb. 1947 in Fohnsdorf/Steiermark. Lebt in Stainz/Steiermark. Werke: *Alles über Windmühlen* (Ess), 1971; *Aus dem Leben Hödlmosers* (R), 1973; *Im Namen des Vaters* (R), 1979; *Die grüne Madonna* (R), 1982; *Vom Dach der Welt* (E), 1987; *Einmal Amerika und zurück* (P), 1993; *Die Geierwally* (Dr), 1996.

Sabine Gruber
Erzählerin. Geb. 1963 in Meran/Südtirol. Lebt in Wien. Werke: *Aushäusige* (R), 1996.

Egyd Gstättner
Erzähler und Dramatiker. Geb. 1962 in Klagenfurt, lebt ebd. Werke: *Kands Fieber* (R), 1992; *Spielzeug* (P), 1994; *Schreckliches Kind* (R), 1998; *Herzmanovskys kleiner Bruder und andere Geschichten*

von Künstlern, Müßiggängern und Abenteurern (P), 1999.

Norbert Gstrein

Erzähler. Geb. 1961 in Mils/Tirol, lebt derzeit in Zürich. Alfred-Döblin-Preis 1999. Werke: *Einer* (E), 1988; *Anderntags* (E), 1989; *Das Register* (R), 1992; O_2 (E), 1993; *Der Kommerzialrat* (R), 1995; *Die englischen Jahre* (R), 1999; *Selbstportrait mit einer Toten* (E), 2000.

Albert Paris Gütersloh (d. i. Albert Conrad Kiehtreiber)

Maler, Schauspieler, Regisseur und Erzähler. Geb. 1887 in Wien. Schüler von Gustav Klimt, schauspielerische Zusammenarbeit mit Max Reinhardt. Nach 1945 an der Akademie der bildenden Künste in Wien. Starb 1973 in Baden bei Wien. Großer Österreichischer Staatspreis für Literatur 1961. Werke: *Die tanzende Törin* (R), 1910; *Der Lügner unter Bürgern* (R), 1922; *Sonne und Mond* (R), 1962; *Der innere Erdteil* (R), 1966; *Die Fabel von der Freundschaft*, 1969; *Treppe ohne Haus oder Seele ohne Leib* (L), 1974.

Johann Gunert

Lyriker. Geb. 1903 in Mödritz bei Brünn/Mähren. Starb 1982 in Wien. Werke: *Irdische Litanei* (L), 1945; *Überall auf der Erde* (L), 1952; *Es geschehen Zeichen* (L), 1962; *Die andere Dimension* (L), 1977.

Michael Guttenbrunner

Lyriker, Erzähler und Übersetzer. Geb. 1919 in Wien. Lebt in Wien. Werke: *Schwarze Ruten* (L), 1947; *Opferholz* (L), 1954; *Die lange Zeit* (L), 1965; *Im Machtgehege* (P), 1976; *Gesang der Schiffe* (L), 1980; *Im Machtgehege II* (P), 1994; *Vom Tal bis an die Gletscherwand* (Reden und Aufsätze), 1999.

Wolf Haas

Verfasser von Kriminalromanen. Geb. 1960 in Maria Alm am Steinernen Meer, lebt in Wien. Werke: *Auferstehung der Toten* (R), 1996; *Der Knochenmann* (R), 1997; *Komm, süßer Tod* (R), 1998; *Ausgebremst* (R), 1998; *Silentium* (R), 1999.

Fritz Habeck

Verfasser von Romanen, Erzählungen, Hörspielen und Theaterstücken. Geb. 1916 in Neulengbach/Niederösterreich. Gest. 1997 in Baden bei Wien. Werke: *Das Boot kommt nach Mitternacht* (R), 1951; *Der Ritt auf dem Tiger* (R), 1958; *Der schwarze Mantel meines Vaters* (R), 1976; *Wind von Südost* (R), 1979; *Die drei Kalender* (R), 1986; *Gedanken in der Nacht* (E), 1996.

Rudolf Habringer

Erzähler. Geb. 1960 in Schwanenstadt/Oberösterreich. Lebt in Walding/Oberösterreich. Werke: *Aus. Endlich* (E), 1992; *Der Fragensteller* (R), 1992; *Kopfständig.* (R), 1994; *LiebesKind* (R), 1998.

Erich Hackl

Erzähler, Übersetzer und Hörspielautor. Geb. 1954 in Steyr/Oberösterreich. Lebt in Wien. Werke: *Auroras Anlaß* (E), 1987; *Abschied von Sidonie* (E), 1989; *Sara und Simón* (E), 1995; *Entwurf einer Liebe auf den ersten Blick* (E), 1999.

Maja Haderlap

Lyrikerin, Hörspielautorin und Übersetzerin. Geb. 1961 in Eisenkappel/Kärnten, lebt ebd. und in Klagenfurt. Werke: *Zalik pesmi* (L), 1983; *Bajalice/Wünschelruten* (L), 1987; *Gedichte – Pesmi – Poems*, 1998.

Fabjan Hafner

Lyriker und Übersetzer. Geb. 1966 in Klagenfurt. Lebt in Feistritz im Rosental/Kärnten. Werke: *Indigo* (L), 1988; *Gelichter + Lichtes* (L), 1991.

Margit Hahn

Erzählerin und Lyrikerin. Geb. 1960 in Wien, lebt in Weidling/Klosterneuburg bei Wien. Werke: *Einsamkeit der Lust* (E), 1992; *Die kleinen Fallen der Lust* (E), 1994; *Im Streiflicht des Mondes* (L), 1995; *Haut. Nah* (E), 1997.

Hans Heinz Hahnl

Erzähler, Lyriker, Essayist, Literaturkritiker. Geb. 1923 in Oberndorf/Niederösterreich. Lebt in Wien. Werke: *Die verbotenen Türen* (E), 1952; *In flagranti erwischt* (L), 1976; *Die Einsiedler des Anninger* (R), 1978; *Die Riesen vom Bisamberg* (R), 1979; *Der Tod des Grafen Ortiz* (E), 1994; *Velis Land* (L), 1998.

Christine Haidegger

Lyrikerin und Erzählerin. Geb. 1942 in Dortmund, lebt seit 1964 in Salzburg. Kulturpreis des Landes Salzburg 1990. Werke: *Entzauberte Gesichte* (L), 1976; *Zum Fenster hinaus* (R), 1979; *Atem. Stille* (L), 1993; *Schöne Landschaft* (P), 1993; *Cajuns, Cola, Cadillac* (P), 1997.

Hermann Hakel

Lyriker, Prosaautor und Übersetzer. Geb. 1911 in Wien. 1940–44 Internierungshaft in Italien. 1945 Emigration nach Palästina, kehrte 1948 nach Wien zurück. Herausgeber der Zeitschrift *Lynkeus* (1948–51; 1979–86). Starb 1987 in Wien. Werke: *Ein Kunstkalender in Gedichten* (L), 1936; *Hier und dort* (L), 1955; *Wirkliches. Geträumtes* (L), 1986; *Zu Fuß durchs Rote Meer* (P), 1995.

Peter Handke

Erzähler, Dramatiker, Übersetzer. Geb. 1944 in Griffen/Kärnten. Lebt in Chaville bei Paris. Georg-Büchner-Preis 1973. Großer Österreichischer Staatspreis für Literatur 1987. Werke: *Die Hornissen* (R), 1966; *Publikumsbeschimpfung und andere Sprechstücke* (Dr), 1966; *Kaspar* (Dr), 1968; *Die Angst des Tormanns beim Elfmeter* (E), 1970; *Der kurze Brief zum langen Abschied* (E), 1972; *Wunschloses Unglück* (E), 1972; *Die Wiederholung* (R), 1986; *Die Abwesenheit* (P), 1987; *Die Stunde, da wir nichts voneinander wußten* (Dr), 1992; *Mein Jahr in der Niemandsbucht* (R), 1994; *Eine winterliche Reise zu den Flüssen Donau, Save, Morawa und Drina oder Gerechtigkeit für Serbien* (P), 1996; *Die Fahrt im Einbaum oder Das Stück zum Film vom Krieg* (Dr), 1999.

Ingram Hartinger

Erzähler und Lyriker. Geb. 1949 in Saalfelden/Salzburg. Lebt in Klagenfurt. Werke: *Schöner Schreiben* (E), 1986; *Feige Prosa* (E), 1988; *Roman Albino* (P), 1990; *Unwirsch das Herz* (L), 1991; *Hybris* (P), 1995; *Über den Versuch* (Ess), 1999.

Josef Haslinger

Erzähler und Essayist. Geb. 1955 in Zwettl. 1976–92 Mitherausgeber der Zeitschrift *Wespennest*. 1986–89 Generalsekretär der Grazer Autorenversammlung. Lebt in Wien. Werke: *Der Konviktskaktus* (E), 1980; *Der Tod des Kleinhäuslers Ignaz Hajek* (P), 1985; *Politik der Gefühle. Ein Essay über Österreich*, 1987; *Wozu brauchen wir Atlantis* (Ess), 1990; *Opernball* (R), 1995.

Marlen Haushofer

Erzählerin. Geb. 1920 in Frauenstein/Oberösterreich. Gest. 1970 in Wien. Großer Österreichischer Staatspreis für Literatur 1968. Werke: *Eine Handvoll Leben* (R), 1955; *Die Tapetentür* (R), 1957; *Die Wand* (R), 1963; *Himmel, der nirgendwo endet* (R), 1966; *Schreckliche Treue* (E), 1968; *Die Mansarde* (R), 1969.

Raoul Hausmann

Dadaist. Geb. 1886 in Wien. Teilnahme an der dadaistischen Bewegung in Berlin. 1933 Flucht nach Frankreich, lebte von 1944 bis zu seinem Tod 1971 in Limoges. Werke: Plakatgedichte: *fmsbwtözäu, OFFEAHBDC, kp'erioum*, 1918/19; *Hurra! Hurra! Hurra!* (E), 1920; *Hyle* (P), 1969; *Am Anfang war Dada*, 1972; Texte bis 1933 (2 Bde.): *Bilanz der Feierlichkeit, Sieg Triumph Tabak mit Bohnen*, 1982, *La Sensorialité excentrique. Die exzentrische Empfindung* (P), 1994; *Umbruch* (P), 1997.

Friedrich Heer

Historiker und Kulturpublizist. Geb. 1916 in Wien. Dozent für Geistesgeschichte an der Universität Wien. Ab 1961 Chefdramaturg am Burgtheater. Starb 1983 in Wien. Großer Österreichischer Staatspreis für Literatur 1972. Werke: *Aufgang Europas*, 1949; *Europäische Geistesgeschichte* (R), 1953; *Land im Strom der Zeit – Österreich, Gestern, Heute, Morgen*, 1958; *Der Glaube des Adolf Hitler. Anatomie einer politischen Religiosität*, 1968; *Der Kampf um die österreichische Identität*, 1981.

Monika Helfer

Erzählerin und Hörspielautorin. Geb. 1947 in Au/Vorarlberg, lebt in Hohenems/Vorarlberg. Werke: *Die wilden Kinder* (R), 1984; *Ich lieb Dich überhaupt nicht mehr* (R), 1989; *Oskar und Lilli* (R), 1994; *Kleine Fürstin* (E), 1995; *Wenn der Bräutigam kommt* (R), 1998; *Bestien im Frühling* (Dr), 1999.

Bodo Hell

Erzähler und Hörspielautor. Geb. 1943 in Salzburg. Lebt in Wien und in Almregionen der Steiermark. Werke: *Dom. Mischabel. Hochjoch* (E), 1977; *Stadtschrift* (E), 1983; *666 Erzählungen* (E), 1987; *Wie geht's?* (E), 1989; *mittendrin* (E), 1994; *Die Devise lautet* (E), 1999.

André Heller

Sänger, Regisseur und Erzähler. Geb. 1947 in Wien. Veranstalter zahlreicher internationaler Großprojekte (u.a. Teatro del fuego, 1983; Begnadete Körper, 1985). Gründete 1976 mit Bernhard Paul den »Zirkus Roncalli«. Lebt in Wien. Werke: *Sie nennen mich den Messerwerfer. lieder, worte, bilder* (P, L), 1974; *Auf und davon* (E), 1979; *Schattentaucher* (R), 1987; *Schlamassel* (E), 1993.

Peter Henisch

Erzähler und Lyriker, Liedermacher und Bluessänger. Geb. 1943 in Wien. Mitbegründer der Zeitschrift *Wespennest*. Lebt in Wien. Anton-Wildgans-Preis der Industrie 1977. Werke: *Hamlet bleibt* (E), 1971; *Vom Baronkarl* (P), 1972; *Die kleine Figur meines Vaters* (R), 1975; *Der Mai ist vorbei* (R), 1978; *Pepi Prohaska Prophet* (R), 1986; *Morrisons Versteck* (R), 1991; *Vom Wunsch, Indianer zu werden* (E), 1994; *Kommt eh der Komet* (E), 1995; *Schwarzer Peter* (R), 2000.

Rudolf Henz

Romanautor, Lyriker und Dramatiker. Geb. 1897 in Göpfritz/Niederösterreich. Von 1925 an kulturpolitisch tätig, ab 1952 Herausgeber der Zeitschrift *Wort in der Zeit*. Lebte in Wien, wo er 1987 starb. Großer Österreichischer Staatspreis für Literatur 1953. Werke: *Der Gaukler* (R), 1932; *Döblinger Hymnen* (L), 1935; *Kaiser Joseph II* (Dr), 1937; *Der Kurier des Kaisers* (R), 1941; *Fügung und Widerstand* (Autobiografie), 1963; *Die Geprüften* (R), 1985.

Ernst Herbeck

Verfasser von Lyrik und Prosa. Geb. 1920 in Stockerau/Niederösterreich, lebt in Klosterneuburg bei Wien. Werke: *Alexander* (P, L), 1982; *Im Herbst da reiht der Feenwind* (P, L), 1992.

Werner Herbst

Verfasser von Prosa, Lyrik, Theaterstücken und Hörspielen; Verleger. Geb. 1943 in Wien. 1970 Gründung des Verlages »herbstpresse«. Lebt in Wien. Werke: *zur eisernen zeit* (P, L), 1980; *Zwischendort* (P), 1982; *Das (Apfel)mus (bist) du's?* (L), 1989; *alfabet* (P), 1995.

Alois Hergouth

Lyriker und Übersetzer. Geb. 1925 in Graz. Mitbegründer des »Forum Stadtpark«. Lebt in Graz. Werke: *Neon und Psyche* (L), 1953; *Stationen im Wind* (L), 1973; *Umkreisung der Nacht* (L), 1985; *Magische Räume* (L, P), 1999.

Wolfgang Hermann

Verfasser von Prosa, Hörspielen und Theaterstücken. Geb. 1961 in Bregenz, lebt in Frankreich. Werke: *Das schöne Leben* (P), 1988; *Die Farbe der Stadt* (R), 1992; *Schlaf in den Fugen der Stadt* (P), 1993; *In kalten Zimmern* (E), 1997.

Fritz Herzmanovsky-Orlando

Erzähler, Dramatiker und Graphiker. Geb. 1877 in Wien, starb 1954 auf Schloß Rametz bei Meran/Südtirol. Werke: *Der Kommandant von Kalymnos* (E), 1926; *Der Gaulschreck im Rosennetz* (R), 1924; *Rout am Fliegenden Holländer* (R), 1984; *Dramen*, 1985; *Im Garten der Erkenntnis* (Skizzen, Fragmente), 1988; *Maskenspiel der Genien* (R), 1989; *Erzählungen, Pantomimen und Ballette*, 1991.

Franz Hiesel

Hörspielautor, Dramatiker und Erzähler. Geb. 1921 in Wien, lebt ebd. Werke: *Der Anfang* (E), 1952; *Die Dschungel der Welt* (Hs), 1956; *Ich kenne den Geruch der wilden Kamille* (E, Hs), 1958; *Auf einem Maulwurfshügel* (Hs), 1960; *Der Streckengeher* (Hs, mit Helmut Qualtinger), 1970; *Die gar köstlichen Folgen einer mißglückten Belagerung* (Hs), 1978; *Jaburek* (Hs), 1986.

Ernst Hinterberger

Verfasser von Romanen, Stücken, Hörspielen und Drehbüchern. Geb. 1931 in Wien, wo er heute lebt. Werke: *Beweisaufnahme* (R), 1965; *Ein echter Wiener geht nicht unter* (Drehbuch), 1975–79; *Jogging* (R), 1984; *Kaisermühlen Blues* (Drehbuch), 1992; *Polizeikommissariat Leopoldstadt* (Hs), 1995.

Christian Ide Hintze

Verfasser von Prosa und Lyrik. Geb. 1953 in Wien. 1991 Mitbegründer und Leiter der »Schule für Dichtung« in Wien, lebt ebd. Werke: *Zettelalbum. Tagebuch, Zetteltexte, Briefe* (P), 1978; *Die Goldene Flut* (L), 1987; *Die lyrische Guerilla. Flugzettel, Reden, Interviews, Fotos, Aussendungen*, 1993.

Paulus Hochgatterer

Erzähler. Geb. 1961 in Amstetten/Niederösterreich. Lebt in Wien. Werke: *Über die Chirurgie* (R), 1993; *Die Nystensche Regel* (E), 1995; *Wildwasser* (E), 1997; *Caretta Caretta* (E), 1999.

Fritz Hochwälder

Dramatiker und Hörspielautor. Geb. 1911 in Wien. Emigrierte 1938 in die Schweiz, starb 1986 in Zürich. Großer Österreichischer Staatspreis für Literatur 1966. Werke: *Das heilige Experiment* (Dr), 1943; *Der öffentliche Ankläger* (Dr), 1948; *Donadieu* (Dr), 1953; *Der Himbeerpflücker* (Dr), 1965; *Im Wechsel der Zeit* (Autobiografie), 1980.

Max Hölzer

Verfasser von Lyrik, Prosa und Essays. Geb. 1915 in Graz, starb 1984 in Paris. Werke: *Der Doppelgänger* (L), 1959; *Nigredo* (L), 1962; *Gesicht ohne Gesicht* (L), 1968; *Entstehung eines Sternbildes* (Prosagedichte), 1992.

Klaus Hoffer

Erzähler, Essayist und Übersetzer. Geb. 1942 in Graz, lebt ebd. Werke: *Halbwegs. Bei den Bieresch 1* (P), 1979; *Der große Potlatsch. Bei den Bieresch 2* (P), 1983; *Pusztavolk* (Ess), 1991.

Alma Holgersen

Erzählerin. Geb. 1899 in Innsbruck, wo sie 1976 starb. Werke: *Kinderkreuzzug* (R), 1940; *Großstadtlegende* (P), 1946; *O Mensch, wohin?* (R), 1948; *Ein Reh zu Gast* (L, P), 1965.

Alois Hotschnig

Erzähler und Dramatiker. Geb. 1959 in Berg im Drautal/Kärnten, lebt in Innsbruck. Werke: *Aus* (E), 1989; *Eine Art Glück* (E), 1990; *Leonardos Hände* (R), 1992; *Absolution* (Dr), 1994.

Bernhard Hüttenegger

Erzähler und Hörspielautor. Geb. 1948 in Rottenmann/Steiermark. Lebt in Wien.

Werke: *Beobachtungen eines Blindläufers* (P), 1975; *Reise über das Eis* (R), 1979; *Die sanften Wölfe* (R), 1982; *Der Glaskäfig* (E), 1985; *Die Tarnfarbe* (R), 1991; *Der Hundefriedhof von Paris* (E), 1994.

Hugo Huppert
Erzähler und Übersetzer. Geb. 1902 in Bielitz/Schlesien. Jahrelange kulturpolitische Tätigkeit in der Sowjetunion und der DDR, Übersetzer Majakowskis. Starb 1982 in Wien. Werke: Autobiografie: *Die angelehnte Tür* (1976), *Wanduhr mit Vordergrund* (1977), *Schach dem Doppelgänger* (1979).

Lotte Ingrisch
Verfasserin von Prosa, Theaterstücken, Hörspielen und Libretti. Geb. 1930 in Wien. Lebt ebd. und in Großpertholz/Niederösterreich. Werke: *Das Engelfernrohr* (R), 1960; *Damenbekanntschaften* (Dr), 1971; *Jesu Hochzeit* (Libretto; Musik: Gottfried von Einem), 1980; *Reiseführer ins Jenseits* (P), 1980; *Die schöne Mörderin* (R), 1994.

Franz Innerhofer
Erzähler und Dramatiker. Geb. 1944 in Krimml/Salzburg. Lebt in Graz. Werke: *Schöne Tage* (R), 1974; *Schattseite* (R), 1975; *Die großen Wörter* (R), 1977; *Der Emporkömmling* (E), 1982; *Um die Wette leben* (R), 1993.

Christoph Janacs
Erzähler, Lyriker und Übersetzer. Geb. 1955 in Linz, lebt in Niederalm/Salzburg. Werke: *Schweigen über Guernica* (R), 1989; *Das Verschwinden des Blicks* (E), 1991; *Stazione Termini* (E), 1992; *Der abwesende Blick* (L), 1996.

Ernst Jandl
Verfasser von Lyrik, Prosa, Theaterstücken und Hörspielen. Geb. 1925 in Wien. Zahlreiche Lesungen, Vorträge und Lehraufträge im Ausland, u. a. England, Deutschland und USA. 1973 Mitbegründer und von 1983 bis 1987 Präsident der Grazer Autorenversammlung. Großer Österreichischer Staatspreis für Literatur 1984. Georg-Büchner-Preis 1984. Starb 2000 in Wien. Werke: *Andere Augen* (L), 1956; *Laut und Luise* (L), 1966; *sprechblasen* (L), 1968; *Fünf Mann Menschen* (Hs, gemeinsam mit Friederike Mayröcker), 1968; *der künstliche baum* (L), 1970; *die schöne kunst des schreibens* (Ess), 1976; *die bearbeitung der mütze* (L), 1978; *Aus der Fremde* (Sprechoper), 1979; *der gelbe hund* (L), 1980; *idyllen* (L), 1989; *stanzen* (L), 1992; *Autor und Gesellschaft* (Reden und Aufsätze), 1999.

Hermann Jandl
Erzähler, Lyriker, Dramatiker und Hörspielautor. Geb. 1932 in Wien, wo er heute lebt. Werke: *Geständnisse* (Dr), 1969; *leute leute* (L), 1970; *Ein Mensch oder: Das Leben ist eines der schwersten* (Hs), 1979; *Die Übersiedlung* (E), 1985; *Der Denker* (E), 1994; *Die Tür ist offen* (E), 1997.

Gerhard Jaschke
Lyriker und Prosaautor. Geb. 1949 in Wien. 1975 Mitbegründer und seither Herausgeber der Zeitschrift *Freibord*, seit 1977 Edition einer gleichnamigen Buchreihe. Lebt in Wien. Werke: *Windschiff einer ersten Blindschrift* (L), 1977; *Einsame Ameisen* (L), 1985; *AH. Alte und heurige Gedichte* (L), 1987; *Ha Ha. Heurige, alte Gedichte* (L), 1988; *Ursachen rauschen* (L), 1990; *Blauer Schocker* (L), 1995; *alles in allem* (L), 1999.

Elfriede Jelinek
Erzählerin und Verfasserin von Theaterstücken, Hörspielen, Libretti und Drehbüchern. Geb. 1946 in Mürzzuschlag. Lebt in Wien und München. Österreichischer Würdigungspreis für Literatur 1983. Georg-Büchner-Preis 1998. Werke: *wir sind lockvögel baby!* (R), 1970; *Die Liebhaberinnen* (R), 1975; *Die Ausgesperrten* (R), 1980; *Die Klavierspielerin* (R), 1983; *Clara S.* (Dr), 1984; *Oh Wildnis, oh Schutz vor ihr* (P), 1985; *Lust* (R), 1989; *Wolken.Heim* (Dr), 1990; *Totenauberg* (Dr), 1991; *Die Kinder der Toten* (R), 1995; *Ein Sportstück* (Dr), 1998.

Oskar Jellinek
Erzähler und Lyriker. Geb. 1886 in Brünn/Mähren. 1938 Flucht über Frankreich in die USA. Starb 1949 in Los Angeles. Werke: *Der Bauernrichter* (E), 1925; *Der Sohn* (E), 1928; *Die Seherin von Daroschitz* (E), 1933; *Gedichte und kleine Erzählungen*, 1952; *Raacher Silberfeier* (L), 1988.

Mirko Jelusich
Erzähler und Verleger. Geb. 1886 in Semil/Böhmen. Engagierte sich seit Anfang der 20er Jahre für die NSDAP. Starb 1969 in Wien. Werke: *Cäsar* (R), 1929; *Cromwell* (R), 1933; *Talleyrand* (R), 1954; *Der Stein der Macht* (R), 1958; *Asa von Agder* (R), 1964.

Ernst Jirgal
Lyriker, Dramatiker und Erzähler. Geb. 1905 in Stockerau/Niederösterreich, starb 1956 in Wien. Werke: *Erinnertes Jahr* (E), 1947; *Schlichte Kreise* (L), 1955; *Nomadenabend* (L), 1989.

Gert F(riedrich) Jonke
Erzähler, Lyriker, Dramatiker und Hörspielautor. Geb. 1946 in Klagenfurt, lebt ebd. sowie in Wien und Graz. Ingeborg-Bachmann-Preis 1977. Österreichischer Würdigungspreis für Literatur 1987. Werke: *Geometrischer Heimatroman* (R), 1969; *Die Vermehrung der Leuchttürme* (P), 1971; *Schule der Geläufigkeit* (E), 1977; *Der Ferne Klang* (R), 1979; *Erwachen zum großen Schlafkrieg* (E), 1982; *Sanftwut oder Der Ohrenmaschinist* (Dr), 1990; *Gegenwart der Erinnerung* (Dr), 1995; *Es singen die Steine* (Dr), 1998.

Peter Stephan Jungk
Erzähler, Hörspiel- und Drehbuchautor, Übersetzer. Geb. 1952 in Santa Monica, Los Angeles. Lebt in Paris. Werke: *Stechpalmenwald* (E), 1978; *Rundgang* (R), 1981; *Tigor* (R), 1991; *Die Unruhe der Stella Federspiel* (R), 1996; *Die Erbschaft* (R), 1999.

Franz Kain
Erzähler und Übersetzer. Geb. 1922 in Bad Goisern/Oberösterreich. Während der NS-Zeit wegen illegaler kommunistischer Tätigkeit in Haft. Lebt heute in Linz. Werke: *Die Lawine* (E), 1954; *Der Föhn bricht ein* (R), 1962; *Der Weg zum Ödensee* (E), 1973; *Das Ende der Ewigen Ruh* (R), 1978; *Das Schützenmahl* (E), 1986; *Am Taubenmarkt. Damasus* (R), 1991; *In Grodeck kam der Abendstern* (R), 1994.

Walter Kappacher
Verfasser von Romanen, Erzählungen, Hörspielen und Drehbüchern. Geb. 1938 in Salzburg, lebt ebd. Werke: *Nur Fliegen ist schöner* (E), 1973; *Morgen* (R), 1975; *Die Werkstatt* (R), 1975; *Die Jahre vergehen* (Drehbücher, gemeinsam mit Peter Keglevic), 1980; *Gipskopf* (E), 1984; *Cerreto* (P), 1988; *Ein Amateur* (R), 1993; *Wer zuerst lacht* (E), 1997.

Norbert C(onrad) Kaser
Lyriker und Prosaautor. Geb. 1947 in Bruneck/Südtirol, starb 1978 ebd. Werke: *Eingeklemmt* (L, P), 1979; *Kalt in mir. Ein Lebensroman in Briefen*, 1981.

Rudolf Kassner
Philosoph, Essayist und Erzähler. Geb. 1873 in Groß-Pawlowitz/Mähren. Starb 1959 in Sierre/Wallis. Großer Österreichischer Staatspreis für Literatur 1953. Werke: *Die Mystik, die Künstler und das Leben* (Ess), 1900; *Melancholia. Eine Trilogie des Geistes* (Dialoge), 1908; *Physiognomik* (philosoph. Werk), 1932; Autobiografie: *Das Buch der Erinnerung* (1938), *Zweite Fahrt* (1946), *Umgang der Jahre* (1949); *Die Geburt Christi* (philosoph. Werk), 1951; *Der Gottmensch und die Weltseele* (Ess), 1960.

Gina Kaus (d. i. Gina Zirner-Kranz)

Erzählerin, Dramatikerin und Drehbuchautorin. 1894 in Wien geboren. 1938 Flucht über Paris in die USA. Starb 1985 in Los Angeles. Werke: *Die in Wien* (Dr), 1919; *Der Aufstieg* (E), 1929; *Die Überfahrt* (R), 1932; *Die Schwestern Kleh* (R), 1933; *Der Teufel nebenan* (R), 1940; *Und was für ein Leben* (Autobiografie), 1979.

Daniel Kehlmann

Erzähler. Geb. 1975 in Wien, lebt ebd. Werke: *Beerholms Vorstellung* (R), 1997; *Unter der Sonne* (E), 1998; *Mahlers Zeit* (R), 1999.

Ernst Kein

Lyriker, Erzähler und Hörspielautor. Geb. 1928 in Wien, wo er 1985 starb. Werke: *Alltagsgeschichten* (E), 1959; *Die Verhinderung* (R), 1966; *Wohnhaft in Wien* (E), 1976; *Weana Schbrüch* (L), 1990; *Straße des Odysseus* (L), 1994.

Elfriede Kern

Erzählerin. Geb. 1950 in Bruck an der Mur/Steiermark, lebt in Linz. Werke: *Etüde für Adele und einen Hund* (R), 1996; *Kopfstücke* (R), 1997.

Marie-Thérèse Kerschbaumer

Verfasserin von Lyrik, Romanen, Hörspielen und Drehbüchern; Übersetzerin. Geb. 1936 in Garches (Frankreich), lebt in Wien. Werke: *Gedichte* (L), 1970; *Der Schwimmer* (R), 1976; *Der weibliche Name des Widerstands* (P), 1980; *Neun Canti auf die irdische Liebe* (L), 1989; *Die Fremde* (R), 1992; *Ausfahrt* (R), 1994; *bilder immermehr* (L), 1997.

Harald Kislinger

Dramatiker und Erzähler. Geb. 1958 in Linz, lebt ebd. Werke: *Television* (Dr), 1979; *kalt und warm* (Dr), 1980; *Ersticken* (Dr), 1987; *Heimatstöhnen* (Dr), 1991; *Höllenschlund* (Dr), 1994; *Die Biedermeiertherapie* (E), 1999.

Walter Klier

Erzähler, Essayist und Literaturkritiker. Geb. 1955 in Innsbruck, wo er heute lebt. 1989–97 Mitherausgeber der Zeitschrift *Gegenwart*. Werke: *Flaschenpost* (R), 1983; *Winterende* (E, veröffentlicht unter dem Pseudonym Luciana Glaser, zus. mit Stefanie Holzer), 1990; *Aufrührer* (R), 1991; *Es ist ein gutes Land* (Ess), 1995; *Grüne Zeiten* (R), 1998.

Kurt Klinger

Erzähler, Essayist, Lyriker, Hörspielautor und Dramatiker. Geb. 1928 in Linz. 1979–90 Mitherausgeber der Zeitschrift *Literatur und Kritik*. Lebt in Wien. Werke: *Harmonie aus Blut* (L), 1951; *Odysseus muß wieder reisen* (Dr), 1954; *Entwurf einer Festung* (L), 1970; *Schauplätze* (Dr), 1971; *Auf dem Limes* (L), 1980; *Zeitsprung* (L), 1987; *Auf den zweiten Blick* (Ess), 1994.

Ruth Klüger

Literaturwissenschaftlerin und Erzählerin. Geb. 1931 in Wien. 1942 Deportation nach Theresienstadt, danach Auschwitz und Christianstadt (Groß Rosen). 1946 Emigration in die USA. Seit 1962 Lehraufträge an amerikanischen Universitäten. Lebt in Irvine. Werke: *Weiter leben* (Autobiografie), 1992; *Frauen lesen anders* (Ess), 1993; *Katastrophen* (Ess), 1994.

Edith Kneifl

Verfasserin von Kriminalromanen. Geb. 1954 in Wels/Oberösterreich, lebt in Wien. Werke: *Pink Flamingo* (R), 1991; *In der Stille des Tages* (R), 1993; *Ende der Vorstellung* (R), 1997; *Allein in der Nacht* (R), 1999.

Michael Köhlmeier

Erzähler und Verfasser von Hörspielen, Theaterstücken und Drehbüchern. Geb. 1949 in Hard/Vorarlberg. Lebt in Hohenems/Vorarlberg. Werke: *Like Bob Dylan* (Hs), 1975; *Moderne Zeiten* (R), 1984; *Spielplatz der Helden* (R), 1988; *Die Musterschüler* (R), 1989; *Bleib über Nacht* (R), 1993; *Sunrise* (E), 1995; *Telemach* (R), 1995; *Kalypso* (R), 1997; *Der traurige Blick in die Weite* (E), 1999.

Arthur Koestler

Erzähler und Essayist. Geb. 1905 in Budapest. 1940 Flucht nach England. Schrieb ab 1940 in englischer Sprache. Starb 1983 in London. Werke: *Ein spanisches Testament* (Tagebuch), 1938; *The Gladiators*, 1939 (R, dt.: *Die Gladiatoren*, 1948); *Darkness at noon*, 1940 (R, dt.: *Sonnenfinsternis*, 1946); *Arrival and Departure*, 1943 (R, dt.: *Ein Mann springt in die Tiefe*, 1945); Autobiografie: *Scum of the Earth*, 1941 (dt.: *Abschaum der Erde*, 1971); *Arrow in the Blue* (dt.: *Der Pfeil ins Blaue*, 1953); *Invisible Writing*, 1954 (dt.: *Die Geheimschrift*, 1955).

Gerhard Kofler

Lyriker und Übersetzer. Geb. 1949 in Bozen/Südtirol. Lebt in Wien. Werke: *Südtiroler Extravaganzen* (L), 1981; *Neue Südtiroler Extravaganzen* (L), 1984; *Die Rückseite der Geographie* (L), 1988; *Poesie da calendario / Tagesgedichte* (L), 1995; *Die Uhrwerkslogik der Verse. L'Orologica dei versi* (L), 1999.

Werner Kofler

Dramatiker und Prosaautor. Geb. 1947 in Villach, lebt in Wien. Werke: *Analo. Das große kleine Comix-Buch* (mit Friedrich Aigner), 1973; *Guggile: vom Bravsein und vom Schweinigeln* (P), 1975; *Ida H. Eine Krankengeschichte* (P), 1978; *Aus der Wildnis* (P), 1980; *Amok und Harmonie* (P), 1985; *Am Schreibtisch* (P), 1988; *Hotel Mordschein* (Dr), 1989; *Wie ich Roberto Cazzola in Triest plötzlich und grundlos drei Ohrfeigen versetzte* (P), 1994; *Manker* (E), 1999.

Oskar Kokoschka

Maler, Graphiker, Erzähler und Dramatiker. Geb. 1886 in Pöchlarn/Niederösterreich. Mitbegründer des Expressionismus. Emigrierte 1938 nach London, ab 1953 in Villeneuve (Schweiz), wo er 1980 starb. Werke: *Die träumenden Knaben* (L), 1908; *Mörder Hoffnung der Frauen* (Dr), 1909; *Orpheus und Eurydike* (Dr), 1918; *Spur im Treibsand* (E), 1956; *Mein Leben*, 1971; *Aufsätze, Vorträge, Essays zur Kunst*, 1975.

Alfred Kolleritsch

Erzähler und Lyriker. Geb. 1931 in Brunnsee/Steiermark. Gründungsmitglied und von 1968 bis 1995 Präsident des Grazer »Forum Stadtpark«. Seit 1960 Herausgeber der Zeitschrift *manuskripte*. Lebt in Graz. Österreichischer Staatspreis für Kulturpublizistik 1993. Werke: *erinnerter zorn* (L), 1972; *Die Pfirsichtöter* (R), 1972; *Die grüne Seite* (R), 1974; *Einübung in das Vermeidbare* (L), 1978; *Augenlust* (L), 1986; *Allemann* (R), 1989; *Gegenwege* (L), 1992; *Der letzte Österreicher* (E); 1995; *In den Tälern der Welt* (L), 1999.

Hertha Kräftner

Verfasserin von Lyrik und Prosa. Geb. 1928 in Wien, 1951 Freitod in Wien. Werke: *Warum hier? Warum heute?* (L), 1963; *Das Werk* (L, P), 1977; *Kühle Sterne* (L, P), 1997.

Theodor Kramer

Lyriker. Geb. 1897 in Niederhollabrunn/Niederösterreich. Emigrierte 1939 nach England. Kehrte 1957 nach Wien zurück, wo er ein Jahr später starb. Werke: *Die Gaunerzinke* (L), 1929; *Wir lagen in Wolhynien im Morast* (L), 1931; *Mit der Ziehharmonika* (L), 1936; *Verbannt aus Österreich* (L), 1943; *Wien 1938 / Die Grünen Kader* (L), 1946; *Die untere Schenke* (L), 1946; *Vom schwarzen Wein* (L), 1956; *Lob der Verzweiflung* (L), 1972.

Wolfgang Kraus

Kulturpublizist. Geb. 1924 in Wien. Gründete 1961 die »Österreichische Gesellschaft für Literatur«, die er bis 1993 leitete. Starb 1998 in Wien. Österreichischer Staatspreis für Kulturpublizistik 1983. Werke: *Der fünfte Stand*, 1966; *Kultur und*

Macht, 1975; *Nihilismus heute*, 1983; *Neuer Kontinent Fernsehen*, 1989; *Zukunft Europa*, 1993.

Margret Kreidl

Verfasserin von Theaterstücken, Hörspielen, Prosa und Lyrik. Geb. 1964 in Salzburg, lebt in Graz. Werke: *Ich bin eine Königin* (P), 1995; *In allen Einzelheiten* (P), 1998.

Georg Kreisler

Komponist, Kabarettist, Erzähler und Dramatiker. Geb. 1922 in Wien. 1938 Emigration in die USA. 1955 Rückkehr nach Wien. Zahlreiche Kabarettprogramme, u. a. mit Gerhard Bronner, Louise Martini, Carl Merz, Helmut Qualtinger und Peter Wehle; Zusammenarbeit mit der Schauspielerin und Sängerin Topsy Küppers. Lebt in Basel. Werke: *Worte ohne Lieder* (E), 1986; *Ist Wien überflüssig* (E), 1987; *Die alten bösen Lieder* (Autobiografie), 1989; *Ein Prophet ohne Zukunft* (R), 1990; *Der Schattenspringer* (R), 1996.

Hans Krendlesberger

Dramatiker und Hörspielautor. Geb. 1925 in Scheibbs/Niederösterreich. Starb 1995 in Wien. Werke: *Die Aufgabe* (Dr), 1966; *Das offene Labyrinth* (Dr), 1982; *Das italienische Frühstück* (Hs und Dr), 1989.

Hubert Fabian Kulterer

Lyriker. Geb. 1939 in Klagenfurt, lebt in Wien. 1961–71 Herausgeber der Zeitschrift *Eröffnungen*. Werke: *Lachkultur* (P), 1970; *Sisyphos besteigt den babylonischen Turm oder Die annähernde Gleichzeitigkeit im Denken* (Montage), 1975.

Ulrike Längle

Erzählerin und Übersetzerin. Geb. 1953 in Bregenz/Vorarlberg. Seit 1984 Leiterin des Franz-Michael-Felder-Archivs in Bregenz. Lebt ebd. Werke: *Am Marterpfahl der Irokesen* (E), 1992; *Der Untergang der »Romanshorn«* (E), 1994; *Vermutungen über die Liebe in einem fremden Haus* (R), 1998.

Erich Landgrebe

Maler, Graphiker, Erzähler, Lyriker und Hörspielautor. Geb. 1908 in Wien. Während des Zweiten Weltkrieges Kriegsberichterstatter. Starb 1979 in Salzburg. Werke: *Mit dem Ende beginnt es* (R), 1951; *Die Nächte von Kuklino* (R), 1952; *Ein Maler namens Vincent* (R), 1957; *Das ferne Land des Paul Gauguin* (R), 1959; *Gedichte und Bilder* (L), 1989.

Christine Lavant

Lyrikerin und Erzählerin. Geb. 1915 in Groß-Edling bei Wolfsberg/Kärnten. Starb 1973 in Wolfsberg. Großer Österreichischer Staatspreis für Literatur 1970. Werke: *Das Kind* (E), 1948; *Die unvollendete Liebe* (L), 1949; *Die Rosenhügel* (E), 1956; *Die Bettlerschale* (L), 1956; *Spindel im Mond* (L), 1959; *Der Pfauenschrei* (L), 1962; *Nell* (E), 1969.

Hans Lebert

Erzähler und Opernsänger. Geb. 1919 in Wien. Lebte nach dem Zweiten Weltkrieg bis zu seinem Tod 1993 in Baden bei Wien. Werke: *Ausfahrt* (E), 1952; *Das Schiff im Gebirge* (E), 1955; *Die Wolfshaut* (R), 1960; *Der Feuerkreis* (R), 1971; *Die schmutzige Schwester* (Hs), 1972.

Josef Leitgeb

Lyriker und Erzähler. Geb. 1897 in Bischofshofen/Salzburg. 1951 in Innsbruck gestorben. Großer Österreichischer Staatspreis für Literatur 1950. Werke: *Musik der Landschaft* (L), 1935; *Christian und Brigitte* (R), 1936; *Das unversehrte Jahr* (R), 1948; *Abschied und fernes Bild* (E, Ess), 1959.

Alexander Lernet-Holenia

Lyriker, Erzähler und Dramatiker. Geb. 1897 in Wien. Als Offizier Teilnahme an beiden Weltkriegen. 1969–72 Präsident des Österreichischen P.E.N.-Clubs. Starb 1976 in Wien. Großer Österreichischer Staatspreis für Literatur 1961. Werke: *Pastorale* (L), 1921; *Österreichische Komödie* (Dr), 1927; *Die Standarte* (R), 1934; *Der Baron Bagge* (E), 1936; *Beide Sizilien* (R), 1942; *Der Graf von St. Germain* (R), 1948; *Der Graf Luna* (R), 1955; *Das Halsband der Königin* (R), 1962; *Wendekreis der Galionen* (R), 1972.

Jakov Lind (d. i. Jakov Landwirt)

Erzähler, Dramatiker und Hörspielautor. Geb. 1927 in Wien. Bis Kriegsende unter einem Decknamen in Holland, danach Emigration nach Palästina. 1954 Übersiedlung nach London, lebt dort bzw. in New York und auf Mallorca. Schreibt seit Ende der 60er Jahre ausschließlich in englischer Sprache. Werke: *Eine Seele aus Holz* (E), 1962; *Landschaft in Beton* (R), 1963; *Eine bessere Welt* (R), 1966; Autobiografie: *Counting My Steps*, 1969 (dt.: *Selbstporträt*, 1970), *Numbers*, 1972 (dt.: *Nahaufnahme*, 1973); *Crossing*, 1991 (dt.: *Im Gegenwind*, 1997); *The Inventor*, 1987 (R, dt.: *Der Erfinder*, 1988).

Florjan Lipuš

Erzähler und Dramatiker. Geb. 1937 in Lobnig/Kärnten. 1960 Mitbegründer und bis 1981 Chefredakteur der Zeitschrift *Mladje*. Lebt in Miklauzhof/Kärnten. Werke: *Zmote dijaka Tjaza*, 1972 (R, dt.: *Der Zögling Tjaz*, 1981); *Jalov pelin*, 1985 (R, dt.: *Die Verweigerung der Wehmut*, 1989); *Prosnij dan / Bittag* (E); 1987; *Stesnitev* (R), 1995.

Gabriel Loidolt

Erzähler. Geb. 1953 in Graz, lebt ebd. Werke: *Der Leuchtturm* (R), 1988; *Levys neue Beschwerde* (E), 1989; *Hurensohn* (R), 1998.

Ernst Lothar

Theater- und Literaturkritiker, Erzähler und Essayist. Geb. 1890 in Brünn/Mähren. 1939–46 Exil in New York. Nach seiner Rückkehr bis 1962 Regisseur am Wiener Burgtheater. Starb 1974 in Wien. Werke: *Der Feldherr* (R), 1918; *Macht über alle Menschen* (R-Trilogie, 1921–25); *Heldenplatz* (R), 1945; *Das Wunder des Überlebens* (Autobiografie), 1961; *The angel with the trumpet*, 1945 (R, dt.: *Der Engel mit der Posaune*, 1947); *Beneath another sun*, 1943 (R, dt.: *Unter anderer Sonne*, 1961); *Macht und Ohnmacht des Theaters* (Ess, Kritiken), 1968.

Dorothea Macheiner

Lyrikerin, Erzählerin und Hörspielautorin. Geb. 1943 in Linz, lebt in Salzburg. Werke: *Splitter* (L), 1981; *Puppenspiele* (R), 1982; *Unter den Türmen* (Hs), 1985; *Das Jahr der weisen Affen* (R), 1988; *Sonnenskarabäus* (R), 1993.

Matthias Mander

Erzähler. Geb. 1933 in Graz, lebt in Gerasdorf/Niederösterreich. Werke: *Summa Bachzelt* (R), 1966; *Der Kasuar* (R), 1979; *Wüstungen* (R), 1985; *Cilia oder Der Irrgast* (R), 1993.

Peter Marginter

Erzähler. Geb. 1934 in Wien, lebt ebd. und in Bad Fischau-Brunn/Niederösterreich. Werke: *Der Baron und die Fische* (R), 1966; *Der tote Onkel* (R), 1967; *Das Rettungslos* (R), 1983; *Königsrufen* (R), 1988.

Herbert Maurer

Erzähler. Geb. 1965 in Wien, lebt ebd. Werke: *Gnädige Frau! oder Die Kunst des Tiefschlafs* (E), 1996; *Ein Rabenflug* (R), 1997; *Venetia* (E), 1997.

Manfred Maurer

Erzähler und Drehbuchautor. Geb. 1958 in Steyr/Oberösterreich. Starb 1998 in Wien. Werke: *Sturm und Zwang* (R), 1984; *Land der Hämmer* (P), 1985; *Thrill* (E), 1988; *Das wilde Schaf* (R), 1989; *Furor* (R), 1991; *Opus G.* (P), 1996.

Jörg Mauthe

Kulturpolitiker, Erzähler. Geb. 1924 in Wien. Ab 1978 Gemeinde- und Stadtrat in Wien. Gründete 1980 das *Wiener Journal*, das er bis zu seinem Tod (1986) herausgab. Werke: *Die große Hitze oder Die Errettung Österreichs durch den Legationsrat Dr. Tuzzi* (R), 1974; *Die Vielgeliebte* (R), 1979; *Demnächst oder Der Stein des Sisyphos* (Autobiografie), 1986; *Der Weltuntergang zu Wien und wie man ihn überlebt* (P), 1989.

Friederike Mayröcker

Verfasserin von Lyrik, Prosa und Hörspielen. Geb. 1924 in Wien, lebt ebd. Großer Österreichischer Staatspreis für Literatur 1982. Werke: *Larifari* (P), 1956; *Tod durch Musen* (L), 1966; *Fünf Mann Menschen* (Hs, mit Ernst Jandl), 1971; *Das Licht in der Landschaft* (P), 1975; *Die Abschiede* (P), 1980; *Magische Blätter* (P), 1983; *Reise durch die Nacht* (P), 1984; *Winterglück* (L), 1986; *Das besessene Alter* (L), 1992; *Magische Blätter IV* (P), 1995; *Notizen auf einem Kamel* (L), 1996; *brütt oder Die seufzenden Gärten* (P), 1998.

Max Mell

Lyriker, Dramatiker und Erzähler. Geb. 1882 in Marburg an der Drau/Steiermark. Starb 1971 in Wien. Großer Österreichischer Staatspreis für Literatur 1954. Werke: *Das bekränzte Jahr* (L), 1911; *Das Apostelspiel* (Dr), 1924; *Das Spiel von deutschen Ahnen* (Dr), 1935; *Das Donauweibchen* (E), 1938; *Der Nibelunge Not* (Dr, 2 Tle.), 1944 bzw. 1951; *Jeanne d'Arc* (Dr), 1957.

Robert Menasse

Erzähler und Essayist. Geb. 1954 in Wien. 1981–86 Lektor in São Paulo. Lebt in Wien. Österreichischer Staatspreis für Kulturpublizistik 1999. Werke: *Sinnliche Gewißheit* (R), 1988; *Die sozialpartnerschaftliche Ästhetik* (Ess), 1990; *Selige Zeiten, brüchige Welt* (R), 1991; *Das Land ohne Eigenschaften* (Ess), 1992; *Phänomenologie der Entgeisterung* (Ess), 1995; *Schubumkehr* (R), 1995; *Hysterien und andere historische Irrtümer* (Ess, Reden), 1996; *Dummheit ist machbar* (Ess), 1999.

Inge Merkel

Erzählerin. Geb. 1922 in Wien, lebt ebd. Anton-Wildgans-Preis der Industrie 1987. Werke: *Das andere Gesicht* (R), 1982; *Zypressen* (E), 1983; *Die letzte Posaune* (R), 1985; *Eine ganz gewöhnliche Ehe* (R), 1987; *Das große Spektakel* (R), 1990; *Aus den Geleisen* (R), 1994.

Janko Messner

Lyriker, Erzähler, Dramatiker und Übersetzer. Geb. 1921 in Dob, Aich/Kärnten. Teilnahme an der slowenischen Partisanenbewegung, 1946 Flucht nach Maribor (Slowenien). Seit 1955 wieder in Kärnten. Lebt in Osojnica/Kärnten. Werke: *Skurnje storije* (E), 1975; *Gorse storije* (E), 1988; *Gedichte – Pesmi – Canti* (L), 1995; *Schwarz-weiße Geschichten* (E), 1995.

Lydia Mischkulnig

Erzählerin und Hörspielautorin. Geb. 1963 in Klagenfurt, lebt in Wien. Werke: *Halbes Leben* (R), 1994; *Lärm der Stille* (Hs), 1994; *Hollywood im Winter* (R), 1996; *Sieben Versuchungen* (E), 1998.

(Waltraud) Anna Mitgutsch

Erzählerin. Geb. 1948 in Linz, lebt ebd. Werke: *Die Züchtigung* (R), 1985; *Das andere Gesicht* (R), 1986; *Ausgrenzung* (R), 1989; *In fremden Städten* (R), 1992; *Abschied von Jerusalem* (R), 1995; *Haus der Kindheit* (R), 2000.

Erika Mitterer

Erzählerin und Lyrikerin. Geb. 1906 in Wien, lebt ebd. Werke: *Dank des Lebens* (L), 1930; *Der Fürst in der Welt* (R), 1940; *Briefwechsel in Gedichten* (L), 1950; *Entsühnung des Kain* (L), 1974; *Bibelgedichte* (L), 1994.

Felix Mitterer

Verfasser von Theaterstücken, Hörspielen und Drehbüchern; Schauspieler. Geb. 1948 in Achenkirch/Tirol, lebt in Dublin. Werke: *Kein Platz für Idioten* (Dr), 1979; *Der Narr von Wien* (Drehbuch), 1981; *Kein schöner Land* (Dr), 1987; *Sibirien* (Dr), 1989; *Verkaufte Heimat* (Drehbuch), 1989; *Munde* (Dr), 1990; *Die Piefke-Saga* (Drehbuch), 1991; *Verkaufte Heimat – Bombenjahre* (Drehbuch), 1994; *In der Löwengrube* (Dr), 1998; *Tödliche Sünden* (Dr), 1999.

Ernst Molden

Erzähler. Geb. 1967 in Wien, lebt ebd. Werke: *Der Basilisk* (Dr), 1991; *Die Krokodilsdame* (R), 1997; *Biedermeier* (R), 1998.

Erika Molny

Erzählerin, Dramatikerin und Lyrikerin. Geb. 1932 in Klagenfurt, 1990 in Wien gestorben. Werke: *Bruchstücke* (R), 1984; *Der liebe Gott des Waldviertels* (E, mit Thomas Pluch), 1986; *Die Frau des Malers* (R), 1988; *Schau Frau* (L), 1991.

Frederic Morton (d. i. Fritz Mandelbaum)

Erzähler. Geb. 1924 in Wien. 1939 Flucht über England in die USA. Lebt in New York. Werke: *The Rothschilds*, 1962 (R, dt.: *Die Rothschilds*, 1962); *The Unknown Woman* (R), 1976; *The Forever Street*, 1984 (R, dt.: *Ewigkeitsgasse*, 1986); *Crosstown Sabbath*, 1987 (R, dt.: *Crosstown Sabbath*, 1993); *Wetterleuchten 1913/14* (R), 1990; *Geschichten aus zwei Welten* (E), 1994; *Ein letzter Walzer* (R), 1998.

Doris Mühringer

Lyrikerin, Erzählerin und Übersetzerin. Geb. 1920 in Graz, lebt in Wien. Werke: *Gedichte* (L), 1957; *Staub öffnet das Auge* (L), 1976; *Vögel, die ohne Schlaf sind* (L), 1984; *Reisen wir* (L), 1995.

Wilhelm Muster

Erzähler und Übersetzer. Geb. 1916 in Graz. Nach dem Zweiten Weltkrieg als Lektor in Spanien. 1962 Rückkehr nach Graz, wo er 1994 starb. Werke: *Die Reise nach Cerveteri* (E), 1956; *Aller Nächte Tag* (R, unter dem Pseudonym Ulrich Hassler), 1960; *Der Tod kommt ohne Trommel* (R), 1980; *Pulverland* (R), 1986; *Sieger und Besiegte* (E), 1989; *Auf den Spuren der Kuskusesser* (R), 1993.

Franz Nabl

Erzähler und Dramatiker. Geb. 1883 in Lautschin/Böhmen. 1974 in Graz gestorben. Großer Österreichischer Staatspreis für Literatur 1956. Werke: *Ödhof* (R), 1911; *Das Grab des Lebendigen* (R), 1917; *Kindernovelle* (E), 1932; *Ein Mann von gestern* (R), 1935; *Die Ortliebschen Frauen* (R), 1936; *Der Fund* (E), 1937; *Vaterhaus* (R), 1974.

Robert Neumann

Erzähler, Dramatiker, Lyriker und Essayist. Geb. 1897 in Wien. 1934 Emigration nach England, lebte nach dem Krieg im Tessin und in München. Starb 1975 in München. Werke: *Mit fremden Federn* (Parodien), 1927; *Sintflut* (R), 1929; *Die Macht* (R), 1932; *Unter falscher Flagge* (E), 1932; *Struensee* (R), 1935; *By the Waters of Babylon*, 1939 (R, dt.: *An den Wassern von Babylon*, 1945); *Children of Vienna*, 1946 (R, dt.: *Die Kinder von Wien*, 1974); *Ein unmöglicher Sohn* (Autobiografie), 1972.

Barbara Neuwirth

Erzählerin. Geb. 1958 in Eggenburg/Niederösterreich. Lebt in Wien. Werke: *In den Gärten der Nacht* (E), 1990; *Dunkler Fluß des Lebens* (E), 1992; *Im Haus der Schneekönigin* (E), 1994; *Empedokles' Turm* (E), 1998.

Hermann Nitsch

Aktionist. Geb. 1938 in Wien. Seit 1957 Entwicklung des »Orgien Mysterien Theaters«. Lebt auf Schloß Prinzendorf/Niederösterreich. Werke: *Abreaktionsspiele* (Dr), 1963; *Fest des psycho-physischen Naturalismus* (mit Otto Mühl), 1963; *Das O. M. Theater. Die Partituren aller aufgeführten Aktionen 1960–79* (2 Bde.), 1979–86; *Zur Theorie des Orgien Mysterien Theaters*, 1995; *die wortdichtung 2*, 1996.

Christine Nöstlinger

Erzählerin, Lyrikerin, Drehbuchautorin. Geb. 1936 in Wien. Vor allem als Verfasserin zahlreicher Kinderbücher bekannt geworden. Lebt in Wien und im Waldviertel. Österreichischer Staatspreis für Kinder- und Jugendliteratur 1974. Werke: *Die feuerrote Friederike* (Kinderbuch), 1970; *Iba de gaunz oaman kinda* (L), 1974; *Iba de gaunz oaman fraun* (L), 1982; *Iba de gaunz oaman mauna* (L), 1987; *Salut für Mama* (P), 1992; *Management by Mama* (P), 1994; *Geplant habe ich gar nichts. Aufsätze, Reden, Interviews*, 1997.

Hans Nüchtern

Erzähler, Dramatiker und Lyriker. Geb. 1896 in Wien. 1930–38 Präsident der Österreichischen Schriftstellergenossenschaft. Starb 1962 in Wien. Werke: *Die letzte Insel* (L), 1919; *Der Haß gegen die Stadt* (R), 1931; *Das Herz des Hildago* (R), 1947; *Zwischen den Zeiten* (L), 1950; *Der steinerne Psalter* (L), 1961.

Richard Obermayr

Erzähler. Geb. 1970 in Ried im Innkreis/Oberösterreich, lebt in Wien. Werk: *Der gefälschte Himmel* (R), 1998.

Andreas Okopenko

Lyriker, Erzähler, Hörspielautor. Geb. 1930 in Kosice (Slowakei). Lebt in Wien. Großer Österreichischer Staatspreis für Literatur 1998. Werke: *Grüner November* (L), 1957; *Die Beleg des Michael Celtus* (E), 1967; *Warum sind die Latrinen so traurig* (L), 1969; *Lexikon-Roman* (R), 1970; *Meteoriten* (R), 1976; *Lockergedichte* (L), 1983; *Kindernazi* (R), 1984; *Immer wenn ich heftig regne* (L), 1992; *Traumberichte* (P), 1998.

Rudi Palla

Drehbuchautor und Erzähler. Geb. 1941 in Wien, lebt ebd. Werke: *Die Arbeitersaga* (Drehbuch, mit Peter Turrini): *Die Verlockung* (1988), *Müllomania* (1988), *Das Plakat* (1990); *Die Mitte der Welt* (E), 1989; *Verschwundene Arbeit. Ein Thesaurus der untergegangenen Berufe*, 1994.

Heidi Pataki

Lyrikerin und Essayistin. Geb. 1940 in Wien. Seit 1991 Präsidentin der Grazer Autorenversammlung. Lebt in Wien. Werke: *schlagzeilen* (L), 1968; *fluchtmodelle* (Ess), 1972; *stille post* (L), 1978; *Kurze Pause* (L), 1993; *guter ruf / die hl. familie* (L), 1994.

Hertha Pauli

Schauspielerin, Dramatikerin und Erzählerin. Geb. 1909 in Wien. 1938 Flucht über Paris in die USA. Starb 1973 in New York. Werke: *Nur eine Frau* (R), 1937; *Jugend nachher* (R), 1959; *Der Riß der Zeit geht durch mein Herz* (Autobiografie), 1970.

Josef Friedrich Perkonig

Erzähler, Dramatiker, Lyriker, Essayist, Hörspielautor und Übersetzer. Geb. 1890 in Ferlach/Kärnten, 1959 in Klagenfurt gestorben. Österreichischer Staatspreis für Literatur 1935. Werke: *Die stillen Königreiche* (R), 1917; *Heimat in Not* (L), 1921; *Mensch wie du und ich* (R), 1932; *Im Morgenlicht* (Autobiografie), 1948; *Patrioten* (R), 1950.

Leo Perutz

Erzähler und Dramatiker. Geb. 1882 in Prag. 1938 Flucht nach Israel. Starb 1957 in Bad Ischl/Oberösterreich. Werke: *Die dritte Kugel* (R), 1915; *Marquis de Bolibar* (R), 1920; *Der Meister des jüngsten Tages* (R), 1923; *Wohin rollst du, Äpfelchen* (R), 1928; *St. Petri Schnee* (R), 1933; *Der schwedische Reiter* (R), 1936; *Nachts unter der steinernen Brücke* (R), 1953.

Anita Pichler

Erzählerin und Übersetzerin. Geb. 1948 in Meran/Südtirol. Starb 1997 in Bozen/Südtirol. Werke: *Die Zaunreiterin* (E), 1986; *Wie die Monate das Jahr* (E), 1989; *Die Frauen aus Fanis* (E), 1992; *Beider Augen Blick* (P), 1995.

Rosa Pock

Prosaautorin. Geb. 1949 in Wagna/Steiermark. Lebt in Salzburg. Werke: *Monolog braucht Bühne* (P), 1993; *Ein Halbjahr aus dem Leben einer Infantin* (P), 1995; *spielmodell m* (P), 1996.

Alfred Polgar

Kritiker, Essayist, Dramatiker und Erzähler. Geb. 1873 in Wien. 1925–33 in Berlin. 1938 Emigration in die USA, ab 1946 in der Schweiz. Starb 1955 in Zürich. Werke: *Der Quell des Übels* (E), 1908; *Goethe* (Dr, mit Egon Friedell), 1908; *An den Rand geschrieben* (P), 1926; *Hinterland* (P), 1929; *Die Defraudanten* (Dr), 1932; *Kleine Zeit* (E), 1938; *Geschichte ohne Moral* (E), 1943; *Andererseits* (E), 1948; *Im Laufe der Zeit* (P), 1954.

Paula von Preradović

Erzählerin und Lyrikerin. Geb. 1887 in Wien. Schrieb 1947 den Text zur österreichischen Bundeshymne (*Land der Berge, Land am Strome*). Starb 1951 in Wien. Werke: *Südlicher Sommer* (L), 1929; *Dalmatinische Sonette* (L), 1933; *Lob Gottes im Gebirge* (L), 1936; *Pave und Pero* (R), 1940; *Königslegende* (E), 1950.

Peter Preses

Schauspieler, Regisseur und Dramatiker. Geb. 1907 in Wien, 1938 Emigration in die USA. Kehrte 1946 nach Wien zurück, wo er 1961 starb. Werk: *Der Bockerer* (Dr, mit Ulrich Becher), 1948.

Reinhard Priessnitz

Lyriker, Prosaautor und Essayist. Geb. 1945 in Wien, wo er 1985 starb. Werke: *vierundvierzig gedichte*, 1978; *fünf prosastücke*, 1987; *malerei, plastik etc.* (Aufsätze), 1988; *literatur, gesellschaft etc.* (Aufsätze), 1990; *texte aus dem nachlaß* (L, P), 1994.

Ingrid Puganigg

Erzählerin, Hörspielautorin und Lyrikerin. Geb. 1947 in Gassen/Kärnten, lebt ab 1962 in Vorarlberg, später in München. Werke: *Es ist die Brombeerzeit die dunkle* (L), 1978; *Fasnacht* (R), 1981; *La Habanera* (R), 1984; *Laila* (P), 1988; *Hochzeit: Ein Fall* (P), 1992.

Helmut Qualtinger

Schauspieler, Kabarettist, Dramatiker und Erzähler. Geb. 1928 in Wien. In den 50er Jahren Kabarettauftritte mit Carl Merz, Gerhard Bronner und Georg Kreisler. Starb 1986 in Wien. Werke: *Jugend vor den Schranken* (Dr), 1949; *Brettl vor dem Kopf* (Kabarett), 1953–55; *Blattl vorm Mund* (Kabarett), 1956; *Glasl vorm Aug* (Kabarett), 1957; *Der Herr Karl* (Dr), 1961; *Die Hinrichtung* (Dr), 1965; *Die rot-weiß-rote Rasse* (Dr), 1979; *Drei Viertel ohne Takt* (Dr), 1980; *Heimat bist du großer Zwerge* (Dr), 1984.

Doron Rabinovici

Erzähler. Geb. 1961 in Tel Aviv. Lebt seit 1964 in Wien. Werke: *Papírnik* (E), 1994; *Suche nach M.* (R), 1997.

Hans Raimund

Lyriker, Prosaautor und Übersetzer. Geb. 1945 in Petzelsdorf/Niederösterreich. Lebt seit 1984 meist in Duino bei Triest. Werke: *Rituale* (P), 1981; *Schonzonen* (L), 1983; *Trugschlüsse* (P), 1990; *Du kleidest mich in Licht* (L), 1994; *Strophen einer Ehe* (L), 1995; *Porträt mit Hut* (L), 1998.

Christoph Ransmayr

Erzähler. Geb. 1954 in Wels/Oberösterreich. Lebt in Dublin. Werke: *Strahlender Untergang* (P), 1982; *Die Schrecken des Eises und der Finsternis* (R), 1984; *Die letzte Welt* (R), 1988; *Morbus Kitahara* (R), 1995; *Der Weg nach Surabaya* (P), 1997.

Elisabeth Reichart

Erzählerin. Geb. 1953 in Steyregg/Oberösterreich. Lebt in Wien. Werke: *Februarschatten* (R), 1984; *Komm über den See* (E), 1988; *La valse* (E), 1992; *Fotze* (E), 1993; *Sakkorausch* (P), 1994; *Nachtmär*

(R), 1995; *Das vergessene Lächeln der Amaterasu* (R), 1998.

Gregor von Rezzori
Erzähler. Geb. 1914 in Czernowitz/Bukowina. 1934–38 in Wien, danach in Berlin. Lebte von 1960 bis zu seinem Tod 1998 in der Toskana. Werke: *Maghrebinische Geschichten* (E), 1953; *Oedipus siegt bei Stalingrad* (R), 1954; *Der Tod meines Bruders Abel* (R), 1976; *Memoiren eines Antisemiten* (R), 1979; *Über dem Kliff* (E), 1991; *Greisengemurmel* (Autobiografie), 1994; *Mir auf der Spur* (Autobiografie), 1997.

Max Riccabona
Verfasser von Textcollagen, Prosa, Lyrik; Übersetzer. Geb. 1915 in Feldkirch/Vorarlberg. 1942–45 in Dachau interniert. Von 1949 bis 1967 als Rechtsanwalt in Feldkirch. Starb 1997 in Lochau/Vorarlberg. Werke: *Bauelemente zur Tragikomödie des x-fachen Doktor von Halbgreyffer oder Protokolle einer progressivsten Halbbildungsinfektion*, 1980; *Poetatastrophen*, 1993; *Auf dem Nebengeleise* (Autobiografie), 1995.

Franz Rieger
Erzähler. Geb. 1923 in Riedau/Oberösterreich, lebt in Oftering/Oberösterreich. Werke: *Ein Zweikampf* (E), 1964; *Paß* (R), 1973; *Die Landauer* (R), 1974; *Feldwege* (R), 1976; *Schattenschweigen oder Hartheim* (R), 1985; *Internat in L* (R), 1986; *Aufgebote des Zweifels* (L), 1990; *Außer-Fern* (R), 1995.

Werner Riemerschmid
Lyriker, Erzähler, Dramatiker, Hörspielautor und Übersetzer. Geb. 1895 in Maria Enzersdorf/Niederösterreich. Werke: *Das Buch vom lieben Augustin* (R), 1930; *Die Frösche von Sumpach* (R), 1939; *Trakl* (Novelle), 1947; *Schatten* (R), 1947; *Steinbrüche* (L), 1965.

Kathrin Röggla
Erzählerin. Geb. 1971 in Salzburg, lebt in Wien. Werke: *Niemand lacht rückwärts* (P), 1995; *Abrauschen* (R), 1997; *Irres Wetter* (P), 2000.

Peter Rosei
Erzähler, Dramatiker, Lyriker, Hörspiel- und Drehbuchautor, Übersetzer. Geb. 1946 in Wien. Lebt in Bergheim bei Salzburg und in Wien. Werke: *Landstriche* (E), 1972; *Bei schwebendem Verfahren* (R), 1973; *Wer war Edgar Allan* (R), 1977; *Von Hier nach Dort* (R), 1978; *Die Milchstraße* (R), 1981; *Komödie* (P), 1984; *15 000-Seelen-Projekt: Komödie, Mann & Frau, 15 000 Seelen, Die Wolken, Der Aufstand, Unser Landschaftsbericht* (P und R), 1984–85; *Der Aufstand* (R), 1987; *Rebus* (R), 1990; *Persona* (R), 1995; *Viel früher* (L), 1998.

Gerhard Roth
Verfasser von Romanen, Kurzprosa, Dramen, Essays und Drehbüchern. Geb. 1942 in Graz. Zählte in den 60er und 70er Jahren zum Kreis des Forum Stadtpark Graz und der Zeitschrift *manuskripte*. 1978–91 Arbeit am siebenteiligen Romanzyklus *Die Archive des Schweigens*. Lebt in Wien und in der Südsteiermark. Werke: *die autobiographie des albert einstein* (R), 1972; *Der große Horizont* (R), 1974; *Die Archive des Schweigens* (R-Zyklus), 1980–91; *Der See* (R), 1995; *Der Plan* (R), 1998; *Der Berg* (R), 1999.

Gerhard Rühm
Verfasser von Gedichten, visuellen Texten, Prosa und Hörspielen. Geb. 1930 in Wien. Mitglied der »Wiener Gruppe«. Lebt in Köln. Großer Österreichischer Staatspreis für Literatur 1991. Werke: *hosn rosn baa* (L, mit Friedrich Achleitner und H. C. Artmann), 1959; *konstellationen*, 1961; *montagen 1956* (mit H. C. Artmann und Konrad Bayer), 1964; *Die Wiener Gruppe*, 1967; *gesammelte gedichte und visuelle texte*, 1970; *Ophelia und die Wörter. Gesammelte Theaterstücke 1954–71*, 1972; *wahnsinn. litaneien*, 1973; *botschaft an die zukunft. gesammelte sprechtexte*, 1988; *geschlechterdings* (L), 1990; *Visuelle Poesie*, 1996.

Gerhard Ruiss
Lyriker, Essayist und Publizist. Geb. 1951 in Ziersdorf/Niederösterreich. Seit 1982 Geschäftsführer der IG Autoren. Lebt in Wien. Werke: *Dokumentation zur Situation junger österreichischer Autoren* (mit Johannes Vyoral), 1978; *Kopfnoten* (L), 1980; *Literarisches Leben in Österreich* (mit Johannes Vyoral), 1985, 1997; *IG Autoren 1971–91* (mit Johannes Vyoral), 1991; *Aufsätze. Artikel. Reden. Polemiken. Literatur und Öffentlichkeit in Österreich*, 1996.

Alexander von Sacher-Masoch
Erzähler und Übersetzer. Geb. 1901 in Witkowitz/Mähren. Starb 1972 in Wien. Werke: *Die Parade* (E), 1947; *Das unsichtbare Volk* (Dr, mit Piero Rismondo), 1947; *Es war Ginster* (E), 1951.

George Saiko
Erzähler und Essayist. Geb. 1892 in Ervenice/Böhmen. Starb 1962 in Rekawinkl/Niederösterreich. Großer Österreichischer Staatspreis für Literatur 1962. Werke: *Auf dem Floß* (R), 1948; *Der Mann im Schilf* (R), 1956; *Der Opferblock* (E), 1962.

Klaus Sandler
Lyriker und Erzähler. Geb. 1945 in Plagwitz (Polen). Gründete mit Peter Baresch und Dieter Parzer 1968 die Zeitschrift *das pult*. Starb 1984 in Amstetten/Niederösterreich. Werke: *Tom macht den Sprung aus dem Fenster rückgängig* (R), 1974; *Friedliche Anarchie* (R), 1980; *Ein Zelt und nichts weiter* (R), 1985.

Theodor Sapper
Lyriker, Dramatiker und Erzähler. Geb. 1905 in Feldbach/Steiermark. Starb 1982 in Wien. Werke: *Kornfeld* (E), 1947; *Schmerz vor Tag* (L), 1957; *Tausend Lichter – Tausend Tode* (L), 1980.

Michael Scharang
Erzähler, Essayist, Drehbuch- und Hörspielautor. Geb. 1941 in Kapfenberg/Steiermark. Lebt in Wien. Werke: *Verfahren eines Verfahrens* (E), 1969; *Schluß mit dem Erzählen und andere Erzählungen*, 1970; *Charly Traktor* (R), 1973; *Der Sohn eines Landarbeiters* (R), 1976; *Das doppelte Leben* (Drehbuch), 1981; *Die List der Kunst* (Ess), 1986; *Auf nach Amerika* (R), 1992; *Das jüngste Gericht des Michelangelo Spatz* (R), 1998.

Robert Schindel
Lyriker und Erzähler. Geb. 1944 unter dem Decknamen Robert Soel. Lebt in Wien. Werke: *Ohneland* (L), 1986; *Im Herzen die Krätze* (L), 1988; *Gebürtig* (R), 1992; *Die Nacht der Harlekine* (E), 1994; *Gott schütz uns vor den guten Menschen* (P), 1995.

Evelyn Schlag
Erzählerin und Lyrikerin. 1952 in Waidhofen an der Ybbs/Niederösterreich geboren. Lebt ebd. Werke: *Nachhilfe* (E), 1981; *Beim Hüter des Schattens* (E), 1984; *Die Kränkung* (E), 1987; *Ortswechsel des Herzens* (L), 1989; *Touché* (E), 1994; *Die göttliche Ordnung der Begierden* (R), 1998; *Das Talent meiner Frau* (L), 1999.

Ferdinand Schmatz
Verfasser von Prosa, Lyrik und Essays. Geb. 1953 in Korneuburg/Niederösterreich. Lebt in Wien. 1987–94 Herausgeber der Priessnitz-Werkausgabe. Werke: *Der gesamte Lauf* (L), 1977; *der (ge)dichte lauf* (L), 1981; *Die Reise. In achtzig flachen Hunden in die ganze tiefe Grube* (mit Franz Josef Czernin), 1987; *speise gedichte* (L), 1992; *Sprache Macht Gewalt* (Ess), 1993; *dschungel. allfach. prosa gedicht*, 1996; *Radikale Interpretation* (Ess), 1998.

Alfred Paul Schmidt
Erzähler, Dramatiker, Hörspiel- und Drehbuchautor. Geb. 1941 in Wien, lebt in Graz. Werke: *Bester jagt Spengler* (P),

1971; *Der Sonntagsvogel* (R), 1982; *Die Fleischbank* (Hs/Dr), 1983/84; *In der Stille der Nacht* (E), 1995; *Stockinger* (Drehbuch, mit Helmut Dimko und Friedemann Schulz), 1996.

Eva Schmidt

Erzählerin und Lyrikerin. Geb. 1952 in Lustenau/Vorarlberg. Lebt in Bregenz/Vorarlberg. Werke: *Ein Vergleich mit dem Leben* (E), 1985; *Reigen* (E), 1988; *Zwischen der Zeit* (R), 1997.

Wieland Schmied

Kunsthistoriker, Lyriker, Essayist. Geb. 1929 in Frankfurt a. M. 1952–60 Kunstkritiker in Wien. Zahlreiche Publikationen zur Kunst des 20. Jahrhunderts. Lebt in München und in Vorchdorf/Oberösterreich. Österreichischer Staatspreis für Kulturpublizistik 1992. Werke: *Landkarte des Windes* (L), 1957; *Worte für Worte* (L), 1964; *Schach mit Marcel Duchamp und andere Gedichte für Künstler*, 1980; *Landschaft des Exils* (L, dt. und engl., mit Georg Eisler und Erich Fried), 1987; *Thomas Bernhards Welt* (Ess, mit Photographien von Erika Schmied), 1999.

Hannes Schneider

Verfasser von Lyrik und Prosa. Geb. 1939 in Wien, lebt ebd. Werk: *Yeti oder John, ich reise* (L, mit H. C. Artmann und Rainer Pichler), 1970.

Robert Schneider

Erzähler und Dramatiker. Geb. 1961 in Bregenz. Lebt in Götzis/Vorarlberg. Werke: *Der falsche Prinz* (Dr), 1983; *Schlafes Bruder* (R), 1992; *Dreck* (Dr), 1993; *Die Luftgängerin* (R), 1998.

Werner Schneyder

Kabarettist, Dramatiker, Erzähler, Essayist und Drehbuchautor. 1937 in Graz geboren. Seit 1974 zahlreiche politische Kabaretts. Lebt in Rothenthurn/Drau. Werke: *Till bevor er hing* (Dr), 1963; *Empfehlung der einfachen Schläge. Aphorismen. Epigramme. Gedichte*, 1973; *Die Unternehmungen des Herrn Hans* (R), 1976; *Schlafen Sie gut, Herr Tucholsky! Und andere Bühnenlieder*, 1983; *Meiningen oder Die Liebe und das Theater* (E), 1998.

Ernst Schönwiese

Lyriker, Hörspielautor, Essayist und Übersetzer. Geb. 1905 in Wien. 1935/36 bzw. 1946–52 Herausgeber der Zeitschrift *das silberboot*. 1972–78 Präsident des österreichischen P.E.N.-Clubs. Starb 1991 in Wien. Werke: *Ausfahrt und Wiederkehr* (L), 1947; *Requiem in Versen* (L), 1953; *Baum und Träne* (L), 1962; *Literatur in Wien zwischen 1930 und 1980* (Ess), 1980; *Antworten in der Vogelsprache* (L), 1987.

Sabine Scholl

Erzählerin und Essayistin. Geb. 1959 in Grieskirchen/Oberösterreich. Lebt in Wien und Aveiro (Portugal). Rauriser Literaturpreis 1992 (gemeinsam mit Patrick Roth). Werke: *Fette Rosen* (E), 1991; *Haut an Haut* (R), 1993; *Wie komme ich dazu?* (Ess), 1994; *Die Welt als Ausland* (Ess), 1999.

Margit Schreiner

Erzählerin und Hörspielautorin. Geb. 1953 in Linz, lebt in Berlin. Werke: *Die Rosen des Heiligen Benedikt* (E), 1989; *Mein erster Neger* (E), 1990; *Die Unterdrückung der Frau, die Virilität der Männer, der Katholizismus und der Dreck* (R), 1995; *Nackte Väter* (R), 1997.

Friedrich Schreyvogel

Dramatiker, Lyriker, Erzähler, Essayist, Hörspiel- und Drehbuchautor, Übersetzer. Geb. 1899 in Wien. 1922 Mitbegründer des rechtskonservativen »Kulturbundes«. Nach 1945 am Theater in der Josefstadt und am Burgtheater als Chef-Dramaturg bzw. stellvertretender Direktor. Starb 1976 in Wien. Werke: *Die geheime Gewalt* (L), 1928; *Johann Orth* (Dr, ab 1933 mit dem Titel *Die Habsburgerlegende*), 1928; *Grillparzer* (R), 1935; *Die kluge Wienerin* (Dr), 1941; *Der Friedländer* (R), 1943; *Der Sohn Gottes* (R), 1948.

Raoul Schrott

Lyriker, Erzähler, Hörspielautor, Essayist und Übersetzer. Geb. 1964 in São Paulo (Brasilien). Zahlreiche wissenschaftliche Publikationen zum Dadaismus. Lebt in Landeck/Tirol und in Seillans (Frankreich). Werke: *Makame* (L), 1989; *Ludwig Höhnel Totenheft* (E), 1994; *Finis terrae* (R), 1995; *Hotels* (L), 1995; *Die Erfindung der Poesie* (L-Nachdichtungen), 1997; *Tropen. Über das Erhabene* (L), 1998.

Hermann Schürrer

Lyriker und Erzähler. Geb. 1928 in Wolfsegg/Oberösterreich. 1975 Mitbegründer der Zeitschrift *Freibord*. Starb 1986 in Wien. Werke: *Europa* (P), 1971; *Kriminelle Spielereien in der Sandkiste der Weltverbesserer* (P), 1977; *Der letzte Yankee-Doodle vor dem Untergang der Vereinigten Staaten* (R), 1981; *Klar Schilf zum Geflecht* (L), 1984.

Franz Schuh

Essayist und Erzähler. Geb. 1947 in Wien, lebt ebd. Österreichischer Staatspreis für Kulturpublizistik 1985. Werke: *Das Widersetzliche der Literatur* (Kritiken), 1981; *Liebe, Macht und Heiterkeit* (Ess), 1985; *Das phantasierte Exil* (Ess), 1991; *Der Stadtrat* (R), 1995.

Julian Schutting

Verfasser von Lyrik, Prosa und Hörspielen. Geb. 1937 in Amstetten/Niederösterreich als Jutta Schutting. Lebt in Wien. Anton-Wildgans-Preis der Industrie 1983. Werke: *Baum in O.* (E), 1973; *In der Sprache der Inseln* (L), 1973; *Tauchübungen* (P), 1974; *Parkmord* (E), 1977; *Der Vater* (E), 1980; *Liebesgedichte*, 1982; *Traumreden* (L), 1987; *Wasserfarben* (P), 1991; *Katzentage* (P), 1995; *Der Tod meiner Mutter* (E), 1997; *Rohübersetzung* (P), 1999.

Werner Schwab

Verfasser von Dramen und Prosa. Geb. 1958 in Graz, starb 1994 ebd. Werke: *Fäkaliendramen*, 1991; *Königskomödien*, 1992; *Abfall, Bergland, Cäsar* (P), 1992; *Der reizende Reigen nach dem Reigen des reizenden Herrn Arthur Schnitzler* (Dr), 1996.

Brigitte Schwaiger

Erzählerin, Lyrikerin, Dramatikerin und Hörspielautorin. Geb. 1949 in Freistadt. Lebt ebd, in Wien und in Madrid. Werke: *Wie kommt das Salz ins Meer* (R), 1977; *Mein spanisches Dorf* (P), 1978; *Lange Abwesenheit* (P), 1980; *Der Himmel ist süß* (L), 1984; *Mit einem möchte ich leben* (L), 1987; *Schönes Licht* (R), 1990; *Jaro heißt Frühling* (E), 1994; *Ein langer Urlaub* (R), 1996.

Rolf Schwendter

Soziologe und Lyriker, Liedermacher und Regisseur. Geb. 1939 in Wien. Seit 1975 Hochschullehrer für Devianzforschung an der Gesamthochschule Kassel. 1989–91 Präsident der Grazer Autorenversammlung. Lebt in Wien und in Kassel. Werke: *Ich bin noch immer unbefriedigt* (Lieder), 1980; *Katertotenlieder*, 1987; *psalter. Gedichte 1970–80*, 1991.

György Sebestyén

Erzähler, Drehbuchautor und Übersetzer. Geb. 1930 in Budapest, 1956 Flucht nach Österreich. Herausgeber der Zeitschrift *Pannonia* und Chefredakteur der Zeitschrift *Morgen*. Präsident des Österreichischen P.E.N.-Clubs 1988–90. Starb 1990 in Wien. Werke: *Die Türen schließen sich* (R), 1957; *Der Mann im Sattel* (R), 1961; *Der Faun im Park* (E), 1972; *Studien zur Literatur*, 1980; *Die Werke der Einsamkeit* (R), 1986; *Erzählungen*, 1989.

Helmut Seethaler

Lyriker und Erzähler. Geb. 1953 in Wien. Als »Zetteldichter«, d. h. durch Ankleben von Zetteln mit Lyrik und Geschichten an öffentlichen Plätzen bekannt geworden. Zahlreiche Anzeigen und Strafen wegen Ordnungsstörung, Sachbeschädigung u. ä. Lebt in Wien. Werk: *Das Pflückbuch* (L, P), 1996.

Johannes Mario Simmel

Erzähler, Dramatiker und Drehbuchautor. Geb. 1924 in Wien. Auflagen von über 72 Millionen in 33 Sprachen. Lebt in Zug (Schweiz). Werke: *Begegnung im Nebel* (E), 1947; *Es muß nicht immer Kaviar sein* (R), 1960; *Alle Menschen werden Brüder* (R), 1967; *Und Jimmy ging zum Regenbogen* (R), 1970; *Hurra, wir leben noch* (R), 1978; *Doch mit den Clowns kamen die Tränen* (R), 1987; *Im Frühling singt zum letzten Mal die Lerche* (R), 1990; *Liebe ist die letzte Brücke* (R), 1999.

Harald Sommer

Dramatiker und Hörspielautor. 1935 in Graz geboren, wo er heute lebt. Werke: *A unhamlich schtorka Obgaung* (Dr), 1970; *Ich betone, daß ich nicht das Geringste an der Regierung auszusetzen habe* (Dr), 1973; *Scheiß Napoleon* (Dr), 1975; *Die Gemeindewohnung* (Dr), 1984.

Manès Sperber

Philosoph, Erzähler und Essayist. Geb. 1905 in Zablotow/Galizien. Schüler von Alfred Adler. Lehrte 1927–33 in Berlin Individualpsychologie. Ab 1933 Exil in Paris, starb 1984 ebd. Georg-Büchner-Preis 1975. Großer Österreichischer Staatspreis für Literatur 1977. Werke: *Le Talon d'Achille*, 1957 (Ess, dt.: *Die Achillesferse*, 1960); *Wie eine Träne im Ozean* (R-Trilogie), 1961; *Zur täglichen Weltgeschichte* (Ess), 1967; *All das Vergangene* (Autobiografie, 3 Bde.), 1974–77; *Churban oder die unfaßbare Gewißheit* (Ess), 1979; *Der schwarze Zaun* (R), 1986.

Hilde Spiel

Erzählerin, Essayistin, Kulturkritikerin und Übersetzerin. Geb. 1911 in Wien. Emigrierte 1936 nach England. Kehrte 1963 nach Wien zurück, wo sie 1990 starb. Werke: *Kati auf der Brücke* (R), 1933; *The Darkened Room* (R; dt.: *Lisas Zimmer*, 1965), 1961; *Fanny von Arnstein oder Die Emanzipation* (Biografie), 1962; *Städte und Menschen* (Ess), 1972; *Anna und Anna* (Dr), 1989; Autobiografie: *Die hellen und die finsteren Zeiten* (1989), *Welche Welt ist meine Welt?* (1990); *Dämonie der Gemütlichkeit* (Ess), 1991.

Herta F(elicia) Staub

Lyrikerin, Erzählerin und Übersetzerin. Geb. 1908 in Wien. Initiatorin der 1962 gegründeten Rudolf-Kassner-Gesellschaft. Starb 1996 in Wien. Werke: *Schaukelpferd* (L), 1933; *Der Feen-Rufer* (L), 1958; *Welt als Versuch* (L), 1978.

Dominik Steiger

Prosaautor. Geb. 1940 in Wien, lebt ebd. Werke: *Wunderpost für Copiloten* (E), 1968; *Thingummy* (P), 1994; *Sinngummis à la minute* (P), 1997.

Marlene Streeruwitz

Dramatikerin und Hörspielautorin. Geb. 1950 in Baden bei Wien. Lebt in Wien. Werke: *Waikiki Beach. Sloane Square* (2 Dr), 1992; *New York. New York. Elysian Park* (2 Dr), 1993; *Ocean Drive* (Dr), 1994; *Tolmezzo* (Dr), 1994; *Verführungen* (R), 1996; *Lisa's Liebe* (R), 1997; *Nachwelt* (R), 1999.

Wilhelm Szabo

Lyriker. Geb. 1901 in Wien. Lebte größtenteils im Waldviertel/Niederösterreich und zuletzt in Wien, wo er 1986 starb. Werke: *Das fremde Dorf* (L), 1933; *Herz in der Kelter* (L), 1954; *Der große Schelm* (L, Nachdichtung der Lieder Neidharts von Reuenthals), 1960; *Schnee der vergangenen Winter* (L), 1966; *Lob des Dunkels. Gedichte 1930–80*, 1981.

George Tabori

Dramatiker, Hörspiel- und Drehbuchautor, Erzähler, Essayist und Übersetzer. Geb. 1914 in Budapest. 1936 Emigration nach England, Arbeit für die BBC. 1953–72 in New York, danach als Regisseur und Theaterdirektor wechselnde Wohnsitze in Deutschland und Österreich. Schreibt fast ausschließlich in englischer Sprache. Lebt in Berlin. Georg-Büchner-Preis 1992. Werke: *Beneath the Stone*, 1944/45 (R, dt.: *Das Opfer*, 1996); *Companions of the Left Hand*, 1945 (R, dt.: *Gefährten zur linken Hand*, 1999); *Original Sin*, 1947 (R, dt.: *Ein guter Mord*, 1992); *Clowns* (Dr), 1972; *Die 25. Stunde* (Dr), 1977; *Meine Kämpfe* (E), 1986; *Goldberg Variationen* (Dr), 1991; *Requiem für einen Spion* (Dr), 1993; *Purgatorium* (Dr), 1999.

Adrienne Thomas

Erzählerin. Geb. 1897 in St. Avold/Lothringen. Emigrierte 1938 über Frankreich in die USA. 1947 Rückkehr nach Österreich, starb 1980 in Wien. Werke: *Die Katrin wird Soldat* (R), 1930; *Reisen Sie ab, Mademoiselle!* (R), 1947; *Markusplatz um vier* (R), 1955.

Ilse Tielsch

Lyrikerin, Erzählerin und Hörspielautorin. Geb. 1929 in Auspitz (Tschechoslowakei). 1945 Flucht nach Österreich, lebt in Wien. Anton-Wildgans-Preis der Industrie 1989. Werke: *In meinem Orangengarten* (L), 1964; *Anrufung des Mondes* (L), 1970; R-Trilogie: *Die Ahnenpyramide* (1980), *Heimatsuchen* (1982), *Die Früchte der Tränen* (1988); *Lob der Fremdheit* (L), 1999.

Walter Toman

Psychologe, Psychotherapeut, Erzähler und Lyriker. Geb. 1920 in Wien. Professuren für Psychologie, Psychotherapie und Psychoanalyse in den USA, Wien und Erlangen. Lebt in Erlangen. Werke: *Die eigenwillige Kamera* (E), 1951; *Distelvolk* (L), 1955; *Das Dorf mit dem Drachen* (R), 1959; *Heilsame Abstände* (E), 1994.

Friedrich Torberg

Erzähler, Essayist, Kulturkritiker und Übersetzer. Geb. 1908 in Wien. 1938 Emigration in die USA. 1951 Rückkehr nach Österreich. Leitete von 1954 bis 1965 die Zeitschrift *Forum*. Herausgeber des Werkes von Fritz Herzmanovsky-Orlando. Starb 1979 in Wien. Großer Österreichischer Staatspreis für Literatur 1979. Werke: *Der Schüler Gerber hat absolviert* (R), 1930; *Die Mannschaft* (R), 1935; *Süßkind von Trimberg* (Biografie), 1972; *Die Tante Jolesch* (Anekdoten), 1975; *Die Erben der Tante Jolesch* (Anekdoten), 1979.

Peter von Tramin (d. i. Peter Tschugguel)

Erzähler. Geb. 1932 in Wien, starb 1981 ebd. Werke: *Die Herren Söhne* (R), 1963; *Die Tür im Fenster* (R), 1967; *Taschen voller Geld* (E), 1970.

Sylvia Treudl

Lyrikerin und Erzählerin. Geb. 1959 in Krems/Oberösterreich, lebt in Wien. Werke: *Sporenstiefel halbgar* (E), 1990; *Im schallenden Blau der Liebe* (E), 1995; *Quervermessung der Herzenslandschaft* (L), 1995; *Blues* (E), 1999.

Franz Tumler

Erzähler und Lyriker. Geb. 1912 in Gries bei Bozen, lebte von 1950 bis zu seinem Tod 1998 in Berlin. Werke: *Das Tal von Lausa und Duron* (E), 1935; *Der Soldateneid* (R), 1939; *Der Mantel* (R), 1959; *Volterra* (P), 1962; *Jahrgang 1912* (Autobiografie), 1967; *Aufschreibung aus Trient* (R), 1965; *Pia Faller* (R), 1973; *Das Zerteilen der Zeit* (L), 1989.

Peter Turrini

Dramatiker, Lyriker, Erzähler, Drehbuch- und Hörspielautor, Essayist und Übersetzer. Geb. 1944 in St. Margarethen im Lavanttal/Kärnten. Lebt in Wien und in Retz/Niederösterreich. Werke: *Rozznjogd* (Dr), 1971; *Sauschlachten* (Dr), 1972; *Die*

Alpensaga (Drehbuch, 3 Bde., mit Wilhelm Pevny), 1980; *Josef und Maria* (Dr), 1980; *Die Minderleister* (Dr), 1988; *Tod und Teufel* (Dr), 1990; *Alpenglühen* (Dr), 1992; *Die Schlacht um Wien* (Dr), 1995; *Die Verhaftung des Johann Nepomuk Nestroy* (E), 1998.

Liesl Ujvary

Erzählerin, Lyrikerin, Hörspielautorin, Essayistin und Übersetzerin. Geb. 1939 in Preßburg (Slowakei). 1945 nach Wien. Arbeitet auch als Fotografin, lebt in Wien. Werke: *Sicher & Gut* (L), 1977; *Schöne Stunden* (R), 1984; *Hoffnungsvolle Ungeheuer* (P), 1993; *Lustige Paranoia* (P), 1995; *Das reine Gehirn* (P), 1996.

Heinz R(udolf) Unger

Verfasser von Lyrik, Prosa, Hörspielen, Drehbüchern und Libretti. Geb. 1938 in Wien, lebt ebd. Werke: *In der Stadt der Barbaren* (L), 1971; *Proletenpassion* (Dr), 1976; *Verdammte Engel – Arme Teufel* (2 Dr), 1979; *Die Republik des Vergessens* (Dr-Trilogie), 1987; *Odysseus, an den Mast geschnürt* (L), 1993; *Wahl-Los* (Lieder), 1994; *Karneval der Götter* (R), 1999.

Johannes Urzidil

Erzähler, Lyriker, Essayist und Publizist. Geb. 1896 in Prag. 1939 Emigration nach London, 1941 nach New York. Starb 1970 in Rom. Großer Österreichischer Staatspreis für Literatur 1964. Werke: *Sturz der Verdammten* (L), 1919; *Der Trauermantel* (E), 1945; *Prager Triptychon* (E), 1960; *Das große Hallelujah* (R), 1960; *Die erbeuteten Frauen* (E), 1966; *Die letzte Tombola* (E), 1971.

Hannelore Valencak

Erzählerin und Lyrikerin. Geb. 1929 in Donawitz/Steiermark. Lebt in Wien und Bad Vöslau/Niederösterreich. Werke: *Die Höhlen Noahs* (R), 1961; *Zuflucht hinter der Zeit* (R), 1967; *Vorhof der Wirklichkeit* (R), 1972; *Das magische Tagebuch* (R), 1981.

Berthold Viertel

Lyriker, Erzähler, Essayist, Übersetzer, Dramaturg und Regisseur. Geb. 1885 in Wien. 1911 Mitbegründer der *Wiener Volksbühne*. Regiearbeiten in Dresden, Berlin, von 1928 bis 1932 in Hollywood, dann in London, 1949 Rückkehr nach Wien, wo er 1953 starb. Werke: *Die Bahn* (L), 1921; *Das Gnadenbrot* (R), 1927; *Der Lebenslauf* (L), 1946; *Schriften zum Theater*, 1970.

Alois Vogel

Lyriker und Erzähler. Geb. 1922 in Wien. Von 1976 bis 1991 Herausgeber der Reihe »Lyrik aus Österreich«. Lebt in Pulkau/Niederösterreich. Werke: *Das andere Gesicht* (R), 1959; *Schlagschatten* (R), 1977; *Totale Verdunkelung* (R), 1980; *Das blaue Haus* (R), 1992; *Römische Gesänge. Stazione Termini* (L), 1993; *Zeitmäander* (L), 1998.

Karl Heinrich Waggerl

Erzähler und Lyriker. Geb. 1897 in Badgastein/Salzburg. Lebte ab 1920 in Wagrain/Salzburg, wo er 1973 starb. Großer Österreichischer Staatspreis für Literatur 1934. Werke: *Brot* (R), 1930; *Schweres Blut* (R), 1932; *Wagrainer Tagebuch*, 1936; *Heiteres Herbarium* (L), 1950; *Und es begab sich* (E), 1953; *Kraut und Unkraut* (P, E, L), 1968.

Ernst Waldinger

Lyriker, Essayist und Übersetzer. Geb. 1896 in Wien. 1938 Emigration in die USA. Starb 1970 in New York. Werke: *Die Kuppel* (L), 1934; *Die kühlen Bauernstuben* (L), 1946; *Zwischen Hudson und Donau* (L), 1958; *Ich kann mit meinem Menschenbruder sprechen* (L), 1965.

Christian Wallner

Lyriker, Dramatiker, Hörspiel- und Drehbuchautor. Geb. 1948 in Gmunden/Oberösterreich. Gründer der Kabarettgruppe MotzArt. Lebt in Salzburg. Werke: *Freund und Feind. Gedichte und Notate*, 1978; *Schweigen ist Blei. Krimiparodie*, 1987; *Tote können nicht mehr siegen. Krimiparodie*, 1988; *MotzArt. Kolumnen. Satiren. Parodien*, 1998.

Fred Wander (d. i. Fritz Rosenblatt)

Erzähler und Dramatiker. Geb. 1917 in Wien. 1938 Flucht nach Frankreich. Deportation nach Auschwitz und Buchenwald. Nach Kriegsende in Wien. 1958–83 in der DDR. Lebt in Wien. Werke: *Taifun über den Inseln* (R), 1958; *Der siebente Brunnen* (E), 1971; *Josua läßt grüßen. Der Bungalow* (Dr), 1979; *Hôtel Baalbek* (R), 1991; *Das gute Leben* (Autobiografie), 1996.

Maxie Wander

Erzählerin und Drehbuchautorin. Geb. 1933 in Wien, 1958 Übersiedlung in die DDR, starb 1977 in Kleinmachnow bei Berlin (DDR). Werke: *Guten Morgen, Du Schöne* (Protokolle von Frauen in der DDR), 1977; *Tagebücher und Briefe*, 1979; *Ein Leben ist nicht genug* (Tagebücher, Briefe), 1990.

Peter Waterhouse

Lyriker, Erzähler, Dramatiker und Übersetzer. Geb. 1956 in Berlin. 1975 Übersiedlung nach Wien, wo er heute lebt. Längere Aufenthalte in Los Angeles und Rom. Werke: *MENZ* (L), 1984; *passim* (L), 1986; *Sprache Tod Nacht Außen Gedicht* (R), 1989; *Blumen* (L), 1993; *Verloren ohne Rettung* (Dr), 1993; *Die Geheimnislosigkeit* (P), 1996.

Peter Weibel

Medienkünstler. Geb. 1945 in Odessa (UdSSR). Teilnahme am »Wiener Aktionismus«. Seit 1976 diverse Professuren an Kunsthochschulen in Österreich, Deutschland, Kanada und den USA. Seit 1993 Verantwortlicher für das Österreich-Programm bei der Kunst-Biennale in Venedig. Lebt in Wien. Werke: *Unsichtbare Gegner* (Drehbuch, mit Valie Export), 1977; *Menschenfrauen* (Drehbuch, mit Valie Export), 1979; *Der künstliche Wille. Elektronische Medienoper*, 1984; *Die Natur des 21. Jahrhunderts* (Drehbuch), 1984.

Hans Weigel

Erzähler, Essayist, Theaterkritiker und Übersetzer. Geb. 1908 in Wien. 1938 Emigration in die Schweiz. Nach 1945 bedeutender Förderer junger österreichischer Literatur. Gab 1951–54 die Anthologie-Reihe *Stimmen der Gegenwart* heraus. Starb 1991 in Maria Enzersdorf/Niederösterreich. Werke: *Barabbas oder der fünfzigste Geburtstag* (Dr), 1946; *Der grüne Stern* (R), 1946; *Karl Kraus oder die Macht der Ohnmacht* (Biografie), 1968; *Die Leiden der jungen Wörter (Ess)*, 1974; *Die tausend Todsünden* (Ess), 1988; *Das Scheuklappensyndrom* (Autobiografie), 1990.

Franz Weinzettl

Erzähler. Geb. 1955 in Feldbach/Steiermark. Lebt in Gossendorf/Steiermark und in Graz. Werke: *Auf halber Höhe* (E), 1983; *Die Geschichte mit ihr* (E), 1987; *Der Jahreskreis der Anna Neuherz* (E), 1988; *Im Pappelschatten, Liebste* (E), 1990; *Zwischen Nacht und Tag* (P), 1998.

Erik G(raf) Wickenburg

Erzähler, Essayist und Lyriker. Geb. 1903 auf Gut Kasern bei Salzburg. In der Zwischenkriegszeit Journalist in Deutschland. Nach dem Zweiten Weltkrieg in Wien. 1980–88 Präsident des Österreichischen P.E.N.-Clubs. Starb 1998 in Kasern. Werke: *Farben zu einer Kinderlandschaft* (R), 1932; *Salzburger Gloria* (P), 1938; *Florian* (R), 1940; *Flora. Resi* (2 R), 1970; *Lauschet der Stille* (L, P), 1978.

Alexander Widner

Dramatiker und Hörspielautor. Geb. 1940 in Wien, lebt in Klagenfurt. Werke: *Gängige Todesarten. Sprechquartett* (Dr), 1980; *Nietzsche oder Das deutsche Elend / Die Stadt* (2 Dr), 1994; *Stark wie ein Nagel* (P), 1996; *Tag und Nacht und Tag* (P), 1998.

Martina Wied (d. i. Martina Weisl)

Erzählerin, Lyrikerin, Dramatikerin und Essayistin. Geb. 1882 in Wien. Mitarbeit an Ludwig von Fickers Zeitschrift *Der Brenner*. 1938 Emigration nach England. 1948 Rückkehr nach Wien, wo sie 1957 starb. Großer Österreichischer Staatspreis für Literatur 1952. Werke: *Bewegung* (L), 1919; *Rauch über Sanct Florian* (R), 1936; *Das Krähennest* (R), 1951; *Die Geschichte des reichen Jünglings* (R), 1952.

Oswald Wiener

Erzähler und Essayist. Geb. 1935 in Wien. Mitglied der »Wiener Gruppe«. 1969 Übersiedlung nach Berlin. Sprachtheoretische Arbeiten, Beschäftigung mit künstlicher Intelligenz. Lebt in Krefeld. und Dawson City (Kanada). Großer Österreichischer Staatspreis für Literatur 1989. Werke: *starker toback. kleine fibel für den ratlosen* (mit Konrad Bayer), 1962; *die verbesserung von mitteleuropa* (R), 1969; *Wir möchten auch vom Arno-Schmidt-Jahr profitieren* (Ess), 1979; *nicht schon wieder ...!* (R, unter dem Pseudonym Evo Präkogler), 1990; *Essays 1960–80*, 1994; *Literarische Aufsätze*, 1998.

Karl Wiesinger

Dramatiker, Erzähler. Geb. 1923 in Linz. Während der NS-Zeit inhaftiert. Gest. 1991 in Linz. Werke: *Achtunddreißig. Jänner – Feber – März* (R), 1967; *Bauernroman. Weiling. Land und Leute* (unter dem Pseudonym Max Maetz), 1972; *Standrecht* (R), 1976; *Der Wolf* (R), 1993.

Herbert Wimmer

Erzähler und Hörspielautor. Geb. 1951 in Melk/Niederösterreich. Lebt in Wien. Werke: *Die flache Kugel* (Hs), 1978; *Nervenlauf* (P), 1990; *Innere Stadt* (R), 1991; *Die flache Kugel. elf micromane transformationen*, 1993; *auto stop* (P), 1999.

Juliane Windhager

Erzählerin, Lyrikerin und Hörspielautorin. Geb. 1912 in Bad Ischl/Oberösterreich. Starb 1986 in Salzburg. Werke: *Der linke Engel* (L), 1959; *Staubflocken* (Hs), 1965; *Ein Engel in Oulu* (E), 1984.

Lida Winiewicz

Dramatikerin, Hörspiel- und Drehbuchautorin, Erzählerin und Übersetzerin. Geb. 1928 in Wien. Lebt in Dublin. Werke: *Das Leben meines Bruders* (Dr), 1960; *Die Flucht* (Dr, mit Ernst Waldbrunn), 1965; *Späte Gegend. Protokoll eines Lebens*, 1986; *Freudiana* (Musical, mit Eric Woolfson und Brian Brolly), 1990.

Josef Winkler

Erzähler. Geb. 1953 in Kamering/Kärnten. Lebt ebd. Anton-Wildgans-Preis der Industrie 1980. Werke: *Das wilde Kärnten* (R-Trilogie): *Menschenkind* (1979), *Der Ackermann aus Kärnten* (1980), *Muttersprache* (1982); *Friedhof der bitteren Orangen* (R), 1990; *Das Zöglingsheft des Jean Genet* (R), 1992; *Domra* (R), 1996; *Wenn es soweit ist* (E), 1998.

Gernot Wolfgruber

Erzähler, Hörspiel- und Drehbuchautor. Geb. 1944 in Gmünd/Niederösterreich. Lebt in Wien. Werke: *Auf freiem Fuß* (R), 1975; *Herrenjahre* (R), 1976; *Niemandsland* (R), 1978; *Der Jagdgast* (Drehbuch), 1978; *Ankunftsversuch* (E), 1979; *Verlauf eines Sommers* (R), 1981; *Die Nähe der Sonne* (R), 1985.

Peter Daniel Wolfkind (d. i. Peter Vujica)

Erzähler, Dramatiker, Librettist und Drehbuchautor. Geb. 1937 in Graz, lebt ebd. und in Wien. Werke: *Mondnacht* (E), 1972; *Der grüne Zuzumbest* (R), 1973; *Die Boten des Frühlings* (E), 1975; *Sentimentale Geographie* (E), 1979.

Herbert Zand

Erzähler, Lyriker und Übersetzer. Geb. 1923 in Knoppen/Steiermark. Starb 1970 in Wien. Werke: *Die Sonnenstadt* (R), 1949; *Die Glaskugel* (L), 1953; *Letzte Ausfahrt* (R), 1953; *Der Weg nach Hassi el emel* (R), 1956; *Erben des Feuers* (R), 1961; *Träume im Spiegel* (Ess), 1973.

Friedrich Christian Zauner

Erzähler, Dramatiker, Hörspiel- und Drehbuchautor. Geb. 1936 in Rainbach/Oberösterreich. Werke: *Von draußen rein* (Dr), 1976; *Dort oben im Wald bei diesen Leuten* (R), 1981; *Archaische Trilogie* (Dr), 1982; *Das Ende der Ewigkeit* (R-Zyklus): *Im Schatten der Maulwurfshügel* (1993), *Und die Fische sind stumm* (1994), *Früchte vom Taubenbaum* (1995), *Heiser wie Dohlen* (1996); *Das Grab ist leer* (Dr), 1998.

Dorothea Zeemann

Erzählerin und Hörspielautorin. Geb. 1909 in Wien, wo sie 1993 starb. Werke: *Das Rapportbuch* (R), 1959; *Einübung in Katastrophen. Jungfrau und Reptil* (Autobiografie), 1982; *Das heimliche Fest* (R), 1986; *Eine Liebhaberin* (R), 1989.

Helmut Zenker

Erzähler, Hörspiel- und Drehbuchautor. Geb. 1949 in St. Valentin / Kärnten. 1969–76 Herausgeber der Zeitschrift *Wespennest*. Lebt in Wien. Werke: *Action Sauberkeit* (L, P), 1972; *Wer hier die Fremden sind* (R), 1974; *Kassbach* (R), 1974; *Kottan ermittelt* (Drehbuch, 19 Folgen), 1976–83; *Der Mann im Mond* (R), 1990; *Neon City* (R), 1991.

O. P. Zier (d. i. Othmar Peter Zierlinger)

Verfasser von Erzählungen, Lyrik, Hörspielen und Drehbüchern. Geb. 1954 in Schwarzach im Pongau/Salzburg, lebt ebd. Werke: *Traumlos* (E), 1977; *Der rettende Sprung auf das sinkende Schiff* (L), 1988; *Andeutungen. Ein Lesebuch*, 1994; *Schonzeit* (R), 1996; *Himmelfahrt* (R), 1998.

Joseph Zoderer

Erzähler, Lyriker und Drehbuchautor. Geb. 1935 in Meran/Südtirol. Lebt in Terenten/Südtirol. Werke: *S Maul auf der Erd oder Drecknuidelen kliabn* (L), 1974; *Das Glück beim Händewaschen* (R), 1976; *Die Walsche* (R), 1982; *Dauerhaftes Morgenrot* (R), 1987; *Das Schildkrötenfest* (R), 1995.

Carl Zuckmayer

Dramatiker, Erzähler und Lyriker. Geb. 1896 in Nackenheim am Rhein. Seit Anfang der 20er Jahre in Berlin. 1933 Emigration nach Österreich, 1938 in die Schweiz, ein Jahr später in die USA. Ab 1958 wieder in der Schweiz. Starb 1977 in Saas-Fee. Großer Österreichischer Staatspreis für Literatur 1959. Werke: *Der fröhliche Weinberg* (Dr), 1925; *Der Hauptmann von Köpenick* (Dr), 1931; *Des Teufels General* (Dr), 1946; *Der Gesang im Feuerofen* (Dr), 1950; *Als wär's ein Stück von mir* (Autobiografie), 1966; *Der Rattenfänger* (Dr), 1975.

Harald Zusanek

Dramatiker, Hörspielautor und Lyriker. Geb. 1922 in Wien. Arbeitete als Regisseur, Mitbegründer des Landestheaters Vorarlberg. Starb 1989 in Wien. Werke: *Warum gräbst du, Centurio* (Dr), 1949; *Die Straße nach Cavarcere* (Dr), 1952; *Jean von der Tonne* (Dr), 1954; *Die dritte Front* (Dr), 1969.

Frank Zwillinger

Lyriker und Dramatiker. Geb. 1909 in Wien. 1938 Emigration nach Ostasien. Nach dem Krieg in Frankreich, starb 1989 in Garches bei Paris. Werke: *Galileo Galilei* (Dr), 1962; *Gedichte* (3 Bde.), 1963; *Entzifferung* (L), 1976; *Lyrisches Triptychon*, 1980.

Nachweis der Abbildungen und Texte

Zusätzlich zu den Seitenzahlen werden folgende Abkürzungen verwendet: o. = oben; u. = unten; M. = Mitte; l. = links; r. = rechts. Sofern der Name der Fotografin oder des Fotografen bekannt ist und von den Angaben zu den Rechteinhabern abweicht, ist er in Klammern hinzugefügt.

Otl Aicher: S. 115 o. – **Alfred-Gong-Gesellschaft,** Osnabrück: S. 54 u. r. – **Stefan Amsüss:** S. 105 o., 247 u. l. – **Amt der NÖ Landesregierung, Abt. für Kultur und Wissenschaft / K1 / Dokumentationsstelle für Literatur in Niederösterreich,** St. Pölten: S. 184 o., 222 u. r. – **Archiv des Österreichischen P.E.N.-Clubs,** Wien: S. 40 u. – **Asset Marketing,** Wien: S. 321 u. l. – **Nadia Ave,** St. Pölten: S. 169. – **Helmut Baar,** Wien: S. 103 o. r. – **Johann Barth,** Salzburg: S. 104 o., 118, 158 u., 174 o., 174 u. – **Christine Basil,** Wien: S. 37 o. r., 38 u. l. – **Christel M. Bauer,** Darmstadt: S. 252 u. – **Jürgen Bauer,** Wiesbaden: S. 318 o. r., 324 o., 324 u. – **C. H. Beck'sche Verlagsbuchhandlung,** München: S. 82 (Heimito von Doderer, Auszug aus einem Brief an Ernst Jandl. – Mit freundlicher Genehmigung der C. H. Beck'schen Verlagsbuchhandlung, München). – **Apard Bellingrath,** Wien: S. 171 u. r., 172 u., 175 o., 176 o. l., 176 o. r., 176 M. l., 187 u., 197 o. l., 197 o. r., 198 u., 217 u. r., 220 u., 221 o., 221 u., 222 o. l., 222 o. r. – **Bezirksmuseum Alsergrund,** Wien: S. 130 o. – **Big Shot / Christian Jungwirth,** Graz: S. 246 u. – **Bild-Aktuell,** Graz: S. 180 o. l. – **Mercedes Blaas:** S. 271 u. l. – **Brandenstein Gabriele,** Wien: S. 189 u. r., 256 u. – **Otto Breicha,** Graz: S. 99 u., 103 u. l., 116 o. l., 116 u. r., 117 u., 121 o. l., 121 o. r., 121 u. l., 123, 125 o., 129 u. l., 134 r., 139 o. r., 139 u. r., 155 u. l., 155 u. r., 156 o., 156 u. l., 156 u. r., 161, 163 o. r., 184 u. l., 214 u. r. – **Brenner Archiv,** Innsbruck: S. 56 o. l., 70 u. r. – **Elfriede Broneder:** S. 98 u. – **Heinz Büttler:** S. 279 u. r. – **Eric Celan,** Paris: S. 37 u. r. – **Erwin Chvojka,** Wien: S. 23 o. M. – **Bernd Czechner,** Klagenfurt: S. 204 u.– **Josef Dapra,** Salzburg: S. 189 o. l., 189 o. r., 189 u. l. – **Manfred Deix,** Klosterneuburg: S. 228 u. – **Deutsche Presseagentur,** Frankfurt a. M.: S. 119 u., 236 u. – **Franz Deuticke Verlag,** Wien: S. 91 (Gerhard Bronner / Helmut Qualtinger, *Weil mir so fad is'!* In: Carl Merz / Helmut Qualtinger, *»Brettl vor dem Kopf« und andere Texte fürs Kabarett,* Wien 1996). – © 1996 Franz Deuticke Verlagsgesellschaft m. b. H., Wien). – **Hubert Dimko,** Wien: S. 298 u. r. – **Paul Divjak,** Wien: S. 321 o. – **Dokumentationsstelle für neuere österreichische Literatur / Bildarchiv,** Wien: S. 9/10, 22 o. M., 22 o. r. (Foto: Trude Fleischmann), 22 u. M., 22 u. r., 23 o. l., 23 M. l., 23 u. M., 23 u. r. (Foto: Curt Ponger), 37 o. l. (Foto: Atelier Strasser-Plackholm), 37 l. M., 41 u. r., 43 u. r., 44 o., 46 o. (Foto: Atelier Winkler), 46 u. r., 49 o. r., 49 u. r., 54 o., 56 o. r., 56 M. r., 56 u. l., 62 r. M., 66 o. l. (Foto: L. Mirkine), 66 r., 67 (Foto: Lotte Meitner-Graf), 69 o. r. (Foto: Ghitta Carell), 70 o., 72 o. (Foto: Carl Prospesch), 72 u., 79 u. r., 92 o. r., 94 u. l., 94 u. r. (Foto: Johann Gunert), 97 u. r. (Foto: Uli Steltzer), 111 u., 129 o. r. (Foto: Hans Prokop), 132, 142 o. l., 149 o., 151 (Foto: G. Schwarze), 164 o. l. (Foto: Hans Prokop), 164 o. r. (Foto: Hans Prokop), 168 o., 168 u., 171 o., 173 u. l., 173 u. r. (Foto: Wolfgang Döll), 177 o. (Foto: Hans Prokop), 195 u. (Foto: Hans Prokop), 197 M., 197 u., 198 o., 201 o. (Foto: Hans Prokop), 210 o. r., 222 u. l., 261 o. (Foto: Helmut Maurer). – **Alisa Douer,** Wien: S. 249 M. – **Joseph Dreissinger,** Wien: 157 u., 185 o., 202, 228 o., 245 o., 250 o. l., 250 o. r., 250 u., 257 o., 262 o. l., 265 o., 269 o. l., 272, 277 o., 278 u. l., 279 u. l., 280 o. l., 285 o., 294, 297 l., 300 o., 308 u., 312 o. l., 313 u. r., 327 o., 330 u. l., 332 o. r. – **Literaturverlag Droschl,** Graz: S. 137 o., 207 r., 247 o. l., 254 o. l., 254 o. r., 292 u. r., 297 M. r. – **Valie Export,** Köln: S. 146 (Foto: Werner Schulz). – **Herbert Fidler:** S. 44 M. – **Heinz Finke,** Konstanz: S. 274 u. r. – **S. Fischer Verlag,** Frankfurt a. M.: S. 170 u. r., 261 u. l. (Auszug aus Josef Haslingers *Politik der Gefühle* – © S. Fischer Verlag GmbH, Frankfurt am Main). – **Wolfgang Fleischer,** Wien: S. 81 o. – **Bettina Flitner,** Berlin: S. 245 u. – **Franz Nabl Institut für Literaturforschung,** Graz: S. 113 o. l., 292 o. M. (Foto: Gerhard Fuchs). – **Franz-Michael-Felder-Archiv der Vorarlberger Landesbibliothek,** Bregenz: S. 295. – **Franzobel,** Wien: S. 332 r. (»Es spitzt sich zu. Ein Beschiß«, in: *Der Standard,* Wien, 26. März 1999). – **Tomas Friedmann / Literaturhaus Salzburg,** Salzburg: S. 159, 248 o. l., 285 u. – **Georg Fritsch,** Wien: S. 57 u. (Courtesy Fritsch Antiquariat, Wien), 80 o. l. (Foto: Michael Fritsch – Copyright Gerhard Fritsch Archiv, Burgschleinitz, NÖ), 80 u. l. (Foto: Bilderdienst – Copyright Gerhard Fritsch Archiv, Burgschleinitz, NÖ). – **Karl-Markus Gauß,** Salzburg: S. 271 o. r., 271 M. r. – **Susanne Gelles,** Wien: S. 286 M. – **Alexander Glück,** Wien: S. 275 o. l. – **Anselm Glück,** Wien: S. 323 u. l. – **Christine de Grancy / Agentur Anzenberger,** Wien: S. 288 u. l. – **Claus Gretter,** Frankfurt a. M.: S. 314 o. – **Toni Gruber,** Wien: S. 36 o. r. – **Hans Haider:** S. 229 u., 254 u. r. – **Hannelore Haller,** Wien: S. 214 o. – **Hans-Werner-Richter-Archiv / Stiftung Archiv der Akademie der Künste,** Berlin: S. 61 o., 121 u. r. – **Willibald Haslinger,** Wien: S. 237 o., 257 u., 282, 299 o., 300 u., 331 u. – **Sibylle Haushofer,** Steyr: 112 r., 152 o. (Foto: Manfred Haushofer), 152 u. l. – **Ernst Hausknost,** Wien: S. 49 M. r. – **Elisabeth Hausmann,** Wien: S. 243. – **Heidi Heide,** Wien: S. 157 o., 190, 191 o., 193 o., 209 u., 210 u. r., 211 o., 212 o., 212 u. M., 212 u. l., 212 u. r., 218 o., 224 o. l., 224 M. l., 224 u. l., 226 o. r., 230 o., 230 u., 231 o., 231 u. l., 231 u. r., 232 o., 232 M., 232 u., 233 o. l., 233 M. l., 233 u. l., 233 r., 237 u., 239 o., 240 u. l., 244 u., 248 u., 262 o. M., 262 o. r., 277 u. l., 291 u. M., 291 u. M., 301 o., 310 o. r., 310 u. l., 311 o., 311 u., 315 o. r., 315 M. l., 315 M. r., 317 M. l., 317 M. r., 317 u., 318 l., 320 o. r., 320 M. r., 321 u. r., 322 o. r., 322 M. l., 322 M. r., 323 u. r., 326 o. l., 326 M. l., 326 o. r., 326 u. M., 326 u. r., 327 u. l., 327 u. r. – **Ludwig Heinrich,** Wien: S. 330 o. l., 330 o. r. – **Regine Hendrich,** Wien: S. 320 o. l. – **Walter Henisch,** Wien: S. 209 M., 278 o. – **Oliver Herrmann,** Berlin: S. 266 u. – **Susanne Hochwälder,** Zürich: S. 41 o. – **Veronika Hölzl-Wild,** Wien: S. 289 u. l. – **P. Hönig,** Reinheim: S. 268 o. – **Johann Holzbauer,** Linz: S. 142 o. r., 242 r. – **Presse-Bild-Agentur Honigl & Klein:** S. 274 u. l. – **Matthias Horn:** S. 309. – **Reinfrid Horn,** Graz: S. 172 o. – **Michael Horowitz,** Wien: S. 186 u. l., 236 o., 249 u. – **Heinz Hosch:** S. 170 o. – **Franz Hubmann,** Wien: S. 62 u. l., 65 o., 85, 86 l., 86 r., 87 l., 87 r., 88 o., 88 u., 89 o. l., 89 u., 90, 95 o., 110, 120 o. l., 120 o. r., 120 M., 120 u. l., 120 u. r., 130 u., 131 o. l., 131 o. r., 131 M. l., 131 M. r., 131 u. l., 186 u. r., 251. – **Ernst Jandl:** S. 82 u., 83 u. r. (*sprechgedichte,* in: *Neue Wege* 123, 1957). – **Elfriede Jelinek,** Wien: S. 332 u. l. (»Belgrad wird auch auf Gewalt nicht hören«, in: *Der Standard,* Wien, 26. März 1999). – **Kurt Julius:** S. 148 o., 148 u. – **Angelika Kaufmann,** Wien: S. 247 o. r., 248 M. r., 252 o., 289 o. l. (Fotos: Harry Ertl). – **Friedrich Kern,** Wien: S. 150 o. – **Franz Killmeyer,** Kritzendorf: S. 328 o. – **Johann Klinger,** Wien: S. 187 o. r., 223. – **Hubert Kluger,** Wien: S. 200 o. – **Kövesdi Presseagentur,** Berlin: S. 255 o. r. – **Karl Kofler,** Wien: S. 199 u. – **Komitee Frankfurt '95:** S. 305 o. – **Nikolaus Korab,** Wien: S. 6, 20. – **Wolfgang Kos,** Wien: S. 240 o. – **Angelika Krinzinger,** Wien: S. 281 o., 281 M., 281 u., 293 o., 293 M. l., 293 r. o., 293 r. M., 293 r. u., 314 u. – **Adolf Krischaritz,** Wien: S. 305 u. – **Auguste Kronheim,** Wien: S. 211 u. r. – **Stefan Krutsch:** S. 304. – **Wolfgang Kudrnofsky,** Wien: S. 47 o., 48 o., 48 u., 50 o. l., 50 o. r., 50 u. r., 60 u., 63 o. – **Kunsthaus Mürzzuschlag GmbH,** Mürzzuschlag: S. 62 o. r. – **Kurier,** Wien: S. 238 u. – **Erna Lehky,** Deutsch Wagram: S. 83 u. l. (Ernst Klein, *verse,* in: *Neue Wege* 123, 1957). – **A. Lichtenschopf:** S. 256 o. l. – **Literaturhaus Salzburg,** Salzburg: S. 160 u. (Foto Hubert Pölzl). – **Hanna M. Loewy,** New York: S. 45 o. r. (Foto: Alice von Kahler), 45 u. (Foto: Annemarie Meier-Graefe Broch). – **Fritz Lorber,** Salzburg: S. 299 u. – **Dorothea Lüderitz:** S. 287 M. – **D. Ludwig,** Darmstadt: S. 100 r., 163 o. l., 177 u. (Fotos: Pit Ludwig). – **Victoria Lunzer-Talos,** Wien: S. 164 u. r., 210 l., 217 o. r. (Fotos: Kurt Talos). – **Robert Mago,** Wien: S. 310 u. r. – **Otto Mang,** Wien: S. 229 o. – **Renate von Mangoldt,** Berlin: S. 150 u., 246 o. – **Sascha Manówicz,** Wien: S. 206, 207 l., 266 o., 280 o. r., 280 u. r., 288 o. l., 289 o. r., 292 o. r., 292 M., 298 o. l., 298 u. l., 302/303, 306 M., 306 u., 307 o., 307 M., 307 u., 308 o., 310 o. l., 313 o. l., 313 u. l., 320 u., 322 o. M., 322 M., 327 M. l., 327 M. r. – **Leonore Mau,** Hamburg: S. 154 o. r. – **Hans Mayer-Pfundt:** S. 57 o. – **Mathias Michaelis,** Stuttgart/Marbach a. N.: S 116 u. l., 214 u. l., 287 o., 318 u. r. – **Georg Mikes:** S. 187 o. l. – **Gino Molin-Pradel,** Salzburg: S. 157 M. – Otto Müller Verlag, Salzburg: S. 95 u. (Christine Lavant, *Steige, steige, verwunschene Kraft,* in: *Spindel im Mond,* Salzburg 1959. – © 1959 Otto Müller Verlag GmbH & Co., Salzburg). – **Felix Nöbauer,** Linz: S. 287 u. – **Gerhard Oberschlick,** Wien: S. 22 o. l. – **ÖhnerKraller,** Wien: S. 315 u., 331 o., Umschlag Rückseite. – **Österreichische Exilbibliothek im Literaturhaus Wien,** Wien: S. 25 o. – **Österreichische Nationalbilbiothek / Bildarchiv,** Wien: S. 32/33, 35 o. l., 35 M., 35 u. r., 37 u. l., 38 o. r., 41 o. (Foto: Brühlmeyer), 41 u. l. (Foto: Hartmann), 42 o., 42 u. r., 43 o., 53 o., 63 o., 64 o., 64 u., 65 u., 78 o. l., 97 o. M. (Foto: Erich Widder), 97 u. M. (Foto: M. Huttmann), 102 o., 114 o., 117 o. l., 225 u. r., 274 o l. (Foto: Matthias Hermann). – **Österreichisches Literaturarchiv der Österreichischen Nationalbibliothek,** Wien: S. 36 u. r., 79 o. r., 81 M., 81 u., 78 u. l., 114 o., 249 o. – **Österreichisches Theatermuseum,** Wien: S. 43 u. l. – **Lütfi Özkök,** Älvsjö (Schweden): S. 101 u. – **Isolde Ohlbaum,** München: S. 160 o., 162 u. r., 192 M. r., 201 u., 204 o., 218 u., 227 u., 244 o., 253 u. r., 262 M., 276 o., 323 o. – **ORF-Fotodienst / First Look,** Wien: S. 333 (Foto: Thomas Ramstorfer). – **Uwe Paesler,** Kiel: S. 312 u. l. – **Josef Palffy,** Wien: S. 264 u. l. – **Fred Peer,** Wien: S. 162 o. r. – **Peter Peitsch,** Hamburg: S. 253 M. l., 297 o. r. – **Lajos Percze:** S. 178 o. – **Jo Pesendorfer,** Wien: S. 322 o. l. – **Elisabeth Peutz,** Klagenfurt: S. 203, 277 u. r., 322 u. – **Peter Philipp,** Graz: S. 180 o. r., 191 u. r., 216 u., 255 u. – **Piper Verlag,** München: S. 58 l. (Ingeborg Bachmann, gekürzter Auszug aus: [Gruppe 47] *Entwurf,* in: I. B.: Werke. Bd. 4. – © 1978 Piper Verlag GmbH, München), 119 o. (Foto: Kurt Husnik. – © 1983 Piper Verlag GmbH, München), 150 r. o. (Ingeborg Bachmann, gekürzter Auszug aus: *Was ich in Rom sah und hörte,* in: I. B.: Werke. Bd. 4. S. 34. – © 1978 Piper Verlag GmbH, München), 150 r. M. (Ingeborg Bachmann, gekürzter Auszug aus: *Böhmen liegt am Meer,* in: I. B.: Werke. Bd. 1. S. 323f. – © 1978 Piper Verlag GmbH, München). – **Rosa Pock-Artmann,** Wien: S. 291 u. l. – **Lisl Ponger,** Wien: S. 164 u. l., 165 o., 178 u. – **Cora Pongracz,** Wien: S. 10/11. – **Winfried E. Rabanus,** München: S. 234 u. – **Ferry Radax,** Wien: S. 51. – **Karl Reiberger,** Wien:

S. 188 o. – **Residenz Verlag**, Salzburg: S. 141 u. (Barbara Frischmuth, Zitat aus: *Die Klosterschule*. – © 1978 Residenz Verlag GmbH, Salzburg und Wien), 184 u. r., 185 u. r. – **Toni Richter**, München: S. 126 r., 141 o. – **Josef Gallus Rittenberg**, München: S. 286 u. – **Martha Rocher:** S. 102 u. – **Karin Rocholl / Stern**, Hamburg: S. 319 u. – **Senta Roth**, Wien: S. 279 o.– **Rudolf-Alexander-Schröder-Stiftung**, Bremen: S. 100 l. (Foto: Rosemarie Rospeck), 253 u. l. (Foto: Herbert Abel). – **Gerhard Rühm**, Köln: S. 83 (*über das »experiment« in der modernen dichtung*, in: *Neue Wege* 123, 1957). – **Didi Sattmann**, Kreuzstetten: S. 259 o. – **Hubert Schatzl**, Wien: S. 211 u. l. – **Foto Schiel:** S. 269 o. r. – **Anita Schiffer-Fuchs:** S. 235 u. – **Gustav Schikola:** S. 55 o., 55 u. – **Schiller-Nationalmuseum / Deutsches Literaturarchiv**, Marbach a. N.: S. 23 o. r. (Foto: Lotte Jacobi), 23 u. l., 39 o. l., 69 u. r. (Foto: Erica Loos), 71 (Foto: Erica Loos), 78 u. r. (Foto: Franz Baermann Steiner), 93 o r. (Foto: Erica Loos), 94, 98 o l. (Foto: Erica Loos), 103 u. r. (Foto: Erica Loos), 104, 113 u. (Foto: Erica Loos), 116 o. r. (Foto: Erica Loos), 125 u. (Foto: Erica Loos), 129 u. r. (Foto: Erica Loos), 196 (Foto: Mathias Michaelis), 217 o. l. (Foto: Mathias Michaelis), 219 (Foto: Bernd Hoffmann), 290 o. (Foto: Bernd Hoffmann). – **Erika Schmied**, Vorchdorf: S. 140 u., 163 u. – **H. J. Schöllenbauer:** S. 271 o. l. – **Erwin Schuh**, Wien: S. 265 u. – **Nora Schuster**, Wien: S. 234 o. – **Ekko von Schwichow**, Berlin: S. 306 o. – **Helmut Seethaler**, Wien: S. 316 r. (*Zettelgedichte*). – **Hubert Sielecki**, Wien: S. 213 o. – **Sonderzahl Verlag**, Wien: S. 99 l. (Robert Menasse, Zitat zu Hans Leberts *Wolfshaut*). – **Spiegel-Verlag**, Hamburg: S. 60 o. r. (Titelblatt der Zeitschrift *Der Spiegel* 34, 1954). – **Petra Spiola**, Wien: S. 325 u. r. – **Georg Spitzer**, Wien: S. 256 o. r. – **Werner Sramek**, Wien: S. 247 u. r. – **Steiermärkische Landesbibliothek**, Graz: S. 68 o. (Foto: Luis Sedlar), 68 u., 135 u. – **Steiermärkisches Landesmuseum Joanneum, Bild- und Tonarchiv**, Graz: S. 97 o. r., 106/107, 107 u. r., 133. – **Peter Stein**, New York: S. 22 M. l. – **Hilde Strauss:** S. 205. – **Harry Stuhlhofer**, Graz: S. 216 o., 235 o. – **Süddeutscher Verlag – Bilderdienst**, München: S. 61 u., 181 u. – **Suhrkamp Verlag**, Frankfurt a. M.: S. 63 M. (Foto: Gerda Goedhart), 98 o. r., 126 l. (Peter Handke, Zitat aus: *Publikumsbeschimpfung*, Frankfurt a. M. 1966. – © 1966 Suhrkamp Verlag, Frankfurt am Main), 240 u. r. (Friederike Mayröcker, *Aschenbahn*, in: *Neue Texte* 1. – © 1989 Suhrkamp Verlag, Frankfurt am Main). – **Erika Sulzer-Kleinemeier**, Gleisweiler: S. 127 o. l., 142 u. – **Hans Klaus Techt**, Hausmannstätten: S. 134 l. – **Thomas-Bernhard-Privatstiftung**, Wien: S. 140 o. r. (Auszug aus Thomas Bernhards *Wittgensteins Neffe*), 163 (Zitate von Thomas Bernhard). – **Elisabeth Ulbrich:** S. 286 o. – **Ullstein Bilderdienst**, Berlin: S. 59o., 69 u. l., 127 o. r. (Foto: Heinz Köster), 180 u. – **Helmut Utri**, Graz: S. 267 u., 268 u. r., 269 u. l., 276 u., 290 u., 319 o. – **Barbara-Maria Vahl**, New York: S. 289 u. r. – **Karin Voigt**, Mannheim: S. 195 o. – **Foto Votava**, Wien: S. 23 M., 109 u., 175 u., 238 o., 264 o. – **Martin Vukovits**, Wien: S. 332 o. l. – **Arthur Johann Wallner**, Langenlebarn: S. 315 o. l. – **Ruth Walz**, Berlin: S. 260 u., 325 o. – **B. Wanek / Interfoto Pressebild**, München: S. 108. – **Wolfgang Weber:** S. 259 u., 260 o. – **Peter Weibel**, S. 145 o. l. (*zum programm* [*»kunst und revolution«*]). – **Hans Wetzelsdorfer**, Neufeld: S. 283 o., 283 u., 284, 672 o. – **Manfred Willmann**, Graz: S. 134 M. – **Gerald Wolf**, Graz: S. 225 o. – **Peter Wurst**, Linz-Leonding: S. 242 l., 253 o., 263 u. r. – **Maria Ziegelböck**, Wien: S. 241 u. – **Paul Zsolnay Verlag**, Wien: S. 69 o. l., 176 u. r., 186 o. r., 199 o., 213 u., 215 o., 298 o. r. – **Josef Zuzak**, Wien: S. 257 M.

Der Verlag Philipp Reclam jun. dankt den Rechteinhabern für die Reproduktions- und Abdruckgenehmigung. In einigen Fällen konnten die Rechteinhaber nicht ermittelt werden. Hier ist der Verlag bereit, nach Anforderung rechtmäßige Ansprüche abzugelten.

Die Herausgeber danken den im folgenden aufgelisteten Personen und Institutionen, die während der Entstehungsphase des Bandes mit Rat und Tat zur Seite standen.

Gerhard Anton (Hauptverband der Österreichischen Buchhändler, Wien)
Reinhold Aumaier (Wien)
Apard Bellingrath (Wien)
Corinna Blattmann (Deutsche Akademie für Sprache und Dichtung, Darmstadt)
Andreas Brandtner (Österreichisches Literaturarchiv der Österreichischen Nationalbibliothek, Wien)
Otto Breicha (Wien/Graz)
Michael Davidis (Deutsches Literaturarchiv, Marbach)
Sepp Dreissinger (Wien)
Claudia Erdheim (Wien)
Tomas Friedmann (Literaturhaus Salzburg)
Christine Frisinghelli (steirischer herbst)
Gerhard Fuchs (Franz-Nabl-Institut, Graz)
Hermann Gail (Wien)
Karl-Markus Gauß (Salzburg)
Rainer Götz (Droschl Verlag, Graz)
Marianne Gruber (Österreichische Gesellschaft für Literatur, Wien)
Wolf Haas (Wien)
Fabjan Hafner (Klagenfurt)
Hans Haider (Wien)
Josef Haslinger (Wien)
Heidi Heide (Wien)
Bodo Hell (Wien)
Wilhelm Hemecker (Österreichisches Literaturarchiv, Wien)
Wolfgang Hermann (Dornbirn)
Christian Ide Hintze (Wien)
Bernd Hofmann (Deutsches Literaturarchiv, Marbach)
Stefanie Holzer (Innsbruck)
Franz Hubmann (Wien)
Monika Jagos (Österreichische Nationalbibliothek, Wien)
Klaus Kastberger (Österreichisches Literaturarchiv, Wien)
Daniel Kehlmann (Wien)
Harald Kislinger (Linz)
Walter Klier (Innsbruck)
Kurt Klinger (Wien/Rom)
Theresia Klugsberger (Dokumentationsstelle für neuere österreichische Literatur, Wien)
Susanne Knoblauch (Albuquerque)
Alfred Kolleritsch (Graz)
Adolf Krischanitz (Wien)
Hannes Lambauer (Steiermärkische Landesbibliothek, Graz)
Christian Lunzer (Löcker Verlag, Wien)
Heinz Lunzer (Dokumentationsstelle für neuere österreichische Literatur, Wien)
Sascha Manowicz (Wien)
Hans Marte (Österreichische Nationalbibliothek, Wien)
Sigurd Martin (S. Fischer Verlag, Frankfurt a. M.)
Friederike Mayröcker (Wien)
Robert Menasse (Wien)
Rosl Merdinger (Österreichischer P.E.N.-Club)
Mathias Michaelis (Deutsches Literaturarchiv, Marbach)
Anna Mitgutsch (Linz)
Doris Moser (Klagenfurt)
Petra Nachbaur (Bregenz)
Barbara Neuwirth (Wien)
Gerhard Oberschlick (Wien)
Ingrid Oentrich (Österreichische Nationalbibliothek, Wien)
Andreas Okopenko (Wien)
Ingeborg Orthofer (Graz)
Rudi Palla (Wien)
Engelbert Pfeiffer (Doderer-Gedenkstätte im Bezirksmuseum Alsergrund, Wien)
Lena Pfoser (Wien)
Doron Rabinovici (Wien)
Gerhard Roth (Wien)
Bernhard Sandbichler (Residenz Verlag, Salzburg)
Wendelin Schmidt-Dengler (Österreichisches Literaturarchiv, Wien)
Ilse Schneyder (Wien)
Eva Schobel (Gablitz)
Uwe Schögl (Österreichische Nationalbibliothek, Wien)
Sabine Scholl (Hof)
Julian Schutting (Wien)
Sabine Schweighofer (Dokumentationsstelle für neuere österreichische Literatur, Wien)
Peter Seda (Österreichisches Literaturarchiv, Wien)
Ursula Seeber (Dokumentationsstelle für neuere österreichische Literatur, Wien)
Helmut Seethaler (Wien)
Steiermärkisches Landesmuseum Joanneum (Graz)
Brita Steinwendtner (Rauriser Literaturtage)
Ursula Stock (Archiv Kleine Zeitung, Graz)
Peter Stuiber (Wien)
Thomas Sessler Verlag (Wien)
Barbara Tobler (Literaturhaus Mattersburg)
Heinz R. Unger (Wien)
Wolfgang Unger (Wien)
Wilhelm Urbanek (Bezirksmuseum Alsergrund, Wien)
Walter Buchebner Gesellschaft (Mürzzuschlag)
Franz Weinzettl (Graz)
Alexander Widner (Klagenfurt)
Rüdiger Wischenbart (Frankfurt a. M.)
Bettina Wörgötter (Zsolnay Verlag, Wien)
Friedrich Ch. Zauner (Rainbach)
Joseph Zoderer (Terento)
Margit Zuckriegl (Rupertinum, Salzburg)

Die Beiträger

Klaus Amann
Univ.-Prof. Dr. phil., geb. 1949 in Mittelberg/Kleinwalsertal. Lehrt am Institut für Germanistik der Universität Klagenfurt und ist Leiter des Robert-Musil-Instituts für Literaturforschung der Universität Klagenfurt.

Daniela Bartens
Mag. phil., geb. 1952 in Graz. Wissenschaftliche Mitarbeiterin am Franz-Nabl-Institut für Literaturforschung und Lehrbeauftragte am Institut für Germanistik der Universität Graz.

Andreas Brandtner
Dr. phil., geb. 1965 in Linz. Wissenschaftlicher Mitarbeiter des Österreichischen Literaturarchivs der Österreichischen Nationalbibliothek in Wien.

Gerhard Fuchs
Dr. phil., geb. 1955 in Graz. Wissenschaftlicher Mitarbeiter am Franz-Nabl-Institut für Literaturforschung in Graz.

Adolf Haslinger
Univ.-Prof. Dr. phil., geb. 1933 in Saalfelden/Salzburg. Professor für Österreichische Literaturgeschichte an der Universität Salzburg. Gründer und Leiter der Stiftung Salzburger Literaturarchiv.

Klaus Kastberger
Dr. phil., geb. 1963 in Gmunden. Wissenschaftlicher Mitarbeiter des Österreichischen Literaturarchivs der Österreichischen Nationalbibliothek in Wien.

Volker Kaukoreit
Dr. phil., geb. 1955 in Dormagen/Niederrhein. Stellvertretender Leiter des Österreichischen Literaturarchivs der Österreichischen Nationalbibliothek in Wien.

Ulrike Längle
Dr. phil., geb. 1953 in Bregenz. Schrift stellerin und Literaturwissenschaftlerin, Leiterin des Franz-Michael-Felder-Archivs in Bregenz.

Doris Moser
Mag. phil., geb. 1965. Assistentin am Institut für Germanistik der Universität Klagenfurt. Seit 1997 organisatorische Leiterin des Ingeborg-Bachmann-Literaturwettbewerbs.

Kristina Pfoser
Dr. phil., geb. 1957 in Graz. Wissenschaftliche Mitarbeiterin der Dokumentationsstelle für neuere österreichische Literatur / Literaturhaus Wien; Kultur-Redakteurin beim ORF - RÖI.

Gerhard Ruiss
geb. 1951 in Ziersdorf/Niederösterreich. Musiker, Schauspieler, Schriftsteller, Geschäftsführer der IG Autorinnen Autoren, Wien.

Sigurd Paul Scheichl
Univ.-Prof. Dr. phil., geb. 1942 in Innsbruck. Lehrt am Institut für Germanistik der Universität Innsbruck.

Wendelin Schmidt-Dengler
Univ.-Prof. Dr. phil., geb. 1942 in Zagreb. Lehrt am Institut für Deutsche Philologie an der Universität Wien und ist Leiter des Österreichischen Literaturarchivs der Österreichischen Nationalbibliothek in Wien.

Ursula Seeber
Dr. phil., geb. 1956 in Innsbruck. Wissenschaftliche Mitarbeiterin der Dokumentationsstelle für neuere österreichische Literatur (betreut seit 1993 die Österreichische Exilbibliothek im Literaturhaus Wien).

Peter Stuiber
Mag. phil., geb. 1972 in Wien. Literaturwissenschaftler und freier Journalist in Wien.

Barbara Tobler
geb. 1954 in Wien. Leiterin des Literaturhauses Mattersburg/Burgenland.

Gerhard Winkler
Dr. phil, geb. 1943 in Haag/Niederösterreich. Leiter der Dokumentationsstelle für Literatur in Niederösterreich (St. Pölten). Sachbearbeiter des Amtes der Niederösterreichischen Landesregierung.

Rüdiger Wischenbart
Dr. phil, geb. 1956 in Graz. Journalist und Publizist, war Projektleiter des Österreich-Schwerpunktes 1995 auf der Frankfurter Buchmesse, seit 1998 deren Pressesprecher.

Personenregister

Die Seitenzahlen beziehen sich auf Abbildungen und Texte; bei doppelseitigen Gruppenbildern wird nur auf die Bildunterschrift verwiesen, bei Bildern, deren Bildunterschrift auf einer anderen Seite untergebracht ist, nur auf die Abbildung.